U0602183

以知为力　识见乃远

第三部分　鼎盛、衰落和遗产

目　录

图书在版编目（CIP）数据

哈布斯堡帝国的大战略 /（美）A. 韦斯·米切尔著；史锴译. —上海：东方出版中心，2024.3
ISBN 978-7-5473-2354-0

Ⅰ. ①哈… Ⅱ. ①A… ②史… Ⅲ. ①欧洲–历史
Ⅳ. ①K500.9

中国国家版本馆CIP数据核字（2024）第050901号

上海市版权局著作权合同登记：图字09-2023-0157号

审图号：GS（2023）3182号
本书地图系原书插附地图

哈布斯堡帝国的大战略

著　　者　[美] A. 韦斯·米切尔
译　　者　史　锴
丛书策划　朱宝元
责任编辑　赵　明
封扉设计　甘信宇

出 版 人　陈义望
出版发行　东方出版中心
地　　址　上海市仙霞路345号
邮政编码　200336
电　　话　021-62417400
印 刷 者　山东韵杰文化科技有限公司

开　　本　890mm × 1240mm　1/32
印　　张　14.125
字　　数　445千字
版　　次　2024年4月第1版
印　　次　2024年4月第1次印刷
定　　价　98.00元

哈布斯堡帝国的大战略

[美] A. 韦斯·米切尔　著
史锴　译

中国出版集团 東方出版中心

前 言 ix

本书始于一个问题：一个军事资源有限的大国，是如何同时与众多对手进行战略竞争的？所有的国家在投射力量时，都会遇到一些限制；大多数国家面临着威胁，而且这些威胁一旦勠力同心，就将碾压它们的自卫能力。但是，对于某些类型的国家来说，手里的资源远不足以应对威胁。位于中间地带的大国——也就是说，居于其他大型权力中心之间的极具军事潜力的国家——必须预见到来自四面八方的生存威胁。即使它们的敌人不会主动密谋或相互勾结，但只要不同方位上存在着竞争者，就足以令它们劳神费力。如果战争来临，它们必须假定，如果不谨慎处理，任何冲突都可能蔓延到若干战区。相比那些地理环境易守难攻的国家，这些国家更容易陷于地缘政治的混乱之中，更难在战争的压力下获得喘息的机会。为了实现负担得起的安全而付出的财政、人力和道德代价，也让它们更加束手束脚。

历史上，处于中间地带的国家往往命短舛多。位于地中海和波斯湾之间的传统帝国，迭起兴衰通常就在俯仰之间——巴比伦人取代了阿卡德人，亚述人与波斯人又征服了巴比伦人。阿契美尼德帝国的统治者，不得不在令人应接不暇的边境上应对种种问题——仅仅其中一个问题，就最终招致了为西方受众所熟知的亚历山大东征。雄踞于君士坦丁堡——欧洲与小亚细亚的交会点——的东罗马帝国，比大多数国家都要经久不衰，但在土崩瓦解之前的数年中，也遭受了各路威胁的侵扰。波兰—立陶宛联邦，不过是众多昙花一现的帝国中的一个，它们都倒在了波罗的海与黑海之间的战乱之地上。奥托·冯·俾斯麦（Otto von Bismarck，

1815—1898年）一手打造的强大的德意志帝国，尽管武德充沛、善于攻略，但费尽心思坚持了不到一个世纪，就在四面楚歌中屈服于“联盟的噩梦”（*cauchemar des coalitions*）了。

处于中间地带的国家都面临着时间问题。由于无法用同等的军力保卫
x 所有边境，它们必须选择在哪里集中宝贵的外交和军事资源，而在这个过程中，又会不可避免地在别处露出破绽。在现代，解决战略中的时间问题，靠的是进攻性的技术手段。克劳塞维茨执着追求的“决定性较量”观念，在与那些能够进行远距离杀伤的新兴技术手段结合在一起时，快速逐个击溃多个敌人似乎就有了可能。德国的将军们在1914年使用铁路将军队从东部输送到西部的景象，以及在1940年使用坦克军轻易消除侧翼敌人威胁的情形，都根深蒂固地刻进了西方的记忆之中，尽管在两次大战中德国的战略最终都以灾难性的结果收场。第二次世界大战中美国的经验（即大规模舰队和军队从美国本土出发，给予相反方向的敌人致命一击），似乎证实了技术手段对于地理环境的胜利。冷战的结束更是强化了这一印象。美国对于进攻性技术手段在攻城略地方面的特性十分自信，以至于它想象着在打败欧洲和亚洲的大国敌人的同时，还能在不动用其全部作战能力的情况下，在别处再应对另外一个相对较小的危机。

接下来的篇幅，将考察一个在物质上远逊于得天独厚的20世纪德国或21世纪美国的大国，是如何处理全方位（*tous azimuts*）战略危险这一问题的。历史上没有几个帝国，能够比哈布斯堡君主国更好地诠释中间地带这种地理环境是多么地恶劣。从18世纪早期作为独立实体出现，到第一次世界大战后解体，奥地利哈布斯堡王朝的多瑙河沿岸领土一直深陷在不曾间断的军事竞争之中，战火从温暖的亚得里亚海，一直蔓延到白雪皑皑的喀尔巴阡山脉，又从巴尔干半岛，延烧到阿尔卑斯山脉。本书的意趣，在于发生在哈布斯堡王朝士兵、统治者、外交官小集团之间的争论，他们之间最多可能隔了六七代人，但所有这些人却是一脉相承的，因为他们都在“中间之地”的漩涡中，思考过战略治国术（statecraft）。

述说哈布斯堡王朝大战略的作品早应问世。这样的主题具有内在价值。即便为了我们今天的利益，这一主题也值得研究。在一个似乎就要按部就班地引发地缘政治动荡——其严重程度，即使1989年后那段惊天

动地的岁月[1]的亲历者，也无法想象——的世纪里，一个饱经几个世纪沧桑的帝国（我们这个时代的战略问题，就不可逆转地交织在其土地上）的经验，似乎比任何时候都更具参考价值。从奥地利哈布斯堡王朝的成败中汲取的鉴戒，对于目前这个时代来说尤其具有极高的价值，因为距离、技术和时间的推移，正在使传统地缘政治竞争的影响更加严重。本书的目的，是希望能够应对（尽管或许永远无法掌控）这些挑战，以维 xi
持美国的全球领导力。此外，对欧亚大陆边缘地带之间地理位置的巧妙占用，已经在过去70年给全人类带来了友善的影响，本书也希望将这种影响传递给未来的世世代代。

在尝试攻克这一难题的过程中，我受到了许多人的慷慨相助。埃伯哈德·桑德施奈德（Eberhard Sandschneider）最先点出了借鉴哈布斯堡王朝历史为今用的价值。我的导师兼前任老板拉里·赫希（Larry Hirsch）从一开始就支持这个项目，并且督促我即便不顾工作、家庭和生活的需求，也要完成此项目。史密斯·理查德森基金会的娜迪亚·沙德洛（Nadia Schadlow）和马林·斯特雷米基（Marin Strmecki），让我获准在奥地利国家档案馆完成研究。安德鲁·梅（Andrew May）鼓励我在历史的碎片和废墟中寻找战略智慧。柯林·迪克（Colin Dueck）、雅各布·格瑞吉尔（Jakub Grygiel）、因戈·皮特斯（Ingo Peters）、托马斯·曼肯（Thomas Mahnken）、布莱恩·胡克（Brian Hook）和艾略特·科恩（Eliot Cohen）均在书稿精进过程中提供了有益的见解。普林斯顿大学出版社的埃里克·克拉汉（Eric Crahan）很认可大战略相关主题的潜力，也很看好在研究传统中无人问津的哈布斯堡君主国的前景。出版社的萨拉·勒纳在保证本书按时出版中展示了高超的技巧，我也很感谢才华横溢的辛迪·米尔斯坦（Cindy Milstein）和大卫·卢亚克（David Luljak），他们耐心地校正、编辑了这份文本，尽管它充满了关于一个不合逻辑的帝国的古老术语。

如果不向我那些欧洲政策分析中心的前同事致谢，我就是不负责任的。没有他们的帮助，如此规模的任务绝不可能完成。在本书最后成书

① 指东欧剧变。——译者注

阶段，彼得·多兰（Peter Doran）和伊洛娜·泰莱基（Ilona Teleki）站了出来，扛起了领导这个机构的重任，我才得以使用我的公休假。米尔达·博伊斯（Milda Boyce）和玛尔塔·西科尔斯基·马丁（Marta Sikorski Martin）默默分担了我的工作，才让我得以延长离岗时间。我尤其要感谢这个项目的首席研究助理马修·布朗（Matthew Brown），他精明强干，带领着一支年轻的团队，经常在条件艰苦和临时通知的情况下，寻找并汇编大量晦涩难解的信息。丹尼尔·理查兹（Daniel Richards）帮我掌握了哈布斯堡王朝错综复杂的财政状况，并且洞中肯綮地审读了部分章节的草稿。迈克尔·哈尔马塔（Michael Harmata）技艺娴熟，多才多艺，洞若观火，没有他从零开始亲自绘制的极为详尽的地图，本书的大部分内容就会让读者不知所云。托拜亚斯·施耐德（Tobias Schneider）、安娜·格里明格尔（Anna Grimminger）和杰西卡·涅布勒（Jessica Niebler）帮忙翻译了艰深的德语文章。卡斯滕·施米德尔（Carsten Schmiedl）帮忙获取了19世纪奥地利外交资料，并进行了德语翻译工作，还在国会图书馆花了大量的时间埋头苦读文献。雅莎·费耶尔（Tjasa Fejer）把深植在其家族历史中的优雅和理性思考能力，体现在了对哈布斯堡王朝军政国境地带的研究之中，并且和玛利亚·拜奈什（Maria Benes）一起，翻译了很有助益的匈牙利语和克罗地亚语文献。彼得·沃德科夫斯基（Piotr Włodkowski）和利迪娅·吉巴德罗（Lidia Gibadlo）筛选了关于哈布斯堡王朝的加利西亚和洛多梅里亚王国的文献，并且翻译了波兰语文献。塞巴斯蒂亚诺·迪纳（Sebastiano Dina）孜孜不
xii 倦地收集和翻译了意大利语材料，还阐明了伦巴第地区的复杂地形，并且就四角防线要塞的技术性细节与意大利学者进行了通信。埃里克·琼斯（Eric Jones）和布莱恩·罗森塔尔（Bryan Rosenthal）在经济数据方面提供了帮助，而斯蒂芬妮·彭（Stephanie Peng）、玛鲁西亚·李·伊斯伦（Marushia Li Gislen）、雅姬·马勒（Jackie Mahler）、巴特·巴克曼（Bart Bachman）、约书亚·隆加里亚（Joshua Longaria）、科比特·曼德斯（Corbett Manders）、雅各布·哈特（Jacob Hart）、德雷克·托马斯（Drake Thomas）和尼克·波普（Nick Pope）则查找了那些出处不详的资料、军事数据及其他数据。

我也很感激奥地利国家档案馆的工作人员，他们耐心地帮我找到了那些难以寻找的研究资料。斯特凡·马赫（Stefan Mach）在我们使用维也纳的战争档案馆（the Kriegsarchiv）时提供了建议，马格·罗斯纳（Mag Röhsner）和梅廷·伊尔马兹（Metin Yilmaz）在奥地利王室、宫廷和国家档案馆（Haus-，Hof- und Staatsarchiv）帮我破译了许多棘手的词条，而迈克尔·霍希德林格（Michael Hochedlinger）就我在电子邮件中提出的关于18世纪奥地利军队的问题，给予了富有洞见的回复。奥地利要塞研究协会（Österreichische Gesellschaft für Festungsforschung）的赖因弗里德·韦盖纳（Reinfrid Vergeiner）给我发送了极富价值的档案资料，并且加深了我对哈布斯堡王朝在防御工事方面思维的认识。特雷津要塞（Pevnost Terezín）博物馆的捷克研究者罗曼·高日（Roman Gazsi）和彼得·恰佩克（Petr Capek）帮我寻找了有关波希米亚堡垒的资料，而雅罗斯拉夫·扎伊切克（Jaroslav Zajicech）帮我找到了捷克历史学家和相关资料。在美国，我要感谢国会图书馆欧洲分部的大卫·莫里斯（David Morris），他帮我在该机构中找到了大量德语的和哈布斯堡王朝的资料。我还要感谢密歇根大学的马克·丁切科（Mark Dincecco），他帮我整理了19世纪奥地利繁杂的公共税收文件。

我尤其要感谢我那年轻的家人们，他们见证了这本书从构思到成书的全过程。我那饱受煎熬的妻子伊丽莎白，在我们的婚姻中，不知忍受了多久与一大堆戴着假发、留着大胡子的历史人物作伴的日子。她默默地承受着章节草稿、漫长的海外出差和专门用来写作的清晨所带来的沮丧与欢欣，其间她还要兼顾两份工作，并且生育了两个孩子。伊丽莎白的祖母戴安娜·克鲁泽，我们叫她“鸭婆婆”（她那引以为豪的祖先，是一位来自克罗地亚军政国境地带的将军），我要感谢她把加州圣塔芭芭拉的一座作家小屋借给我使用。最后，我要感谢我年幼的孩子韦斯利和夏洛特，这个项目见证了他们的出生和成长。在无数个周末早晨，他们总是在问，为什么爸爸又在书房里写一些关于“海豹士兵”[①]的东西。正是在

① 原文为“housebirds”。作者年幼的孩子误将“Habsburg”当成了“housebirds”，此处翻译时用“海豹士兵”来表示“哈布斯堡”的谐音。——译者注

胸怀他们的未来的情况下，这本书才写就。

最后，让我就本书成书的时间节点，再多说一句。本书成书后不久，我就得到了在美国国务院为国效力的机会。尽管本书讨论的历史话题对当今地缘政治竞争有借鉴作用，但是书中对于当下所作的任何评论，都仅限于其最普遍的意义，且无意用来评判过去、现在和将来的具体的美国政策。

相关术语说明 xiii

为哈布斯堡君主国规定一套标准化的术语，是出了名的困难。哈布斯堡王朝奥地利帝国在其不同历史时期，随着哈布斯堡王朝领土分布的变化，有着不同的称呼。让这个麻烦更加棘手的，是这个帝国在本书考察的时期内，一步步地经历了一系列重大的宪法和行政变革：从一个自视为“普世君主”（Monarchia Universalis）家族的最东端的领地，到传统但远未大一统的哈布斯堡君主国，再到1806年迫于拿破仑·波拿巴（Napoleon Bonaparte，1769—1821年）的压力几经变故成为更为人所熟知的奥地利帝国，最终在1867年《奥地利–匈牙利折中方案》（*Ausgleich*）之后成为盘错杂糅的奥匈帝国。此外，还存在哈布斯堡王朝皇帝在德意志帝国（或者说神圣罗马帝国）的地位问题，这个问题牵涉奥地利西部和北部领土（位于现在的德国）的经选举而产生的领导权。相比之下，在匈牙利，维也纳的统治者根本不是皇帝，而只是国王，这意味着需要在普莱斯堡[①]举行独立的加冕仪式。

在整理这个政治体的杂乱无章的术语时，我宁愿追求简明和一致，在迫不得已的时候，我宁可表述清楚，也不愿学究迂腐。我使用“哈布斯堡君主国”和“哈布斯堡帝国”来指代多瑙河流经的土地，也就是自18世纪初就成了这个王朝主要资源基地的地方。为了表述简略，我经常把这片区域叫作“奥地利”“君主国”或者“帝国”，同时用德语的“帝国”（Reich），来特指主要在德意志地区和多瑙河之外地区的神圣罗马帝国。

① 即现斯洛伐克共和国首都布拉迪斯拉发（Bratislava）的德语名称。——译者注

在指代哈布斯堡王朝家系时，我使用的是其主要名称，为读者免去了区分其众多分支的麻烦。

在地名方面，我也采取了类似的做法。在哈布斯堡王朝统治的几个世纪中，帝国的大多数城镇都有不止一个名称，总是包括一个（哈布斯堡王朝官方的）德语名称，以及另一种或另外几种当地语言的名称。帝国覆灭后的一段时间内，出于政治、语言、民族上的考虑，这些城镇又被重新命名。为简明起见，我决定在大多数情况下使用德语名称。因此，我使用“普莱斯堡”而不是“布拉迪斯拉发”（斯洛伐克语）或“波若尼”（马
xiv 扎尔语），“特莱西恩施塔特”而不是“泰雷津”（捷克语），“赫曼施塔特”而不是“锡比乌”（罗马尼亚语）或“瑙吉塞本”（马扎尔语），等等。在少数值得一提的情况下，如果所讨论的城市或地点已为英语读者熟知，以至于其他称呼会造成不必要的困惑，那么我就会放弃这种做法。因此，我使用“Prague”（布拉格）而不是“Prag”，“Cracow”（克拉科夫）而不是“Cracow”，“Budapest”（布达佩斯）而不是“Ofen”，“Vienna”（维也纳）而不是“Wien”，“Danube”（多瑙河）而不是“Donau”。我也尽可能地使用德语的技术或军事术语，比如使用“Tschardaks”（一种瞭望塔）而不是“çardak”“ardaci”“eardaci”和“Chartaque”，使用“Grenzers”（格伦茨步兵，巴尔干半岛的边防军）而不是翻译成英式英语的“borderers”（边境居住者）。

我知道，在中欧和巴尔干半岛这样充满悲剧和民族血泪史的地区，使用德语地名，很可能会伤害民族情感，激起一些家庭的苦涩记忆，因为这些地方对于他们来说承载着深沉的意义。然而，使用现今地图上的地名，无论多么得体，也会有损一致性，并且会与书中经常引用的具体到各个时期的地图不相符。尽管意识到了使用德语中心主义方法的风险，但我还是审慎地决定通过哈布斯堡王朝统治者、外交官和将军的视角，而非现今的滤镜，来看待哈布斯堡君主国的地点。书中出现的任何错误，皆我之过。

第一章 1

哈布斯堡谜题

当心，陛下……您的王国有些松散凌乱：它与北方、南方、东方的国家接壤，还是欧洲的中心。陛下必须给它们立下规矩。

——萨伏伊的欧根亲王（Prince Eugene of Savoy）

如果……一个帝国，只有拥有安定的边境且丝毫不用畏惧邻国，才算得上强盛，那么，奥地利只能算作弱国，尽管它幅员辽阔，足智多谋。

——文策尔·安东·冯·考尼茨（Wenzel Anton von Kaunitz）

1700年11月1日，“中魔者”卡洛斯二世，这位费利佩二世的曾孙、西班牙哈布斯堡王朝最后一位国王，无嗣而终。他死后，一个曾统治着从秘鲁到布拉格的大部分已知世界的王朝，失去了其在西欧最大的领地，并被赶到了欧洲一隅。哈布斯堡帝国的新驾驶舱，在1 600千米以外的东方，由一群破败衰微的公国和王国组成，位于基督教世界和土耳其帝国之间的动荡边境上。其首都维也纳，是哈布斯堡王朝东部分支众大公的所在地，近500年来，他们一直统治着中欧大部：起初身份是边疆领主，后来是神圣罗马帝国皇帝及波希米亚和匈牙利的国王。

奥地利哈布斯堡王朝的东部王国，不仅不同于该王朝的西欧领地，且与兴起于其周围的其他欧洲列强亦有差异。经过几个世纪的通婚、战争、外交和命运等方面的积累，它已成为部落——日耳曼人、马扎尔人、斯

拉夫人、犹太人和罗马尼亚人——和语言的大杂烩（*omnium gatherum*），
而将他们联结在一起的纽带，是地理上的机缘巧合、法律上的限嗣继承和
统治他们的皇帝本人。这片多民族聚居的土地可谓战事不绝。哈布斯堡君
2 主国发源于多瑙河及其支流的沿岸和边远高原，位于世界上最大的地缘政
治中间地带之一——一个地处由波罗的海、黑海和亚得里亚海所形成地峡
的底部的三角洲。作为数千年来入侵必经之地，这片多瑙河流经的土地既
是文明的交界线，也是军事的前线——是基督教、东正教和伊斯兰教在向
欧洲动荡不安的东南角汇集过程中的碰撞点。

奥地利哈布斯堡王朝四面受敌。在南边，是“老冤家”奥斯曼帝国。几个世纪以来，“东方之疆”（*Marca Orientalis*）或“奥地利”的土地，构成了一堵用来抵御“好战”的伊斯兰教国家的基督教壁垒，扛起了由拜占庭以及中世纪的塞尔维亚和匈牙利王国所遗留下来的前线防御重担（因为这三个国家迅速相继陷落于进犯的奥斯曼军队之手）。在东边，是绵延不绝、车马绝迹的匈牙利大平原，这片荒芜的辽阔土地前不久还掌握在土耳其人手中。在这里，那些“好勇斗狠”的新教徒亲王们仍然在抗拒天主教维也纳的统治。越过匈牙利，俄罗斯帝国这个巨人便浮现出来，其军队刚刚踏上向四面八方攻城略地的征程，他们最终将到达多瑙河沿岸和黑海之滨。在北边，是仍在扩张的瑞典帝国及其波罗的海邻国，初露锋芒的军事王国勃兰登堡-普鲁士，以及因衰败而招致强邻侵袭的大国波兰—立陶宛联邦。而西边则零散分布着富有却不安分的神圣罗马帝国的附庸国和北意大利，更远处是军事超级强国波旁王朝法国，它是哈布斯堡王朝的宿敌（*Erbfeind*），几个世纪以来都在觊觎中西欧的至尊地位。

只要西班牙还留在哈布斯堡家族嫡系的手中，施加在帝国东部的多方压力就不成问题。尽管没有作为一个统一的整体来管理，但哈布斯堡王朝的各领地在战争中还是会互相支持与帮助。至少在17世纪西班牙方面的实力开始败落之前，奥地利还可以指望西班牙来转移法国的注意力和资源，也因此可以避免双线作战（*double guerre*）的危险。但随着卡洛斯二世去世和波旁家族亲王登上西班牙王座，奥地利的西欧分支的支持也灰飞烟灭了（见图1.1）。

随之而来的种种危险，是这个多瑙河畔帝国仅凭军事实力所应付不来的。此前几代的哈布斯堡王朝君主偶尔还有能力调动强大的进攻性军队，并在卡尔五世（Charles V，1500—1558年）时期和蒂利伯爵（Johann Tserclars von Tilly）与华伦斯坦（Albrecht Wallenstein）的帝国军时期达到了军事霸权的顶峰。而哈布斯堡王朝的东部分支多少有些相形见绌，它在寻求建立一支大规模常备军时，就会受累于其民族混杂的王国内持续的财政和宪法限制。

奥地利所面临的威胁能造成多么严重的困境，在卡洛斯二世逝世后爆 3
发的战争中变得显而易见了。所谓的西班牙王位继承战争（1701—1714年）让波旁家族夺得了西班牙的王位，法王路易十四的战争机器也因此得以向神圣罗马帝国的皇帝利奥波德一世（Leopold I）调转，后者的奥地利军队在规模上只有其对手的1/10。在失去习以为常的西班牙支持基础

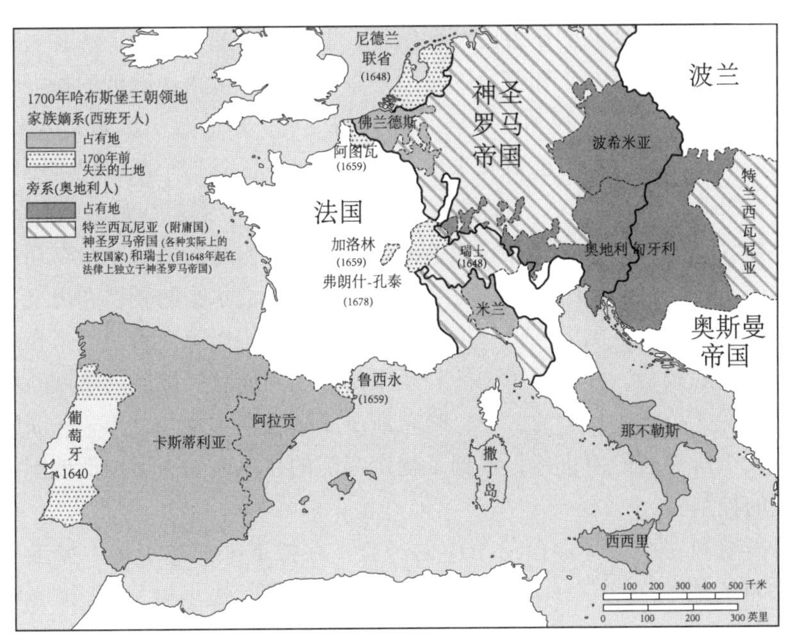

图1.1　哈布斯堡王朝领地，公元1700年前后。

来源：Alphathon/ CC-BY-SA-3.0。

后，奥地利哈布斯堡王朝被卷入了令人绝望的五线作战之中。在意大利，利奥波德和他的儿子约瑟夫一世（Joseph I，后于1705年即位）要面对法西联军，后者谋求的是保留由西班牙哈布斯堡王朝拥有的富庶的意大利领土。在德意志，他们遭遇的是法国和巴伐利亚的联合攻击，这两个国家意在夺走哈布斯堡王朝在神圣罗马帝国中的主导权。在南边，出身贵族的起义者费伦茨二世拉科齐（Francis II Rakoczi）趁着边境局势再次紧张，唆使马扎尔人和奥斯曼帝国——后者渴求收复先前不久被奥地利夺去的土地——一起叛乱。而在北方，瑞典卡尔十二世（Charles XII）的强大军队，则威胁要进犯波希米亚，以支持奥地利的新教徒少数团体。

西班牙战争这项重大事件，生动而残酷地概述了奥地利作为被包围的
4 强国，在欧洲极不稳定的局势中经常面对的种种困难。在战争达到高潮之前，奥地利的腹地正被东西两股入侵军队威胁，此时法国军队正沿着多瑙河行军，而匈牙利的库鲁兹（*kuruc*）劫掠者正在鞭挞维也纳的市郊。在战争结束时，奥地利的军力已消耗殆尽，财政也在崩溃边缘。约瑟夫一世哀叹道："[我的盟友]知道我的军力是多么分散，散落在欧洲的每一个角落……知道我在匈牙利和特兰西瓦尼亚的处境；知道万一瑞典突然来袭，纠集一支军队来保护自己对我来说是多么困难，而且这个威胁仍是不容忽视的；知道我多么弱小……而在帝国里，作为皇帝，我本应是最强大的。"[1]可不知什么原因，尽管摆在它面前的是似乎无法逾越的威胁，哈布斯堡君主国还是挺了过来。哈布斯堡王朝使出了远超他们水平的智谋和勇气，在布伦海姆阻止了法国的入侵，把波旁家族逐出了伦巴第，遏制了来自瑞典和土耳其的威胁，并夺回了匈牙利叛军的领土和匈牙利贵族的忠诚。在最终达成的《拉施塔特和约》中，哈布斯堡王朝收获了意外之喜——获赔领土远大于所失去的西班牙，得到了物产丰饶的北意大利和远至低地国家的土地的控制权。

奥地利在西班牙即位纷争中的经验，在接下来的几十年中派上了用场。新的战争一次又一次地在这个君主国遥远的边境爆发。《拉施塔特和约》订立仅仅两年后，奥地利又与土耳其交战；19年后——比第一次世界大战和第二次世界大战的间隔还短——它又卷入了与法国长达5年的战争。3年后，它遭到了敌人的三面入侵，腓特烈大帝的军队将这个

国家推向了灭亡的边缘，使其陷入了长达近30年的战争和危机之中。在短暂的喘息和又一场与土耳其的战争之后，奥地利被迫投入了与法国长达23年的争斗之中，它经历了首都沦陷，领土也遭蚕食殆尽，古老王朝地位沦落，成了拿破仑的二等乞丐和姻亲。总而言之，在1683—1866年这183年的时间里，奥地利可能只有75年没被卷入冲突之中（见图1.2）。

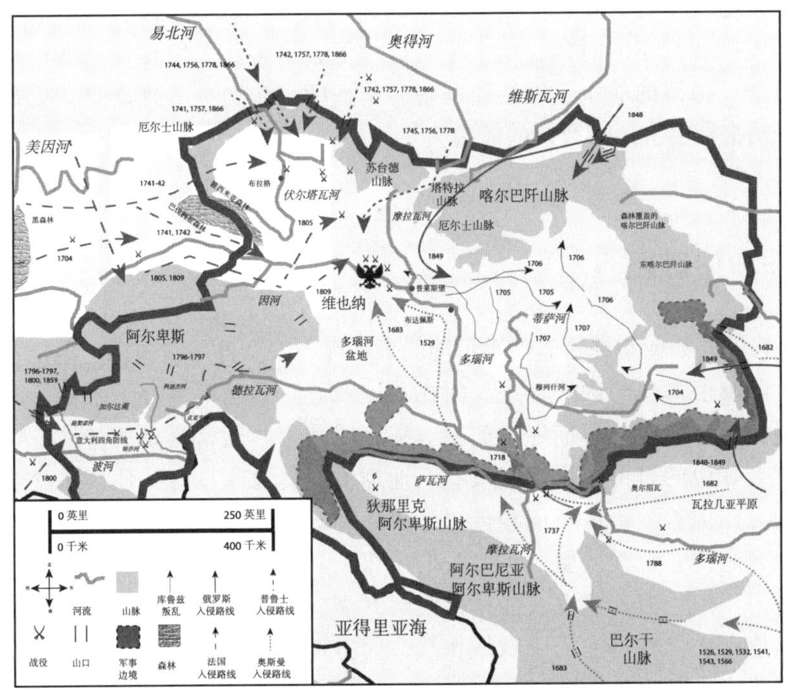

图1.2　1680—1866年期间针对哈布斯堡帝国的主要战役与入侵。

来源：欧洲政策分析中心（Center for European Policy Analysis），2017年。

在这些军事对抗中，奥地利鲜有好牌可打。在所投入的大部分战争中，它的军队战力平庸，将领心不在焉，财政摇摇欲坠。大多数战争都以奥地利破产为结局。它一直以来都面对着比它数量更多、技术更先进的敌人，偶尔还会遇到名垂军史的指挥官。多线战争的威胁从未消失。
然而，哈布斯堡君主国却一次又一次地挺了过来。它顶住了奥斯曼帝国
的围攻、波旁王朝争夺欧陆霸权的远征、腓特烈大帝为瓜分它所作的多
5 次努力以及为击败拿破仑而作的不少于四次的失败尝试。每一次，它都
经受住了近在咫尺的威胁，而且往往站在了胜利的一边。尽管输掉了大
部分战役，但它赢得了大部分战争，并持续扩张了其版图，而在很久之
前，它就已被认为是苟延残喘了。它甚至一度统治了欧洲的外交，向外
部环境施加了与其资源完全不成比例的影响力。总的来说，从中世纪开
始到飞机和汽车的时代，这个王朝延续了五百多年。以任何标准——存
续时间、赢得的战争、维持的联盟和施加的影响力——来衡量，哈布斯
堡帝国都算得上地缘政治的成功。

哈布斯堡谜题

我们要如何解释这看似不可能的成功呢？一个外部被包围、内部不安
分、财政很薄弱的国家，是如何在欧洲最危险的地区生存下来甚至繁荣
发展的呢？倘若哈布斯堡王朝拥有那些成功帝国通常具备的特性，也就
6 没什么好说的。可他们毕竟没有。地理上，奥地利没有其他众多欧洲列
强的天然优势。不像英国和俄国，奥地利既没有大海围护，也没有广袤
草原来庇护它免受威胁。正如我们将要见到的那样，它的山脉承担了部
分防卫压力，但这些也只能稍微缓解其多线作战的困境。法国或普鲁士
在危急存亡之秋可能面临双线作战，而奥地利则面对着来自罗盘上每个
方位的威胁。哈布斯堡王朝长达6 400多千米的边境守卫线，使得这个君
主国遭遇了战斗方式截然不同的敌人，从传统的欧洲陆军到鞑靼劫掠者
和奥斯曼帝国的半亚细亚军队，他们中任何一支军队都可能进行突然袭
击。对付他们，奥地利军队就要做好在各种地形的战场——崎岖不平的
巴尔干、白雪皑皑的阿尔卑斯山和疟疾横行的多瑙河三角洲泛滥平原——
进行交锋。

哈布斯堡王朝没有足够强大的军事手段，来控制这片令人望而生畏

的区域。尽管要比许多现代评论家所断言的那样更能打，奥地利帝国军还是从未达到诸如法国、俄国或普鲁士这些陆军强国的战斗水平。[2] 一位历史学家说奥地利人“在文化上不喜欢战争和征服”，另一位又说他们的将领缺乏“杀手本能”。[3] 忠心耿耿且常常能重整旗鼓投入防御的哈布斯堡王朝军队，本身并不是用来征服、持续压制或威慑帝国众多敌人的工具。

哈布斯堡王朝也很难称得上具有一个经济霸权国家的特征。诚然，这个国家拥有强大经济所需的客观条件。它幅员辽阔（领土最多时有67万平方千米，大小相当于得克萨斯州），自然资源丰富，人口数量大致与其部分西欧敌国相当。[4] 但这种纸面实力具有误导性。纵观其历史，宪法和行政方面的复杂情况，让哈布斯堡君主国饱受困扰，妨碍了资源的系统调用。一代又一代的君主竭力提高政府的效率和一致性，有时也可以让这个国家稍稍赶上它的主要竞争对手。不过，奥地利永远无法取得欧洲顶级经济强国的地位，也不能兑现这个辽阔帝国应有的巨大潜能。

在这些方面——地理上、军事上和经济上——都不能说这个奥地利王朝享有显著的决定性优势，能够确保其地位不受摆在它面前的众多潜在敌人的威胁。外部环境把奥地利置于持续危险的处境，与此同时，帝国的政治和经济结构，也限制了其有效回应外部威胁和维护长治久安的可 7
行手段。考尼茨亲王，这位18世纪末哈布斯堡王朝最重要的政治家，在总结奥地利的困境时写道：“如果一个……帝国，只有拥有安定的边境且丝毫不用畏惧邻国，才算得上强盛，那么，奥地利只能算作弱国，尽管它幅员辽阔，足智多谋。它被三个非常危险的邻居包围，有的比它更强，有的和它一样强。”[5]

一种常见的解释认为，哈布斯堡君主国之所以国运长久，是因为它是一种“必需”的存在——就像一座工事，在东西方文明交汇的动荡之地，其长久存在能为欧洲提供一种宝贵的公共服务，以至于它的邻居甚至对手都不敢拆毁它。在这种观点看来，这个帝国之所以存续这么久，不是因为哈布斯堡王朝政治家们所作的任何决定，而是因为其他列强想要其存在。因此，列强们打了打算盘（不止一次，而是反复打了几个世纪），还是决定支持它，以防它的崩溃产生他们无力解决的麻烦。

正如我们将要看到的，奥地利确实往往能够与那些或多或少想要保住哈布斯堡君主国的国家结成联盟，这些国家起初是把哈布斯堡王朝当作抵御土耳其入侵者的基督教缓冲区，后来则是稳定均势的压舱石。但是认为奥地利有必要存在这一观点，本身不足以解释它的成功。奥地利被那些好斗的邻居们多次入侵，他们不仅不视其为必需，反而觉得它是他们扩张路上不合时宜的绊脚石和有待瓜分的战利品。举个最为著名的例子，在奥地利王位继承战争（1740—1748年）中，奥地利面对着不少于五个决心合伙瓜分其最富饶土地的敌人。眼看哈布斯堡君主国就要崩塌，不论是奥地利的敌人，还是传统盟友，都没有因为它的领土可能减少甚至尽失而特别不安。腓特烈大帝言简意赅地表态道："奥地利人去死吧！"法国主教弗勒里（André Hercule de Fleury）兴奋地高呼："哈布斯堡家族完蛋了！"[6] 在伦敦，纽卡斯尔公爵（Thomas Pelham-Holles, Duke of Newcastle）对上议院直言不讳地说道："维持均势和欧洲的自由不能……依靠保全那个奥地利家族的所有领地来实现。"[7]

虽然这段插曲是一个极端的例子，但它却透露了哈布斯堡君主国生活中两个显著的地缘政治的残酷现实。首先，如果奥地利被认为过于软弱，那么它在其他大国眼中的地位就会迅速恶化——事实上，它的多民族组成使它成为欧洲棋盘上掠夺成性的收复失地主义者[①]最顺理成章的目标。其次，均势会像一种地缘政治上"看不见的手"一般运转的假设，不是
8 哈布斯堡王朝的政治家们可以不把它当回事的理由；像历史上所有的国家一样，不安是奥地利的永恒现实，而安全是一件太过珍贵的商品，不能托付给地缘政治这种替代品的抽象概念。无论奥地利为均势带来了什么好处——正如我们将看到的，哈布斯堡王朝的政治家们非常清楚它的作用——仅仅是作为一种必需的事实本身，并不足以成为承载君主国存在的坚实基础。

① 原文为"revisionist"，在本书中应指领土收复主义（territorial revisionism）。领土收复主义又称民族统一主义，是指以统一同种族同胞或收复历史领土为由，兼并别国领土的意识形态。——译者注

缺失的一环：战略

认为奥地利是一种必要的存在的内在含义，是奥地利在某种程度上受到国际体系的监护，这其实暗示了其领导者在引导（更别说掌控了）安全结果时，在一定程度上是无能为力的。或许也正因如此，哈布斯堡君主国如何构想并执行战略的问题，尚未受到与历史上其他大型帝国相当的关注，就不足为奇了。奥地利给人的模糊印象，不过是其在早期通过联姻取得了成功，这段历史可以用一句常被复述的表述概括：仗让别人去打吧，但是你，幸福的奥地利，要喜结连理；因为战神马尔斯送给别人的一切，爱神维纳斯都赠予你（*Bella gerant alii*，*tu felix Austria nube/Nam quae Mars aliis*，*dat tibi regna Venus*）。可以确定的是，哈布斯堡君主国覆灭后的那个世纪里，已经有许多关于其外交政策的详尽且严肃的记述。[8] 但关于哈布斯堡王朝的大战略本身的研究，却完全没有。[9] 历史学家们只要思考过这个问题，就会质疑奥地利是否具有有意识地使用战略的能力。历史学家查尔斯·因格劳（Charles Ingrao）写道："如果说［奥地利的］政治家们为了应对他们边境地区的挑战，有意识地构想出了全面而协调的计划，那就大错特错了。"相反，"危机在某个特定战区出现时，［他们］才墨守成规地把全部精力投入应付这些个别危机之中"。"没有证据，"他继续写道，"证明皇帝和他的大臣们为了在国境外常设一个安全缓冲区，而构想出或者明确详述过一个战略。对于奥地利在中东欧中心地带的暴露位置所造成的多种战略困难，他们也没有表达过多少深刻的认识。"[10] 迈克尔·霍希德林格认为，奥地利"往往不得不满足于维持现状，如果这也无法实现，就要满足于最后时刻能够对严重的外部威胁作出防御性反应"。[11] 曼弗雷德·豪亨施坦纳（Manfried Rauchensteiner）发现，奥地利几乎完全没有通常伴随主要陆军强国的战略发展而生的本土军事理论偏好。[12]

或许，奥地利人的大战略这一议题之所以尚未受到更多的关注，是因为哈布斯堡君主国并不是人们刻板印象中的成功帝国。在标准叙事中， 9

强国在地缘政治中取得胜利，是通过积累物质资源上的优势，并在之后把这种优势转化为有能力进行领土扩张的军队和舰队来实现的。[13] 这种模式本质上是进行进攻性军事行动的能力。其实，在西方的观念中，与战略这个概念紧密交织在一起的，就是普遍意义上的进攻，尤其是拿破仑式的理念——卡尔·冯·克劳塞维茨（Carl von Clausewitz）的后期作品巩固了这种理念——依靠大胆突击、机巧策略和迅速行动来取得胜利。[14] 军事历史学家们只对那些通过征服而获得成功的国家——斯巴达、马其顿、鼎盛期的罗马帝国、拿破仑时期的法国以及必不可少的普鲁士——感兴趣，也就不足为奇了。相比之下，防御性战略这个概念给人以消极、被动甚至愚蠢的印象，比如在亚历山大大帝的军队面前吓得双腿发软的阿契美尼德王朝波斯帝国，躲在马其诺防线后面的法兰西第四共和国。结果就是，在战争研究中对进攻性战略的偏爱，导致我们倾向在军事扩张发生的地方寻找战略的蛛丝马迹，并把胆大妄为称作智慧，谨小慎微视为愚蠢。[15]

就奥地利的情况而言，众多敌国给我们留下的对于哈布斯堡帝国行为表现的否定评价，或许又强化了这种效果。在《坎坡福尔米奥和约》（*Peace of Campo Formio*）谈判期间，拿破仑当着奥地利使节的面，断言哈布斯堡君主国“不过是一个习惯了被所有人蹂躏欺凌的老女仆”；而俾斯麦在“奉承”之能事上，有过之而无不及，他把奥地利比作一艘锚定在海湾，从里烂到外的“虫吃鼠咬、陈旧腐朽的西班牙大帆船”。[16] 拿破仑战争后，普鲁士军官们批评他们的奥地利同僚行事拖沓，其中最不留情面的，要数克劳塞维茨，他尖刻地批评了卡尔大公（Archduke Charles, Karl Ludwig John Joseph Lorenz，1771—1847年）对于过时的18世纪消耗战的死硬坚守。第一次世界大战之后，德国军官和军事学家以类似的腔调，毫不留情地反思了奥地利盟友在军事战略方面的表现，认为他们应当为德国输掉战争负部分责任。[17] 克劳塞维茨的不满，和德国军事专家阶层——英美战略家的终极权威来源——的评价，都在现代战略研究中给哈布斯堡王朝蒙上了一层阴影。

当下讨论的这个帝国未能存续到现在的事实，只会让这个观点更有力。奥地利的覆灭似乎已然写进了哈布斯堡王朝的基因编码，根源既在于战略上的失败，又在于地缘政治上不可避免的结果。因此，我们头脑中浮现出了一个奇迹和麻烦并存，谋略时马虎笨拙的帝国——它不合时宜，且长远来看注定灭亡，可除了在危机出现时作出的必要反应外，它没花多大力气，就在争斗最为激烈的地区存活了几个世纪。[18] 只要谈及在延续奥地利的存在中发挥了重要作用的策略，人们就会说，是奥地利在某个模糊的早期历史时刻，适时地进行了联姻；随之而来的存续，不是因 10
为奥地利自己领导者所采取的战略决定，而是**其他**强国所设计的战略的副产品，因为它们才拥有卓识远见（甚至是运气），能够认识到保全奥地利的必要。

战略的必要性

如果在西方的战略想象中，几乎没有奥地利哈布斯堡王朝的一席之地，那么这将是一个遗憾。因为尽管或许不像其他欧洲强国那样好战，哈布斯堡王朝在其历史上的大部分时期，在延缓战败和达成地缘政治中任何国家都追求的终极目标——生存——方面，都要更为成功。用梅特涅（Klemens von Metternich）的话讲，哈布斯堡王朝的办法“不英勇雄壮，但［它们］拯救了帝国”。[19] 在资源稀少且威胁众多的情况下，奥地利人在多瑙河流经的土地上成功地站稳了脚跟，实现了根本上可以负担得起的安全，而这种安全，只有在20世纪末，凭借西方军队和政治机构的扩张，才得以复制。

本书认为，要解释这份成就，就必须理解哈布斯堡王朝为应对困境而谋划的战略。[20] 所有想要生存的国家都需要战略。强国尤其要发展高级战略或者大战略，才能在与其他强国的角力中屹立不倒。[21] “大战略”（grand strategy）这个词在其问世的那个世纪里，已得到了许多种解释。[22] 至于本书的目的，可以从以下三个层面思考：“何谓”“何如”“何时”。[23] 这第一个层面，也就是实际作用方面，描述得最好的，要数国际关系学者约翰·刘易斯·加迪斯（John Lewis Gaddis），他把大战略定义为“想方设法地利用自身手段实现远大目标”。[24] 由于手段和目的之间的权衡并非一时之举，而是要在一个强国的生命周期里反复发生，因此，人们要知道它必须包含一个结构性的成分，或者说“何如”——一种手段和目的之间的权衡借以在几代人之内或之间传递的方式。或许，把大战略的这一层面处理得最好的，当数外交史学家哈尔·布兰茨（Hal Brands），他把这一层面描述为“概念性框架”，或者说，“一幢给外交政策以体系的智识结构；一套帮助国家在复杂危险的世界中乘风破浪的逻辑”。[25]

最后，大战略还有“何时”层面——一个国家或帝国生命之中，其领导者最需要面对手段和目的之间权衡的一段时间。[26] 尽管国家在和平与战争时期都可能会谋划大战略，但只有在战争中，在一个社会面临武装冲突的危急之秋，对大战略的需求才变得迫切。战争给国家带来了厘清自身的机会。就像一本教程，战争让国家认清了可使用的手段与企求目标
11 之间的差距。战争，尤其是激烈持久的战争，能够让政策制定者在权衡手段与目的时的注意力，不再拘泥于帝国的现状，而是面向国家的未来，正如历史学家威廉森·默里（Williamson Murray）所言，战争强迫他们“超越当前需求并作出行动”，并“在思考未来时考虑这个政治实体的目标”。[27]

国家制定大战略，并不是因为它们有智慧，而是因为它们没有的话就会灭亡。任何时代的政策制定者只有在危机出现时，才会有作出反应的冲动。但是地缘战略方面的威胁往往会纠正这种冲动，迫使国家为了避免灭亡，而做好进行竞争的思想和物质准备。[28] 一个国家可能在某场特定的战争中执行某种特定的大战略。但是，只有在接连几代的政治家们在地理环境的限制内，不断摸索尝试平衡手段与目的的基础上，一个更为广泛，为这个国家所独有，与这个国家特有的国情与地理条件相适应的大战略框架或逻辑的轮廓，才会从多次战争的经历中显现出来。在这个意义上，大战略在本质上与习得行为有相似之处。大战略之于国家，就像本能之于动物。它是一套为了应对周围环境而形成的规则，通过奖惩不同行动的方式来指导行为。就像遗传学中的变异，背离这套规则的情况也是可能发生的，但背离程度要在由可用资源和地理环境所施加的限制范围内。

一些国家比其他国家更需要大战略。对于处于竞争性环境的国家来

说，进行手段和目的之间权衡的必要性，随着其需求的扩大而频繁且精确地增加。那些地理环境优越、鲜有外患的强国，拥有更大的犯错余地，可以在其外交政策中，将塑造秩序的任务排在竞争优先级列表的后边。真正的“无为”政策[①]——放弃积极的外交活动和军事准备——如果存在的话，往往是由那些高度隔绝于地缘政治持续压力的海洋性国家所奉行。因此，19世纪的英国被认为能够凭借金融和海军霸权的合力，远程解决种种问题，用索尔兹伯里勋爵（Lord Salisbury）那言犹在耳的名言讲，就是“懒洋洋地顺水漂流，不时拿出一根外交手段的钩篙来避免碰撞”。[29]相比之下，那些面临着迫在眉睫的威胁或者安全基础先天薄弱的强国，迫切地需要考虑它们应如何利用自身手段实现目标，并在这个基础上，要为国家设定优先处理的事项。[30] 弱国**需要**最纯粹的战略，即一套用来弥补军事能力差距的花招诡计。对于它们来说，战略是一种补偿，或者用神圣罗马帝国将军赫尔穆特·冯·毛奇（Helmuth von Moltke，1800—1891年）的话讲，就是“替代品”（*Aushilfe*），或一种用来弥补军事实力层面缺失的知识和推理能力上的补充物。[31] 需要填补的差距越大，对战略的需求也就越大。[32]

哈布斯堡王朝大战略的论据 12

本书认为，哈布斯堡帝国进行了上文所概述的所有层面的大战略的研究，且正是其领导者设计的计策，而不是其军队的实力或者邻国的仁慈，才是这个强国国运长久的主要原因。我在此提出四个观点。第一，我主张，哈布斯堡君主国作为一个处于中间地带的强国，其地理环境迫使其执行高级战略，且这种战略不是一种用来巩固国防实力的手段（因为就奥地利的情况而言，这项事业是靠不住的），而完全是一种谋求生存的必备条件。[33] 实在太多的威胁，让被动的危机管理行不通，因为往往是

① Policies of drift，直译为“漂流政策”，指不主动引导或控制事物发展的进程，让事物顺其自然地发展。——译者注

“碰撞”（在此使用索尔兹伯里勋爵的说法）主动找上船来。尽管并不决定奥地利大战略的内容，地理环境确实提供了影响深远的提示，而且对于这些提示的忽视将引发灾难。我断言，这些提示早在西班牙王位继承战争时期就已经存在了，只不过被萨伏伊的欧根亲王的军事成功所掩盖了。欧根亲王去世后一连串的战败，让奥地利的统治者如梦初醒，开始谋划战略，这并非智慧所驱，而是生存所迫。接下来连绵几十年的战事，确保了支撑这种大战略所需的教训、思维模式和形式结构不仅没有消失，反而根深蒂固地写进了哈布斯堡君主国作为强国的基因里。

第二，我认为，哈布斯堡君主国的内部构成，决定了奥地利根据实际情况所预计的可以执行的大战略的类型。具体来说，缺少丰富高效的进攻性军事工具（这是由国家的财政限制和内部组成所决定的），有效排除了一个处境与奥地利相当的陆地帝国，借以回应其地理环境所提供的最明显有效的手段。倒不是说哈布斯堡王朝对于互不侵犯怀揣着某种哲学上的执着，恰恰相反，这个王朝最初是以边疆军阀的身份占据土地的，而战争从一开始就成为这个多瑙河畔帝国的一部分。[34] 此处的主张是，奥地利拿得出手的军事力量，即使在其资源动员能力最强的时候，也远远不足以完成通过军事手段实现国家安全的任务。这一重要现实，更加促使奥地利把大战略当作一种工具来使用，以弥合手段与目的之间的差距，与此同时，也确保了在奥地利所执行的任何战略中，军事力量将和其他非军事手段一样，居于次要地位。

第三，我认为，在地理环境和内部环境的双重限制下，一个条理清晰的智识框架出现了，它在本质上是以防御为主的，并且专注于避免超越其承受能力的力量试练，从而保全奥地利脆弱的地位。尽管脆弱不堪，
13 哈布斯堡君主国却拥有一些天然的优势——重峦叠嶂的边境和忠心耿耿的军队，以及奥地利在欧洲均势中作为一股维护秩序和合法性的力量的精神优势。尽管没有一项优势足以赋予这个国家施行肆无忌惮的政策（policies *de l'audace*）的基础，但这些优势加在一起，便成了一种手段，可以用来制约其他恣意妄行的国家。我的看法是，为了消除可用手段与预计目标之间的差距，哈布斯堡王朝使用了——起初是按需使用，后来则是同步使用——地形、技术和协约权利这三个工具箱。它们构成了不

同于欧陆强国的奥地利独有的战略框架或体系——其各组成成分之间协同工作，相互依赖，从而增强彼此的效力。

尽管该体系的重要特性随时间而变化，但我发现，在本书所涉及的时期内，哈布斯堡王朝战略有三个重要主题：

1. 在国家所有边境地区的周围都设立安全缓冲区。位于德意志、意大利、波兰和巴尔干各国的中介体（intermediary bodies），通过在奥地利腹地和敌国之间设置可进行防御的空间，弥补了奥地利孱弱的军力，提供了一种可以用来拓展哈布斯堡王朝影响力的手段（即那些半独立的附庸国），且不用付出正式帝国实现同样效果所需的成本。

2. 保有一支由边境要塞网络支撑的“存在军队”（army-in-being）[①]。由于缺少其他陆地强国的侵略资本，奥地利因此将军队当作王朝的工具来发展，这支军队效忠于皇帝，主要由天主教徒组成，主要任务就是不被消灭，也因此要承担保证国家存续的责任。这种责任催生了一种普遍的对冒进行为的厌恶和对后援力量（尤其是基于地形打造的防御战术和工事）的大量使用，也因此节约了兵力，最大限度地利用了帝国的内部通信线路。

3. 结盟制衡。哈布斯堡王朝治国术中最不可或缺的，就是积极灵活的外交手段，而这种手段的目的，是将盟友和潜在敌人双双拖下水，从而减轻施加在奥地利脆弱处境上的压力。通过与弱国联盟，奥地利获得了附庸国的军队和其作为监护国使用的要塞（tutelary fortresses）。通过防御性的联盟、集团国联盟和绥靖政策，奥地利先是努力实现并在后来超越了均势，其目的是阻止别国夺取霸权，并且建立一个由哈布斯堡王朝领导的独立的欧洲中心。

第四，我认为，通过使用这些工具，哈布斯堡王朝的大战略形成了

① 与阿尔弗雷德·塞耶·马汉在《海权论》一书中提出的“存在舰队”（fleet-in-being）概念类似。可大致理解为一支不贸然参战，主要通过威慑或牵制敌人来施加影响力的军队。——译者注

14 对于战略竞争中的时间要素的重视。[35] 在资源稀缺的情况下，要应对多线作战的危险，就需要拥有在特定时间和地点集中力量的能力，与此同时，还不能在其他边境地区招致不可接受的高风险。这就需要奥地利的领导者想方设法，在两个层面上操纵时间——先后顺序（各次冲突何时发生）和持续时间（每次冲突持续多久）。我认为，审视时间因素的需求，在17世纪奥地利和土法联军的战争中，被西班牙的援助压抑了，而在18世纪早期，又被欧根亲王的攻势搁置了，这也使得奥地利可以执行一种“激进的”战略，即在不同战场之间转移注意力。[36] 后续的战争，促进了更多的用以解决问题——起初是个别边境地区的问题，后来则扩展到整个帝国范围内的问题——的形式结构的发展。通过操纵战略中的时间维度，奥地利能够（通常是没问题的）减轻多线作战的压力，且不必付出全方位防御准备所需的全部成本。当失去达成这种平衡的能力——不管是因为无力控制的变化，还是（这一点至关重要）由于转向了一种更加军事中心主义的，更具侵略性的，抛弃了其传统大战略中关键原则的安全政策——奥地利就失去了决定性的支配时间的能力，且将遭受足以决定其大国命运的灾难性失败。

证据与方法

本书主要考察的时间范围，是奥地利作为独立强国和哈布斯堡政权在欧洲的主要驾驶舱的时期，即从18世纪初失去西班牙开始，到1866年战败于普鲁士之手结束。之前的时期，就是王朝利益涉及更多更广的问题（包括西班牙和海外殖民地）的时期，对于哈布斯堡王朝的决策制定来说，需要的是在质上不同的大战略谋划，以及一个更为广泛的权力基础。[37] 1866年之后（尤其是第一次世界大战前几年）的时期，历史学家已着墨颇多。这个时期的主题，就是哈布斯堡政权在欧洲遭受了一定程度的削弱，这是因为国家失去了主要的缓冲地带，其大战略也因此少了许多回旋余地，这样的情况非常严重，以至于奥地利还能否真正独立地运筹帷幄，都成了问题。[38]

在考察1700—1866年这个时期时，我所感兴趣的，在于理解哈布斯堡王朝的领导者们如何解决大战略问题，以及他们所执行的大战略的内容。哈布斯堡王朝的大战略，并非记录在某份纲领性文件里。然而，大量相关证据却存在于文件、机构和行为表现之中。哈布斯堡君主国这个官僚透顶的帝国，在生产事无巨细的记录文件（只要和权力有关，再无聊的事情也要记录）这方面，可谓跑在了所有现代国家的前面。奥地利 15
的军人在战略和战事方面大书特书；为了将奥地利设想为一个防御性整体，还绘制了地图；为了了解自己和敌人的表现，他们研究了奥地利过往的战争，以备未来的不时之需。哈布斯堡王朝的外交官们和君主们进行了大量通信，还把概述他们对于奥地利战争期间与和平时期的战略选项的思考写进了备忘录。

哈布斯堡王朝的大战略也反映在各种机构之中。这些机构是奥地利为了制定和执行关于（概念和实际层面上的）手段和目的的决策而设立的。[39] 其中就包括宫廷战争委员会，这个常设机构专门为战争准备而生，既是一支专业能干的外交队伍，又是一个情报部门，还是一个参谋部。与现代官僚国家一样，在哈布斯堡王朝的奥地利，施加在战略决策制定上的影响力，也并非一成不变，而是随着皇帝的更迭，在各政府机构和各大臣之间游移。但相比今天，或许在更大程度上，皇帝本人和他的亲信圈子把权力更多地攥在了自己手中，这也让大战略的思路（如果不是政策重点的话）在世代相传中有了延续性。影响他们思考的，是作为一个大国的一贯的使命感，这种使命感深植于这个君主国的天主教信仰，扎根在哈布斯堡王朝作为神圣罗马帝国皇权所在和抵御土耳其人的基督教世界卫士的历史角色中。

最后，本书将在哈布斯堡君主国所遗留下来的军事行为和物理结构中，寻找其大战略的蛛丝马迹。奥地利军队在重要战争中的表现，从欧根亲王去世后到弗朗茨·约瑟夫一世（Francis Joseph，1830—1916年）登基，都展示出了相当多的相似之处。在哈布斯堡王朝在其领土上建造的大量防御工事中（最终，帝国山隘、平原和海岸线上，散落着超过20个大型要塞和数十个小型要塞、敌台和碉堡），我们能找到更多的证据。在费用和实力的象征意义上，它们相当于如今的航空母舰。通过它们的部署地点和演变（先是在巴尔干边境，随后是莱茵河畔、波希米亚和意大利，最后是波兰），我们可以明白哈布斯堡王朝最担忧的事情、时间和地点都是什么。

意图

在对形式繁多的证据进行筛选时，我的目标不是拓展我们对哈布斯堡君主国的基本事实或大事年表的认识。现存关于奥地利哈布斯堡王朝的好书数量众多，且英文的德文的均有。[40] 其中许多面面俱到地介绍了其
16 政治和经济发展情况，统治者的伟绩与蠢行，以及对其兴衰缘由的论说。在德国，现存关于19世纪奥地利军事和战略思维的文献虽然数量不多，但极具价值。[41] 正如上文所述，在英文世界，关于哈布斯堡王朝军队和帝国历史上各个时期的安全与对外政策，已有许多极佳的原始材料。

本研究的意图，不在于沿用上述的研究方法，而是要用考察一个现代国家的动机与行为的方法，来研究作为安全行为体（a security actor）的哈布斯堡君主国。本研究致力于为日益丰富的大战略研究文献作一份贡献，并将着力突出与分析范例，而非简单地记载与描述。本研究的目标，不是增添对于这段历史本身的知识，而是探究这段历史对于现在的指导作用。如此说来，这份工作在本质上带有明显的说教性：更好地了解一个现已消亡的大国，是如何在应对种种安全挑战的过程中成功和失败的，并借此为现代治国术指点迷津。本研究不会假装认为哈布斯堡王朝一贯睿智，或者说历史在所有情况下都可以复制；但也不会把历史当作一堆不可捉摸的事实，或者否认以往国家遭遇的挑战与现在的相似。[42]

诚然，乍看之下，哈布斯堡王朝的经历与我们这个时代的困境并不那么遥远。21世纪的西方面临着威胁激增和资源受限的双重战略问题。当今的威胁在本质上来自多个维度，包含着众多挑战者（从想要冲击西方文明核心的出于宗教动机的激进分子，到大量决心要通过重塑均势而获利的工业化国家）。在对抗这些危险时，西方越来越无法依靠军事优势来维护其至尊地位。在战场上取胜愈发困难，种种威胁的本质愈发含糊，

发动短期战争的机会也愈发难以寻找，这些都质疑了经典的克劳塞维茨模式的适用性，及其对凭借全面国家动员取得决定性战果的强调。或许最为重要的是，西方越来越发现其所面对的安全问题无法被彻底击败或解决；实际上，这些问题必须被当作一种长期存在的压力来处理，因为在可预见的未来，很可能难以找到令人满意的解决方案。这项任务，是当代战略思维不太适应的，因为它既要求接受各种限制，又要保持令人疲倦厌烦的决心，而两者正是打在哈布斯堡王朝治国术上的烙印。

在述说哈布斯堡王朝如何在其所在时代实现战略治国的任务时，我知道许多历史细节将被略过。写作本书时，受篇幅所限，我不得不略去一些重要的视角、人物和事件，尽管它们各有其有趣或重要的一面，我还 17
是考虑不把它们大幅地加到文本的中心论点之中。毫无疑问，本书会因这些删减而逊色不少，但愿在复杂性和细节上的牺牲，能换来论证的清楚。按照惯例，我已尽力了解一些历史编纂学上的重要争论，并在脚注中予以标明，而与主要论点相关的，我在文中便会提及。但是，我也知道这份材料别人已详细论述，并非本书的主要目的或贡献。

本书分为三个部分。第一部分（第二至四章）考察了哈布斯堡王朝政权在内部和外部所受的限制，以及这些限制对奥地利战略思维的影响。在这一部分中，第二章描述了这个国家的客观环境及其对于哈布斯堡王朝的空间感知的影响，以及客观环境在其与列强竞争过程中创造了哪些优势和弱点。第三章着眼于哈布斯堡君主国的基本构成及其给资源调动造成的限制。第四章更加全面地探究了地理环境和行政上的繁文缛节如何塑造了哈布斯堡王朝对于军事力量和政治力量的理解。

第二部分（第五至七章）评估了哈布斯堡王朝大战略在单个边境地区层面上的演变。这个部分大体上是按照时间顺序写就的，反映了君主国所面临的主要威胁出现的顺序。在这一部分中，第五章考察了从再次征服匈牙利，到约瑟夫二世（Joseph II，1741—1790年）的最后一场奥土战争这段时间内，哈布斯堡君主国和奥斯曼帝国及俄国之间的抗衡。第六章审视了从腓特烈大帝第一次入侵西里西亚，到巴伐利亚王位继承战争陷入僵局（1778—1779年）的这段时间内，君主国与普鲁士的争斗。第七章追溯了从与路易十四的战争，到与大革命和拿破仑的残酷生死斗争这段时间内，君主国与法国之间的较量。

第三部分（第八至十章）全景式地考察了梅特涅时代和弗朗茨·约瑟夫时代哈布斯堡王朝在所有边境地区的大战略。在这一部分中，第八章审视了处于后拿破仑时代实力顶峰的奥地利，评估了会议外交及为其提供支撑的财政和防御工事系统。第九章回顾了从1848年革命和克里米亚战争，到1859—1866年接连溃败于意大利和普鲁士之手这一时期内，梅特涅体系的分崩离析。最后，第十章进行了全面反思，而后记则为我们这个时代的地缘政治提供了些许见解。

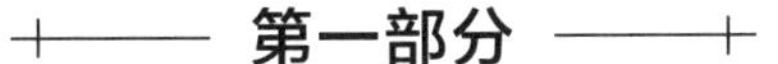

第一部分

哈布斯堡帝国的战略特征

第二章 21

多瑙河畔的帝国：哈布斯堡政权的地理环境

欧洲没有哪个地方要面对这么多敌人。

——拉依蒙多·蒙特库科利伯爵（Count Raimondo Montecuccoli）

按理说，奥地利应当占据多瑙河的全部流域，也就是从河水发源地到黑海的土地。

——迪特里希·海因里希·冯·比洛（Dietrich Heinrich von Bülow）

和所有国家一样，哈布斯堡君主国想要生存，就要有能力牢牢地掌控界线分明的领土空间。[1] 这继而需要完成两项任务：一是打造一个牢固的政治和经济基础；二是为预防内忧外患提供安全保障。[2] 在第一项任务中，哈布斯堡王朝享有地理优势，它的腹地面积狭小，临近河流，在大多数方向还有群山围护。第二项任务就困难得多，这是帝国所在的中东欧的整体安全环境造成的。易守难攻的本土地形和地缘政治的脆弱属性，都影响了哈布斯堡王朝领导者考虑和执行战略的方式。具体来说，他们一方面促进了知识的战略形式的发展，把空间理解为一个可用于防守的概念，并把注意力向外引到了边境地区；另一方面，又要求保持一种“大局观”，能够审视帝国整体的安全情况。

哈布斯堡王朝腹地

奥地利哈布斯堡王朝所掌控的地理空间，是位于欧洲东端的一片广袤
的蛮荒之地，要想守住这里，就需要驾驭巨大的地理跨度，熟悉各种气
22 候与地形。尽管哈布斯堡君主国的政治边界会随时间变化，但它的中心
却总是在欧洲地理中多瑙河–黑海区域的心脏地带，由多瑙河流域及其边
远地区的高原构成。[3] 地理上，这个地区是世界上三个重要地质构造的交
会点：从蒙古向西延伸至匈牙利的欧亚草原，欧洲中部密集的河流网络，
从比利牛斯山绵延到小亚细亚的山脉。[4]

在欧洲地形图上，这片区域的轮廓，看起来就像一只嵌在巴尔干半岛和中北部欧洲平原之间的寄居蟹（见图2.1）。它的中心区域，是多瑙河的集水区及其三个分区：奥地利阿尔卑斯山的大部分山区，半闭合的波希米亚高地，匈牙利大平原（马扎尔语为Nagy Alföld）——这片辽阔的台地，是欧亚草原的最西端。这些高原在欧洲大陆上构成了一个四面被山水环绕的独特亚区：西边是阿尔卑斯山脉，东边是喀尔巴阡山脉，北边是苏台德山脉和塔特拉山脉，南边是萨瓦河与多瑙河的交汇处——铁门峡谷（the Iron Gates）。[5]

从地缘战略角度看，多瑙河流域这片尚待统一、掌控和布防的区域，其首要特征，就是它作为中间地带的特性。正是这种特性，让它成为两片海（波罗的海和黑海）和重要地理区域（西欧半岛和欧亚平原）之间的“中间之地”。[6] 第二个特征，就是它的庞大规模。在巅峰时期，哈布斯堡君主国的面积达到了67万平方千米——纵越10个纬度，横跨18个经度——是陆地面积最大的欧陆国家，仅次于俄罗斯帝国。它西起意大利，东至东特兰西瓦尼亚，东西跨度约1 380千米；北起波希米亚，南至克罗地亚，南北间距800千米（不包括达尔马提亚）。[7] 在18世纪末，它的边境线总长超过6 400千米——几乎与大西洋等宽。

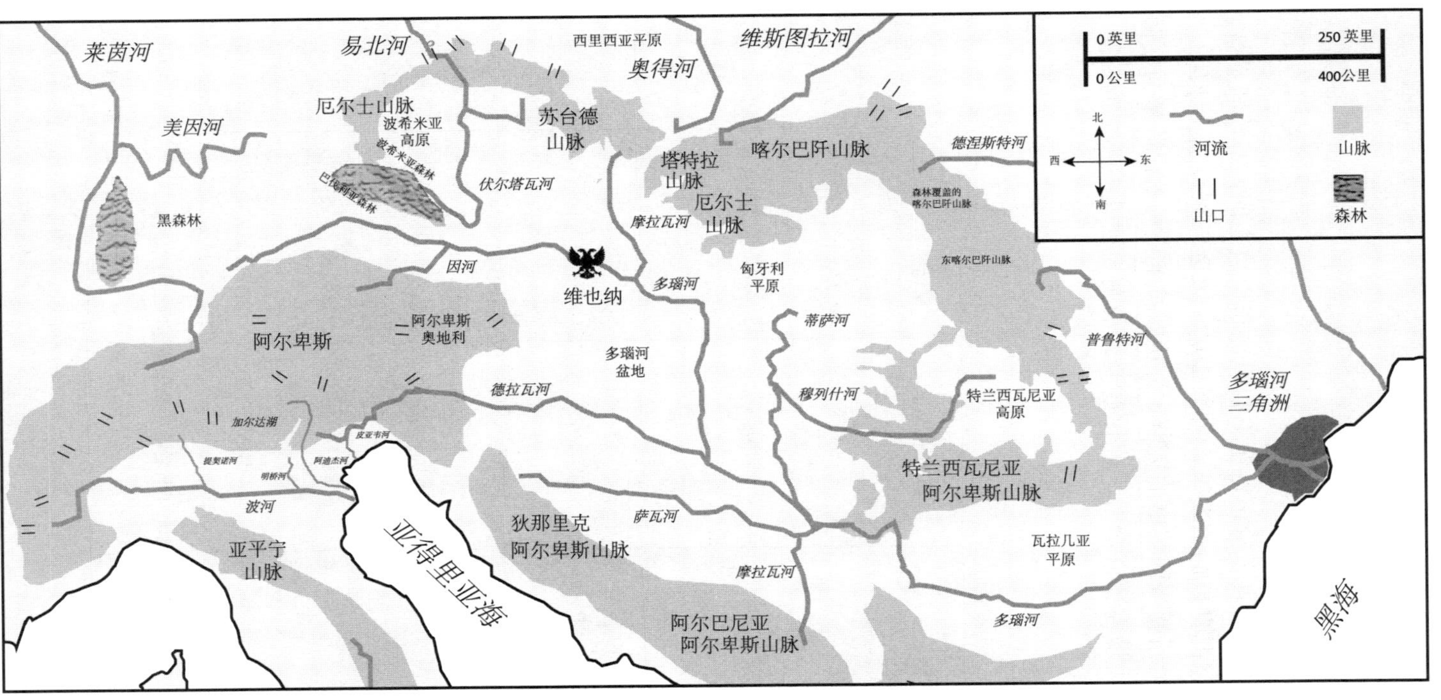

图2.1　多瑙河流域地形图。

来源：欧洲政策分析中心，2017年。

哈布斯堡王朝的力量梯度损失

遥远的距离妨碍了哈布斯堡王朝腹地与周边之间的战略机动性。在天气适宜且路况良好的情况下，一个步兵军团要行军三周，才能从帝国首都到达与奥斯曼帝国接壤的边境，抵达摩拉维亚的前沿阵地需要两周，赶到意大利边境需要一个月，前往波兰的前哨也要花差不多的时间（见图2.2—图2.3）。[8]

24

维也纳至	贝尔格莱德	619公里 / 24天
	布加勒斯特	1 070公里 / 42天
	奥西耶克	478公里 / 25天
	格拉迪斯卡	535公里 / 21天
	卡尔斯堡	752公里 / 30天
	奥尔米茨	201公里 / 8天
	特莱西恩施塔特	360公里 / 14天
	温格瓦尔	645公里 / 25天
	维罗纳	809公里 / 31天

图2.2　1800年前后哈布斯堡帝国内的行军时间。

来源：取自《美国陆军野战手册》（*U. S. Army Field Manual 21－18*）的基础计算，根据奥地利的装备、道路和地形坡度进行了修正，并与当时的记载作了相互参照。

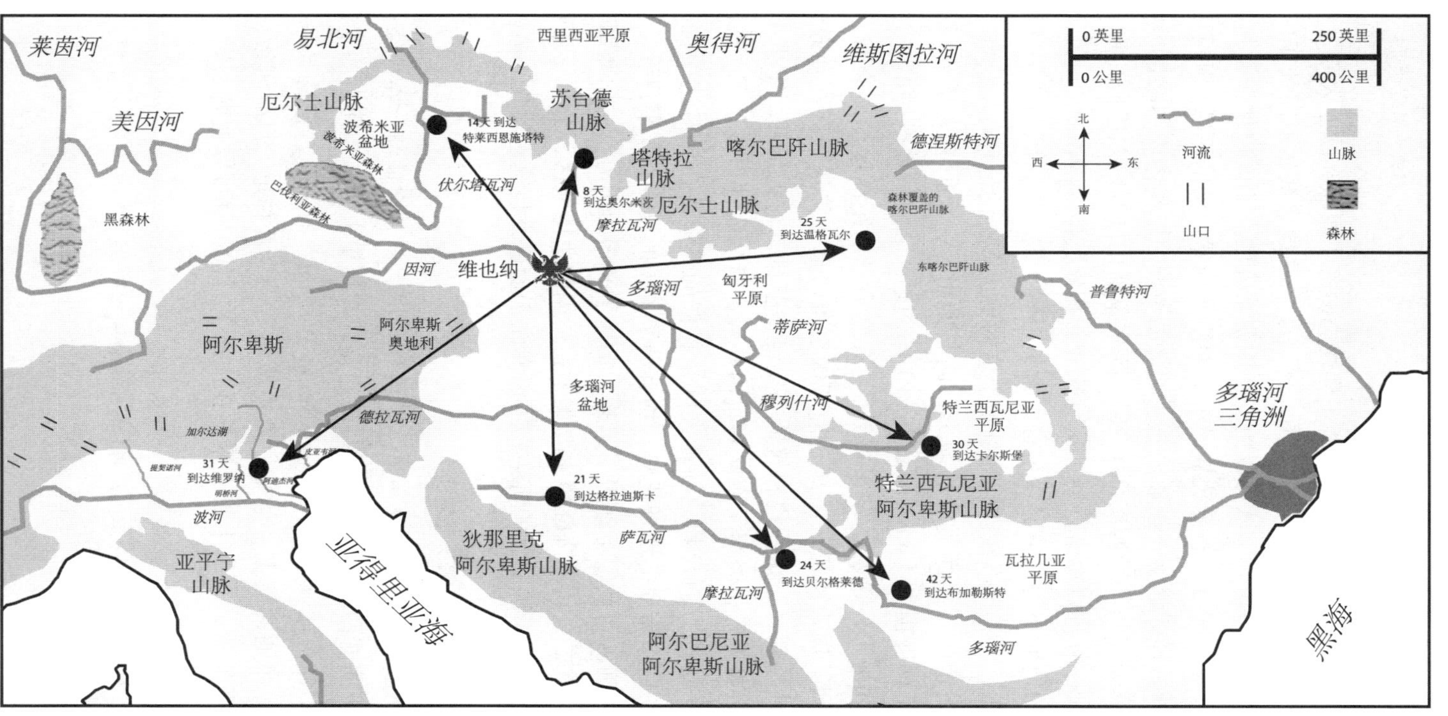

图2.3 主要据点与哈布斯堡帝国之间的行军时间。

来源：欧洲政策研究中心，2017年。

另一个难题，是帝国领土的地形多样性。横跨了西欧和欧亚大陆及小亚细亚之间过渡区的哈布斯堡君主国，涵盖了一些地形截然不同的亚区。一般情况下，大多数西方军队可以指望在中欧富庶的农业区打仗，尤其是在适合打仗、觅食和过冬的传统战役季。而哈布斯堡王朝的军队，则不得不准备在各种各样的战场——瓦拉几亚的泛滥平原、巴尔干山脉的崇山峻岭（此处夏季天气与美国西南部类似）、阿尔卑斯山脉和喀尔巴阡山脉常年积雪的山口——进行军事行动。这意味着，相比其他欧洲国家，他们要
26 面临更多样的地形与气候情况。只有像大英帝国、俄罗斯帝国和美国这样的全球性帝国，才不得不在它们的领地上应对更为多样的地理环境。

哈布斯堡帝国广袤而复杂的地形，向其抛出了一个所有大型帝国都要面对的力量梯度损失（power gradient）的问题。当力量被投射出去时，就会被空间和地形所消耗，结果就是，“有生力量随距离增加而衰减”。[9] 从帝国中心到其周边的漫长距离，使帝国更难对周边接壤地区施加政治控制，而这种控制，正是征税和筑造坚实经济基础的前提条件。军事上，迢迢长路和艰难地形也减缓了军队对抗内外敌人时的前进步伐。

奥地利在这些方面与其他陆地大国是相似的。但是在应对这项挑战时，它拥有的两个重要的地理优势，均有助于帝国的政治和军事建设。其一，是众多的河流将其领土编织了起来，加速了政治影响力、文化和军事力量的辐射；其二，其重峦叠嶂主要集中在帝国的边境地区，分隔了帝国与其领国，也给了帝国喘息的机会，可以专注于创造完整统一的政治体。

多瑙河：帝国的“脊梁”

使哈布斯堡君主国成为统一整体的自然特征，就是多瑙河。在地缘政治中，河流扮演着两个角色：屏障与高速路。在历史上，多瑙河发挥了这两项功能，用休·西顿-沃森（Hugh Seton-Watson）的话说，它是“一条入侵路线，一条通商航道，还是一条边境线”。[10] 老普林尼①曾沿河旅行，并记录了60条支流，其中半数支流早在他那个时代，就可以通航了。[11] 罗

① 即盖乌斯·普林尼·塞孔杜斯（Gaius Plinius Secundus，23—79年），古罗马作家、博物学家、军人和政治家。——译者注

马帝国曾将多瑙河当作设防的边界线来使用，它是规模庞大，朝向东方，挡住了日耳曼蛮族和匈奴部落进犯之路的防御阵线——日耳曼长城（the Limes Germanicus）——的一部分。中欧的中世纪王国将其当作通商航道来使用，其中心就在河流位于维谢格拉德[①]的拐弯处；同时，它也是天主教匈牙利和东正教塞尔维亚的分界线。在16世纪，随着奥斯曼帝国的军事扩张向东南欧推进，多瑙河中游大部和下游全部落入土耳其人之手，而多瑙河上游则成为分隔基督教世界和伊斯兰教世界的主要界线。

随着奥斯曼政权于1699年被驱逐出匈牙利，多瑙河重新发挥了其历
史作用，成为联结邻国的干流。从这时起，多瑙河就成了哈布斯堡政权 27
的中轴线和以维也纳为中心的中欧文明共同体的基础。多瑙河在帝国生
活中的主导性作用，可与其他河畔帝国的河流相比拟，如尼罗河、幼发
拉底河和印度河。像这些帝国一样，哈布斯堡政权在政治和文化上留下
的脚印，深刻遍布在多瑙河的沿岸上。一位18世纪的德国作家曾这样评
论多瑙河：

> 一座河谷造就了一切。河道提供了交通的便利，也因此整合了河谷的两岸——两边的居住者利益相连。这条大河就像一根脊梁，它那奔向左右两岸的支流就像人体的两侧。因此，自然而然地，这样一条大河的流域要么把一个国家隔绝开来，要么成为一个国家不可分割的一部分。[12]

对于哈布斯堡政权来说，多瑙河这条“脊梁”的独特之处，主要在于它的流向。当德意志地区的其他河流（如易北河和莱茵河）流向波罗的海和北海时，多瑙河东部的分水岭却划分出了一块独立的、界线分明的中东欧地缘政治空间。[13]

征服距离

哈布斯堡君主国的中央河流系统，在一些方面减轻了力量梯度损失的

---

① 匈牙利北部城市，位于多瑙河右岸。——译者注

影响。在历史上，一个国家的中央能够征税的区域的面积，决定了其影响力的范围。到周边国家的距离越远、地形越复杂，力量梯度损失的效应就越严重，政治掌控力水平就越低，税收基数就越小，帝国就越孱弱。因此，克服距离问题（也就是缩短行程时间）的能力——不论是借助自然条件还是人为手段——是帝国成功的先决条件，不论它们主要占有的空间是海洋还是陆地。[14] 克服距离问题需要耗费巨资——海洋国家要建造昂贵的商船与海军舰队；陆地国家则要建设道路、基础设施和陆军。

哈布斯堡君主国的河流帮助解决了这个问题，因为它们提供了现成的交通网络，有利于帝国对广阔的领土施加政治影响力。在哈布斯堡王朝腹地拥有大量的天然干流，可谓是铁路时代来临之前的一大优势。与那些诞生于印度河、底格里斯河和尼罗河流域的帝国一样，多瑙河为一个
28 共同的政治文明提供了一个结缔组织。这个地区的河流宽阔绵长，且在许多地方可以通航，把抵达帝国一些地方的行程时间缩短了一半多。在欧洲河流中，多瑙河的流域是最大的，有816 999平方千米之多，其300条支流延伸到了东南欧的每一个角落，将这个地区的主要高原——波希米亚高原和特兰西瓦尼亚高原——与多瑙河流域的中部平原连接了起来。[15]

河流在哈布斯堡王朝中心附近的每个方向上，都提供了可以用来征收税款、颁布法律、传播文化和实施军事统治的高速路。多瑙河将位于哈布斯堡王朝心脏地带的奥地利、波希米亚和匈牙利王国黏合在了一起；易北河、伏尔塔瓦河、摩拉瓦河和伊萨尔河连接了捷克的土地；波河整合了意大利北部的领土；德拉瓦河、萨瓦河和蒂萨河则联系了匈牙利和巴尔干半岛周边的部分。

同样一套交通网络，在加快军队部署和税款征收速度的同时，也便利了商业交流。多瑙河众多可通航的支流降低了货物、服务和人力流动的费用。这片巨大的淡水流域，在哈布斯堡腹地温和的冬天和中纬度温带气候的加成下，创造了能够养活大量人口的耕地。水分充沛的平原造就了肥沃的土壤，足以种植大量的农作物。[16] 附近的山脉为冶金业和早期工业提供了木材、矿产和矿石。这些特征，使多瑙河流域实现了一定程度上的内部经济自足（波希米亚的金属、匈牙利的庄稼和特兰西瓦尼亚的木材）。这种自足，也让这片区域成了缔造帝国的天然的经济空间和强大

的物质基地。

河流将一个几乎被陆地包围的经济空间与欧洲和全球市场整合了起来。多瑙河是欧洲第二长河，从其位于黑森林的发源地，到黑海的入海口，全长近3 000千米。其长度和东向的水流，为商业和技术从西欧内地向东欧周边输送提供了支持，如果没有这条河，人们就要穿越阿尔卑斯山脉。凭借位于莱茵河与奥得河（两者分别与大西洋和波罗的海相连）附近的源头与支流，多瑙河可以借助陆上运输（后期则是运河），接通欧洲和国际的贸易路线。没有这条河，帝国就要依赖其屈指可数的大西洋沿岸港口才能实现这项功能。由于多瑙河的入海口位于远离帝国国境的地方，所以帝国缺少稳定的入海通道，也因此失去了一条连接西欧与黑海的河流所能带来的全部的战略和经济利益。这一现实将深远影响哈布斯堡王朝的地缘政治史。

总的来说，多瑙河的政治和经济作用，不仅帮助而且让哈布斯堡王朝的领土完全有可能整合成一个统一政治体，并实现其作为欧洲强国的 29
使命。多瑙河流域为一个足够广袤、资源丰富、互相连通、拥有成为大国的基础的地缘政治腹地，提供了一个可以转化为军事力量的物质基础。当这一资源基础面向更庞大的欧洲地块时，帝国就可以从西方的文化和经济交流中获益，与此同时，这一资源基础也可以充分与其他西欧权力中心分隔，从而形成一个政治上统一、军事上易守的空间。尽管帝国的边缘在几个世纪中不断移变（有时包括了远至尼德兰和西西里的地点），但是其腹地仍旧扎根在多瑙河及其主要支流的沿岸土地上。不管哈布斯堡王朝在别处的运数是吉是凶，只要腹地安固，它就仍是一个强国。

哈布斯堡君主国的河流也带来了一些挑战。多瑙河上游波涛汹涌，直至它与其他河流位于德意志南部乌尔姆附近的交汇处，都不宜航行；在其中游，多瑙河的匈牙利佩斯（Pest）至包姚（Baja）河段存在航行风险，航路在铁门又被瀑布阻断。在匈牙利大平原上，多瑙河沿岸在春季是沼泽一片。到了洪水泛滥的时节，这片沼泽就会阻碍航行，而且淤积的泥沙会形成沙坝。而且，多瑙河的湍流使得顺流而下航行比逆流而上更容易。[17] 几个世纪以来，克服这些障碍，一直都是奥地利基础设施建设的一大重点。即使存在一些大麻烦，但是，多瑙河流域分布广泛的河流系统绝对是一项优势。尤其是考虑到如果没有河流，要在同等大小的地块上克服距离问题，需付出多大的努力。作为参照，像罗马、印加和波斯这样的大型陆地帝国，都需要花费巨大的公共支出，来建造庞大的道路网络，因为这是帝国中央向周边施加影响力和征收税款的前提条件。相比之下，奥地利人在疏浚航道和建造运河中遇到的困难就微不足道了。至于在建立帝国的事业中，哈布斯堡王朝面临的其他困难，河流也是帮了大忙的。

河流与时间

哈布斯堡王朝领导者很清楚多瑙河在地缘政治中的重要性，并将其视为建立和维护帝国的关键。在这个方面，其核心作用，在于河流有助于时间的管理。它之所以能实现这种作用，首先是因为哈布斯堡王朝可以在它所提供的中轴线附近纠集力量。在战争中，要想掌控时间，就先要有集中力量的能力，也就是能在一个特定的空间内集聚大规模的兵力。
30 多瑙河把这个任务变简单了，因为军队可以围绕它所形成的一套内部网络进行集结。正如19世纪奥地利的杰出将领约瑟夫·拉德茨基·冯·拉德茨伯爵（Count Joseph Radetzky von Radetz，1766—1858年）所言：

> 君主国的大动脉与军事和政治体系的基础，就是多瑙河。在任何时候，我们的军队都必须在多瑙河畔集结，必要的资源也必须同时在那里备好……我们军队的机动力和安全，取决于我们在多瑙河畔所部署的防御工事的数量与强度。[18]

沿着多瑙河集结力量，使军队不仅可以借助河水本身，还能沿着河谷的天然高速路进行快速行军，而且这两种途径均可以在哈布斯堡王朝腹地范围之内实现，均可以通向周边受威胁的地点。防御者只要占据多瑙河的巴伐利亚边境至布达佩斯的河段，就能充分利用帝国的主要战略优势（即其居中的位置），并且可以横跨内部交通线路，而不必承担防御如此广袤国土所需的全部后勤与时间代价。在东南部，帝国可以通过多瑙河的水流调动大规模军队和物资，将力量投射到喀尔巴阡山脉之外的瓦拉几亚平原。在西部，多瑙河河谷挤入德意志的部分，让帝国可以经由陆路，溯莱茵河而上进入法国和奥属尼德兰——一条哈布斯堡王朝军队在与法国的战争中反复使用的路线——展开进攻行动。

上述的这些路线，也让外部侵略者可以绕过山区防线，长驱直入帝国腹地。接连几代的哈布斯堡王朝领导者都认为，无法控制多瑙河全域（即从位于多瑙艾辛根的发源地，到位于黑海的入海口），是一个影响全局的战略问题。用拉德茨基的话讲，"只要我们没有控制多瑙河全域，我们就很可能在某些地方陷入窘境"[19]。波希米亚和阿尔卑斯山脉之间由多瑙河切割出来的峡谷，就是一个这样的地方；另一个则在多瑙河位于喀尔巴阡山脉和巴尔干山脉之间的出口。然而，由于这些地方的存在已为人所知，人们也能料想到这些地方会成为入侵路线，因此，哈布斯堡王朝的军事谋划者就能够集中兵力。这也节省了时间：不必将兵力散布在整个边境地区，也不必只有在威胁真正出现时才调集兵力。

如果有入侵者在边境地区刺穿了奥地利的防线，多瑙河与其他河流就将发挥另一个与时间相关的战略作用：化身障碍，充当第二道防线。如克劳塞维茨所言，河流总是眷顾防御者，因为入侵者需要突破一道防御者乐见的阵线：

> 河流防线往往能争取大量时间，而时间恰恰是防御者很可能需要
> 的。集齐渡河的手段，是需要时间的。如果渡河几经失败，防御者就 31
> 能争取到更多的时间。如果敌人因为无法渡河而改变了方向，毫无疑
> 问，防御者将获得更多优势。[20]

大量的河流（其中许多就在国家的边境之内，且与边境线平行），让哈布斯堡王朝军队可以构建防御阵地，以强化由山脉组成的第一道天然防线。拿破仑时代哈布斯堡王朝最优秀的指挥官和战争理论家，奥地利的卡尔大公（Archduke Charles）写道：

> 在防御河流时，由于大自然指明了那些可以渡河的地方，因此，在这种情况下，壕沟是有用的，它们可以掩护炮兵部队（炮兵需要休

> 息，而且需要部署在渡河区域的侧翼）的大炮免受敌人的火力攻击。这些渡河区域，就是自认为可以支配敌方河岸的一方所在的河岸，或者是敌军一侧地势凹陷的河岸。[21]

帝国主要河流的河岸上存在着大量天然的防御据点。在北部，易北河与伊萨尔河形成了一个倒U形。在这两条河后方，哈布斯堡王朝的军队可以在直面普鲁士入侵波希米亚的两条主要路线的阵线上，修筑堑壕（后来是防御工事）。在意大利，明桥河与波河及众多左岸支流形成了一个防御缓冲区，可以防止敌人向东强攻阿尔卑斯的山口，从而经由蒂罗尔和卡林西亚进入上奥地利和下奥地利。在这两种情况下，河流都为哈布斯堡王朝内陆的军队换来了动员时间。在帝国腹地深处，河流为其创造了集结军队从而抵御成功入侵者的机会。在危急存亡的时刻，帝国的河流屡次使军队在面对军力更强的敌人时，能够执行费边式的拖延和侵扰战略。

阿尔卑斯山脉：欧洲的壁垒

哈布斯堡王朝地理环境的第二大特点是山脉。多瑙河腹地几乎在所有方向上都有群山环绕。其中最令人望而生畏的，要数阿尔卑斯山脉。它横跨欧洲中南部，绵延1 200千米，多个山峰海拔超过了4 000米，许多相连的支脉散布在哈布斯堡王朝的领土上。在西部，从皮德蒙德到维也纳郊区，阿尔卑斯山脉有三条支脉，至少挡住了部分西向的通道。在北部，厄尔士山脉、苏台德山脉和塔特拉山脉隔开了波希米亚高地与周围的图林根平原和西里西亚平原。在东部，于波兰的维斯图拉河与多布罗加（Dobruja）之间，喀尔巴阡山脉筑起了一道广阔的，呈短弯刀形的，
32 高2 400多米的屏障，距离黑海不到320千米。在东南部，特兰西瓦尼亚阿尔卑斯山脉绵延到了铁门峡谷——多瑙河在入海路上切割出的峡谷。在南部，连绵不绝的山峰从塞尔维亚的山脉出发，跨过巴尔干山脉的北坡，一直延伸到狄那里克阿尔卑斯山脉。它们紧邻亚得里亚海的全部海岸线，并在北部与尤利安阿尔卑斯山脉会合，在哈布斯堡王朝腹地周边形成了完整的包围圈。

哈布斯堡帝国的山脉首尾相连，连亘超过4 800千米。这种遍布的崎

岖地形将对帝国的军事选项和战略文化产生主导性影响。在地缘政治中，山脉往往分隔而非联结领土。如果说河流便利了联系与交流，那么山脉起的就是延误作用。在阻碍行动的能力上，山脉仅次于海洋。山脉的首要政治价值，在于它可以明确划分一个国家与其领国的领土界线。正出于此，山脉离一个国家的边境越近，所能带来的好处就越大。在边境上没有山脉或者其他屏障的国家，极易遭到入侵；而内陆重峦叠嶂的国家，如古代波斯和现代的墨西哥，在实现内部统一上就面临着严峻的挑战。因此，多山的巴尔干半岛可谓是“统一的地缘政治空间”的反义词。怎样的尝试，都无法将其统一。直至今日，它在政治上仍是四分五裂。

就哈布斯堡帝国的情况而言，可以说，只有占据边境地区的山脉，才能在多瑙河流域进行有意义的政治整合。由于帝国的山脉主要集中在领土边界而非内部，这就让国家的地形结合了其两个邻近东欧亚区的优势：在北方，是灌溉充足的中欧平原所具有的整合性；在南方，则是巴尔干山脉的易守难攻的特性。没有多山的边境，这个地区的河流，不仅无法促成一个紧密团结的经济区，而且很容易让这个地区成为邻近地理区域的延伸部分。关于帝国的两条主要山脉，即阿尔卑斯山脉和喀尔巴阡山脉，两位19世纪中叶的地理学家曾指出：“第一条分隔了日耳曼洋（German ocean）[①]与波罗的海的区域和黑海与地中海的区域。第二条山脉崇山峻岭林立，占地广袤，是地中海区域和黑海区域的分界线。”[22]

如果北部没有山脉，帝国的领土就会成为平原的延伸部分，就会成为无法防御、政局动荡的入侵路线，就会成为周围强大政治实体的囊中之物。在东部，喀尔巴阡山脉是多瑙河与乌拉尔山脉之间唯一的重要屏障，如果没有这条山脉，匈牙利大平原就将在事实上成为沃伦-波多利斯克高 33
原（Volhynian-Podolian Plateau）的延伸部分，也因此会落入任何强大到能够占据乌克兰和俄国的力量的手中。相反，四周的重峦叠嶂使多瑙河流域成为中东欧地缘政治激流中的一个漩涡——一个持续存在的中间地带，在这里，某种独立的文明能够造成和抵挡欧洲边缘地带和欧亚腹地的牵引力。

① 北海的古称。——译者注

山脉与时间

与河流一样，山脉为缔造哈布斯堡帝国作出的主要贡献，在于它能够控制空间与时间。河流可以加快移速，山脉则可以延缓移速。即使在不设防的情况下，山脉也可以阻滞军队的调动，让距离很短的行进都变得异常困难，而且相较平地（更不必说水路了）要应对更为棘手的后勤保障困难。就哈布斯堡君主国的情况而言，考虑到在航空器尚未问世的时代，其防御圈的大部分都可谓“不可逾越”，山脉创造的时间优势就非常重要了。从地图上看，人们很难意识到像阿尔卑斯这样的山脉，实际上是多么令人生畏。正如一位早期编年史家所言：“通过地图领会阿尔卑斯山脉甚至所有山脉的规模是很难的，因为按比例缩小的距离，会让人们产生错误的概念。”[23] 要想穿越阿尔卑斯山脉，只能借道少量可靠的山路，而且其中大部分都是狭长蜿蜒的；几乎所有山路在冬季都会被积雪封锁，而即使在温暖时节，也会被泥浆或碎石阻绝。

对于决定穿越山脉的军队来说，在进入、通过和离开山路时，这些因素会造成大量的时间损失，并限制后勤保障和战术选项。在18世纪，法国军队曾计算过，经由阿尔卑斯山脉西部的一些羊肠小道，他们每天可以移动4 800名士兵；如果山路更加漫长，路况更为复杂，这个数字还会更小。[24]

试图翻山越岭的军队都要被迫分散兵力，一旦通过，在后方就会多出一大障碍。正如克劳塞维茨指出的：

> 一个地区，只要有山脉保护，不论山脉的防御多么薄弱，这种防御无论如何都足以阻止敌人的突袭或者其他掠夺行动……没有……进攻者想要翻越像阿尔卑斯这样的山脉，然后将其留在自己的后路上……这些山越高、越难以逾越，兵力可能就越要分散。实际上，兵
> 34 **力必须**更加**分散**，因为通过部队依靠机动来保卫的地区的面积越小，这个地区的安全就愈加必须通过直接掩护来保障。[25]

绕过山脉同样会耗费时间，因为进攻者被迫要绕更远的路才能到达目的地。

除了会造成时间损失，山脉还会加速入侵军队的消耗。穿越山脉会造成部队减员，增大补给消耗量；可以肯定的是，一支翻山越岭的军队在出山时会比进山前虚弱——这一点，汉尼拔从阿尔卑斯山脉下山进入意大利时就发现了。奥地利的卡尔大公在他的军事著作中提到了这种效应；在“崎岖多岩的山脉”，他评论道：

> 没有补充补给品的办法……人们必须要么使用大自然提供的少数险巇的山径天桥，要么自己耗时费力地开路。只有依靠长而紧凑、行进迟缓的纵队，才能行军和进行补给。在任何情况下，行动的进程都是缓慢而断续的……而胜利道路上的主要障碍，不是敌人，而是能否征服自然环境。[26]

山脉给防御者带来的优势，与进攻者遭受的劣势是成正比的。通过延阻侵略部队，山地地形为防御者赢得了组织防守的时间，在哈布斯堡王朝军事史上，山脉屡次充当了第一道防线，使后方的维也纳能够在敌人深入帝国领土之前，迅速集结兵力，并从较为安定的边境地区调动部队。山脉放大了小规模部队的防御性战斗能力。相比开阔地形，山地更能使哈布斯堡王朝节省兵力。由于山脉将进攻者引向了可以料想的入侵路线，哈布斯堡王朝就不太容易遭受奇袭之灾，这也使得防御者可以用最少的兵力压制一方进攻者，并且在别处集中兵力时，不必过分担心会失去较为薄弱的阵线。

总而言之，奥地利所拥有的山地边境和大量的内部河流缓解了力量梯度损失的问题，有助于维系这片辽阔的地缘政治空间。多瑙河及其支流通过便利移动和缩短内部行进时间，整合了这片土地；而阿尔卑斯山脉和喀尔巴阡山脉则通过阻碍外部进攻，保护了这片土地。在地缘政治史上，这样的配合不可多得。大多数多山的地区，比如瑞士、安道尔，面积都很小，而且只有一条山脉。大多数拥有山脉边境的大国，如法国和德国，只在一两个方向的边境上有山脉，或者它们的山脉（如美国的落基山脉 35
和俄国的乌拉尔山脉）位于国家的政治边境之内，只是将国家本身分隔开来。

哈布斯堡王朝的周边

哈布斯堡君主国往往需要其所拥有的地形优势，才能处理中东欧安全环境中的危险。几千年来，波罗的海与黑海之间延伸的4 800千米的土地，就像一个漏斗，是从欧亚大草原向西入侵和迁徙到欧洲半岛的必由之路，也是西欧军事强国东扩的不二选择。在东南欧，增添的压力来自那些意图向北扩张至欧洲的东地中海及小亚细亚国家与帝国。这些势力一起，造就了20世纪早期英国地缘政治作家詹姆斯·费尔格里夫（James Fargrieve）所说的“倾轧地带”（Crush Zone）——政治地理中一片争斗不断的空间，各个帝国在这里碰撞冲突，除了最为顽强者，所有政治体都很难长久存在。[27]

多瑙河流域就位于这个“倾轧地带”的中心，横跨在欧洲大陆的纵横两条主轴上。这个中间位置，让哈布斯堡君主国在多个地区享受了战略和经济利益，与此同时，也将其暴露在众多敌人面前，周围没有一个主要的无威胁地区。自其作为多瑙河畔的主要国家崭露头角开始，这个帝国在除亚得里亚海以外的全部安全边界上，都被虎视眈眈的对手威胁着。在每个方向，帝国都面临着一个基业稳固或谋求扩张的权力中心联合体，而隔在它们边境中间的，则是一串弱小的族群或国家，它们构成了四个截然不同的安全边境，其中每一个都代表着一个独立的安全综合体，拥有自己的地理局限、机遇和威胁向量（threat vector）。

东南边境：亚得里亚海至黑海三角洲

哈布斯堡帝国的东南边境，从亚得里亚海的达尔马提亚海岸线，沿萨瓦河一直延伸到了特兰西瓦尼亚阿尔卑斯山脉。这个安全空间包含了巴尔干半岛较好的一部分（从克罗地亚，到匈牙利大平原和瓦拉几亚平原，再到德涅斯特河）。这个地区有干旱高原和泛滥平原，南部还有崇山峻岭，其地理环境在一年中的大多数时候，都不适合进行长期的军事行动。防御的关键，在于占领多瑙河中下游沿岸的据点，控制喀尔巴阡山脉

的战略山口，掌控或限制多瑙河三角洲这个经济重地，以及有能力划定一 36
条可持续扩张的路线，从不受阻挠但基本没有地理特征的南部通路逼近匈牙利。

自古代起，欧洲的东南角就是各个帝国的碰撞点。到了现代早期，这个地区的东部由威尼斯共和国占据（当时，威尼斯共和国已经开始走下坡路；几乎与此同时，奥地利哈布斯堡王朝进入了上升期），但仍然与意大利北部的城邦在达尔马提亚苟延残喘地进行着商业和政治竞争。在哈布斯堡王朝历史上的大部分时期，这个边境上的主要对手是奥斯曼帝国，这是一个庞大且好斗，在军事和宗教上推行扩张主义的国家，其地缘政治腹地位于安纳托利亚，而边境地带则在埃及和波斯。向北扩张的奥斯曼帝国，从16世纪到18世纪中叶，一直在向哈布斯堡王朝的边境施加无休无止的压力。在这段时期的大多数时候，它或许是帝国最大的战略威胁，甚至在1529年入侵了奥地利腹地，在1683年围困了维也纳。

这个地区的军事对抗，最初是围绕土耳其占领的匈牙利进行的。随着17世纪晚期奥斯曼的势力被逐出，冲突的中心也发生了转移：哈布斯堡王朝开始获取和巩固以蒂萨河与多瑙河为中心的大片内陆，并且越过特兰西瓦尼亚向喀尔巴阡山脉拓展。此后，奥地利和土耳其进行了旷日持久的争斗，而争斗的地点，是哈布斯堡帝国和奥斯曼帝国腹地之间崎岖不平的不毛之地——起初是匈牙利，后来是巴纳特和波斯尼亚的领土，而在东方，则是土耳其占领的摩尔达维亚公国和瓦拉几亚公国，以及布科维纳的领土。这个中间地带的人口由多个民族构成，都来自落入土耳其人之手的基督教国家：匈牙利人、罗马尼亚人、东正教塞尔维亚人、克罗地亚人以及各少数民族。在这里，奥地利越过巴尔干山脉，与逐渐衰落的奥斯曼帝国在克罗地亚、多瑙河下游（两个帝国在此均设有要塞阵线）和黑海海岸进行角逐。

从18世纪中叶起，第三个帝国，也就是俄国帝国，开始在瓦拉几亚和巴尔干边陲的大部分地区活跃，并最终成为一股独断专横的势力。为了将俄罗斯欧亚帝国延伸至黑海海岸，它从德涅斯特河与布格河开始向南扩张。在扩张路上，它屡次与奥斯曼帝国在其位于欧洲的残余据点发生冲突，并且让哈布斯堡王朝在保卫其在泛巴尔干地区的利益时，感受到了挑战。俄国将奥斯曼的势力逐出黑海北岸和克里米亚后，一场持续两个世纪之久的对抗开始了。在这场对抗中，俄国的影响力最终穿过了多布罗加（Dobruzha），进入了狭义上的巴尔干地区，最后到达了博斯普
37 鲁斯（Bosporus）。奥斯曼帝国的加速衰落和俄罗斯帝国的崛起，都威胁着要把这个边境地区地理环境中的许多战略要点，置于一个更为强大的敌国的影响或控制之下。从19世纪中叶起，在西欧强国英国和法国的帮助下，多瑙河诸公国合并在了一起，形成了一个初具雏形的、独立的罗马尼亚国，这也使这个地区更加混乱了。

东北边境：喀尔巴阡山脉至奥得河

在过去，哈布斯堡帝国的东北边境包含了整个喀尔巴阡山脉，也就是从该山脉与奥得河的交汇点，到其位于奥伊图兹山口（Oituz Pass）附近的向西90度的大转弯处。这条山脉之外的地区形成了一个大倒三角，其南部位于苏台德山脉和塔特拉山脉之间的枢纽处，西北部是波美拉尼亚海岸线，东北部是加里宁格勒。这个地区是一片平坦、平平无奇的台地，其间只有一些河流点缀，周围则是一片片沼泽，是陆上战争的天然扩张区域。这个战区的防御关键，在于控制喀尔巴阡山脉的众多山口，占据人口众多且矿产丰富的西里西亚高原，以及保住位于维斯图拉河与德涅斯特河以南，基本上无法防守的喀尔巴阡山脉前坡。

这片边境的枢轴，也就是维斯图拉河沿线，为欧亚国家的西进、波罗的海诸帝国的南扩、日耳曼殖民行动的东略，造就了一个天然的有利条件。在西边，是神圣罗马帝国的北部邦国和萨克森，以及面积不大但军力威猛的勃兰登堡-普鲁士王国；北边是处于北冰洋的海上帝国瑞典；东边是古老的波兰王国和沙皇俄国那荒无人烟的边境地带。在18世纪之前，奥地利在这片边境上面临的主要军事威胁是普鲁士，后者夺走了哈布斯堡王朝的西里西亚，并且与君主国进行了长达二十年的战争。令这份压力更加沉重的，是俄国与日俱增的虎视与活动。在将瑞典赶出波罗的海东部海岸之后，俄国将向延伸到本都-波罗的海地峡的广袤西部边境进一步逼近。

这个地区的战略竞争，主要围绕波兰的命运进行，因为两个多世纪以

来，波兰已经成为夹在其邻近强大帝国之间的庞大中介体。波兰统治阶
层之间的世仇制造了权力真空，造成了一定程度的动荡，以至于到了17
世纪末，让外部势力的干涉有了大量的可乘之机。名义上的萨克森王权
成了大国角逐的目标，与此同时，主要的欧洲国家都提出了由各个强势
波兰家族承袭王位的要求。随着波兰各联邦逐渐式微，奥地利面临着彻 38
底失去这个缓冲地带——要么是其因混乱局面而招致侵略，要么是国家
被外部势力支持者劫持——的威胁。18世纪末一系列的瓜分终结了波兰
的独立状态，而大量的领土——起防御作用的喀尔巴阡山脉以北和以维
斯图拉河下游与克拉科夫为中心的地区——都归哈布斯堡王朝所有。从
此时起，直至20世纪早期，帝国一直面临着一个挑战——管理一片毗邻
强大敌对帝国普鲁士（后来是德国）和俄国领土的辽阔边境。

西南边境：亚得里亚海至阿尔卑斯山脉

哈布斯堡帝国的西南边境是从的里雅斯特附近的亚得里亚海北端，沿伊松佐河河谷而上，直至阿尔卑斯山脉的主脉。这片辽阔的边境，囊括了亚平宁山脉以北的意大利半岛的大部，并且横跨了伦巴第平原，从尤利安阿尔卑斯山脉延伸到了西阿尔卑斯山脉和法国国界。这片区域拥有丰饶的河谷，北部还有山脉作为屏障。这里足以支撑大规模的农业和人口，也因此能够支撑持久的高强度军事行动。这里的河流难以逾越，这里的城市易守难攻，这里的山口便于军队撤退和军需补给。防御的关键，在于保卫延伸至加尔达湖东部的阿尔卑斯山山口，防止皮亚韦河河谷成为敌军涌入卡林西亚和奥地利腹地的据点。

这片边境的战略竞争的中心，是波河河谷与伦巴第（最初更多是一个地理名词而非政治名词，指的是波河与阿尔卑斯山脉之间的空间）。这个地区的经济资源，让地中海的主要国家——西班牙在先，法国随后——垂涎欲滴。在波旁王朝国王（拿破仑一世和他的侄子拿破仑三世）治下，法国将其作为进攻奥地利的军事通道来使用。整个18世纪，这个地区的主要战略价值，主要与王朝战争的形态相关，到了19世纪，其价值则更多体现在经济层面，成为资源基地和税收源泉。伦巴第作为阻遏法国入侵意图的关键屏障，与多瑙河河谷一起，使得在合理距离内的，用来部

署前线防御工事的军事缓冲区阻止敌军向维也纳进军，有了可能性。

和哈布斯堡王朝的其他边境一样，在地理上直接与其西南边陲毗邻的，都是些弱小的政治体。从中世纪到19世纪中叶，这个地区被各种各样的小型意大利公国和王国占据，它们都没有足够的实力来统治彼此。
39 与在波兰的情况一样，帝国面临的首要地缘政治威胁，是敌国可能占据或控制一个可谓是地缘政治断裂带的地方，因为在这种情况下，这个地方是直接与帝国腹地接壤的。从18世纪初起，哈布斯堡王朝在这个空间内的属地包括米兰公国和曼托瓦公国，传统的盟友包括威尼斯、皮埃蒙特–撒丁王国（该国守卫着从法国进入伦巴第的战略要道）和托斯卡纳；而热那亚和帕尔马/皮亚琴察则是典型的波旁王朝财产，经常与法国人或西班牙人结盟。从1815年开始，哈布斯堡王朝对于扩张后的伦巴第–威尼斯王国的占据，使帝国卷入了和实力与日俱增、由皮埃蒙特扶植和法国支持的意大利民族主义势力的直接竞争。

西北边境：因河至奥得河

哈布斯堡帝国的西北边境，从巴伐利亚阿尔卑斯山脉的北坡起始，沿着因河穿越了巴伐利亚和波希米亚森林，并且顺着波希米亚的西部陡坡，延伸到了其位于易北河与奥得河之间的最高点。作为一个进行军事行动的战略战区，这片区域包括了莱茵河与易北河的全部分水岭，也就是从多瑙河的源头沿莱茵河河谷而上，直至阿尔萨斯的地域。富裕、平坦和丰饶的日耳曼平原，足以支撑庞大的军队连年征战。这个地区的军事中轴线是多瑙河河谷。它在巴伐利亚森林和阿尔卑斯山脉之间变窄，并径直进入了哈布斯堡王朝的领土。这片边境的防御关键，在于占据或封堵通往作为入侵路线的多瑙河上游和因河河谷的每一个入口（包括占据或控制黑森林附近的区域），还要能够沿莱茵河河谷而上，将力量投射至法国边境。

这片边境上军事竞争的主要焦点是德意志地区南部，几个世纪以来，这里都是西欧那些庞大的权力中心角逐竞争的竞技场。德意志地区的管理，是在一系列愈加宽松的帝国布局——开始是神圣罗马帝国，或者说德意志帝国，后来是德意志邦联——的保护下组织起来的。自中世纪晚期以来的历史上，奥地利在德意志地区争夺霸权的宿敌是法国的王朝，后者在18世纪早期，已经成为一个庞大而集权的军事超级大国，足以挑战哈布斯堡王朝在意大利和德意志的霸主地位。法国在波旁诸国王和拿破仑的统治下，隔三岔五就对欧洲霸权发起挑战，而且往往会向德意志
南部进军，并且尝试入侵多瑙河畔的土地。从18世纪中叶起，普鲁士对 40
帝国施加的压力越来越大，这个斯巴达式的军事王国，为了主宰德意志，历经了一个世纪的崛起和探索，逐渐超过了法国和奥斯曼帝国，成为哈布斯堡帝国在政治和军事上的主要威胁。

与在波兰和意大利的情况一样，德意志地区的政治地理由无数小型和中型邦国构成，而且与其他地区邦国的情况一样，这里的首要战略斗争，是围绕那些领土位于帝国与其对手之间的邦国的地缘政治倾向进行的。作为神圣罗马帝国及后来的德意志邦联的选任领导者，哈布斯堡王朝拥有名义上的统治权，但实际上，它也会与敌对国家争夺影响力、盟友和皇位（这种情况并不多见）。这个战区的主要威胁有两个方面：军事上，敌军很容易就能通过这个地区的宽大河谷，迅速进出哈布斯堡王朝的领土；政治上，敌国有能力策反这些邦国，无论是从内部（普鲁士）还是外部（法国），让它们组成反哈布斯堡王朝的集团。作为奥地利工业最发达的边境地区，德意志地区从18世纪到帝国覆灭，一直都是其最强大军事挑战的策源地。

地理环境对战略的影响

总的来说，哈布斯堡君主国的边境，使其在西起莱茵河，东至黑海，北起维斯图拉河，南至亚得里亚海的一片空间上，卷入了四起独立且愈演愈烈的安全竞争之中。没有哪个欧陆大国面临着如此之多的挑战，或许俄国是个例外，但是它被更大的空间隔绝开来了，而且往往可以依靠至少一到两条安全的侧翼。拥有群山环绕、河流遍布的腹地，缓解了来自哈布斯堡王朝周边的压力。尽管没有彻底隔绝邻近地带对这个君主国的影响，哈布斯堡帝国易守难攻的地形，还是赋予了其在地缘政治中更

大的犯错余地，尤其是相比于一个与其体量和位置相似，但没有这么多的山脉的中间地带国家——那些位于奥地利北部没有什么地理特征的波兰平原上命途短暂而动荡的国家，就是现成的例子。

哈布斯堡王朝地理环境既脆弱又易守的特性，影响了君主国领导者谋划战略的方式。大战略是地理环境的副产品。[28] 一个国家的客观位置，体量，与陆地和海洋的相对方向，以及与其他国家的相对位置，都会深刻影响一个国家在安全竞争中的行为和表现。尽管地理环境不直接决定政
41 策，但它却会限制选择。它还会决定一个国家在应对周边环境时所需手段的种类，揭示国家力量能力（power capabilities）中必须通过其他手段来弥补的差距。随着时间的推移，通过奖惩等行为，它构筑了一种知识基础，让人们知道在谋求生存时，什么可行，什么不可行。

哈布斯堡王朝的地理环境使奥地利几乎成了一个彻底的陆地国家，基本上隔绝了海上竞争的直接影响。与此同时，多个方向威胁的存在，使哈布斯堡王朝相比大多数陆地国家，在战略选项上受到了更为严重的限制。在第四章中，我们将看到，这些限制在哈布斯堡王朝对于战争的理解和处理中得到了体现，促进了一种大体上倾向防御和规避风险的军事文化的发展，而这种文化对地形的重视程度，或许比欧洲历史上的任何强大军队都要高。更概括地讲，地理环境对哈布斯堡王朝战略的影响，可以从其对君主国领导者的物理空间思维的塑造中得知。这种塑造有这么几种方式：一是鼓励发展知识的战略形式（包括地图和其他工具），从而以防御为目的，将空间可视化和概念化；二是将注意力向外引至边境地区；三是要求保持一种“大局观”，要能够审视帝国的整体安全情况。

空间的概念化

奥地利的棘手位置，使它必须重视力量的空间维度：在地形上，是为了防御帝国的主要领土；在地缘政治上，是为了在更大范围内的欧洲均势中管理好其安全情况。尽管在普遍意义上所有帝国都会这么做，但是对于某些帝国来说，更需要将空间概念化的能力。举个值得一提的例子，俄国占据的辽阔区域地形平淡无奇，这意味着精确的地图尽管有些吸引力，但对于有效的军事行动的指挥或外交手段的使用来说，却并非不可

或缺。在这一点上，俄国和其他大型草原帝国（如那些位于中亚和美索不达米亚的帝国）在其与空间的关系上，或许与海洋大国更为相似，因为平原就像海洋一样广袤无垠，而军队需要像舰队一样行进。

相比之下，哈布斯堡王朝的统治者有令人信服的军事和战略理由，去精准测绘和可视化他们领土的形状和大小。在历史上，国家制作地图的理由有很多——将领土主权合法化，然后是对他们治下的土地进行测量和估算，并由此收税，这样就可以为他们的权力创造视觉象征。在18世纪之前，哈布斯堡王朝偶尔会出于所有这些原因制作一些地图。这个君 42
主国在构成上十分混杂，包含了在历史方面区分明显的王国和地区，它们被王朝的影响力捆绑在了一起，这就使得地图对于主权在各领土上的建立尤为重要。哈布斯堡王朝在这个时期的地图就体现了这种重视，它们描绘的往往是单独的领地，几乎没有任何地形准确性和军事价值可言，也没有描绘多瑙河畔帝国整体的尝试。[29]

但是18世纪地缘政治上的动荡，给了奥地利一个制作和使用地图的新理由——地图有益于领土的防御和安全。这种转变最早在1705年开始，当时正值西班牙王位继承战争的高潮，奥地利最成功的军事统帅——萨伏伊的欧根亲王，下令制作了一张意大利北部主要战区的详尽地图。这张名为《意大利大战区》（*Le Grand Théâtre de la Guerre en Italie*）的地图，是对此前一个世纪的哈布斯堡王朝地图的重要超越。[30] 这张地图由四张长61厘米、宽45厘米的小地图组成，是专门用来帮助军事战役和战斗的。地图边角处的插图（那个时代的典型特征）展示了欧根的军队正扛着皇帝的双头鹰军旗穿越阿尔卑斯山脉，远处的机械起重机正在将大炮运往山上。这一重要信息——通过当时的科学手段掌握君主国的地理环境——在地图本身的细节中得到了进一步体现。此前的地图往往更像是艺术作品，重视城镇和风景，且没有按照比例尺绘制。欧根的地图则使用了最新的地图绘制学工具，高度精确地描绘了地形和人造建筑的特征，详尽展示了道路、河流、要塞以及其他军事据点。

后续的战争催生了更加复杂精巧的哈布斯堡君主国地图。与奥斯曼帝国的冲突，促进了针对南部地区的多次周期性测绘，而与意大利和尼德兰的边境纠纷，也需要更为精确的地图来帮助君主国在西部建立主权。

然而，最终是与普鲁士的战争，才主导性地促使哈布斯堡王朝重视地图绘制学。在1740年（腓特烈大帝第一次入侵奥地利西里西亚的时候）至1790年期间，哈布斯堡王朝的领导者开始大规模地绘制地图，为后来欧洲最先进的战略地图绘制文化奠定了基础。在1747年，新成立的哈布斯堡王朝工兵部队创制了《帝国与世袭领土总览图》（*The General Map of All Imperial and Hereditary Lands*），首次尝试了将帝国作为地理上的整体来描绘。《总览图》边沿上的插图，强调的是其地缘政治功用，而不是为了展示艺术性。插图中绘有玛丽亚·特蕾西娅（Maria Theresa，1717—1780年）[①]女皇，她身处各种地图绘制工具和炮弹之间，将她的权杖指向了奥地利的宿敌——法国（高卢的一部分）。[31]

43 接下来的几十年中，哈布斯堡王朝的地图绘制迎来了蓬勃发展。在《总览图》的基础上，维也纳于1764年初次启动了对哈布斯堡帝国的一系列极为详尽和全面的军事测绘。这次史称《军事大地图》（*The Great Military Map*）或“约瑟芬测绘”（*Josephinische Aufnahme*）的行动，使用了当时最先进的地图绘制工具，进行了惊人的22次独立勘测，在3 500张地图上展现了超过57万平方千米的领土。[32] 除了这份成果，还有几十个聚焦特定地区和目标的小型项目：《特兰西瓦尼亚军事大地图》（*The Great Military Map of Transylvania*）、《费拉里斯比利时地图》（*Ferraris Map of Belgium*，以创制者姓名命名）和伦巴第及其他地区的地图，还有大量针对直接与君主国边界接壤的外部领土的测绘，以及关于无数独立战略据点（如要塞、山口和单独的边境）的小型地图。所有地图加起来，数量超过了16 000张。[33]

哈布斯堡王朝制作地图，主要是出于战略目的，而不仅仅是商业或艺术目的。哈布斯堡王朝地图绘制学的几个特点，就证实了这一观点。其一，努力推动地图绘制的，是王朝的上层，而且他们明显是要实现军事目标。主要的推动者，是玛丽亚·特蕾西娅女皇和她的共同执政者及继位者约瑟夫二世皇帝，以及他们的高级顾问们：国务大臣考尼茨和陆军元帅弗朗茨·莫里茨·冯·拉西伯爵（Field Marshal Count Franz Moritz

---

① 本书使用其德语姓名的中文译法。——译者注

von Lacy，1725—1801年）。长期与腓特烈苦战，促使这几位和其他奥地利领导者去寻求掌握启蒙运动的概念和科学工具，以在所有层面上改革国家——用玛丽亚·特蕾西娅的话说，就是“组织起来，站稳脚跟”。[34]

这些努力的目标，是使帝国成为一个统一的政治体，从而充分利用自然和人力资源中的综合手段，以实现其战胜收复失地主义普鲁士的政治目的。地图是实现这一目的的重要工具，因为它们可以帮助帝国领导者构想和谋算他们可用资源的范围，使得打仗更有成效，在战后谈判时能达成更有利的领土交易。为了达成这个目的，18世纪晚期的哈布斯堡王朝领导者投入了大量的金钱和智能资源，不仅创制了地图，还创立了支撑先进的现代地图绘制学所必需的机构性和科学性基础设施。这个目的不是一时的，而是长期的：要将空间知识发展为一种竞争优势，供君主国在与其他对手竞争时使用。

这些努力背后的推动力量是战略，这一点可以从哈布斯堡王朝地图的内容中看出。这个时期哈布斯堡王朝地图的详尽程度，远超其主要敌手的地图。当《军事大地图》受托创制时，欧洲最精确的地图是法国的
《卡西尼地图》（*Cassini Map*），其比例尺为1∶86 400。相比之下，奥地 44
利的军事测绘是以1∶28 800的比例尺进行的，而且在全部的3 500张中，有275张是按照惊人的1∶11 520的比例尺绘制的——比其对手的地图要精细7倍。[35] 这大概就是从低空飞行的飞行器的窗口看地球，和从高空喷气客机看地球之间的区别。

和精细程度一样值得一提的，是哈布斯堡王朝地图所强调的对象——也就是说，制作者选择描绘的东西。本着包罗万象的原则，他们记录了自然和人为的地理特征。海拔高度用色深变化表示，甚至更细微的变化也被标明。各种各样的森林和田野界限清晰，同时，山口得到了特别关注，山中狭径和易守据点也被重点突出。河流也是标注对象，展示了宽度、弯曲状况、小岛、浅滩和流向，以及洪泛平原和沼泽地带的位置。现存的建筑，尤其是那些有潜在军事价值的，被细致精确地画出。城镇和农场被勾勒出来以展示它们的精确布局，磨坊、铁匠铺和果园等一切事物都忠于原型。从主要高速要道和城市街道，到狭窄偏远的乡间小道，所有道路都得到了精细的描绘。防御工事中每堵壁垒和每个城垛的布局

都尽收眼底，每个地区的军械库的位置也一览无余。在边境地带，即使微小的军事岗哨和碉堡也囊括其中，以至于在南部边界，每一个边境瞭望塔（大小大概和大型狩猎隐蔽塔相同）都被描绘了出来，而且每隔几千米就有清晰的标记。

哈布斯堡王朝地图的战略意图，在地图的使用方式中，得到了进一步体现。尽管大多数欧洲国家的地图都对公众开放，可以用于商业或其他用途，哈布斯堡君主国却把地图当成了一种敏感的国家资料，严格限制了地图的制作、查阅和传播的方式。这一保密传统在奥地利由来已久，始于宫廷战争委员会（Hofkriegsrat）主席拉依蒙多·蒙特库科利于17世纪70年代引入的严格情报管控。随着18世纪末地图绘制学的成果愈加丰硕，这种管控也愈发严格。哈布斯堡王朝地图当时是一种保密信息，按现在的标准就是“最高机密”。为军事测绘而制作的地图的每一部分都是一式三份的，副本分别要提交给皇帝和宫廷战争委员会主席。[36] 在军官和外交官的小圈子之外，任何人想要查看地图，都需要从君主那里获得直接的书面许可。[37] 制图者（难免有许多人是帝国之外招募来的）要接受可靠性审查。考尼茨为意大利的一个大型地图绘制项目支付了费用，条件是外国势力不可以招募地图制作者，而玛丽亚·特蕾西亚也推迟了类似
45 的计划，理由是项目的执行“不需要雇用外国人”。[38] 哈布斯堡王朝地图的保密程度十分严格，以至于当帝国中掌握机密地图绘制信息或工具的官员死后，政府就会迅速取得这些材料，以免落入外部势力之手，即使他们是在交战区内阵亡的。[39]

奥地利人控制地图的努力程度，用于制作地图的国家资源的数额，地图内容与军事的高度关联，都说明哈布斯堡君主国领导者将地图视为了战略知识的一种形式，为了在地缘政治中取得优势，必须加以发展和保护。在玛丽亚·特蕾西亚和约瑟夫二世治下，奥地利为了生产这种情报，系统性而非临时性地创造了一种制度基础。维也纳的大量国防预算，不仅投到了地图上，还花在了长期绘制地图所需的科学支柱的构建上，其中就包括天文观测台，一套最现代的天文学和大地测量学工具，一支专业的工兵部队，地图档案馆，以及绘图实践、测绘和边界划定的详细规定。[40]

用今天的话说，哈布斯堡王朝的地图绘制学代表着一种“地理空间情

报”（geospatial intelligence）——这是一种视觉辅助的系统性发展，一般配合其他情报收集工具使用，其直接用途就是在战争和外交中帮助国家。事实上，在哈布斯堡君主国，情报和地图是相辅相成的。在军事行动期间，工程师跟随着军队，制作了大量关于当地地形的地图。同样，军官队伍也陪伴着测绘队伍，并且仔细记录了任何具有潜在军事价值的事物的防御功能，标记了从沼泽到果园和墓园的一切事物的精确位置。这些记录都附在了每张地图的相应部分处，并且有图例说明，因此，它们相当于一份详尽的情报手册，可在战时供高级指挥官和宫廷战争委员会随时参考（见图2.4）。这些记录的重点，在于把君主国领土当作潜在的未来战场来评估，正如以下这个例子所示：

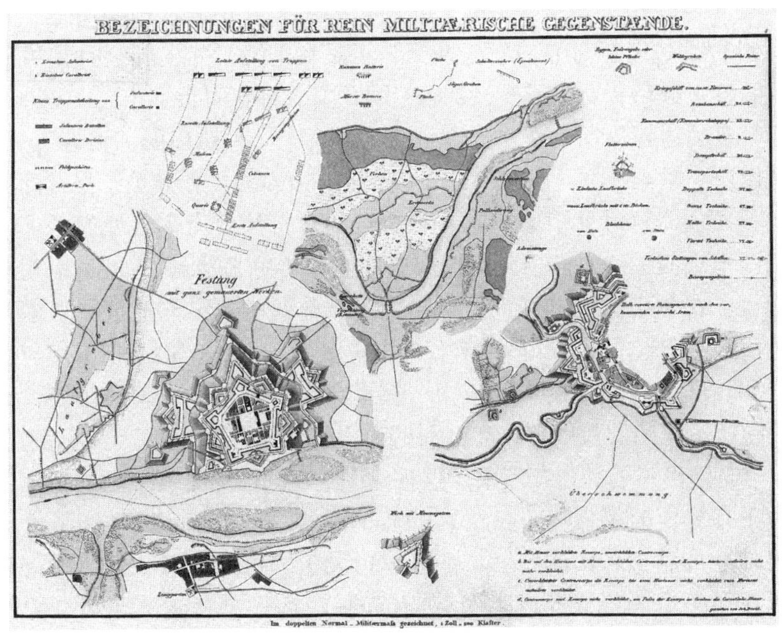

图2.4　奥地利军事测绘图例示例。

来源：Gabor Timar，Gabor Molnar，Balazs Szekely，Sandor Biszak，Jozsef Varga，and Annamaria Janko，*The Map Sheets of the Second Military Survey and their Georeferenced Version*（Budapest：Arcanum，2006）。

> 这个城镇固若金汤，在城边筑有大型营房和马厩。主要建筑有城镇大厅、一座女子修道院、一座教堂和一座教区办公所。城郊的建筑也修得不错，特别是那些克雷姆斯（Crems）河畔靠近磨坊的建筑。那条河在城镇地势较低的地方汇入了多瑙河，而在汇入点，多瑙河让这个地区看起来就像一座小岛。这里的地形大体平坦，但在城镇后方，却有一片拔地而起的山丘。[41]

46 边境的引力

除了全面推动了空间的概念化，哈布斯堡君主国的地理环境和地缘政治位置，还将其领导者的注意力集中到了空间中与国家的安全和生存息息相关的特定位置。对于当今世界中的国家来说，这首先与那些最可能出问题的地方相关——边境。正是在远离哈布斯堡政权中心的地方，奥地利的利益必定会与邻国发生冲突。正是在边境，君主国会首先遭遇攻击，而且在战后，君主国要么扩张空间，要么将空间拱手相让。

奥地利边境周围的众多外部危险，产生了一种边境的“引力”，这一概念由历史学家欧文·拉铁摩尔（Owen Lattimore）在其关于秦帝国的著作中提出的。这种“引力”是一种持续的对于注意力和资源的要求，它将帝国中央的关注焦点向外引向了与敌人相接触的地点。[42] 就奥地利的情况而言，这种引力尤其强大，这是因为其活跃的军事前线数量众多，且
47 边境线的总长超过了6 400千米。来自边境的压力——迫于作出反应，还要计划、准备和先发制人的压力——贯穿了哈布斯堡王朝的始终，而且往往超越了王朝的长期盘算和个别皇帝的偏好或钩心斗角。

哈布斯堡王朝的地图反映了这种对于边境的战略重视。它的根源，在于与土耳其人的军事竞争。在1699年的《卡尔洛维茨和约》中，维也纳要求其专员进行一次测绘，目的是越过关于“古时”或“天然”边界的无休止的争论，确立萨瓦河-穆列什河界线的准确位置，在两个帝国之间形成新的边境。[43] 由奥地利工程师约翰·克里斯托夫·穆勒（Johann Christoph Müller）进行的一次考察，确立了地图绘制学参数，为后来著名的军政国境地带（Military Boarder）提供了支持（见第五章）。在接下来的战争中，获得新领土之后要做的第一件事，便是下令进行一次全面

的测绘和人口普查。[44]

这种对边境的重视，形成了一种一直持续到18世纪末的模式。在军事地形学测绘中，边境地区往往会受到密切的关注。《军事大地图》中与前线领土相关的部分，往往是按照1 ∶11 520和1 ∶17 200的比例尺，而不是按1 ∶28 800的比例尺制作的。[45]《特兰西瓦尼亚军事大地图》衍生出了邻近的、非哈布斯堡王朝边境的摩尔达维亚和瓦拉几亚的地图，我们将看到，这些地图是奥地利东南部军事战略的重要组成部分。[46] 类似地，奥属尼德兰和伦巴第的地图也特别重视辨识边疆地区的防御特性。

哈布斯堡王朝对于边境地区的战略关注度，也可以从数字中得知：据罗马尼亚研究者玛达莉娜·瓦莱里娅·韦赖什（Madalina Valeria Veres）计算，截至18世纪末，约79%的君主国领土的地图都是描绘边境地区的；在涉及境外势力的252张地图中，有227张是关于与君主国接壤的国家的。[47]

随着时间的推移，这些地图绘制的成果，成为奥地利统治者、政治家和将军们经常用来助力执行哈布斯堡王朝战略的知识宝库。关于边境地区的详尽知识，有助于奥地利处理无所不在的，侵扰像它这样位于中心位置的国家的边界纷争，比如在1737—1739年的土耳其战争之后，这些知识帮助它解决了1743年与威尼斯的分歧，划定了奥属尼德兰的边境和伦巴第的河界。在准备巴伐利亚王位继承战争时，玛丽亚·特蕾西娅和考尼茨在西部边境的地图上花费了大量的时间，因为要想灵活处理这场战争，关键就在于能够查明帝国地图中那些微小但重要的客观特征（盐
矿、人口统计与河流的位置）。[48] 紧接着的瓜分波兰的谈判，也取决于类 48
似的细节（但是规模更大），而梅特涅在维也纳会议上举世闻名的外交手段，就包括了对波兰和萨克森边境地区的战略价值所进行的地图绘制学评估，因为在这些地方，成功的外交活动，依赖于精确统计“领土大小、人口总数和资源储备量”的能力。[49]

大量的边境地区地图还可用于军事。拥有这样的数据库，使得18世纪末和19世纪初的奥地利指挥官可以避免像欧根一样临阵生智，相反，他们可以仰赖一个已成规模的知识数据库，既可用于战前的防御计划工作，也可用于指挥军事战役。奥地利于1716—1718年和1727—1739年深入巴尔干半岛的远征，就因可以使用穆勒和其他早期边境测绘团队的作

品，而获益良多。1788年，当约瑟夫二世的军团向南进发时，上到总参谋部的军官，下至军团的指挥官，总共携带了约150份《军事大地图》和《匈牙利大地图》，其中就有涉及克罗地亚、斯拉沃尼亚、泰梅什堡的巴纳特、特兰西瓦尼亚和加利西亚部分的副本。[50] 在普鲁士战争晚期，哈布斯堡王朝的战地指挥官可以使用的地图，相比初次在西里西亚作战时使用的地图，取得了长足的进步。我们将在第六章看到，在18世纪60到70年代，约瑟夫二世和他的将军们总是使用这些地图来布置防御工事（均被谨慎细致地标记在了波希米亚地形图中）。而当君主国与大革命时期的法国交战时，宫廷战争委员会已经拥有极为先进的地图绘制学资料库，足以助力一场在西方的长达20年的争斗，以及后续大量的边境防御工事建设工程。

大局观

边境的引力对于哈布斯堡王朝的战略思维有着普遍的影响。我们将在第四章看到，边境地区施加的压力决定性地塑造了帝国的军事规划和外交概念，而且这种塑造持续到了19世纪。由于边境地区的动态（尤其对于一个相对较弱的国家来说）往往是由外部原因（对手）驱动，这种动态就会产生一些需要进行危机管理的麻烦，而这种危机管理又相应地要求防御方具备高度的反应能力。对于奥地利这样的强国来说，这一点似乎尤其正确，因为它的四周都被边境地区包围，它**永远**都要对外部的危机制造者作出反应，而这些危机都是它无法预测的，更不用说控制了。

但正因为拥有这么多边境地区，哈布斯堡王朝的领导者才不能只是单纯地被动反应；他们需要能够赶在迅速变化的动态之前，并且把他们的领
49 土构想成一个整体来防御，这至少有两点理由。第一，帝国的地理环境，不利于将力量过于长久地集中在某一片边境地区上，因为这样做会忽视其他地区。“当心，”萨伏伊的欧根如是警告皇帝，“您的王国有些松散凌乱：它与北方、南方、东方的国家接壤，还是欧洲的中心。”[51] 这样一个国家，不能将眼下威胁的优先级调得太高，否则就会无暇防范其他方向的攻击。要想准备周全，领导者就要能够设想各边境地区的布列，研究它

们之间的距离和行程时间，想出平衡边境威胁的手段。第二，奥地利的中心位置和频繁出现的军事弱点，意味着其军队很可能要在帝国内陆进行战斗。到了18世纪后半叶，这种情况已经在三次战争——1701—1714年、1740—1748年、1757—1763年战争——中出现。在这样的情况下，能否构思出将君主国腹地和周边紧密团结在一起的防御措施，将是存亡的关键。

哈布斯堡王朝的地图反映了这两种现实。在18世纪后半叶，大规模地图绘制工作的直接目的，就是为哈布斯堡王朝的君主和他们的顾问们创造将领土作为一个统一整体来进行战略评估的工具。1781年，约瑟夫二世在给奥地利驻法大使的信中写道："我们必须竭尽所能，获得关于君主国总体情况的必要概念。"[52]《帝国与世袭领土总览图》和《军事大地图》正是了解帝国总体局势的尝试。前者勉强实现了这个目标，但不够精确；后者失败了，但并非因为付出不够，而是遭遇了技术原因——在测绘开展时，天文测量方法尚未问世，这导致小地图之间出现了错位，无法组成一个整体。在接下来的几十年中，这个目标终于实现了。

能够拼凑出一幅总体局势的图景，有着重要的防御意义。奥地利的领导者花费如此多的时间和资源，就是为了能够将他们**自己的**空间可视化，这表明他们预料到，在未来，战争往往发生在哈布斯堡王朝的领土之上，而不是国境之外。在宫廷战争委员会的档案中，65%的地图都聚焦于哈布斯堡王朝的领地，剩下的35%中大部分也集中在毗邻的土地。[53] 这一点得到了进一步体现：他们高度重视描绘在防御战中派上用场的各种人为或自然特征，同时，帝国内陆的军事相关据点也被特别标出，关键位置之间的通行时间也有标注——表面上是为了便利邮政运输，但很明显是用于军事的。

总而言之，奥地利地图的这些特点，说明哈布斯堡王朝的君主们既想要把握他们国家的大局，又想要发展实现这一目标的手段。尽管他们的边境地区可能会源源不断地制造摩擦和关注，他们还是明白，对于这里 50
产生的麻烦，要避免永远处于被动反应的状态。他们努力利用空间工具来支持手段（防御资源）和目的（对抗多个威胁）的权衡，而且要在面向未来的基础上——也就是说，出于战略目的——如此努力。

一个国家的位置，决定了其领导者所关心、恐惧和优先考虑的事情，以及他们构想自身与外部世界关系的方式。地缘战略学家兹比格涅夫·布热津斯基（Zbigniew Brzezinski）指出，冷战时期，苏联的地图是以莫斯科为中心的，美国则被分成了大西洋沿岸和太平洋沿岸两部分，在视觉上也要小一些；而美国使用的地图是以北美为中心的，并且将欧亚大陆劈成了两半，还夸大了北美在世界中的面积占比。[54] 苏联的地图传达了欧亚大陆的主体地位，并且暗示了对于保有漫长陆地边境线的执着；而美国的地图则把美国描绘成了一座大陆一般大的岛屿，并且突出了其掌管两片大洋及其海岸边缘地带的必要。

哈布斯堡王朝的地图绘制学同样内涵丰富，包括其统治者们对他们地理环境中的弱点的看法，以及他们对于处理这些弱点的思考。最重要的是，他们展现了一种对于边境地区和排布在帝国漫长边境线上的无数威胁的专注。边境地区代表着一种不断造成危险的源泉，而在将奥地利的注意力拽向外部的同时，帝国遥远的间隔也让它同时有效掌控四片边境地区的能力遭受了力量的梯度损失。所有这些因素构成了哈布斯堡政权所受的严重限制。尽管俄国在其更为辽阔的领土上遭受了更为严重的力量梯度损失，它还是能够在广袤的空间上找到安全感。相比之下，奥地利面临着管理大片空间的后勤工作难题，同时它还拥有大量的物理距离更近的敌人。

哈布斯堡王朝的地理环境也提供了一些优势，抵消了其地理位置带来的困难。这些优势中最主要的，是其作为地处中央的国家所拥有的内部交通线路。多瑙河系统不同寻常的长度和融汇联结的属性，减少了奥地利的力量梯度损失，既有利于防御，也有助于建设一个安全的资源基础。由周围山脉构筑的防线，起到了一定程度的分隔和保护作用，有利于帝国的缔造。在这一方面，奥地利北部土地形成的对比极为鲜明；中北欧平原对攻击毫无招架准备，而多瑙河流域的环绕山脉，造就了一个足以维护河畔腹地的摇篮。用克劳迪奥·马格利斯（Claudio Margris）的话说，这构建了“一个防御性的伟大文明，其拔地而起的屏障能够保卫自己免
51 受外部袭击……就像一座要塞，出色地挡住了世间的种种威胁”。[55]

既脆弱又易守的特性，是哈布斯堡王朝战略的核心。奥地利的地缘政

治环境，使其必须发展旨在应对长期危险的战略；其地理环境与地形使战略的实施有了可能。这也是哈布斯堡君主国与历史上其他中间地带国家的不同之处。如果脆弱而难守，这个体量更大、地处南方的国家，将成为18世纪的波兰的翻版：一个客观上无法防守的国家，而且它无法防守的特点也体现在了它将命运托付给进攻的战略文化中。反过来说，如果易守且不脆弱，奥地利将成为大号的瑞士——一个几乎完全安全的国家，其相应的战略观是与世无争、孤立隔绝的，而且可以认为麻烦都远在天边，并随时间推移而消散。

正是在奥地利人通过充分利用无论多么有限的帝国的优势，探索处理他们明显弱点的过程中，我们发现了哈布斯堡君主国战略的滥觞。奥地利的地图和建设地理空间情报的尝试，表明哈布斯堡王朝研究了自身所处的客观环境，注意到了自身的弱点，并且尝试了利用可用手段来系统性地解决弱点。人们只要看一眼地图，便能理解这个君主国所受威胁的规模。但是，人们只要再看一眼拔地而起的阿尔卑斯山脉或喀尔巴阡山脉，就能明白这种地貌特征铭刻在其拥有者印象中的巨大防御潜能。在审视帝国的山川河流时，奥地利的统治者、士兵和外交官可以想到的，不仅仅是生存，还有稳固他们所统治领土的前景——构建一个以天主教为基础的持久秩序，依靠自然环境、深厚传统和聪明才智来治乱除患。我们将在第四章看到，在危机的鞭策下，在理性追求可实现的安全的过程中，一种保守的防御性的战略思维诞生了。哈布斯堡王朝的地理环境因此帮助它获得了一种对于战略可行性的判断力——一种信念，即无论面对多少威胁，帝国都能运用理性渡过难关。

第三章 52

损益遗产[①]：哈布斯堡王朝的人民与政府

奥地利君主国由五六个不同的体制构成。它的文化、人口和贷款可真是丰富多彩！皇帝的头衔给皇帝本人带不来一丁点人力或钱财。他甚至必须和他自己的帝国谈判。

——萨伏伊的欧根亲王

这个国家的精神糟糕透顶……以至于我们在外交战时，还要忌惮国内更为危险的敌人。

——约瑟夫大公（Archduke Joseph）

相比其客观地理环境，多瑙河流域的政治地理环境，让哈布斯堡帝国的建设工作变得极为复杂。经过几个世纪的仓促积累，奥地利哈布斯堡王朝持有的领土，形成了一个由多个历史上独立的政治体——其中每一个都有与其统治王朝议定的独立宪制安排——组成的复合国家（composite state）。其人口由超过12个民族构成，但其中没有一个强大到了足以统治其他民族的程度。内部组成在两个方面阻碍了君主国演变为现代国家的步伐：一是阻碍了一个中央集权的、高效的政府行政部门的发展，二是

① 原文为拉丁语Damnosa Hereditas。在罗马法中，它指一个无力偿还负债的人死后，其后代需要继承并代偿的遗产。——译者注

在政府的社会基本结构中植入了国内矛盾的根源。这两个因素塑造了奥地利作为战略行为体的行为，并且导致它在与更加集权和统一的列强对手竞争时处于不利地位。最后，这些特点使君主国无法调动其全部潜能，在实际上排除了通过领土扩张来增强国家安全的选项，并且向敌人暴露了在战时可以利用的内部弱点。

53 哈布斯堡王朝的政治地理环境

在18世纪之前，哈布斯堡君主国的领土就像一块夹心蛋糕，由17个历史上独立的政治体和12个以上的民族组成。帝国的政治地理环境，是5个多世纪以来，一系列铢积寸累的领土兼并的副产品，但是其根基却深植在多瑙河流域的更为悠久的人类历史中。流域所属的本都-波罗的海地峡，是一条古老的迁徙要道——正是在这个地方，欧亚大陆块变窄挤入了西欧半岛。在这个漏斗状的地带内，多瑙河流域就像筛子一般，集聚并容留了来往部落的部分人员，让这片流域利于日后帝国建设的大量河流和拱卫山脉，在很久以前，就吸引了大批人前来定居。东方的部落越过喀尔巴阡山脉的山口来到了这里；来自大草原的马背上的民族穿过了潘诺尼亚平原，而罗马拓荒者为了寻找耕地，则翻过了日耳曼长城。

在10世纪之前，三个主要的民族已站稳了自己的脚跟，成为多瑙河流域上数量最多、根基最牢的居民，他们就是斯拉夫人、马扎尔人和瓦拉几人（Vlachs，现代罗马尼亚人的祖先）。[1] 几个世纪以来，每一个族群都建立了王国和一些大小各异、寿命不一的小国，其中一部分在中世纪时已壮大为帝国的重要财产。

几个世纪以来，这些早已存在的聚落形态与东进的中世纪神圣罗马帝国不断发生碰撞，造就了哈布斯堡君主国后来的政治动态。在8世纪，这个过程正式开始了，奋斗目标是将法兰克人的统治延伸到查理大帝（Charlemagne）的帝国的混乱东疆。到了8世纪末，神圣罗马帝国已然吞并了东部一带的领土，也就是从易北河穿越现在的奥地利，跨过意大利北半部，直至伊斯特拉半岛的地方。法兰克的统治最远延伸到了东南部，即从巴伐利亚阿尔卑斯山脉连绵到了远至萨瓦河与德拉瓦河的中点。德意志势力东拓和紧随其后的哈布斯堡王朝扩张背后的主要因素，就是多瑙河，因为它促使神圣罗马帝国沿着阿尔卑斯山脉的主脉向东（从黑森林到黑海）进行政治和商业活动。到了10世纪中叶，这一扩张运动——向东部、施蒂利亚、喀尔巴阡山脉和卡尔尼奥拉的“进军”——造就了一系列神圣罗马帝国管辖的边境地区。这些地区将构成奥地利的核心地带。在这些领土之外，多瑙河的分水岭也为后续的扩张设定好了路径。[2]

就是在神圣罗马帝国寻求稳固和掌控其东部边境的背景下，哈布斯堡王朝从其位于瑞士和施瓦本的家族据点兴起，在13世纪中叶登上了中欧的政治舞台。在鲁道夫一世（Rudolph I，1218—1219年）治下，哈布斯 54
堡家族获得了一系列的头衔和领土，在之后的几个世纪中为其合法性奠定了基础——头衔始于1254年霍亨斯陶芬王朝最后一位皇帝逝世后，哈布斯堡家族被选为神圣罗马帝国皇位所有者；领土则始于1282年在马希费尔德（Marchfeld）战役中击败波希米亚普舍美斯（Premyslid）王朝国王奥托卡（Ottokar）后，对施蒂利亚和奥地利的公国的兼并。在接下来的几个世纪中，哈布斯堡王朝通过联姻、战争和外交扩大了他们的中欧资产。在14世纪，他们通过兼并蒂罗尔、卡林西亚和卡尔尼奥拉，增加了自己的奥地利核心领土。在16世纪爆发的东扩潮中，由于匈牙利国王拉约什二世（Louis II）在对抗土耳其人的摩哈赤战役（Battle of Mohács）中阵亡，哈布斯堡王朝通过继承其遗产，将波希米亚、摩拉维亚、上下西里西亚和皇家匈牙利并入了自己的领土。

随着勃艮第和西班牙成为家族财产，这个时期见证了哈布斯堡王朝在西欧影响力的增长。到了16世纪中叶，哈布斯堡政权盛极欧洲，成为一个大陆性的天主教帝国，拥有欧洲陆块中部的一大片土地，即从西班牙的大西洋沿岸和低地国家，穿过意大利北部和神圣罗马帝国，再到多瑙河中游的领土，并且控制了远至西印度群岛和墨西哥的海外领土。

这个顶点过后，经过17世纪最后几十年的一系列事件，哈布斯堡王朝的财产最终只剩下以多瑙河为中心的一片土地。第一个事件是三十年战争（1618—1648年）的结束，自此，哈布斯堡王朝对于德意志地区的天主教统治遭到了重大削弱，王朝被迫向东部的多瑙河河谷寻找补偿。[3]第二个事件，就是在1683年击退土耳其对维也纳的围攻后，君主国进行了一场成功的扩张战争，并借此吸纳了一大片位于匈牙利的土地，而这片土地此前是它与奥斯曼帝国之间争斗不断的边境地带。第三个事件，是1700年西班牙哈布斯堡王朝最后一位皇帝卡洛斯二世的去世，这标志着哈布斯堡王朝西欧分支的消亡，使得其东部的旁系分支成为王朝所有后续发展的所在地。

接踵而至的变化，使哈布斯堡王国成为一个主要活动于中东欧的地缘政治参与者，而且这个身份一直保留到了第一次世界大战之后，才随王朝覆灭而消失。哈布斯堡君主国战略方向调整的重中之重，是用其辽阔的疆域，沿着多瑙河畔的属地波希米亚、摩拉维亚和奥地利，将大匈牙利团团围住，形成一个领土上连续不断的整体，以便为哈布斯堡政府
55 提供成为强国所必需的资源基础和战略纵深。虽然王朝保留了神圣罗马帝国皇帝的头衔，而且在接下来的一个半世纪内，继续在德意志地区掌控着军事资源和政治影响力，然而，随着德意志邦国的自治权越来越大，哈布斯堡王朝在阿尔卑斯山脉东部的整合程度越来越高，神圣罗马帝国皇帝的职能也越来越趋于象征性了。尽管随着时间的推移，君主国获得了大量的多瑙河畔之外的附属领地，最终积累了远至尼德兰和西西里的领土，但其地缘政治上的腹地仍然集中在多瑙河周围的三片领土：奥地利世袭领地（Erblände）、波希米亚王冠领地和匈牙利王国。

奥地利世袭领地：帝国的驾驶舱

奥地利世袭领地位于哈布斯堡王朝属地的心脏地带。这些自中世纪起就持有的领土，包括了以维也纳为首都的上、下奥地利的大公国、内奥地利（施蒂利亚、卡林西亚和卡尔尼奥拉三个公国）、亚得里亚海沿岸国家（戈里齐亚伯国、伊斯特里亚侯国和的里雅斯特侯国）、蒂罗尔和远奥地利（Vorlände）（前奥地利、施瓦本奥地利和福拉尔贝格）。地理上，这些领土呈反L形，沿着多瑙河与穆尔河从瑞士向东延伸到了匈牙利大平原，顺着阿尔卑斯山脉东坡向北绵延到了波希米亚高原。奥地利世袭领地的人口组成中占主导的是日耳曼人，但是在南边和东边有着大片克罗

地亚人、匈牙利人、斯洛文尼亚人和意大利人聚居的飞地[①]。到了18世纪中叶，哈布斯堡王朝的统治者们总是将波希米亚和摩拉维亚视为奥地利世袭领地的一部分，但是为了指代明确，这个词在这里只用于描述奥地利的土地。

奥地利世袭领地作为王朝最初的领土，是哈布斯堡王朝在欧洲中部政治合法性的主要根源，也是其首都所在地，还是王朝战争资源的主要贡献地。这些领土与邻近的捷克领土一起，构成了君主国人口最多、经济最发达的地区。施蒂利亚、上奥地利、卡林西亚是冶金采矿业和（后来的）工业重镇，到了18世纪末，它们生产了帝国75%的生铁（仅施蒂利亚的产量就比大英帝国的总量还要多）。[4] 维也纳和福拉尔贝格是重要的纺织业基地，并且在造纸业、玻璃制造业和农业方面也独占鳌头。在1790年，仅下奥地利一地的制造业公司数量就占帝国的50%。[5] 商业方面，外奥地利就像一座桥梁，连接了附近的施瓦本和阿尔萨斯经济体，还打通了更为广泛的西欧市场。由于上、下奥地利距离多瑙河及其支流距离很近，这些地区很自然地就被整合进了位于帝国中心的波希米亚和匈牙利
贸易网络，同时，内奥地利的贸易网络与意大利北部相连，而的里雅斯 56
特和阜姆（Fiume）[②]的港口则接通了地中海的贸易路线。[6]

作为帝国建设的发射台，奥地利世袭领地坐拥几项优势：由于部分地形为山地，这片领土自然是易守难攻的；由于这里人口密集，同属一族，且大部分为天主教徒，他们因此往往是哈布斯堡王朝在政治上的可靠支持者。但是作为用来掌控一个庞大而复杂的帝国的驾驶舱，奥地利世袭领地也有缺陷。最明显的，就是其面积很小——或许只占帝国所有陆块的1/5。尽管局部地形有些优势，但是奥地利世袭领地的整体位置却遭受着中东欧地缘政治的压力。这些领土处在南方敌人（土耳其人可以出其不意地抵达维也纳）和北方敌人（普鲁士有一条可以快速穿越波希米亚直达维也纳的路线）能够轻易袭击的距离范围内。这种复杂情况——帝

① 飞地（enclave），此处具体而言应指民族飞地，即一个国家或城市中非主要民族聚居的地区。——译者注

② 现在克罗地亚海港城市里耶卡的旧称。——译者注

国易守难攻的地形和地缘政治脆弱性的缩影——使得拥有足够的缓冲区，成了哈布斯堡王朝安全的前提条件。

波希米亚王冠领地：哈布斯堡王朝的金库

波希米亚王冠领地位于奥地利世袭领地的北方，由一个中世纪地区集团组成。在16世纪的前25年，土耳其人击败了这里的原生王国，哈布斯堡王朝在由此产生的政治真空中，通过联姻得到了这个地区。这些土地的中心是波希米亚王国——捷克国王的古老堡垒——并包括了其历史上的属地：摩拉维亚侯国、西里西亚公国以及（拥有了一段时间的）上、下卢萨蒂亚侯国。这些领土一起，沿着伏尔塔瓦河与摩拉瓦河两条平行线，在上、下奥地利的北部形成了一片在水平上呈钟状的高地，其西侧是茂密的森林，北边和东边则是山脉。这些土地的大部分都位于波希米亚地块之内，重要的西里西亚公国则游离在外，位于厄尔士山脉之外的毫无防备的西里西亚平原上。

在地缘政治方面，波希米亚王冠领地可视为哈布斯堡王朝腹地的延伸，而且事实上在整个18世纪，这片领地往往在政治方面也被如此看待。[7] 这片领土是君主国领土中人口最为稠密的，人口数是奥地利世袭领地的两倍。[8] 按照哈布斯堡王朝的标准，这里的人口算是同属一族；不过西里西亚是个例外，那里由捷克和斯洛伐克民族占据主导，同时城镇中存在大规模的日耳曼和犹太民族聚居区。在17世纪，外国贵族（主要是
57 日耳曼人）的移入加强了这种同质性。[9] 与奥地利世袭领地不同，在捷克地区的历史中，信仰冲突一直是政治上的主旋律，尽管在18世纪之前，气势如虹的反宗教改革运动使得宗教分离主义势穷力竭，并且将完整统一的领土和以天主教教徒为主的选民并入了哈布斯堡王朝政治体。他们自此成为军队和哈布斯堡王朝官僚机构中忠于王朝的任职官员的重要贡献者。

在经济上，波希米亚王冠领地是哈布斯堡帝国最为强劲的出口和其他税收来源。这里矿产（铁、银和锡）丰富，是发展工业——波希米亚的玻璃业、摩拉维亚的羊毛业、布拉格和布尔诺的纺织业——的理想地点。[10] 玛丽亚·特蕾西娅在位时，工厂和制造业迎来了蓬勃发展，结果

就是，约1/3的哈布斯堡王朝制造业公司都位于这个区域。[11] 最终，棉纺织业和铁业成为主要工业。捷克地区的税收贡献大大超过了君主国的其他地区。[12] 仅西里西亚的税收，就占到了哈布斯堡王朝总税收的1/4——17世纪40年代早期达到了每年约350万弗罗林，这也使其成为政治家和外交家约翰·克里斯托夫·冯·巴滕施泰因（Johann Christoph von Bartenstein，1689—1767年）所说的“奥地利家族真正的翠羽明珠”。[13] 即使在1745年，西里西亚彻底被普鲁士夺取之后，波希米亚王冠领地的剩余部分所提供的税收，仍是奥地利世袭领地的好几倍（到17世纪50年代，已达每年600万弗罗林，相比之下，内奥地利和大公国只各有100万弗罗林，而蒂罗尔和外奥地利则分文未献）。[14]

在战略上，捷克地区为哈布斯堡帝国发挥了一些重要功能。这个地区的面积为7.77万平方千米，人口数占君主国总人口的1/5，是本来很小的奥地利世袭领地必要的附属地，也是一股政治上可靠的力量，可以制约面积更大、经常忤逆的匈牙利王冠领地。在军事方面，拥有大量遍布可用于防御的河流的北方领土，能在面对普鲁士时提供急需的战略纵深。经济上，当捷克和奥地利土地合并为一个发达的工业地区，再加上疆土辽阔但经济落后的匈牙利农业腹地，一种高度的经济互补就形成了。[15]

捷克地区的其他特点则带来了挑战。战略上，丢掉西里西亚，对于哈布斯堡王朝来说，意味着失去了西北边境上的一个坚实的缓冲区，让普鲁士能够经由可通向帝国最富庶领土的入侵路线，轻而易举地到达维也纳。[16] 经济上，捷克地区的河流与易北河近在咫尺的距离，便利了与德意志地区的商业交流，将这个地区的贸易引向了西欧市场。[17] 人口统计学上，58
尽管在现代早期，这个地区已实现了一定程度的民族融合，但是历来在政治上独立的大量非日耳曼民族人口，将在19世纪成为紧张关系的制造者。

匈牙利王国：帝国的粮仓

广袤的匈牙利王国位于奥地利世袭领地的东部，既包括了多瑙河以北一片无足轻重的领土（这片被称为“皇家匈牙利”的领土躲过了17世纪奥斯曼帝国的兼并行动），又涵盖了绵延到喀尔巴阡山脉的匈牙利大平原和特兰西瓦尼亚的大片台地。中世纪的匈牙利王国，曾经囊括了奥地利阿尔卑斯山区之外的多瑙河流域的大部分地区，而这时的匈牙利作为其前身的残余部分，包括了几片不同的领土，其中就有如今的克罗地亚、斯洛伐克和罗马尼亚的一大部分。这些领土是中欧林地和欧亚大草原之间的过渡区域。它们沿着多瑙河与蒂萨河平行河段中间南北向的柱状地带拓展，北至捷克高地，南至萨瓦河与多瑙河下游，东至特兰西瓦尼亚阿尔卑斯山脉长长的拐弯处。

地缘政治上，匈牙利在哈布斯堡君主国中发挥了两种作用。其北部和中部的领土实际上是哈布斯堡王朝腹地的延伸，这里水源充足，人口众多，还是匈牙利的工业中心。其东部走廊形成了一大片腹地，在之前的几个世纪里，这片腹地充当了奥地利和土耳其之间的缓冲地带，而且在此前并入君主国之后的很长一段时间里，一直被理所当然地视为某种内部缓冲区。

匈牙利经济以农业为主。尽管到了18世纪末，这里的人口几乎占君主国总人口的38%，但由于与土耳其人的长期战争和过时的社会结构，匈牙利地区在经济上仍是落后的。其工业也不发达。尽管城市人口中包括大量日耳曼人和犹太人的布达佩斯是重要的商业中心，匈牙利在哈布斯堡王朝工业中的占比，还是远低于面积更小的奥地利或捷克地区。匈牙利北部位于现在的斯洛伐克，是重要的采矿业中心，而克罗地亚海岸上的港口由于长期参与地中海贸易，也有一些商业价值。但是在整体上，匈牙利对于哈布斯堡王朝的主要经济贡献是农业，它从自己的内部供应了大量的谷物、家畜和其他商品。

59 在政治上，匈牙利地区迟迟不愿加入哈布斯堡帝国的建设。马扎尔悠久的独立史和强烈的民族认同感，造就了一个对于不断积累自由权有着强烈信仰且根基稳固的政治阶层。这些世袭特权源于所谓的《三一法典》（*Tripartitum*）。这份1514年的法律协议规定，匈牙利贵族基本上无需缴税。由于这份协议，多得离谱的财富都集中在了一小撮贵族的手中——大约100个家族就控制了匈牙利1/3的土地。针对这种税务豁免条款和马扎尔人其他残余特权而进行的重新商议，长期以来都是种种分歧的根源。由此产生的争斗阻碍了匈牙利的经济发展，减缓了内部贸易壁垒的清除进程，妨碍了改善匈牙利中心地区河运系统所需的投资和公共工程的规模。[18] 任何想要废除这些特权的尝试，可想而知，往往都会成为冲突的导火索。

在地缘政治方面，哈布斯堡王朝腹地的优势，在于其核心领土相对紧凑和相辅相成的特性。面积不大但富裕且人口众多的奥地利和波希米亚，与地大物博的匈牙利在位置上的邻近，以及将这些领土串联贯通起来的河流系统，都为建成一个共同市场创造了自然条件。当谈及帝国历史后期奥地利和匈牙利地区之间的内部经济往来时，一位历史学家所说的“纺织品和小麦的联姻”，实际上是奥地利（和捷克）的纺织品、匈牙利的小麦和波希米亚的钱币三者的结合。[19]

复杂情况的代价

哈布斯堡君主国能否兑现这些核心领地的全部潜能，是决定它作为强国的表现的一大因素。在历史上，国家在战略竞争中获得的成功，取决于它们对于可利用内部资源的掌控。[20] 这继而又要依赖两种能力：一个国家的中央政府支配其各组成部分，并高效地组织它们进行战争的能力；一个国家的人口足够的团结，从而支持国家的政治目标实现的能力。从18世纪开始，欧洲的主要国家都开始发展这两种能力，并将两者视为成为权力集中的民族国家——19世纪庞大强国的基础——的必由之路。

纸面上，哈布斯堡君主国具备许多成为现代强国所必需的特性。它
所有领土的面积在欧洲仅次于俄国。其人口尽管不如法国多，却也与其 60
他大国不相上下。其肥沃的土地、富含金属矿物的山脉、大量的河流所带来的自然资源，赋予了它欧洲国家中最具潜能的权力基础之一。而哈布斯堡王朝领土的结构，结合了工业发达的核心地带与以农业为主的内陆地区，为君主国实施重商主义政策——在18世纪，大多数欧洲强国正是借助这种政策，作为现代军事国家实现了激进的权力集中——创造了条件。[21]

但是在现实中，帝国从未能够全部兑现这种潜能。君主国独特的政治地理环境，使其在两个重要的方面不同于那些新兴的民族国家：一是它采

取了残余的封建治理形式，阻碍了行政效率的提升，二是它带来了一定程度的民族方面的复杂情况，妨碍了内部的团结。这些因素阻遏了奥地利调用其看似庞大的权力基础，同时还使奥地利在使用其已调动的资源时束手束脚。所有这些因素，都让帝国更难通过调整来匹敌对手的实力与效率，从而使帝国于地缘政治竞争中处在了不利地位。

低效的行政

构成哈布斯堡君主国地缘政治基础的那部分领土，尽管在地理上毗邻，却仍是一个没有什么普遍政治特点的半独立政治体。[22] 直到18世纪中叶，多瑙河畔的领土（不仅包括捷克和匈牙利地区，甚至奥地利原有的属地也算在内），用一部史书中的话说，就是“一个连政治认同都没有的大杂烩”：

> ［这些领土］由一群公国和王国组成，它们各有自己的历史传统、宪法结构、经济框架和民族特性。它们唯一共有的分母就是哈布斯堡王朝，而王朝的政治力量又极为孱弱，让这种共有认同的意义都可以忽略不计了。在每一个地区或王国，统治者的角色由一个强大的贵族寡头集团所左右，而后者是通过各自的地方等级会议（Estates）来运用其政治力量的。这些等级会议不仅需要批准税制，还是税款收集者……任何曾经存在的中央政府都采用了地方办事处、王室行政部门、外交和军事决策协调的形式。[23]

相比于一个统一的政治体，君主国更像一个群岛，其各组成部分类似分散的小岛，其中每个部分与哈布斯堡家族之间都有自己的独立安排，
61 这就需要不同的领土尽不同的义务，而统治者也要承担相应的责任，接受相应的限制。[24]

由此造就的大杂烩——用埃文斯（R. J. W. Evans）的话说，就是“一个由各种令人眼花缭乱的元素构成，且凝聚力薄弱的黏合物”——要拜几个世纪以来逐步进行的领土积累所赐。[25] 在这样一个实体之内筹备战争资源的过程，只能用纷争不休和混乱不堪来形容。在中世纪晚期，哈

布斯堡家族在相对贫困的情况下，也曾从贵族手中奋力争取过资金（比法国人还要努力），用来支付宫廷和军队的开销。在18世纪之前，他们仍饱受君主与等级会议之间长期讨价还价的烦琐细节困扰，最终这种博弈成了一种一年一度的流程，地方集会，或议会（diet），可以借此机会投票表决，用税款来维持一定程度的对帝国中央的支持。作为这种互动的一部分，每年都有一笔拨款，或者说“贡税”（*Kontribution*），被筹集起来用以资助军队。作为交换，哈布斯堡王朝对每个等级会议都作出了一定的让步，这也为与君主国各地的贵族达成统治共识奠定了基础。[26]在这些协商中，等级会议掌握着财政大权，并且运作着大多数税收——他们会克扣一部分占为己有——机构。欧根亲王不禁哀叹道：“皇帝的头衔给皇帝本人带不来一丁点人力或钱财。他甚至必须和他自己的帝国谈判。”[27]

这些限制让哈布斯堡政权必须经历一个“调解”的过程，就是说，统治者必须和臣民协商，才能获得国家权力的工具。[28]这种情况，对于现代早期的大多数欧洲国家来说，多少都是符合的。但是，当其他国家下定决心，逐步去除这些封建制度的残余——废除贵族、教会和其他团体的全部特权，为战争而集中政权——时，哈布斯堡王朝却将许多这样的残余保留到了18世纪。君主国步伐缓慢的政治演进，不仅影响了奥地利在其崛起战争中表现的水准和特点，而且在大陆性强国（如法国和普鲁士）大大提高政府和战争方面效率的关键时刻，还阻碍了它发展成为地缘政治行为体的进程。在这个时期，其他没能迅速利落地发展这些职能的国家——最值得一提的就是18世纪的波兰——都在军事竞争中迅速落伍，而且再也不是独立的政治体了。如果没有地理环境所提供的保护和国家的庞大体量，类似的命运也可能发生在奥地利身上。

尽管避免了波兰的命运，哈布斯堡王朝统治中残余封建制度的存续，却决定性地影响了奥地利的战略能力，导致它的潜在力量经常无法兑现为实际力量属性方面的实力。在这一点上，财政——主要是可以用来调兵遣将的财政资源——所受的限制最为严重。哈布斯堡政府发现，相比 62
其西欧的对手们，他们更难按照预期来资助军事方面的努力。即使在以等级会议为中心的资助系统平稳运行时，财政收入往往也不足以支持哈布斯堡王朝军力渡过那些频频困扰君主国的难关。军事需要的资金，几乎总是远超所筹集起来的贡税，在17世纪末和18世纪，贡税额一般只能达到实际需要的1/3到一半。[29] 在西班牙王位继承战争中，君主国只能够筹集到它所需资金的1/4，能调遣的军队和预算大约是法国的1/10。[30] 几十年后，在与腓特烈二世的战争伊始，奥地利政府到了破产的边缘，其军队只有区区3万人；相比之下，普鲁士开始打仗时，其预算是花不完的，军队人数几乎是奥地利的3倍，尽管其占有的领土只是哈布斯堡君主国的零头，人口只有其1/8。[31] 在七年战争中，贡税提供的资金（1.143亿弗罗林）还不到战争最终所需资金（3.918亿弗罗林）的1/3，而剩余的大部分资金缺口都是用贷款和税务来填补的。[32]

哈布斯堡政府在财政上受到的限制极为严重，以至于玛丽亚·特蕾西娅治下的首席大臣和改革尝试的推动者，弗里德里希·威廉·冯·豪格维茨伯爵（Count Friedrich Wilhelm von Haugwitz，1702—1765年），将其错综复杂的税收系统称为“一个内部敌人，其对王国的威胁完全不逊于外部敌人”。[33] 为了解决这个“敌人”，哈布斯堡王朝从18世纪早期到20世纪，进行了多次改革。改革的动力，就和发展精确地图绘制学一样，在本质上是与地缘政治相关的，就是来自法国的压力和后来普鲁士的军事威胁。[34] 在约瑟夫一世时期，改革一步步地开始了，并且自1748年起，在玛丽亚·特蕾西娅治下加快了步伐。君主国实施了种种举措，以加强政府的中央权力，适应竞争日益激烈、强敌众多如林的局势。到了18世纪最后的25年，改革的努力瓦解了等级会议的力量，并且在19世纪继续收获了硕果：帝国行政部门实现了合理化，政府的国内财政收入不断增加，可投入战场的军队规模也得以扩大。

即使进行了这些改革，哈布斯堡君主国也只有在很少的时候才能兑现其全部军事潜力——而且只有在巨大危机发生时，才能短暂地兑现。[35] 尽管玛丽亚·特蕾西娅成功实现了政府结构的合理化，而且使奥地利和波希米亚的等级会议臣服于中央统治，但君主国挣扎了几十年，也没能设法发挥其最大领地匈牙利的财政和军事潜力。在哈布斯堡王朝从土耳其人手中夺回匈牙利之后，马扎尔人的特权在利奥波德治下经历了短时期
63 的废除。再之后，马扎尔人在19世纪之前，还是成功保住了他们以往的

税务豁免权，偶尔才能碰到一些阻挠。结果就是，在君主国历史上的大部分时期，本应成为国家力量和资源基础重要支柱的一大笔资金，在最好的情况下，也只有很小一部分直接进入了国家的收入流。

这种资金的缺位，在哈布斯堡王朝军队的组成方面最为明显。由于匈牙利在宪法上拥有特殊地位，哈布斯堡君主国在征兵上对于奥地利和波希米亚的过度依赖，贯穿了其大部分历史。在1706—1742年间，匈牙利人（包括马扎尔人和臣服于匈牙利王室的民族）一直只占军队总人数的2%至6%，而在1743—1794年间，他们的占比徘徊在15%至20%——这个比例是惊人的，考虑到匈牙利约占帝国总面积的一半，人口超过总数的1/3（见表3.1）。这些比例在19世纪几乎没变；在1865年，马扎尔人仍约占军队人数的6%，相比之下，日耳曼民族占了26%（略微多于他们的人口占比），其他人数更少的民族的占比往往也远超他们的人口占比。[36]

表3.1 18世纪80年代前后哈布斯堡王朝主要领土的规模与贡献

哈布斯堡王朝的地区	人口占比	面积占比	军队贡献
奥地利世袭领地	18.9%（430万）	17.8%（111 654平方千米）	约70.2%（153 864人）
波希米亚王冠领地	19.3%（440万）	12.7%（79 080平方千米）	
匈牙利	37.4%（850万）	51.8%（324 790平方千米）	约20.5%（44 936人）

来源：Michael Hochedlinger，*Austria's Wars of Emergence*（New York：Routledge，2013）；P. G. M. Dickson 1987，*Finance and Government under Maria Theresa*，*1740－1780*，2 vols.（Oxford：Clarendon Press，1987）。
军队数量来自作者本人的计算。

尽管匈牙利享受的特殊待遇是独一无二的，类似的残余安排——等级会议，贵族的教会分支，以及后来所谓的主宰民族——对于君主国力量的限制贯穿了其生命周期。在18世纪上半叶，王朝要向等级会议乞讨资金。后来到了19世纪，王朝为了一份年度军事预算，要在两个独立的议会经历一个表面上限制稍稍放松，实则依旧充满变数且易发冲突的协商过程。这些互动使得哈布斯堡王朝的战争专款勉强够用，而与此同时，
64 君主国的对手们正在使他们的国防预算有据可循，稳定充裕。尽管在战时往往会投入大规模军队，然而，奥地利在军事支出和人员数量上，还是经常在欧洲列强中排名倒数（见图3.1—图3.3）。

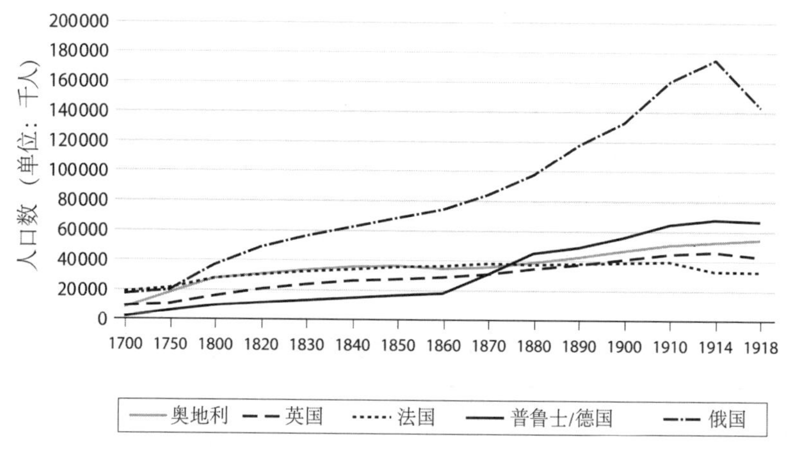

图3.1　1700—1918年欧洲列强的人口数。

来源：数据源于J. David Singer，Stuart Bremer，and John Stuckey，“Capability Distribution，Uncertainty，and Major Power War，1820 - 1965，” in *Peace*，*War*，*and Numbers*，ed. Bruce Russett（Beverly Hills：Sage，1972），19 - 48；Paul M. Kennedy，*The Rise and Fall of Great Powers: Economic Change and Military Conflict from 1500 to 2000*（New York：Random House，1987）。
图表来源：欧洲政策分析中心，2017年。

收入与财政

由于难以筹备战争资源，奥地利就要寻找其他手段来支持其外交政策和军事目标。在和平时期，收入与支出往往能够借助一些特别的税种或其他措施而达到平衡。但是在战争时期，支出暴涨，迫使君主国寻找其他资金来源。主要的办法是从国内外贷款。在其历史上，君主国一直在大规模地借钱。在17世纪80年代，哈布斯堡王朝的债务达到了1 000万弗罗林——这个数据在1700年涨到了2 500万，而在1740年达到了1亿，

也就是说，在五十多年的时间内增加了9倍。[37] 尽管引入的改革精简了行政部门，扩大了收入来源，哈布斯堡王朝的债务还是在持续增长，在18世纪末达到了5.42亿弗罗林。[38]

一大笔借债——在18世纪上半叶为总债务的3/4——都来自内部。哈 65
布斯堡王朝一般在和平时期喜欢从国内贷款，而当战争爆发，则会积极地从国外找钱。[39] 1706年，维也纳城市银行的创立，使得政府部分17世纪的债务得以偿清，也拓宽了帝国国内外的私人贷方群体。另外的借款，则来自等级会议，维也纳偶尔会通过抵押基于地产的收入来确保资金的

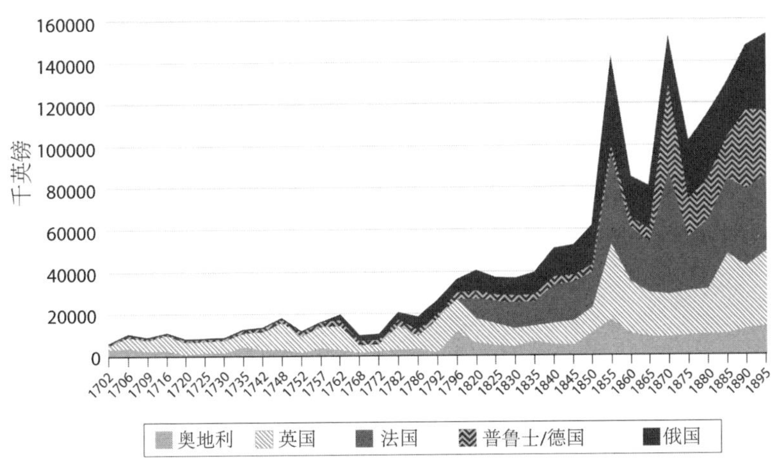

图3.2　1702—1895年欧洲列强的军事支出。

来源：数据源于J. David Singer, Stuart Bremer, and John Stuckey, "Capability Distribution, Uncertainty, and Major Power War, 1820–1965," in *Peace, War, and Numbers*, ed. Bruce Russett (Beverly Hills: Sage, 1972), 19–48; Paul M. Kennedy, *The Rise and Fall of Great Powers: Economic Change and Military Conflict from 1500 to 2000* (New York: Random House, 1987); Janet M. Hartley, *Russia, 1762–1825: Military Power, the State, and the People*. (Westport, CT: Praeger, 2008); Gunther E. Rothenberg, *The Army of Francis Joseph* (West Lafayette, IN: Purdue University Press, 1976); A. C. Macartney, *The Habsburg Empire, 1790–1918* (New York: Macmillan, 1969); J. J. Sanchez, "Military Expenditure, Spending Capacity, and Budget Constraint in Eighteenth-Century Spain and Britain," *Revista De Historia Economica: Journal of Iberian and Latin American Economic History* 27, no. 1 (2009): 141–74。
图表来自欧洲政策分析中心，2017年。

供给。从18世纪中期起，负担逐渐转向了海外借债，先是阿姆斯特丹和伦敦，随后是布鲁塞尔、热那亚和米兰的不断增长的资本市场。[40] 在战争时期，君主国通常能够在盟友的财政援助下——采用的形式，往往是外国货币市场的贷款保证书——摆脱债务危机。[41] 在西班牙王位继承战争中，英国的资金援助极为关键，以至于欧根亲王在写给皇帝的信中稍带讽刺
66 地说，对于奥地利，战争“没有英格兰的钱是打不了的”，而腓特烈二世也抱怨英国是“奥地利战争机器的发动机”。[42]

哈布斯堡王朝军事资金的基本特征延续到了19世纪，尽管它也拥有了更多可以预期的收入流和开支模式，以及一大笔遗留赤字。[43] 后拿破仑

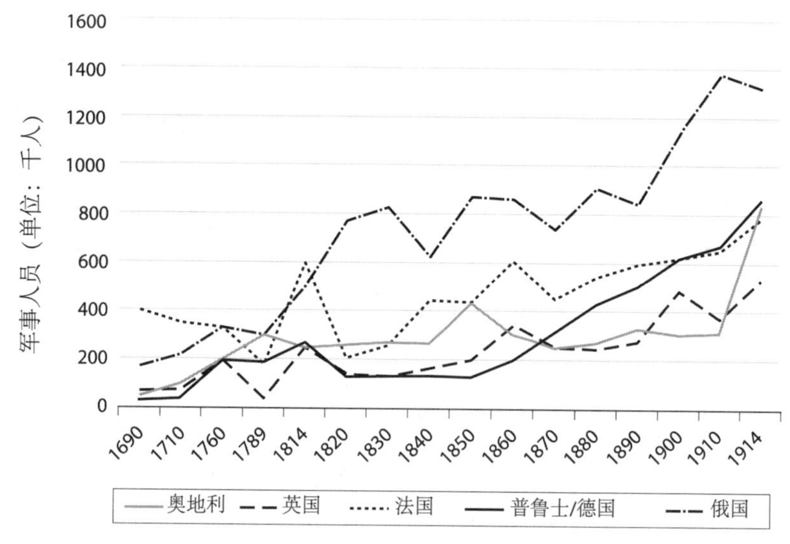

图3.3　1690—1914年欧洲列强的军事人员。

来源：数据源于J. David Singer，Stuart Bremer，and John Stuckey，“Capability Distribution，Uncertainty，and Major Power War，1820－1965，” in *Peace*，*War*，*and Numbers*，ed. Bruce Russett（Beverly Hills：Sage，1972），19－48；Paul M. Kennedy，*The Rise and Fall of Great Powers: Economic Change and Military Conflict from 1500 to 2000*（New York：Random House，1987）；Michael Hochedlinger，*Austria's Wars of Emergence*（New York：Routledge，2013）；Catherine Casson，“European State Finance Database：An Introduction，” European State Finance Database，http：//www.esfdb.org/table.aspx？resourceid=11342。
图表来自欧洲政策分析中心，2017年。

时期，或“三月革命前”时期（Vormärz）①一开始，间接税就成了收入的一大部分（特别是关税和消费税，再加上盐和烟草的垄断）。从19世纪中叶开始，重担便向直接税（特别是针对土地的税务）倾斜，而到了1854年，全部收入的1/3都用来偿还公债的利息了。[44] 在这一时期，随着军事危机再起，维也纳的财政情况也愈加恶化，而19世纪50年代正是军事支出、政府债务和纸币发行量暴增的时候，同时税收也有相应的增长（其中一大部分，都是通过在1849年结束匈牙利的税务特权和引入范围更广的直接税系统而实现的）。最终，君主国只好将未支付纸币的相关责任转 67
移给国家银行，并抵押了盐矿、国家专卖权和所有类别税收的收益。[45]

哈布斯堡王朝的债务

战争是昂贵的。对于哈布斯堡王朝来说，战事的成本在君主国的生命周期中是连年稳步增长的。1716—1718年的土耳其战争耗费了4 300万弗罗林——几乎是那个时期的军事预算的2倍。[46] 波兰王位继承战争（1733—1738年）耗资7 300万弗罗林，其中只有1 400万来自自己的腰包。1737—1739年的土耳其战争消耗了1.46亿弗罗林，奥地利王位继承战争耗费了1.858 5亿弗罗林，七年战争则吃掉了3.92亿弗罗林。[47] 历时5年的第一次反法同盟战争（1792—1797年）鲸吞了5亿弗罗林。[48] 即使是与较弱对手的战争，也能迅速清空国家的资源。比方说，1788—1791年土耳其战争的3次战役，每次的耗费都超过了7 000万弗罗林（3次总数为2.14亿到2.23亿弗罗林），而当时的年收入大概是8 000万弗罗林。[49]

战争的成本对于任何国家来说都是一个负担。哈布斯堡帝国的对手们也在军事上出手阔绰，而且为了资助它们的战争也频频欠下债务。整个18和19世纪，英国都在大规模借款，但其在欧洲列强中，仍保有最高水平的还债能力。法国也经常借钱；普鲁士的税收系统是出了名的高效（尽管经常也要依赖补贴）；而俄国的财政系统很不发达，但是有大量的内部资源（虽然资源的规划效率不高）可以提供支撑。[50]

在地缘政治与资金的关系上，奥地利之所以与众不同，既因为它的经

① 即1815年至德国1848年三月革命前的时期。——译者注

济基础薄弱，也由于它在四面都面临安全竞争。哈布斯堡王朝的地理环境给君主国带来的军事挑战，是其有限的资源调动能力所应付不来的。这就创造了其比其他国家更多的债务增长诱因，并且导致债务一旦发生，就会变得没完没了，给和平时期的经济加上了重担。相比之下，哈布斯堡王朝的对手们往往可以找到减轻这种压力的方法。比如说，普鲁士和奥地利一样，要处理多个方向的安全问题，但它所拥有的更强大的经济基础，帮它改善了债务负担。俄国尽管经济基础相对薄弱，却占据了一个更为孤立的地缘政治位置，面临着的安全压力要小得多。

一旦处于战争状态，甚至是在战争前夕，资金短缺的状况很快就会显
68 现，限制了君主国的地缘政治选项。这些压力有多么咄咄逼人，从哈布斯堡王朝君主和大臣的通信中便可得知。玛丽亚·特蕾西娅在写给约瑟夫二世的信中，谈到了巴伐利亚王位继承战争初期不断攀升的成本：

> 你之后会感受到［花钱的］后果的。我收到的月度账目简直是一笔糊涂账。我担心混乱就要来临；这样的财政数额会造成可怕的后果。最终，你只能投降，而且纯粹是为了不再花钱……过去四个月里，我们花费的资金至少比你所定下的月度总额多600万，而在7月，我们已经为明年预支了180万弗罗林，紧接着的8月又有60万弗罗林的需求会产生。如果情况沿着这条路径发展，什么样的秩序/体系都维持不下去了。时间紧迫。我们的失利会让国外现有的信贷利率更糟，而私营部门的掠夺也会让国内的信贷利率恶化……
>
> 我挖掘这些细节，只是为了回应你呼吁在战争中要调动全部［国家］力量的讲话。我看不出来这怎么可能。我们应该裁军三四万人，而维持一支比今年更强大的军队是不可能的。如果我们能够维持我们现有的军力水平，就该心满意足了。[51]

一场战争拖得越久，战争花销就越可能远超国家有限的资源。尽管这条规律对于任何国家都适用，但对于哈布斯堡王朝来说却尤其如此，部分原因是帝国的基准财政情况往往处于欠债状态，而且其脆弱的地理环境长期让其饱受左支右绌之苦。与一个敌人交战，就能触发潜在的呈

指数级增长的借债，与此同时，君主国需要戒备其他敌人，并且要做好准备，要预见到即使起初看似小打小闹的冲突，也可能急剧升级为边境（也因此更加持久和昂贵的）危机。

用来弥补国家资源基础和军事需求之间差距的方法，也带来了不利影响，而且这种影响随着战争的持续变得愈发严重。奥地利的盟友们提供了财政援助，但也期望他们能在某种程度上影响奥地利的外交政策甚至是战场上的军事目标。由于冲突迟迟无法结束，新的战线又需要劳神费力，盟友之间的摩擦就可能因此而生。由于哈布斯堡王朝竭力应对的受威胁的战线与其盟友的利益并不相干，这就造成了战争策略上的分歧。这样的事情在西班牙王位继承战争和奥地利王位继承战争中都发生过。欧根曾抱怨说，盟友们“经常特别碍手碍脚，而且还好为人师”。玛丽亚·特蕾西娅也有同感，在1748年奥地利王位争夺结束时的谈判前夕，她建议考尼茨要设法依靠奥地利自己的聪明才智，“而不是去乞讨外国的资金，然后因此低人一等”。[52] 很明显，在战后，借债会把与盟友的关系搞得很 69
紧张。在19世纪20年代，由于无力偿还18世纪90年代以来的负债（算上利息，约2 000万英镑），维也纳和伦敦之间的关系趋于紧张，而当时正处于近东问题的关键时刻，此事可能是造成梅特涅会议制度（Congress System）最终土崩瓦解的一大因素。[53]

大规模的外部贷款产生了无法偿清的负债，既限制了战略选项，也需要军队在战后节衣缩食。在18世纪，债务偿还总额占国家开销的比例（约30%）经常仅次于军队。[54] 对比之下，如今美国的债务偿还总额通常约占年度支出的6%。七年战争和拿破仑战争之后的岁月，以及19世纪50和60年代，都充分地体现了这种长期大量借债所造成的限制。

尽管内部借款相比外部贷款是更加可靠的资金来源，但过多地从国内集资同样会带来麻烦。印钱是有风险的，可能会引发难以收拾的通货膨胀，这样做只会加剧经济的不稳定，特别是在君主国经受不起这种不稳定的时候（即使高通货膨胀率实际上是一种清偿债务的办法）。这种动态也可能被外国势力利用，比如法国在拿破仑战争时期就试图用伪造的货币冲垮奥地利。在重大危机时期，资金完全短缺会促使政府采取极端措施，包括重定货币单位和减记纸币，甚至是搜集金条和银器。[55] 紧急征收款或者增加的税款在君主国独特的国内社会结构中可能会激起涟漪，也会使维也纳与其关键成员（特别是马扎尔贵族）的关系紧张起来。

金钱与时间

这一切都转化成了短期战争所承受的压力。哈布斯堡王朝的统治者和他们的大臣敏锐地察觉到了战争所带来的财政负担，并且为了规避这些风险，常常提倡施加军事限制，甚至是彻底避免战争。在巴伐利亚王位继承战争（这场战争本身更像是一场军事演习游戏，而不是真枪实弹的热战）中，玛丽亚·特蕾西娅致约瑟夫二世的信中满是关于君主国财政状况的警告，她告诫统治者要“抠门”和避免持久的危机。[56] 在约瑟夫二世的土耳其战争之后，君主国的国务总理利奥波德·科洛弗拉特伯爵（Count Leopold Kolowrat）为了反对展开新的战争，用不留情面的报告概括了无法遏制的军事支出增长。[57] 在与拿破仑的战争期间，哈布斯堡王朝的财政大臣迈克尔·沃利斯伯爵（Count Michael Wallis）也曾以类似的
70 方式警告：“至少十年内，或许再有三十年，奥地利都打不了仗了。”[58] 这些限制延续到了19世纪早期，有时甚至会限制奥地利解决小型危机的举措。在处理1821年意大利北部的一次起义时，奥地利只能向罗斯柴尔德家族贷款。这也促使财政大臣向梅特涅发问：“看在上帝的分上，这笔债要怎么还？”他还取笑帝国，“为永久和平做到了全副武装”。[59] 在1827年，皇帝弗朗茨为了回应俄国对巴尔干地区的进犯，想要派遣一支10万人的大军进入匈牙利，却因经济考量而只得作罢；而在1831年，财政问题再一次局限了奥地利解决意大利的危机的举措。[60] 即使在1848年革命的高潮时期，同时也是君主国面临生存危机的时期，财政部门的官员主张要用外交手段而不是军事手段来解决意大利的问题，理由是“没完没了的”增援会对奥地利的贷款和财政偿还能力造成灾难性的连锁反应。[61]

君主国一处于交战状态，奥地利的军事指挥官们也会感受到财政限制。欧根亲王在战地通信中无数次哀叹“没有军队或资金”根本就没法打仗，他本人最终也不止一次地威胁要辞职，以抗议他无力给他的军团发饷的窘境。[62] 在随后的第一次西里西亚战争中，资金的缺位从内部瓦解了哈布斯堡王朝的军队，导致北部的要塞变得异常羸弱，以至于每个要

塞只配备了一门上一个世纪制造的单发皮革炮。即使在拿破仑战争中连年奋战之后，在1805年战役的前夕，卡尔大公还是提心吊胆地发问："战争会造成怎样的财政后果？尽管这个问题通常属于财政部门的职权范围，但是任何想要就军事行动的可能性发表一些意见的人，必须对必要的资金作出一些说明。"[63] 后拿破仑时期奥地利最著名的将领拉德茨基伯爵，再三地发现他的军队的规模和后勤举措的范围，受到了君主国面临的"巨大财政压力"（他的原话）的限制，这促使他写下了篇幅巨大的建议书，其中满是关于如何在预算捉襟见肘的情况下维持军事行动效率的观点，题名都是《如何用低成本维持优秀且庞大的军队》之类的。[64]

除了给帝国自身的举措范围施加了限制，君主国一贯拮据的状态也给其对手提供了采取今天所谓的"成本强加"战略（cost-imposition strategies）——就是使用持续的军事支出或新技术的发展，来强迫对手去做力不能及之事——的机会。内部的弱点和危机四伏的情况让奥地利格外容易被这种战略左右，也使得一条边境上的敌人可以进行局部的军事准备，因为他们知道，奥地利要想在作出回应的同时还保住其他边境，71
就要在财政和军事上吃紧。正因如此，对手们能够强迫奥地利作出外交上的让步——如果奥地利再强大些，这种让步是很难实现的。

复杂的民族情况

第二个将君主国与其对手区分开来的哈布斯堡王朝政治地理环境特点，是其民族构成。对于任何国家来说，一个坚实的物质基础需要建立在内部的团结之上。历史上，大多数国家都是借助人口中同一民族或宗教信仰的民众而实现这种团结的。即使是多民族的帝国，之所以能建立起来，是因为它在早期成功形成了一个同心同德的团体，这个团体提供了一个数量充足、忠心耿耿的核心骨干，让帝国可以借此实现对周边异族异教人口的政治统治。

对于哈布斯堡君主国来说，促成内部团结的"黏合剂"主要是宗教。对于天主教的虔诚信仰，激活了帝国腹地原本在民族和宪制上迥然不同的人口，并将他们和宗教改革已生根发芽的北部地区，以及分别属于东正教与伊斯兰教势力范围的南部和东部隔离开来。整个18和19世纪，超过3/4的哈布斯堡王朝人口信仰天主教，而在帝国的西部地区，这个比例高达90%。匈牙利是个重要的例外，那里反宗教改革运动进展有限，而且加尔文宗强势小团体的存在形成了君主国“唯一的大量非天主教人口”。[65]

尽管拥有这种相对而言高度的宗教同质性，哈布斯堡王朝的领土还是缺少按照传统欧洲模式建设国家的民族基础。奥地利的西部对手们拥有成为大型民族国家的构成要素，东部对手们也可以缔造由单一主导民族领导的帝国，而奥地利的特点则是其令人头晕目眩的复杂的民族情况——帝国中央从未能够完全掌控的复杂情况。这一现实，限制了奥地利在帝国建设和在地缘政治上与主要对手竞争中的表现。

民族性与帝国建设

在世界上同等大小的区域中，多瑙河流域是民族多样性最高的聚居区之一。定居在哈布斯堡王朝领土上的主要族群有日耳曼人、匈牙利人、意大利人、捷克人、波兰人、斯洛伐克人、克罗地亚人、塞尔维亚人、
72 斯洛文尼亚人和罗马尼亚人，还有少数犹太人、吉卜赛人、希腊人、波斯尼亚人、塞克勒人（Szeklers）和鲁塞尼亚人（Ruthenians）。在19世纪的鼎盛时期，君主国的居民分属超过14个民族群体，讲17种语言，信仰3种宗教——所有人都居住在面积为67万平方千米的空间上（见图3.4）。相比之下，同一时期的奥斯曼帝国包含了数量相近的民族，但其面积约为181万平方千米，是哈布斯堡君主国的两倍多。

从地缘政治的角度看，帝国民族组成的关键特点，并非其多元性本身；其他欧洲帝国，尤其是俄国，以及某种程度上的普鲁士，都由不止一个民族构成。值得指出的是，后来由奥地利复杂的民族情况造成的问题，不应被认为发生在18世纪。事实上，在前民族主义时代，民族同质性并不是实质性国家建设的前提条件，且在欧洲主要大国之中也不是特别盛行。

73 哈布斯堡君主国之所以与众不同，是因为它缺少一个数量多到足以迫使其他民族统一使用的语言，拥抱统一的文化的主导民族。据统计，日耳曼人和马扎尔人均约占总人口的1/4，各类斯拉夫人略少于一半。[66] 相较而言，在俄罗斯帝国，俄罗斯民族人口占人口数的近一半（44%）——

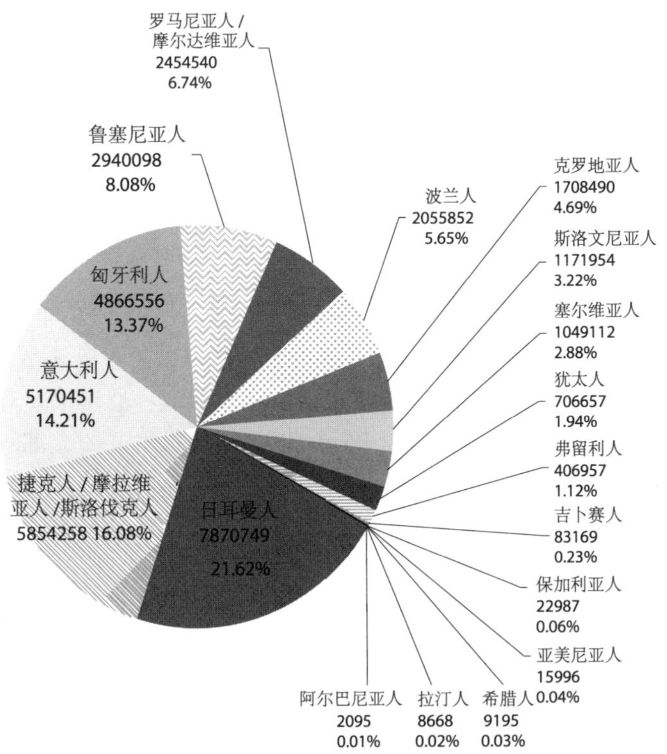

图3.4　1851年前后奥地利帝国的民族构成。

来源：欧洲政策研究中心，2016年。

这个比例比国家形成初期时（也就是沙皇的军队夺取新领土之前）高了很多。如果算上在文化上相近的民族，比如乌克兰人和与俄罗斯民族统治阶层保持着互利互惠关系的波罗的海日耳曼人，那么这个比例还要更高——约为67%。在普鲁士，日耳曼人占比甚至更高，超过了80%，其余人口则由波兰人、立陶宛人、捷克人以及其他少数民族组成。在普鲁士和俄国，人数众多、占支配地位的民族的存在，为统一的政治精英甚至是支持共同外交政策的人口奠定了基础。

相比之下，奥地利帝国中25%的日耳曼民族，尽管是哈布斯堡王朝政治与军事机构中的大多数，但仍然太过弱小，无法在族裔或文化方面压倒（更不用说同化）其他民族。在哈布斯堡君主国非日耳曼人的民族中，人口最多的是马扎尔人和捷克人，这两个民族都拥有可以回溯到中世纪早期的原型民族（protonational）发展史，也因此获得了多瑙河流域大片土地的优先主权。捷克地区在9世纪出现了一个本土的斯拉夫民族帝国，这个帝国直到15世纪，都是普热米斯尔王朝（Přemysl）国王治下的波希米亚–摩拉维亚国的核心。

在10世纪，马扎尔人在阿尔帕德王朝（Arpads）治下建立了一个大型王国，这个王国历经多个王朝的洗礼，直至1526年兵败摩哈赤（Mohács）于土耳其人之手，都是基督教世界东部的主要堡垒。匈牙利在15世纪达到了顶峰，其领土包括现在的克罗地亚、波斯尼亚和斯洛伐克的大部，以及特兰西瓦尼亚和多瑙河以南的塞尔维亚的大部。这个王国在军事上阻挡了伊斯兰教的北扩和哈布斯堡王朝引领的反宗教改革运动的东扩。与捷克人不同，马扎尔人保留了一部分数量奇多、热衷政治的本地贵族，他们深谙王国过去在地缘政治中的作用，以及他们家族对于周边地区的领主地位。

相比哈布斯堡王朝的其他少数民族，马扎尔人拥有更多可以用来抵抗哈布斯堡王朝统治的必备特质——占有土地的贵族阶级、政治独立的文化和曾在近期掌握地区主权的历史。在具有逆反传统的特兰西瓦尼亚地区——这里信仰新教的亲王们与奥斯曼土耳其人早就结成了遏制哈布斯
74 堡王朝进犯的联盟——这一点尤其符合上述情况。在哈布斯堡王朝腹地和具有重要战略意义的南部边境，一个具备这些特质的庞大群体的存在，对于力求缔造一个统一强国的哈布斯堡王朝来说，无疑是一个战略劣势。从18世纪初到君主国的弥留之际，寻找一个既能压制常常好勇斗狠的马扎尔贵族，又能提供足够的激励来诱导他们参与帝国建设的办法，一直都是一种反复出现的哈布斯堡王朝历史模式。

民族与空间

影响哈布斯堡王朝处理这些动态的一大重要因素，是帝国主要民族群体的空间分布。如波浪般涌向多瑙河流域的族群，形成了层压式（laminous）而非线型的定居模式，最密集的人口聚落出现在河流及其他

主要干道附近。斯拉夫人聚居在北部的伏尔塔瓦河与维斯图拉河，以及南部的萨瓦河与德拉瓦河周围；马扎尔人位于南北这四条河之间，沿萨瓦河与多瑙河中段两条轴线聚居；瓦拉几人位于多瑙河下游和普鲁特河之间；而日耳曼人则主要沿因河与多瑙河上游居住。关键是，这些族群都不是定居在完全接壤的地理空间内的，而是散布在各个地方。尽管日耳曼民族主要集中在奥地利世袭领地，但在捷克和匈牙利地区的一些地方也能发现他们的身影；匈牙利各地——不管是边境地区还是腹地——聚居着大量的克罗地亚人、塞尔维亚人和罗马尼亚人；奥地利世袭领地的南部则居住着匈牙利人、意大利人和克罗地亚人；诸如此类。

多瑙河流域混杂的人口分布，影响了哈布斯堡王朝处理帝国建设任务的方式。一方面，君主国分散的部落布局有助于治理多民族国家的工作。没有哪个少数族群（尤其是匈牙利人）在某个地区特别集中，以至于可以在帝国边境地区备齐建立一个地界紧凑、同种同族的国中“国”所需的特质。由于马扎尔人势力范围内部和周边的地区——多瑙河中段与特兰西瓦尼亚——零星分布着许多人口较少的民族（每一个都有被马扎尔人征服的历史），这就给遏制匈牙利问题提供了大量的机会。在经典地缘政治格局中，弱小的族群往往会向一个强大但遥远的势力寻求支持，以抗衡历史宿敌。对于帝国中较弱小的少数民族来说，这个强大但又不过分强大的势力，就是哈布斯堡王朝。由于规模很小，它们便成了维也纳地区统治权的主要受益者，因为在对于多瑙河盆地依据民族（因此很可能是马扎尔人统治的）界线进行重组的所有方案中，它们都会吃大亏。 75
这些恐惧让哈布斯堡王朝获得了一众战略位置意义重大且高度积极的现成的盟友，有助于遏制其主要内部对手。

许多哈布斯堡王朝君主通过将信仰天主教的日耳曼殖民者安置在土耳其人被赶走的东部地区，间接地强化了这种格局。这个过程从奥地利获得大土耳其战争（the Great Turkish War，1683—1699年）胜利之后开始，并贯穿了玛丽亚·特蕾西娅的统治时期。由于缺乏明显的民族方面的动机，这些努力是由重商主义和王朝利益驱动的，目的是将君主国新获领土的资源潜力用于国家的政治和战略目标。正如威廉·麦克尼尔（William McNeil）指出的：

> 通过吸纳奥地利边境之外的德意志地区定居者，这个计划得到了补充。在数年的时间内，这类移民获得了运输服务、土地、启动资金和税务豁免。这些吸引政策极为诱人，以至于在1762年至1772年间，也就是计划全面开展的时候，总共约有1.1万个日耳曼家庭在官方和政府的支持下定居巴纳特。其他移民则来自洛林、比利时和意大利等地，但是日耳曼移民比其他所有移民都更加重要，而且足够在多瑙河沿岸（从该河与萨瓦河的交汇处到铁门峡谷处）构成一个人口众多的“斯瓦比亚”（Swabian）群体。[67]

这些做法对于实现匈牙利周边一些不发达地区的发展潜能，产生了微小但无法忽略的影响。[68] 我们将在第五章看到，哈布斯堡王朝在沿南部边境（在此，从17世纪末到19世纪中期，维也纳系统性地将数千名塞尔维亚、克罗地亚以及后来的罗马尼亚士兵定居者，重新安置在了从亚得里亚海延伸到喀尔巴阡山脉的一系列半自治的、集中管理的行政区中）建立著名的军政国境地带的过程中，进行了更为持久、更具野心的地缘政治工程尝试。

尽管付出了如此的努力，多瑙河流域的政治地理环境在帝国建设的过程中，在很大程度上仍是一个需要跨越的障碍，而非可以利用的优势。哈布斯堡王朝各民族的实际分布，给边境治理能力带来了反复出现的重大挑战。这个问题的一个方面，就是这个地区只有少量的原生民族完全生活在多瑙河流域的范围内。在这些民族中人数最多的（马扎尔人）从来没有完全向哈布斯堡王朝霸权妥协。匈牙利的历史和社会结构阻碍了
76 其达到完全并入君主国所需的对外交战能力和经济发展水平。到了18世纪末，也就是被哈布斯堡王朝统治了一个多世纪以后，匈牙利的大片地区仍然经济落后。[69] 匈牙利统治阶层的观念总是摇摆。他们时而支持君主国，把它当作实现保守的政治延续性和获得历史领土与税务权利保护的手段，时而又为了寻求独立而反抗维也纳的官僚统治。

暧昧的忠诚

马扎尔人的情绪波动，正是历史学家欧文·拉铁摩尔所说的“暧昧的忠诚”——一种经常出现在边境地区民族中的矛盾情绪，他们在为了维

持稳定而支持政府的同时，又在不断地寻求文化和政治自治。在19世纪，哈布斯堡王朝的诸民族就经历了这种现象的发展。由于绝大多数非马扎尔人的族群所处的大型民族聚居区，都是与邻国领土重合的，这个问题就更加严重了。在几乎每片边境上，哈布斯堡王朝的本地居民都与边境之外的同族同胞邻接：在奥地利阿尔卑斯山区，有德意志的南部邦国；在的里雅斯特，有意大利北部的拉丁族裔同胞；在特兰西瓦尼亚，有居住在瓦拉几亚/摩尔达维亚附近的罗马尼亚人；在巴尔干地区，有奥斯曼帝国治下（后为民族自治）的塞尔维亚人和克罗地亚人；在波兰，有普鲁士和俄国治下的波兰民族和鲁塞尼亚民族。这使得哈布斯堡帝国成了真正意义上的边境国家——一个横跨多个独立文明空间的中间地带政治体。对于这类帝国，拉铁摩尔写道：

> ［有一个］“关于边境管理的公理，即位于两个相对强大的国家之间的一个部落或一个部落群，一定会受到其中一个的影响”——因为血缘意识不发挥作用的地方，其他力量——比如军事力量、阶级利益或者独立的机会，就会乘虚而入，变本加厉。[70]

哈布斯堡王朝人口的一大部分都符合拉铁摩尔所说的公理。其民族群体的一半多都是地缘政治“骑墙者”，居住在更为庞大或血缘更近的实体之间的空间中。在适当的条件下，数量如此众多且拥有各自不同的历史和语言的边境族群，会瓦解共有的身份认同感，而这种认同感对于大多数国家来说都是政治秩序的基础。这些族群中数量最多的匈牙利人，经常以损害规模更大的政治体的利益为代价，不断尝试强化其政治自治权——随着19世纪中叶现代民族主义的到来，这种模式在其他民族之中也得到了强化。从1711年《萨图马雷和约》（*Treaty of Szatmar*）到1867 77
年《奥地利-匈牙利折中方案》，这些动态都让政府无法专注于探索达成和解与实现多民族治理方式的新模板。

民族与地缘政治竞争

除了塑造哈布斯堡王朝进行帝国建设的方式，君主国的民族组成也影响了奥地利与主要对手进行军事竞争时的表现。这些影响体现在了内部动态对于奥地利战略选项的限制和这些因素为竞争对手创造的机会中。

首先，在根本上，国内的复杂情况加大了动员哈布斯堡王朝力量的难度。对于历史上的大多数强国来说，生存与安全之路都要经历“内部制衡”——也就是说，要增加国家可以运用的能力，无论是通过充分提高已拥有资源的利用效率，还是通过领土扩张来增加资源基地的总规模。哈布斯堡君主国的组成让两个选项都很棘手。各个经济发展水平悬殊的亚区内众多拥有不同社会和政治组织形式的族群，加剧了这种参差不齐的发展格局。尽管这可能刺激增长，但这种增长也需要通过花费大量的精力帮助落后地区“奋起直追”才能实现。因此，君主国没有一定的经济实力或总体发展水平——如果它拥有在民族和经济上更具同质性的人力基础，本应具备的实力或水平。除了帝国行政上的低效，这种参差不齐的组成在实际上成了实现君主国全部潜能过程中的一个障碍——或许并非不可逾越，但却是真实而顽固的。

君主国也无法通过内部制衡的第二种传统形式——领土增长——来避免它的麻烦。在历史上，陆地大国能够通过扩大那些政府可以用来收税和征兵的疆域，来强化它们的安全。对于哈布斯堡王朝来说，这是个棘手的命题。君主国复杂的内部民族平衡和层次繁多、存在争议的治理机制，都意味着空间的增添很可能会增加政府的义务，却不一定能增强其实际力量。新的领土带来了新的麻烦。无论是通过战争还是外交得到的，这些土地都会带来新的族群，而这些族群会和其他先前存在的诸民族一样，都需要被融合在一起。它们也带来了新的安全累赘和新的边境摩擦
78 来源，加重了军队的责任，增大了对于政府财政的需求。甚至在现代民族主义来临之前的时代，这些新获得的领土就给奥地利提出了不可避免的地缘政治难题，因为其邻国纷纷要求“补偿”，而这些“补偿”很可能比奥地利获得的领土更多且更为重要。更危险的是，随扩张而来的，还有关于新获领土宪法地位的问题，而由此引发的人口迁移，也可能会扰乱帝国日益脆弱的民族平衡。因此，与历史上的许多帝国不同，扩张往往会让奥地利更不安全，而不是更安全。

第二，哈布斯堡王朝复杂的民族情况，早在现代民族主义来临之前的

时代，就给君主国的对手们创造了机会。奥地利的敌人们了解君主国的裂隙，并且在战时频频将其当作战略优势的源泉来利用。尽管直到哈布斯堡王朝历史的晚期，在民族主义作为一支主要政治力量崭露头角之后，“暧昧的忠诚”才展示出它的全部力量，但早在此之前，它的效果已在地缘政治中得以体现。马扎尔人尤其代表了一种足够庞大和坚定的反对力量——用一位历史学家的话讲，就是哈布斯堡王朝的投石党[①]——引得外部势力在政治和军事上频献殷勤。[71] 法国波旁王朝的国王们为此起彼伏的拉科奇起义提供了武器与激励；瑞典人在西班牙王位继承战争期间威胁要与匈牙利新教徒联合起来；俄国于18世纪中叶曾推动军政国境地带的东正教斯拉夫居民背叛并迁出奥地利；普鲁士总是不合时宜地在奥地利加利西亚的波兰居民中煽动骚乱；拿破仑三世重燃了科苏特起义的余烬；而俾斯麦则曾在1866年战争期间试图在匈牙利、塞尔维亚和罗马尼亚——在此只举几个例子——挑起事端。

这些策略对于敌人来说有两个方面的价值：一是创造了一种内部牵制，吸走了哈布斯堡王朝军事资源；一是充分利用了匈牙利在政治上的不满，而这种不满可能会导致它在战后脱离帝国领土。前者对于袭击西部边境的敌人来说尤其有价值，因为它为多线战争创造了条件。在民族主义时代，除了这种列强的操纵，邻接的新兴民族国家（意大利、罗马尼亚和塞尔维亚）以及最终结盟的各个政府，也在奥地利领土上的民族群体中煽动分离主义。尽管其他列强偶尔会在战时面对敌人煽动内部“第五纵队”的问题——举个例子，法国就曾对英国的苏格兰人和爱尔兰人频频示好——但它们所面临的挑战的规模都不及奥地利。尽管很少成功，敌人尝试这些策略的潜在可能性，总是不得不纳入哈布斯堡王朝军事战略的
考量。我们将在后续的章节看到，这加重了奥地利所承受的时间压力，在 79
根本上开辟了一条需要投入军队和注意力才能掌控的额外的内部战线。

最后也是息息相关的一点，就是值得指出暧昧的忠诚对哈布斯堡王朝权力概念的影响。复杂的民族情况的持续侵扰及其对于奥地利经济和地

① 投石党（*Fronde*），指在紧随着法西战争（1635—1659年）而爆发的法国内战中反对君主专制的法国政党。——译者注

缘政治举措的限制，在帝国的整个存在时期，都深刻塑造了哈布斯堡王朝治理方式的种种可能性。克劳迪奥·马格利斯（Claudio Magris）的描述，尽管可能更适用于帝国历史后期的阶段，但也道出了帝国整个历史中的一些真相。他认为，复杂的民族情况使得维也纳在每次尝试真正的官僚主义中央集权制时都事与愿违，相反，这种情况需要依赖一种“灵活的审慎，机警的糊涂……不是路易十四、腓特烈大帝或拿破仑那样一视同仁的、中央集权的专制主义，而是……更多地用来管理普遍主义和中世纪排他主义在对抗现代国家时显现出来的阻力”。[72]

在饱受宪法和财政桎梏束缚的情况下，哈布斯堡王朝统治者发展出一运用权力的方法，这种方法多数时候不试图“解决矛盾，但［相反却］将矛盾掩盖和稳定在一种永远处于临时状态的均势之中，让它们能够基本上原封不动地继续存在，甚至挑拨它们相互对抗”。[73] 这种对“蒙混过关”（*fortwursteln*）的偏好，和哈布斯堡王朝行为的许多特点一样，都更像是一个海洋大国而非经典陆地大国所拥有的地缘政治特质。这种偏好不是源于原则性的克制，而是出于一种必要，因为对于一个如此复杂的王国来说，这是唯一可持续的治理方法。尽管出奇地坚韧和持久，它仍然可被视为一种对于复杂情况和限制的让步，默认了哈布斯堡王朝永远无法以奥地利表面实力所暗示的水平进行博弈。

哈布斯堡君主国不是，也永远无法成为一个正常的强国。[74] 与同时代其他的民族国家相比，它内部的政府机构更为复杂，税收和行政程序受到了更大程度的干预和限制，人口更不统一。因此，尽管它在资源调动方面能够取得惊人的回天之功，正如在七年战争和1809年反拿破仑运动中的情况，但在大多数时候，君主国苦苦挣扎也没能成功展现其作为强国的全部潜力。

它的领土在纸面上呈现出来的看似辽阔的地盘和庞大的人口基数是具有误导性的；实际上，在任何涉及经济或军事力量的可持续基础上，君主国都是一个披枷戴锁的巨人。君主国在名义上的而非实际上的，隐藏的而非外露的潜力，有时候会指导其更具野心的政治家们的行为，这是可
80 以想象的吗？或许吧。可以肯定的是，君主国复杂的宪制秩序和它给哈

布斯堡王朝国内权力带来的纷争不断的特性，都限制了帝国的战略手段的范围——这种限制的一般表现，是一种君主国在地缘政治斗争中所受的“分秒必争”的时间压力。历史记载毫无疑问地表明，即使在奥地利实力达到相对顶峰的时期（如18世纪末和后拿破仑时代伊始），哈布斯堡王朝的领导者们每每想要行使外交或军事力量的时候，都会深刻感受到这些限制的存在。

作为欧洲地缘政治中的博弈者，奥地利在行为上所受的限制造成了重要的必然结果。最为明显的，就是哈布斯堡帝国无法通过发展或改革来摆脱它的安全问题。[75] 尽管大多数西欧国家拥有，或者至少认为自己拥有，通过（在数量和质量上）增强内部优势，从而随着时间的推移掌控战略挑战的举措，但对哈布斯堡君主国来说，这最多只是一个不完全的举措。短期来讲，它无法通过花费足够的金钱来压制全部四个边境地区的安全竞争者；财政限制就是不允许这样的事情发生。长期来讲，试图建立一个中央集权的官僚政府——一个能够最大化税收，从而支撑军事工业基础的增长，进而通过维持可持续的微弱技术优势来缓解地理环境脆弱性的政府——实际上必然会与宪法上复杂的利益交换（正是这种利益交换维护着帝国脆弱的内部结构）发生冲突。想要发展君主国所占领土的经济潜力同样困难重重。举个明显的例子，要实现多瑙河全部的运输潜力，就需要在一定程度上调用匈牙利的税收基础，而不经过一场持久的政治斗争，马扎尔贵族是不会允许此事发生的。没有这样的资源调用，君主国实现其大国潜力所需要的大规模经济发展计划的开支，就会被帝国预算中大量的军事开销所限制。

除了彻底使安全更加难以实现，奥地利的内部复杂情况还带来了另一个不太明显的地缘政治劣势：解决这些复杂情况的时间和机会成本。应对帝国行政和民族方面挑战的尝试，不管结果多么成功，都是极为困难和劳民伤财的。要解决它们，就需要将一定的努力、注意力和资源转向内部而非外部。

在某种程度上，任何国家都要面对这种情况，特别是在18世纪，那时大多数欧洲列强都把心思放在了控制封建残余上，目的是打造更高效的军事机器。然而，就奥地利的情况而言，这个过程是没有期限的，发 81

生在帝国的整个生命周期，而且从来没有被完全解决过。即使在一种静态的环境中，没有那些决心要想方设法利用帝国竞争劣势的竞争者，这种令人生畏的内部挑战也会消耗政府的活动和注意力。但是奥地利的地理位置意味着它从来没有享受过这种环境；对手们清楚它的复杂情况，且乐于将这种情况当作对付它的手段。在这个意义上，对于哈布斯堡君主国来说，对外和对内政策总是息息相关的。在处理反复出现的种种尝试——国家的现代化、对等级会议的驯化、宪法及后来的民族方案的微调，以及特别是与匈牙利贵族就折中方案的重新商讨——时所产生的注意力分散效应，对于哈布斯堡政权来说可谓是一种看不见的“税”，就连为充分利用君主国名义资源而作出的最开明的努力，也被这种税所拖累——这种税往往会随着外部地缘政治的不稳定性的增加而相应地加重。

总而言之，奥地利是一个大国，不过是一个受限的大国。对于外部安全和一个稳定而富有生产力的内部政治秩序及资源基础的追求——这对任何国家来说都是核心任务——对于哈布斯堡君主国来说，多少有点自相矛盾。追求一个目标往往会让另一个目标难以实现。凭借地缘政治史上常用的手段——中央集权、扩张疆域和发展经济——来实现更可靠的安全，并不那么适合奥地利，就算不产生不得不处理且有损战略竞争力的重大内部反响。在努力调动和概念化军事力量的过程中，这些限制的
82 效果得到了最为深刻的体现——这就是下一章的主题。

第四章 82

“如果你向往和平”：哈布斯堡王朝的战争与战略

您的军队，陛下，就是您的王国；没有军队，它就会归顺于土耳其人和法国人，或许有朝一日还会落入匈牙利人之手。

——萨伏伊的欧根亲王

平淡无味的和平要好过大获成功的战争。

——玛丽亚·特蕾西娅女皇

哈布斯堡君主国的自然与政治地理环境，塑造了其领导者对战争的理解。奥地利处于欧洲心脏地带的位置，决定了其大陆国家的身份，它也因此需要庞大的陆军来保障安全。但由于被强敌包围，奥地利不能仅仅依靠军事力量同时防御其所有边境地区。内部的复杂情况进一步限制了哈布斯堡王朝军队的规模和战斗力，削弱了其作为进攻手段的效力。所有这些限制都影响了哈布斯堡王朝的战略表现，因为它们促进了防御性力量观（即尽可能地规避风险）的发展，突出了那些需要弥补从而增强君主国孱弱军事能力的差距，推动了战略的系统性发展，让战略成为应对奥地利不利环境的手段，同时这种发展特别强调管理竞争中的时间参数，还要避免君主国所面临的近乎无尽的威胁造成的全面的冲击。

军力的限制

一个国家的自然和政治地理环境影响了其在战争中的行为和表现。[1]在最基本的层面上，一个国家的位置，决定了它所恐惧的对象和它自保
83 所需的手段。历史上，大多数强国要么倾向于侧重大陆的战略观，要么倾向于侧重海洋的战略观。因此，被平原环绕的俄国发展了庞大的陆军，而被海洋包围的英国则专心打造海军舰队。

哈布斯堡王朝的地理环境决定了它主要会成为一个陆地国家；作为中东欧的一个几乎被陆地完全包围的国家，君主国的位置，为其隔绝了海上竞争的影响。由于大型山脉（狄那里克阿尔卑斯山脉）的存在，再加上邻近海域——亚得里亚海——相比位于大西洋及（相对次要的）地中海的世界主要海洋竞争战区几乎不值一提，奥地利所面临的来自海洋的压力就得到了缓解。因此，在其历史上的大多数时候，奥地利所拥有的舰队顶多也只是二流，而且其舰队所参与的行动在战时对于其前途也是无足轻重的。

相比之下，君主国四个陆地边境区，让它面临着欧洲与欧亚地块西部的军事战略竞争最为激烈的区域。这个位置（历史上冲突最多的十字路口之一）要求君主国必须发展一支庞大的陆军，同时还要求这支军队能够在迥乎不同的地形和气候条件下，向形形色色的敌人发动战争。到了18世纪，这些敌人不仅包括西欧的传统军队，还包含了半亚细亚的奥斯曼军队，穿越喀尔巴阡山脉山口前来进犯的鞑靼非正规军骑兵，落后但机动迅速且善于适应的俄罗斯帝国军队。除此之外，他们还要能够对抗帝国南部边境上低强度的威胁和边境突袭，而且如果收到命令，还需在帝国那些不听管教的地区发挥宪兵队的作用。

在划定奥地利军事需求范围的同时，哈布斯堡王朝的自然和政治地理环境也限制了它运用自己的力量满足这些需求的能力。君主国所面临的潜在敌人的数量和类别，意味着它绝不能寄希望于打造一支强大到仅靠军事手段就能同时控制全部四个边境区的军队，因为这个任务实在是

太艰巨了。即使哈布斯堡王朝也曾想主要通过军事手段来完成这个任务，财政方面的残酷现实却有效限制了其军队的规模和作战的持续时间。考尼茨亲王指出了这个问题，而且他的话在之后的几十年中一样站得住脚：

> 谁也无法有理有据地质疑拥有一支规模庞大、实力强劲、训练有素的军队的必要性。然而，有两个原则绝不能遗忘：
>
> 1. 没有一支［奥地利的］军队，不管其数量多么庞大，能够［同时］抵挡所有潜在的敌人。
>
> 2. 至少在和平时期，任何军队的实力都需要与国家的实力相称。[2] 84

这一根本矛盾——需要一支军队来抵挡众多陆上敌人，却没有手段来无限期维持奥地利危机四伏的环境所要求的军力规模——直到1918年帝国覆灭都一直存在。尽管在危急关头，奥地利的防御机构能够进行令人赞叹的调兵遣将，然而，在一场持久的冲突中，仅仅一个主要敌人所部署的军队的规模，它都很少可以匹敌，更不用说应对全部四个安全边境区上的挑战了。诚然，军队保持了高度的专业素养，领导军队的军官队伍也忠心耿耿，并且在其整个历史上，这支军队都展现出了突出的凝聚力和韧性。[3]但是军队的资源和组成，不可避免地影响了它这个工具的用途。即使在族裔民族主义（ethnic nationalism）之前的时代，构成哈布斯堡王朝军事力量骨干的步兵，相比于民族构成较为单一的西欧军队步兵，往往需要更多的时间来训练，了解新的科技和掌握复杂的技战术。[4]

在规模和质量上，哈布斯堡王朝的军事力量都不足以完成满足奥地利的全方位安全需求所需的种种任务。这些限制让奥地利和其他大多数大陆强国截然不同。尽管陆军向来是君主国军事方面的重中之重，奥地利还是无法在不遭遇严重财政压力的情况下，打造一支规模堪比波旁王朝法国的常备军。与普鲁士不同，奥地利不能指望通过专项军事开销和族裔同质性的纽带，将哪怕一小股军队打造成展示国家卓越性的工具。它也不能指望在大规模侵略行动中像俄国那样运用其军队，因为尽管俄国像奥地利一样民族众多，但它却坐拥更为庞大的人力储备，而且在其边境附近的竞争者也少很多。

对于奥地利来说，其军事手段本来就比其他大陆国家要弱，同时，国家面临的军事危险却更为众多。能力和威胁，或者说手段和目的之间的差距，塑造了哈布斯堡王朝领导者在一些层面上追求安全目标的方式。首先，由于军事能力相对于众多威胁的匮乏，所以军队需要节约和谨慎使用，并主要让它充当防御工具，不能使它承担过大的风险。其次，哈布斯堡王朝军事力量的欠缺，突出了君主国在弥补能力表现差距时，需要拥有的那些额外手段。最后，有限的军事手段和几乎无限的目的之间的鸿沟，
85 促进了作为减轻负担的工具的战略的发展，并且规定了应当在何时为哪些威胁优先予以最多的注意力。所有这些因素，都促成了一种处理战争和战略的保守方法——这是奥地利特有的，并且符合其应付严酷环境的需求。

保存军力

军力的保存是哈布斯堡帝国的一项根本性原则。所有的大国都需要避免可能竭尽其军事能力的行动，但是考虑到奥地利的位置和组成，这样做尤为危险。对于一个被包围和人为组织起来的大国（其本身拥有的生存余地更为狭小），战争有潜力成为一股更具破坏性的力量。即使是起初规模有限的冲突，也有可能蔓延为远超国家军事资源应对能力的多线危机。对于一个内部孱弱的大国来说，几乎任何战争，不论持续多久，都会造成沉重的经济重负。

哈布斯堡王朝有一个保存军队的额外理由：军队是君主国谋求生存的必需品。如果法国在一场溃败中失去了大部分军队，它可能会失去领土，甚至是其统治王朝，但是法国本身仍然可以作为一个国家存在。在各种程度上，普鲁士和俄国也是如此。在这三个国家的情况中，国家的存在拥有某种永久性的根基——一个在民族和领土上联结，最终会成为现代民族国家的政治体，或者说民族意识。哈布斯堡帝国则不同。一个统治着多个没有血脉或语言纽带联结的政治体的王朝，依靠军队来承担的，不仅仅是其统治的合法性，还有这个国家存在的合法性。王朝和军队的命运紧密相连，无法分割；只要战场上还有一支哈布斯堡王朝独立指挥的力量，王朝就有很大的概率可以挨过哪怕是最惨痛的失败。军队一旦不复存在，王朝的所有赌注也就作废了；王朝，或者王朝所象征的人为组织

起来的国家，就会轻易地被其他军阀家族或王国中众多的政治体所取代。

因此，战争对于哈布斯堡君主国来说是一项风险异常高的赌注。当然，战争会给任何国家带来危险，而且可能造成动荡。但是对于某些强国——比如说斯巴达或普鲁士——侵略战争能带来一个促进国家安全的机会，比如扩张版图或先发制敌。对于奥地利来说，这个政治体固有的脆弱性，让几乎任何类型的战争都成了一个具有冒险本质的命题。即使获胜，国家也要面对巨大的负担，而且最好的情况，也不过是获得一些难以整合与管理的领土；如果战败，结果很可能是灾难性的，不仅是残 86
民害物，还会重创帝国的内部稳定——在最糟情况下，会导致国家的灭亡。

驯服贝罗娜[①]

除了劳民伤财和带来危险以外，在多瑙河流经的土地上，战争还相当于道德混乱的一种形式——一种突然的失序，足以动摇国家所代表的根本秩序与文明。作为一个超民族统治王朝，哈布斯堡王朝之所以拥有合法性，其中一大原因，就是它有能力庇护其统治权不受更大范围地区内的各种旋风般的势力的侵袭。这种作用的本质，是对于王朝使命——作为上帝指定的代理人，王朝要整合分崩离析的诸民族，保护他们不受劫掠——的信仰（许多哈布斯堡王朝统治者都对此深信不疑）。君主国作为信仰捍卫者的身份，被其地位——首先是抵御奥斯曼入侵的要塞，后来从17世纪末开始，则是西方天主教对抗北方宗教改革势力的前哨站——抬高了。

王朝的使徒使命让哈布斯堡王朝的早期战争充满了一股道德力量，这种力量比其他欧洲国家的都要强，只有沙皇俄国的可以与其相提并论。卡尔大公的《战争原理》（*Principles of War*），这部19世纪最为著名和影响深远的哈布斯堡王朝军事小册子，开篇就直言“战争是一个国家或民族可能遭遇的最严重的恶行”。[5] 类似的，与卡尔大公同处一个时代的奥地利参谋卡尔·弗里德里希·冯·林德瑙（Karl Friedrich von Lindenau）也写

① 贝罗娜（Bellona），古罗马神话中的战争女神。——译者注

道："在所有那些刺穿生命中真善的肉体或道德恶行中，战争可谓恶迹昭著，是最为深重的灾难，而一场糟糕的战争更是一个国家的灭顶之灾。"[6]对于卡尔大公这位神学著述丰硕的虔诚教徒来说，道德和战争主题总是息息相关的。他的基础源于《马太福音》第22章35—46节的诫命"要尽心、尽性、尽意爱主——你的神"和"要爱人如己"。[7]①

借助圣经和圣奥古斯丁的著作，卡尔发现了一个由永恒法则治理的宇宙。遵从这个法则，就需要对人类的所有活动，特别是战争，施加一定的限制。这意味着要避免全面战争的诱惑，因为这既逾越了道德界限，也给国家的能力增添了实质性的重负。引申开来，那些野心从不餍足的个人或国家，其行径违逆了道德法则，最终只会是作茧自缚。因此，玛丽亚·特蕾西娅发现，腓特烈二世不仅代表着一种致命的军事威胁，还是一个靠不
87 住且难以捉摸的对手——一个决心要恫吓她的基督王国并将其拖入"深渊"的"怪物"。[8]一个世代之后，卡尔大公在书写拿破仑——另一位要求中欧霸权的理性主义者——时，称他"是什么都行，唯独不能是人……[他]对于与他同时代的人来说，就是我们祖先所谓的恶魔，还代表着全人类公认的恶的基础：权力、精神、邪恶的极度融合"。[9]

卡尔和早期的奥地利军事思想家将这些信仰建立在了基督教正义战争传统的基础之上，而这又牵涉两个观点。第一，战争是不得已才使用的最后一招。一个视战争为罪恶的国家不会随意开战，而且只在危急情况下才发动进攻性战争。相反，依靠天赋的合法性，它采取了守势，而且尽可能地尝试避免那些干扰政治秩序的情况。除了基督教的诉诸战争权（jus ad bellum）传统，奥地利的军事学家在世俗的古典历史中，也找到了这种克制态度的依据。从17世纪末起，维也纳出现了大量考察古希腊和古罗马将领所参与战争的研究。尤其受欢迎的作者有波利比乌斯（Polybius）和维盖提乌斯（Vegetius）②，两者都强调自持乃通往胜利之

① 此处的译文来自《圣经》的简体中文和合本。——译者注

② 波利比乌斯（约公元前200年—约公元前118年），希腊化时代的政治家和历史学家，著有《通史》。普布利乌斯·弗莱维厄斯·维盖提乌斯·雷纳特斯（Publius Flavius Vegetius Renatus），公元4世纪末的古罗马军事著作家，著有关于古罗马军事体制论著《论军事》。——译者注

路。[10] 这一趋势的一大例证，是1777年一位奥地利骑兵军官的一本390页的译作，原著是绰号为“战略家”的10世纪拜占庭皇帝利奥六世（Leo VI）的作品，这位统治者更多以凭借狡黠和诡道征服对手而闻名，而非好战的心性。[11]

哈布斯堡王朝也同样被此前的意大利作家吸引，特别是尼可罗·马基雅维利的作品，他对意大利城邦之间长期争斗的第一手观察，引发了对战争成本的高度重视。马基雅维利建议国家要“拖延消磨［威胁］而不是硬碰硬”，而且只有在其他选项都用尽的时候，才选择开战。[12] 马基雅维利和其他文艺复兴时期思想家的自我克制和对轻重缓急的把握，深刻影响了哈布斯堡王朝的战争观。“在阅读马基雅维利的战争论述时，”卡尔写道，“人们会不禁钦佩这位佛罗伦萨人的思维的分量和深度。他关于如何审视、准备和参与战争的主张是永不过时的。它们还会保有参考价值，因为它们源于对权力和关系的构成和平衡的深思熟虑，也就是说，源于这个主题本身。”[13] 对于这类文本的痴迷，就来源于它们所表现的克制，即避免冲突，直至胜券在握，从而限制战争的肉体和道德恶行。

正义战争的第二条原则，是如果冲突无法完全回避，那么在作战时就要设法避免灯尽油枯的局面，并且要对争斗中的物质和精神因素保持一定程度的掌控。除了诉诸战争权这项传统，这种方式的另一个重要基础，是拉扎鲁斯·冯·施文迪（Lazarus von Schwendi）——16世纪为卡尔 88
五世效力的军事将领——的著作，他的文章强调了一种以拒止敌人决定性优势为主，而不通过豪赌的方式来谋求胜利的防御性战争风格的好处。拉依蒙多·蒙特库科利伯爵——17世纪为君主国效力的那不勒斯贵族，其身份是陆军将领和宫廷战争委员会首任主席——的著作则产生了更深刻的影响。蒙特库科利对战争的看法，是在三十年战争的暴行中形成的。他的《战役论》（*Sulle Battaglie*）概述了一种谨慎的战争思维，要求将领要克服进击战斗的诱惑，通过自我克制和审慎谋划来智取敌人，不给敌人在其乐见的情况下作战的机会，从而使敌人无法获胜。[14]

《战役论》对接下来的哈布斯堡王朝军事思维和战事产生了深远的影响。其实质，是一种均衡和克制的判断力，或者说循规蹈矩主义（*metodizmus*），它要求将领们就算不争取赢得战争，也不能输掉战争，要维持其军队的存在，保住他们能获取的任何哪怕微不足道的收获，以便在缔结和约时占据优势。在这类战争中，将领的工作不是抓住机会，而是管理风险，从而限制战争所产生的恶行。卡尔大公后来就掌握了这种思维模式的精髓，他认为："所有战争的目标，都是达成各得其利的和平，因为各得其利的和平才能持久，而且只有持久的和平，才能通过让各国家满意，实现各政府的目的。"[15]

这种处理战争的方式所固有的局限，是17和18世纪阵地战和机动战的副产品，在这样的战争中，人类的冲突被视为一种数学科学，胜利属于那些最能熟练进行细致观察、精确测量和把守关键地理位置的一方。尽管这一时期的大多数欧洲军队都了解这些概念，但它们在哈布斯堡君主国产生了一种特别的共鸣，因为它们为遏制战争的毁灭性效果，或者说为通过追求有限战争来"驯服贝罗娜"，提供了手段。[16] 这种思维模式又衍生出了一些在战场上运用兵力的原则。其中最重要的，便是保存军队本身。由于国家的生死存亡都系于军队，主要军队在战争结束时就必须完整无缺。

实现军事上的自我保存，一直以来都是哈布斯堡王朝历史上的一大主题。蒙特库科利的箴言"永远不要拿主要军队冒险"；欧根亲王对约瑟夫一世的警告"您的军队，陛下，就是您的王国"；一个世纪后卡尔大公的评论"若军队战败，便无力回天"；以及1848年革命的骚乱中格里尔帕策[①]对拉德茨基将军的歌颂"汝之营寨中，奥地利存焉"，都表达了类似的意思。[17]

89 保存军队意味着不使其直面过多的风险。军事目的不是消灭敌人，而是不让它获胜，也就是说，不让敌人按自己的套路打仗。正如经历过普鲁士战争的哈布斯堡王朝资深军官约翰·布塞尔（Johann Burcell）所言：

> 战争就是这么运转的：任何有利于我方的事情，结果必定有损于

---

① 弗朗茨·格里尔帕策（Franz Grillparzer，1791—1872年），奥地利剧作家，诗人。——译者注

> 敌方，而任何有利于敌方的，我们定会憎恶……［我们必须］只做那些有利于我们的事情……最好是通过饥饿、诡诈和无休止的骚扰来击溃敌人，而不是和敌人硬碰硬，因为运气往往最终比勇气更重要……人们永远都不应该冒险，除非获胜的潜在有利条件远远超过了战败所要遭受的可怕后果。[18]

按照这种算计，奥地利的将领们要避免鲁莽出击和冒险，最重要的是，不要将过分多的军队投入一场决定性的大战之中，因为这种战役一旦失利，就会夺走它支撑更大规模冲突的手段。

“永不冒险”的本质，是一种认为只有出现极为有利的情况时，再通过出击或迎战获取胜利的主张。将避战视为一种获取对敌优势的手段的观念，在奥地利的军事思想和实践中屡屡出现。在战术层面，它需要通过利用地形来欺诈敌人与保护侧翼及交通路线。19世纪早期的一本小册子提供了一整套一点一滴从古代战争中收集到的避战之道，而且这本小册子是以平装书的形式提供的，以便于在战场上参考。[19] 在战略层面，主张进攻的将军们投入了大量的精力来寻找决战机会，而奥地利的将军们也投入了同样多的精力来避免它。玛丽亚·特蕾西娅手下最能干的陆军元帅们——斐迪南·冯·阿本斯贝格-特劳恩伯爵（Count Ferdinand von Abensberg und Traun，1677—1748年）和他的门生利奥波德·约瑟夫·冯·道恩伯爵（Count Leopold Joseph von Daun，1705—1766年）——把避战升华成了一种艺术，他们效仿罗马将军昆图斯·费边·马克西姆斯（Quintus Fabius Maximus）对付汉尼拔的办法，对腓特烈大帝实施了消耗战。道恩用通俗的话语向女皇总结了他的方法：

> 人们总说要斩草除根，要连日奋战，要无处不在，伺敌而击。我比谁都想要如此……上帝都知道我不是个懦夫，但是我觉得不可行，或者不利于效忠陛下之事，我绝不会着手进行。[20]

多年之后，玛丽亚·特蕾西娅警告她的儿子约瑟夫二世要避免与腓
特烈二世交战，因为“战争于你于他均非明智之举”。[21] 可能的话，最好彻 90

底遏制敌人发起战斗，因为

> ［通过战争］我们只能是输，分毫不获。我们的全部力量集中在一个点上，如果我们遭逢厄运，就将一切尽失，孤立无援。如果这种情况发生，大难就要临头……所以我……必须明白你能否找到手段，来阻止随着剑刃出鞘而至的所有极端恶行……成千上万人的幸福安康，君主国的存续，我们家族的保存，都依靠它。[22]

在19世纪更多的进攻性战争形态出现后，这种理据仍继续影响着哈布斯堡王朝的军事思维。1823年，一位奥地利将军在回忆道恩时写道：

> 公正不阿的历史把无上的荣光赐予那些不战而胜之人，而不是那些不顾军队安危之人。作为所有将领的闪耀明星和榜样，击败了汉尼拔的“拖延者”费边，在世界历史中成功拿下一席之地，正是因为他知道要避免作战。在伊比利亚半岛的神奇战役中，威灵顿通过坚决执行不对抗的方式，并且避免每一场战斗，不给敌人——其全部计划都基于进攻性的军事行动——任何取胜之机，赢得了永恒的荣光……这种关于安全的思维，这种对出于任何目的动用力量的弃绝，也说明了他对转移注意——这种思维在巧胜敌人时的体现——战术的重视。敌人应当按照他的计算，被引诱去做一些有用的事情。如此这般，人们就赢得了时间与先机。[23]

整个18世纪和19世纪早期，哈布斯堡王朝的军事思想一贯强调不要在追求胜利的过程中被消耗殆尽的重要性。将领们要优先考虑他们军队的安全，而不是速度和主动性。如果吃了败仗，军队要能够使用审慎准备的撤退途径，以便保留生力，日后再战。如果打了胜仗，倘若追击敌人会置军队于风险之中，则务必不能追击。“我们不要因为对复仇的热忱或欲望（*Rachelust*）而不能自已，”玛丽亚·特蕾西娅写道，“而是要设法为王国保存我们的军队。”[24]

军队的潜在用途，几乎总是超过了其可利用的实力，而军队因负担太
重和失败所带来的灭顶危险，要远超最惊人的成功所带来的利益。因此，
别的什么政治目的尽可以成为战争的潜在目标，但它们和保存军队相比
都是次要的，因为保存军队就是保存王朝和国家。这项至高的政治律令， 91
超越了其他战略和战术考虑。它保证了对于保存力量的专注将持续下去，
即使时间的推移会让这种战争原本的基督教和文艺复兴基础不再牢固。
尽管奥地利的军事学家逐渐抛弃了视战争为“恶”的道德观点，对于有
限目标、相称原则和保存军队的强调却延续到了19世纪。

这些特点，就是哈布斯堡王朝与其欧陆对手在处理战争的方式上的不同点。大多数欧洲军队都是按照拿破仑和普鲁士的战争模式逐步演变的，而在这种模式中，军事力量是用来寻找和消灭敌人的；哈布斯堡王朝的军队却保持了一种对阵地战的眷恋，并且培养出了倾向于在战场上规避风险的将领。克劳塞维茨后来批评了奥地利保守的战争艺术，尤其认为蒙特库科利过分谨慎，不敢把战争规模推到极致。[25] 在思考卡尔大公的一次战役时，克劳塞维茨百思不得其解，不知道为什么会有人“不为别的，只为便于撤退”而战，推断他“从来没有完全理解著名将领和作家的推理过程”。[26]

解答克劳塞维茨之问，就要知道，与普鲁士不同，奥地利失去军队，可能会导致国家的灭亡。在哈布斯堡王朝领土上，更为克制和防御性的战争形态的发展，必须放在奥地利军事手段固有的局限和哈布斯堡政权不同寻常的政治需求的语境下理解。[27] 对于奥地利来说，战争远不只是一个以普鲁士模式追逐和毁灭敌方力量，从而为国家攻城略地的工具，它不是“一个非危急存亡情况下的大战略选择”。[28] 在许多方面，这使得哈布斯堡王朝的陆军很像海军术语中的“存在舰队”——一支通过存在而非战斗来实现其目标的力量。这样理解的话，哈布斯堡王朝军队可与乔治·华盛顿（George Washington）的大陆军（Continental Army）或者罗伯特·爱德华·李（Robert E. Lee）的后期的北弗吉尼亚军团相比，因为它是一支用来保存的力量，而且在使用时要节制。[29] 作为一个作用保守的保守机构，它的首要职责就是通过在战场上保存自己，来保存那个造就了它的政治秩序。

弥补能力差距

这些限制的结果，就是奥地利拥有了一支尽管在政治上忠诚，在危急情况下能够强势反弹，却无法独立承担保证君主国存续的重任的军队。
92 为了生存，哈布斯堡王朝的领导者们不得不想方设法弥补这些受限的军事能力和他们安全环境的巨大需求之间的差距。对于所有国家来说，地理环境限制了选择，突出了一个大国在回应周边威胁和机会时最需要的手段。这样的选择，不可避免地是以国家本可选择的其他种类的能力为代价的，也因此指明了国家在战时需要从内外弥补的那些差距。[30] 因此，英国专注于发展海军，就意味着需要其陆地盟友来阻止和击败欧陆敌人。法国和后来的德国，作为主要发展陆上力量的国家，在和英国作战时，要么需要将部分资源向舰队建设倾斜，要么需要征召（或强占）其他海洋国家的舰队，才能把它们的陆军运过英吉利海峡。

奥地利暴露的地理环境和内部弱点，让它明白了补强陆军需要哪些军力资产。由于大体上是个内陆国家，它便不需要海洋国家的帮忙，至少不必为向敌人投射力量而求助；相反，奥地利需要设法增强它在陆上进行有效竞争的能力。至于其他国家，找到这些手段对于加强和完善它们自己的力量能力很是重要。但是奥地利也需要这些手段来保护军队，以防军队在试图独立应对其暴露的位置时遭遇风险。哈布斯堡君主国试图通过结合内外手段，弥补其力量能力方面的差距。它为这项任务而使用的工具，可分为三种：地形、技术和条约盟国。

地形

奥地利在加强其力量能力时，可以毫不费力地支配的资产，便是帝国本身的自然构造。在山脉起伏的边境和众多内部河流的沿线，君主国拥有大量便于防御的地形特征。正是这些地形属性的存在，催生了防御性思维。正如第二章中所言，这种思维的一个副产品，就是自18世纪中叶开始的全面的地图绘制能力的发展。与地图相伴相随的另一个副产品，则是哈布斯堡王朝战术战略思维中对于利用防御性地形的着重强调。

在18和19世纪，哈布斯堡王朝军队或许是欧洲历史上最重视地形的军队。地形在几个方面帮助军队弥补了奥地利力量责任中的缺陷。在最基本的层面上，它帮助避免和延迟了战斗。正如在第二章所讨论的那样，山脉能换来时间。一场战争开始时，它们给防御者以喘息的空隙，便于其召集军队，在各战线间转移兵力。它们与河流一起，帮助拖延了进犯 93
者，让防御力量可以做好准备，按照自己的条件作战。蒙特库科利在《战役论》中，为奥地利以这种方式使用地形的思维奠定了基础。在该书中，他鼓励将领们要寻找“河流、苍岭、湖泊、城市、海洋、沼泽、峭壁或类似地形中占据地利的”防御据点。[31] 18世纪奥地利军官的作品中到处是类似的引文。一位曾在七年战争中担任陆军元帅拉西的副官，作品在奥地利广受欢迎，名叫亨利·劳埃德（Henry Lloyd）的威尔士人，在1783年写道：“聪明的将军们更愿意以地形学为自己的根基，而不是把一切都压在一场战斗的难以预料的结果上。那些掌握这门学问的人，将能够……在不必交战的情况下，无休止地进行［战争］。”[32]

另一位军事学家约翰·格奥尔格·尤利乌斯·文图里尼（Johann Georg Julius Venturini，1772—1802年），也详述了地形带来的好处。文图里尼是一位来自布伦瑞克的工程师军官，他在30岁时便英年早逝，曾使用大量篇幅来描写卡尔大公。文图里尼书写了大量关于在战术和战略层面上利用地形的文章。在他的代表作《应用战术教学，即实际军事科学：改编自权威典籍且附有实际地形利用实例》中，文图里尼提出了一个议题，他认为恰当地利用地形，就其本身而言，便可以在战争中带来胜利。在布塞尔的格言“任何有利于我方的事情，结果必定有损于敌方，而任何有利于敌方的，我们定会憎恶”的基础上，文图里尼认为：“一种特定的地形，如果在占据时可以提高我方军队作战方式的安全性和有效性，同时还能削弱敌方作战方式和安全性，便具有了军事优势。”[33]

将地形视为战争中关键变量的观念，根深蒂固地植入了哈布斯堡王朝的军队中。“地形优势，”文图里尼写道，“随人类及马匹的一般能力，且根据三个兵种（步兵、骑兵和炮兵）的作战方式而改变。”[34] 维也纳诺伊施塔特（Neustadt）军事学院的课程，在如何利用地形学最大化各兵种战斗力上投入了大量的精力。诺伊施塔特的教授约瑟夫·奥拉赫·冯·奥

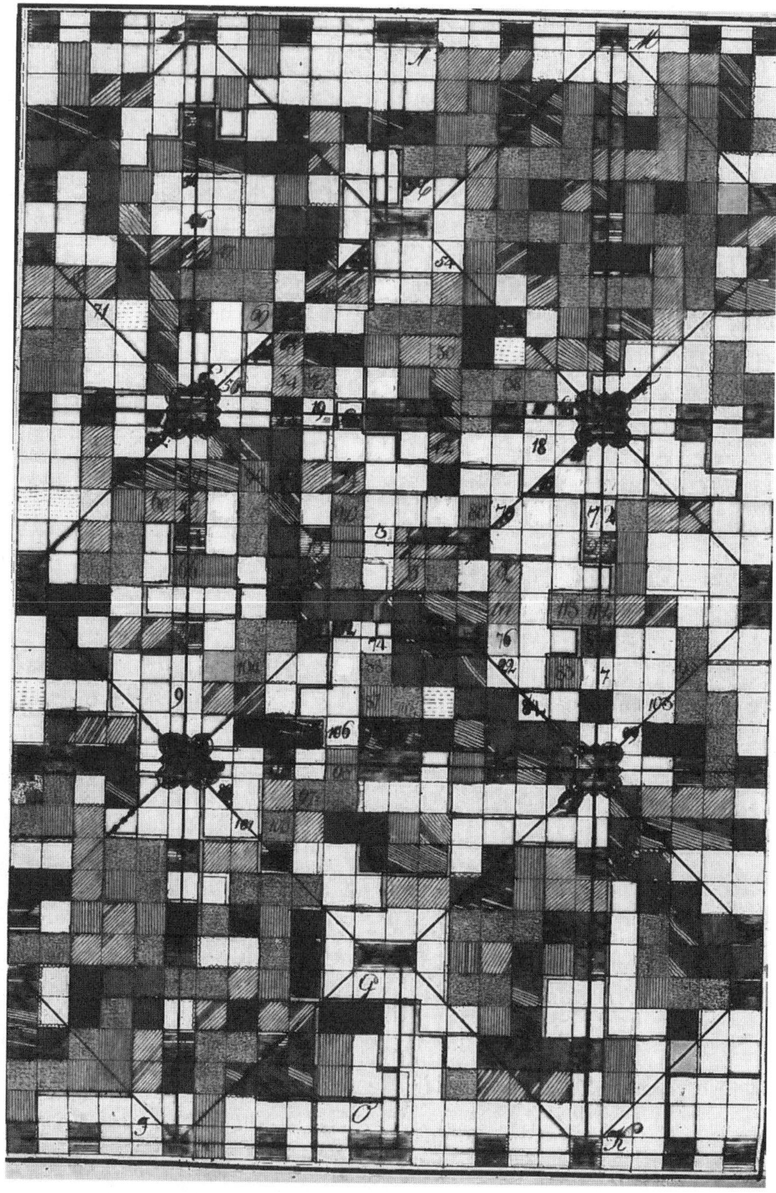

图4.1　文图里尼的战争游戏。

来源：G. Venturini，*Beschreibung und Regeln eines neuen Krieges-Spiels*，*zum Nutzen undVergnügen*，*besonders aber zum Gebrauch in Militär-Schulen*. Schleswig：Bey J. G. Röhß，1797），鸣谢军事图书中心（Forsvarets Bibliotekscenter）工作人员提供的高清扫描图。

拉赫（Joseph Auracher von Aurach）进一步阐述了文图里尼的许多观念，他写道：“将军备应用在合适类型的地形上，有助于防御或夺取那类地形。因此，在追求军事目标的过程中，战争的学问，就在于以能够获利的方式将各兵种部署在不同类型的地形上。”[35]

文图里尼为了复证地形的作用，倾注了大量的精力，还设计了一个游戏来模拟其对战争的影响（见图4.1）。这款游戏使用了3 600个上色并标记的地形方格，来展示海拔高度变化和区分山脉、河流及其他地貌特征，而每次游戏轮换则相当于三个月的时间。文图里尼的目标，是利用地形模拟来支持预案的设计，让“未来的勇士”能够“一眼就看出战争重大 95
事件中的因果关系，并且通过游戏中小规模的经验，推演出世界大场景中首要动因的可能后果”。通过这样做，他希望利用“头脑游戏……和历史研究，再结合地理学”来帮助玩家掌握“一场战争的总体计划及其各组成部分之间的联系”。[36]

文图里尼游戏的庞大规模，反映了他和其他同时代作家对于这种本身就能表明战争目的与定义的东西的重视，而且这种重视不仅仅是战术上的，还是战略层面上的。“战争的主要和所有附带意图，”奥拉赫写道，“要么是占领某种地形抵御敌人，要么是将敌人从一片区域赶走，然后占为己有。地形因此是战斗的决定性因素。”[37]“地形就是一切，”他在别处评论道，而在几十年后的1826年，卡尔大公的作品也再次表达了这种信仰：“战争就是地形……而地表的构造对于军队的战斗力至关重要。”[38]

这种观念衍生出了一种信念，认为掌控某些特定的地形，便能在战争中取得成功。尽管对于保有重要节点——军械库、设防山口及其他关键基础设施——的重视在18世纪很普遍，但这种重视在哈布斯堡王朝的军队中可谓登峰造极。奥拉赫写道：

> 整个内部防御结构都由工匠在天然基础上建造，且支撑了外部的防御屏障。它既有优势，也有弱点，而在防御缺口处以及利用连接整个结构的内部防线方面，则优劣兼备。后者［是］整个防御结构的关键，［而且能够］引发整个防御阵地陷落。[39]

卡尔大公后来详述了这一观念：

> 在一个特定的战区，占据某些地点就能通过便利己方作战或瘫痪敌方战力，对战果施加主导性的影响。这种地点就叫关键据点。因为一个据点要称得上关键，占据它就必须要让持有方能够以压倒性优势控制其周围的空间，也就是不能让敌人通过不受惩戒的进取，或绕道避开来控制它。[40]

考虑到这些据点的重要性，战略在定义上就成了一种防御或夺取它们的活动。“如果运用纯粹战术的规则，”文图里尼断言道，“也就是保卫领土和实现战争本身目标的艺术，那么战略——或者说指挥才能的科
96 学——就诞生了。”在别处，他又写道：“战略就是在土地争夺战中对阵地、机动和交战的审时度势的运用。”[41]

直到19世纪中叶，地形研究都是奥地利军方的重中之重。掌握基本的地图绘制学技巧是奥地利参谋的一项必备能力。基本上和地图一样，这项要求也是由战争中的经验所催生的。七年战争刚开始时，没有几个奥地利高级军官熟悉基本的地图绘制技巧，到了1766年，已有超过一半的参谋接受了基本地图绘制学的训练，到1786年，全员均已掌握。[42] 从总军需部——奥地利军事谋划的大脑——逐步演变为负责勘测地形，旨在识别军事行动和交战中优劣势的部门这一事实，便可看出对地形这一战略范畴的重视程度。

对于地形的如此投入——不仅仅是作为战争的一种手段，更是战争的意图——是奥地利特有的。[43] 尽管历史上的所有军队都很关注地形，奥地利人却把这门学问作为一种增强本领的手段提升到了一个高度，而这种高度，是那些地形不够丰富的国家（如波兰）或那些拥有丰富进攻性战斗能力的国家（如俄国）所不需要的。在战术层面，地形通过增强奥地利在数量和质量上往往都有限的军队的战斗力，帮助其填补了能力上的差距。类似地，在战略层面上，地形为弥补帝国漫长边境线上的漏洞和保全王国整体提供了手段。

技术

奥地利也使用了技术来缩小军事能力和责任之间的差距。无论是从内部还是外部诉诸技术，都是弥补一个国家所受限制的常用手段。因此，罗马会特意寻求那些拥有熟练弓箭手、投石手和轻骑兵的盟友，来弥补其资源对于重装步兵的过度集中，德国则在两次世界大战中发展了U型潜艇，来弥补其海面上的弱势。

奥地利同样需要拓展其陆上军事能力。君主国经济发达的西部领土（奥地利地区和波希米亚）在其历史上的大多数时候，都能使它在军事技术上跟上西欧对手的步伐。我们将在第五章看到，这些技术经常能让奥地利军队在面对不够先进的敌人时，取得战事升级主导权（escalation dominance）。然而，帝国的自然和政治地理环境，限制了其将技术用于进攻的能力，使这种能力无法达到压制周围环境所需的水平。

奥地利试图解决其军事差距的主要技术手段是要塞。在历史上，大多 97
数陆地强国都曾使用固定防御工事来增强他们的陆军。但是，出于两种原因，要塞对哈布斯堡王朝有着格外强的吸引力。第一，帝国安全防线的惊人长度，让那些可以将军队安全留在战区中的建筑变得很重要。第二，正如我们所见，君主国的地形吸引了技术层面的补强。正如上文所讨论过的，山脉的存在，催人思考如何通过“将军备应用于合适类型的地形”（奥拉赫语），来增强其防御特性。[44]

在18世纪和19世纪初，哈布斯堡君主国将大量的精力和资源，投入到其边境地区的要塞建设上。在现代的美国军事思维中，“要塞”一词使人联想到的，就是几个士兵在原始建筑中抵御一些装备差劲的土著袭击者的画面。但是18世纪的沃邦要塞①，却是规模庞大、造价不菲、技术复杂的建筑，需要多年的努力和先进的工程工具才能建成。作为武器平台，它们在资金投入上大体相当于20世纪早期的无畏级战舰（the dreadnought）或今天的航空母舰。

① 法国波旁王朝时期军事工程师塞巴斯蒂安·勒·普雷斯特雷·德·沃邦（Sébastien Le Prestre de Vauban，1633—1707年）所设计的要塞。——译者注

在鼎盛时期，哈布斯堡帝国拥有超过20个这样的大型要塞和几百个小型工事。和地图一样，建造要塞所需的技艺和技术被视为国家机密信息。早在17世纪60年代，宫廷战争委员会主席蒙特库科利，就安排军队工程师在战争委员会的直接管辖下建造要塞，而且把他们的设计图置于“最高机密”的管控之中，并要求为每份设计图制作两份副本，分别放在宫廷战争委员会和当地指挥将领的手中。[45] 地图和防御工事设计图在所受待遇上的相似性，证明它们在哈布斯堡王朝战略思维中形成了一种共生关系。“研究军事计划和地图的主要意图，”正如一份18世纪关于防御工事的奥地利文本所言，“就是要深思熟虑地部署防御工事。”[46]

这种关联并不令人感到意外，要塞对于奥地利的重要性随着专业地图绘制学的发展——如上一章中所见，这种发展是由战争驱使的——而增长。在18世纪早期，奥地利哈布斯堡王朝还没几座要塞，促使欧根痛心疾首地向皇帝进言：“您的首都是一座边境城市；陛下的四周却没有一座要塞。”[47] 土耳其战争和向匈牙利的扩张，让奥地利获得了许多由中世纪匈
98 牙利王国在之前几个世纪中发展起来的河岸要塞。在与波旁王朝法国的战争中，哈布斯堡王朝大规模地使用了莱茵河畔的神圣罗马帝国的要塞，并且最终增强了他们的西部防御工事。但随着地图和军事战略更加普遍，18世纪末的战争——先是对普鲁士，后来是对法国——才是哈布斯堡王朝防御工事技术大发展的肇始。

防御工事为哈布斯堡王朝发挥了若干项功能。1790年，由弗朗茨·金斯基（Franz Kinsky）在维也纳诺伊施塔特军事学院出版的一本关于防御工事的手册，点出了两大的意图：“守住一片区域，抵挡敌人入侵”和“要为自己的对敌军事行动提供支持”，同时还指出最好的要塞要“同时达成进攻和防御的双重目的”。该手册还列举了地形为了支持这种双重功用的要塞，应满足的四项标准：

1. 要控制土地；
2. 要阻碍，或至少是拖延敌军的军事行动；
3. 要便利己方的对敌军事行动；

4. 要通过利用地形和环境特点让敌人难以围攻或封锁，并迫使敌人落入不利的战斗处境。[48]

这些功能都体现了哈布斯堡王朝要塞的一大根本性作用：威慑。如之前所说，哈布斯堡王朝军队的一个主要目标，往往是避免冲突。一座强大的要塞有助于实现这一目标，因为它可以迫使决心进攻的敌人停下脚步，计算攻击这样一个难以攻克同时又能够向其腹地发起突袭的障碍所需付出的代价。正如卡尔大公所写：

> 在每个拥有战争体系的国家，政府应该具有这样的原则：要设立这样的防御预警点，而且即使在和平时期也要保留，要能够不费多少气力就可以长久维护，还要让每一个敌人知道攻占这些地方有多么困难，从而挫败他们作战的念头。[49]

同样，拉德茨基也提到，要塞是用来尽可能地“完全避免对手所造成的危险”。[50] 在西部，这样的威慑物在面对军事强大的欧洲国家时颇有奇效。在抱怨这里连一个“营垒”都没有时，欧根亲王恳请拥有经济头脑的卡尔六世建造些要塞：“不是用来打仗，而是要形成一个抵御法国的屏障，或许可以打消法国攻击我们的念头。”[51] 后来，波希米亚和意大利地区的奥地利防御工事网络，就是以此为目标而建造的。

战争一旦开始，要塞就通过拖延袭击者和强迫其分散兵力，为防御 99
者赢得了时间。“如果一座防御性要塞的目的，”防御工事手册中写道，

> 是堵住通向其身后土地的入口，［那么］敌人就不应该能够轻易绕过它。即使一座要塞不直接切断敌人的补给线，它也阻碍了敌人，因为它迫使敌人离开主要路线和经过开发的道路，只好走小道……［如果敌人］远离了其补给站和军械库……要塞就能有效切断其补给线。敌人要么不得不派驻一支［观察］部队，并因此分散其兵力，要么开始运用武装护送队，这在战争中可不是一件易事。

简而言之，金斯基总结道，要塞是“阻滞攻击者并浪费其时间的实体障碍”。[52] 卡尔大公也发表过类似的看法：

> 防御方的任务就是争取时间；若选择通过部署要塞来保卫国家，就一定不能忽视这种考量。在部署它们时，要确保敌人无法轻易脱身，除非敌人愿意为其交通系统和护送队冒一切风险，从而让敌人必须在其后方留下一大股兵力来监视、封锁或围攻这些要塞，而这将削弱敌人的军队，让其无法进行出其不意的进攻。[53]

凭借在拖延方面的能力，要塞也帮助哈布斯堡王朝实现了兵力的节约。在铁路和电报问世之前的时代，在可能爆发冲突的地点附近拥有军队，具有重要的战略价值。对于庞大的陆地帝国尤其如此，因为距离造成了急剧的力量梯度损失。要塞有助于解决这一问题，因为它们促进了力量的集中，使得防御者能够确保实现金斯基所说的“以少御多”，或者如拉德茨基后来所说的“让以寡御众敌之进攻有了可能”[54]。

在所有这些作用——防御、威慑和节约兵力——上对于奥地利最为重要的那些要塞，均位于边境附近。“位于边境上的要塞，”卡尔写道，“改变了战争的所有情况。”[55] 通过在敌人可见之处安置军事硬件设施，它们强化了威慑效果；由于有望在距首都最远处拒止敌人，它们巩固了防御效果。蒙特库科利赞成在边境上部署要塞，他主张：

> 前线哨所，尤其是那些可能首先接敌的哨所，要配备粮草、军火
> 100 和充足的卫戍部队，目的是让人们在见到打了胜仗的敌人时不会被吓倒。大部分步兵都可以投入这些地方，以吸收进犯部队的第一波冲击力。之所以这么做，是因为在一定长度的时间内抵挡及拖延敌人的要塞，为战败方提供了极大的帮助。[56]

自欧根起的哈布斯堡王朝军人，都认为边境要塞的缺位是18世纪初奥地利在战争中举步维艰的一项影响因素。“由于缺少这些［前沿防御工事］，”约瑟夫二世在1766年叹息道，“我们依靠的是后方要塞和军械库的

建立，它们让补给的运输对于国家来说很是困难、昂贵和繁重，同时还阻止了任何向前的迅速机动，并使军队不得不分散成小股，一有风吹草动就必须赶去防守要塞。”[57]

在前线哪些地方部署防御工事的问题，是一件奥地利军事学家所操心的大事。文图里尼、奥拉赫、卡尔和拉德茨基全都使用了大量的篇幅，来争论怎样才能更好地将要塞与当地的地形整合在一起。金斯基的手册列举了九项应当考虑的因素，范围从“视野开阔”到“避免凹口”和“宽阔且安全的交通线路”。人们一致认为，一条普遍的准则是，边境要塞应当部署在利用了河流山川的防御特性的地点。“一座安置在河流附近的要塞，”金斯基写道，

> 如果位于两条或更多航道——因此切断了更多陆地与河谷——的交汇处附近，那必将拥有更多的优势。一座位于河汊上的要塞，特别是在控制了泄洪闸门的情况下，将只有一边可被攻击，使防御者可以通过设置障碍和地雷来增强要塞的天然防御能力。

我们将看到，在哈布斯堡王朝的每片主要边境，都能在这样的位置上发现大量的要塞。至于山脉，金斯基建议要塞应部署在

> 只有途经难以跋涉的地形或道路和通道才能抵达的山脚处。它们在那里比在山上更加有用，即使要塞可能利于掩护山口。这些所谓的“简陋要塞”（*Bicoques*）只有重炮才能清除，因此敌方军事行动将被严重阻碍，以至于一齐攻克它们，可能比攻克主要要塞本身还要难。这些阵地对于恐吓与侵扰敌方的外围以及分散敌军注意力大有帮助。[58]

同样受到热议的，是如何在一片辽阔的区域上安置一系列要塞的问题。文图里尼特别关注了奥属意大利和德意志边境的特征，以及最适合把守每个地方的防御工事系统。在寻找何处设置要塞才能使它们互相关联的过程中，他提出了一些假设，比如“地形的侧面边界必须与交战边 101

境成直角”和“如果情况不是这样，地形逐渐收窄的国家就会处于不利地位”。[59]

文图里尼反对由“未与一个传统防御结构形成联系且位于［边境］前线”的哨所构成的封锁线，因为它们“不能在前进的敌军部队中造成一个足够大的缺口”。相反，他支持我们如今称为纵深防御的策略，他写道，“为了避免前沿阵线的劣势，”军队应当发展“共同行动计划”，即缓冲国要吸收第一波攻击，而奥地利则“撤回防御力量”，并顺着美因河—莱希河—多瑙河—阿达河—波河沿线形成一个“传统、设防和拥有双重防线的防御结构”。[60] 我们将在接下来的章节中见到，这样的问题和他们所参与的讨论将会对哈布斯堡战略产生深远的影响。

条约外交

奥地利寻求缩小能力与威胁差距的第三条途径，是招纳用来分担防御重担的条约盟国。在历史上，一个国家的地理环境决定的，不仅仅是其需要盟友的迫切程度，还有其所需盟友的类型。英国由于有海洋围护，便不需要大量的正式联盟，同时规定它需要与较小的大陆国家形成安全纽带，来完善皇家海军在面对主要敌人时的海上力量。尽管俄国的草原环境给了它一定的策略自由，统管广袤空间的需求，还是使它偏向于一方面对其邻近领土施加直接统治，另一方面与其西部边境之外的潜在敌人形成附庸国关系。

相比之下，奥地利需要盟友才能生存。尤其重要的，是与那些有能力侵扰敌人后方边境，并吸引针对奥地利世袭领地的军事进攻注意力，或者能为增援奥地利陆军提供财政或军事支持的大国结盟。奥地利出于这些原因而争取交好的国家时常变化，从对抗路易十四时的海上强国（英国与荷兰），到抗衡普鲁士时的法国，抵御拿破仑时代法国的普鲁士，以及为了转移东部边境注意力而追求的（或许也是始终如一的）俄国。

哈布斯堡王朝外交的另一个关注焦点，是奥地利周边的小国。正如20世纪地缘政治学作家尼古拉斯·约翰·斯派克曼（Nicholas John
102 Spykman）所言，海洋强国在历史上往往选择缓冲区作为解决边境问题的方案，而大型的大陆强国则常常偏爱划定势力范围或瓜分行动，因为按照他们的考虑，彻底吞下周边空间，总好过目睹它们分裂并被整合到对手的势力范围之中。[61]

如第三章所述，后者这种类型的扩张对于奥地利来说是困难重重的，因为它太过弱小，无法将传统的帝国统治延伸到其邻国。相反，在其历史上的大多数时候，君主国寻求的，是提高缓冲地带——由其边界附近空间中众多小型政治体组成——的存在感。联结这些维也纳附庸国的纽带，是一种间接的庇护关系而非直接的统治：奥地利用保护换来对方的效忠，以及抵抗强大而危险的外敌时的共同防御。

缓冲区给奥地利带来的好处，在一定程度上是空间层面的：通过帮助避免与强邻在边界上的直接冲突，它们减少了引发战争的摩擦的来源。因此，考尼茨亲王为了给未来的利奥波德二世上地缘政治课，在一份1789年的备忘录中写道，正是东部缓冲空间的存在，才为奥俄关系的稳定和友好提供了基础，后者“拥有一个天然盟友所应具备的全部特质”，因为“它不直接相邻，并因此可以进行领土扩张”，同时又不会威胁到奥地利。[62]

如果一场战争爆发，缓冲国能为奥地利组织自己的防守赢得时间，同时还能提供财政援助和附庸国军队为奥地利助阵，而位于这些国家内的监护国要塞则将其影响范围延伸到了边境之外。欧根认为，“由某种所有意大利次要亲王交纳的捐款”提供的支持，在战略重要性上仅次于英国与荷兰所提供的资助。[63] 文图里尼称赞利用德意志和意大利地区小国的重要意义是“一种弱化敌对力量的手段”，并且通过鼓励各国“以独立国家的身份自保”，“使德意志各邦国变得无法征服了”。[64]

鼓励战略

地形、要塞和盟友是哈布斯堡君主国在其存在时期内打磨出来的工具，它们拓展了其手中通常薄弱的军事资源，同时也保护了哈布斯堡王朝军队不受地缘政治竞争的全部冲击。此外，奥地利所处的严酷环境，也促使其领导者发展概念性工具，或者说战略，来提升君主国作为大国的竞争地位。战略在和平时期与战争时期具有不同的形式。在和平时期，它主要与理性相关，也就是匹配未来可能存在的手段与目的。在战争时期，它主要与相互作用（interaction）有关，或者说在敌人决心对抗的情况下尝试追求一系列选定的目标。[65] 第一种是先发制人的，是对未发生事件的预测。第二种则是随时变化的，通常是应变性的，需要危机管理和对国家手段的持续重新调整，以应对不断变化的威胁。哈布斯堡君主国的环境要求其领导者必须发展这两种战略。

相互作用之痛

奥地利走上通向大战略之路的入口，是应对相互作用动态。这一层面的战略，需要在一场军事对抗开始后，在敌人的抵抗之中，进行目的与手段的匹配。如果战略理性的核心问题，是“我们能否利用可用手段实现政治目标?”那么相互作用抛出的问题，就是“我们能否在敌人反抗的情况下仍旧如此行事?”[66] 相互作用造成的麻烦，在于敌人不可预料的行动，让保持理性必然困难。这种情况的发生，要么是因为这些行动引发了超出防御者处理能力的不可预见的后果，要么是将战争的全部成本抬高到了一个“不再与目标相称”的程度，以至于创造了迫使较弱一方将战事降级的经济和国内问题。“相互作用的本质注定使相互作用变得不可预测,”克劳塞维茨如是说道，“在军事行动的所有特殊情况中，任何举措都会对敌军产生极不相同的效果。”[67]

相比未来规划，国家更容易处理相互作用层面的战略，很明显，这是因为它几乎不需要预先的努力，而且是通过调整例行计划来解释战场上或外交上的最新进展。但它也是战略的最危险的一个层面，因为在竞争发展到战争临界点时，赌注也变得很高，可能牵涉国家本身的生存。对于中间地带国家来说它尤其危险，因为即使起初规模有限的冲突，随着对手凭借联合协作或见机行事利用了防御者的困境，也可能迅速扩大规模。多线战争一旦爆发，就会造成一种高度复杂的情况，引发必须在众多地方同时处理的相互作用动态。这对于军事上孱弱的防御者格外困难，因为国家的负担可能很快就会超出其承受能力，需要拿出在内部造成连锁反应的应急之策。

在西班牙王位继承战争中，奥地利领略到了这些相互作用动态的危险程度。奥地利在进入战争时，并没有什么预先谋划的战略，只是想保护贵重财产（尤其是意大利境内的）免于落入波旁王朝手中。它几乎没有

边境要塞或前线军械库，有用的地图寥寥无几，预先准备的外交手段少 104
之又少，财政状况更是混乱不堪。[68] 它唯一的资产，就是一支由欧根这位擅长使用大胆战术的指挥官率领，刚刚经历了对土作战的经验丰富的军队。对于战争初期的混乱环境，欧根写道：

> 在战争一触即发的情况下，由于西班牙王位继承一事，一场大型协商会议召开了。我的建议是，应立刻将大公派往西班牙，并率领一支军队进入伦巴第；但是利奥波德的谋臣策士们却拒绝了我的提议。他们深感不悦。路易亲王①被任命为帝国总司令，而我则被任命为意大利地区总司令。[69]

随后长达13年的争斗进一步展示了相互作用动态对于一个中间地带帝国的严酷程度。在最艰难的时期，面对穿越意大利而来的西班牙与法国联军，沿多瑙河而下的法国与巴伐利亚联军，从匈牙利袭来的库鲁兹叛军，一支逼近波希米亚的瑞典军队，以及可能与土耳其爆发边界纠纷的危险，奥地利岌岌可危。仅凭被动反应来处理这些威胁，需要**于战事正酣之时**，在边境之间有效利用稀少的资源，这继而又要求哈布斯堡王朝的领导者面对战略的机会成本。在一方战区强大，意味着在别的地方虚弱。[70] 如果维也纳选择将其部队部署在意大利，它就不得不想办法提高德意志地区的军力；如果它想要遏制来自瑞典的威胁，它就必须减少别处的兵力，并为这样做的负面影响做好准备；诸如此类。

我们将在接下来的章节中看到，战争让人们明白，君主国所处环境带来的威胁，远远超过了其应对能力，但这并没有深深植入哈布斯堡王朝的战略意识之中，主要是由于欧根在始终不渝地发挥作用，且在战场上捷报频传。胜利让一个强国故步自封，不再汲取冲突中的教训，这样的事情在历史上还会重演。随着欧根在1736年逝世，奥地利遭遇了一系列的战败。由于缺少欧根的军事天才，而且像以前一样起初毫无准备，君主国抵御了

---

① 指巴登藩侯路德维希·威廉（Markgraf Ludwig Wilhelm von Baden，1655—1707年）。——译者注

来自北方、西方和西南方的入侵，勉强应对了奥地利王位继承战争。

战略理性

西班牙和奥地利王位继承战争的经历，阐明了一个哈布斯堡王朝领导者们再也不能忽视的道理：多线动态太过致命，不能纯粹以被动反应的方
105 式来处理。相互作用动态之痛，迫使奥地利必须更加认真地利用有限的手段来对付周边众多的威胁。这就需要它保持战略上的理性，或者说要让国家为未来的冲突做好系统的准备。

战略中的理性需要领导者们清楚他们所拥有的手段能否用来——无论是单独使用还是组合使用——实现安全。理性问道，“我们能做到吗？”[71] 如果答案是“能”，那么，用克劳塞维茨的话说，领导者们必须考虑“将要付出的牺牲的规模以及持续时间”；如果答案是“不能”，那么领导者必须决定要如何增加他们掌握的手段来压制他们面临的威胁。[72] 奥地利在西班牙和奥地利王位继承战争中的经历就表明答案是“不能”：它拥有的手段不足以在任何的可预测基础上实现安全。此外，大多数国家为在战略中保持理性所作的努力，通常都要遭到战争造成的混乱的干扰，而就奥地利的情况而言，这种努力远在战争爆发临界点之前的和平时期，就被国家自身的基本结构阻碍了。从玛丽亚即位开始，奥地利的领导者们就加强了对于战略理性的追求，把它当作了避免国家永远处于被动反应状态的一种手段。这种追求有几种形式：机构上的、物质上的和概念上的。

战略机构

奥地利战略机构的发展，可追溯到中世纪时期，当时哈布斯堡王朝君主的身份是神圣罗马帝国的皇帝。[73] 与大多数欧洲国家的情况一样，外交和安全政策在传统上是统治者及一小圈子谋士们的专职领域，但是随着国家在领土和行政上的发展，成立更多的正式机构就有了必要性。17世纪20年代，枢密院（Geheimrat）创立了，其作用是就多瑙河畔领地——这个区域有别于更广泛的神圣罗马帝国，后者的事务由帝国宫廷委员会（Reichshofrat）处理——的“机密要事”向君主进言。[74] 由于枢密院规模愈加扩大，变得难以管理（1700年时拥有150名成员），利奥波德一世便

在大土耳其战争结束时，创建了规模较小的第二个顾问机构，即秘密会议（Geheimkonferenz），来提高外交和国内政策上高级决策的效率。

奥地利外交组织的演变也如出一辙，从1620年开始，帝国总理府（Reichskanzlei）就一直在与奥地利宫廷总理府（Österreichische Hofkanzlei）争夺外交函件方面的权威。这种紧张关系于1706年在西班牙王位继承战争期间才得以解决。当时，一纸帝国命令，授予了后者运用外交政策职能的全部权威，其负责人，即奥地利宫廷总理，也获得了 106
事实上的外交大臣的地位。1726年，约翰·克里斯托夫·冯·巴滕施泰因奉命接受了总理府国务大臣这个新职位。这一任命，让总理府的目标有了一种新的严肃性，同时也扩大了人员规模。自此，国家总理府（Staatskanzlei）出现了，开始它是奥地利宫廷总理府的外事部门，后来于1742年在第一次西里西亚战争期间，成为一个独立的机构。1753年文策尔·安东·冯·考尼茨-里特贝格——三位连续出现的主导性人物中的第二位（自巴滕施泰因始，以梅特涅终）——成为国务总理后，国家总理府在哈布斯堡王朝外交政策方面的核心地位就牢固确立了。在与普鲁士的战争和特蕾西娅大刀阔斧的改革的推动下，考尼茨提高了国家总理府的职能水平，改善了外交组织的各项能力，借鉴了法国外交部的首席文员（*premiers commis*）制度，并有效遏制了外交官们通过迂回战术进入秘密会议的做法。[75]

哈布斯堡君主国还建立了与这些机构配套的宫廷战争委员会，其设立初衷是满足在16世纪对土战争期间维持一支常备军队的需求。宫廷战争委员会的职权，主要以战争计划中的后勤和物质层面为中心，缺少两者，正如1556年哈布斯堡王朝官员向皇帝论述时所言，“就会有过多的粮草被收购，如果它们未被消耗，就会变质”。[76] 其核心职责包括征兵、采购、备粮、基础设备（特别是火炮与防御工事）的维护和克罗地亚军政国境地带的管理，还要为和土耳其（1742年之前）及俄国（1753年之前）的外交关系负责。[77] 起初，没有宫廷财务府的批准，宫廷战争委员会除了最微不足道的财政决策，什么都不能做，但最终它被赋予了更大的开支权力，还要监督军事行动。[78]

宫廷战争委员会是一个错综复杂的机构。当时，它兼具了战争部、总参谋部和军务总理府的职能。[79] 现在看来，它这个机构类似于美国国家安全委员会、国防政策委员会、五角大楼采购与后勤办公室的结合体。它由一位主席（通常前陆军指挥官）领导，他掌管着的各职能部门中既有军人也有文员。[80] 战争委员会宽泛的职权和复杂的结构，妨碍了决策的速度和效率。[81] 让这个麻烦更为棘手的，是它所处的官僚环境的复杂情况，这种情况经常造成与其他机构的重叠和冲突。[82] 与其他哈布斯堡王朝的战
107 略机构一样，战争时期往往会出现针对提高战争宫廷委员会运行效率的努力。最值得一提的，是与腓特烈灾难性的初次交锋之后，玛丽亚·特蕾西娅精简了机构，把军事顾问的数量从144人削减到了36人，并将军需和司法职能重新分给了专门的部门。[83]

尽管存在常常遭人诟病的缺陷，宫廷战争委员会确实有一些积极的特点。最明显的是，它是一次以机构的形式针对战争进行未雨绸缪式规划的尝试。尽管宫廷战争委员会是派系争斗的温床，但它的存在确保了军方与文职高层精英之间互动的日常运行，从而催生了一种为利用各种手段实现远大目标而进行战略规划和深谋远虑的文化。通过拜官授职、控制俸禄以及掌握面对内外敌人时实现战事升级主导权的手段（火炮与要塞），它将那些对于王朝延续最不可或缺的工具都归在了同一屋檐下——尤其是军队忠诚。文职官僚在宫廷战争委员会结构中频繁享有的主导权，常常引来军方官僚的反对。这种情况，对于一个无法承担将军队摆上赌桌去冒险，且军事对政治目标的服从乃生存之必需的帝国来说，也并非完全是不乐见的。在宫廷战争委员会中，绝不会出现普鲁士那种由将军们掌握政治主导的局面。

由于经历了18世纪战事的相互作用动态，哈布斯堡王朝的情报能力也增强了。[84] 哈布斯堡君主国是第一个建立正式情报部门的欧洲大国。这一传统，来源于地图绘制、人口普查和在民族多元但面积狭小的陆地区域中进行交流沟通的文化。15世纪末形成的遍及奥地利的邮政系统，于西班牙王位继承战争期间，先后在审查与拦截处和内阁特务部孕育出了破译和其他情报活动。[85] 如宫廷、外交、战争机构一样，18世纪的战争让情报能力在形式和技巧方面均获增益。在玛丽亚·特蕾西娅治下，“黑内阁”（Black Cabinet）进行了反间谍活动，而军事情报活动也得到了扩大，

并且获得了更多的权力，不再仅仅局限于战场侦察。[86] 约瑟夫二世和利奥波德二世凭借秘密警察的创设，延续了这一进程。秘密警察拥有监控和管理舆论的广泛权力，而且密切监视的对象，不仅有派驻在维也纳的外国官员和外交官，甚至还有神职人员——我们将看到，梅特涅在纵向上（凭借君主国内部更深层的监视网络）和横向上（通过将哈布斯堡王朝间谍散布在周边缓冲国与外国势力之中）都扩展了这些职能。[87]

物资规划 108

西班牙王位继承战争和奥地利王位继承战争均表明君主国缺少足够的兵力、军需、要塞和前线军械库。这两次战争的一大教训，就是战争一旦开始，随着敌军攻城略地，吞噬国家资源，这样的物资就很难筹备了。为了生存，奥地利需要更好地储备可用的“手段”，并在冲突爆发前让它们为战争做好准备。早先，欧根就看到了这些预备措施的必要性。1724年，他写道：

> 我十分关心［帝国的］要务……我和我的将军们讲，我们不能……征召军团……在维也纳、普雷斯堡、奥尔米茨、格拉茨、林茨、布鲁塞尔、卢森堡和米兰部署大量卫戍部队吗？既然要塞造价昂贵，为什么不在每片边境上建一座营垒？为什么不建立并维护种马场，这样金钱就不会流出王国了？

在去世前不久，他再一次警告了不事先做准备的后果：

> 倘若我还要参政议事，我会向皇帝进言：“为您的王位继承做好万全准备：此事将极为难缠。两三股不同的势力将主张它们的所有权。您在世时就要阻止此事……陆军和炮兵部队正在倾颓衰弱。如果他们不一起筹备阻止将要发生之事，如果在卡尔六世逝世后他们不拒绝与土耳其人开战，他们就将无力抵抗。我祝愿奥地利王室运旺时盛……我希望她能渡过险关。”[88]

由于没有理会这些警示，君主国在1740—1748年陷入了窘境。之后，我们将在第六章看到，玛丽亚·特蕾西娅为重整帝国军事资源付出了巨大的努力。她扩充并改革了军队，还创立了军事委员会来确保在下一场战争伊始，帝国就能够更快地调动资源。

当七年战争结束时，约瑟夫二世扩展了这一进程。“近来的经验，”他解释道，“已经明确证实了为未来做好妥善计划的必要性。”[89] 为了给这些安排创造基础，他要求宫廷战争委员会提供一份有关君主国可用军事资源的详细精准的（*mit vollster Genauigkeit*）评估。[90] 在审阅他们的评估结果之后，他写了一份长篇备忘录，认为奥地利需要在下一场战争之前做
109 好物质准备，并概述了奥地利应该采取哪些具体措施。这份备忘录的开篇是这样的：

> 我们需要和平，因此我们必须备战。然而我们离万事俱备还有多远……这个重要问题首次提出的时机，如今在我看来，仿佛上帝呈给罪人们的一个神示（vision），但从这个神示中他们完全不能获益，反而愈加无法悔改皈依。陛下在军队上花费了1 750万法郎……但我们根本没有准备好抵御邻国的攻击。对于一个崇敬其君主，珍视其国家的人来说，这是怎样的前景啊……当下这种情势，恶果已然凸显，除了归顺上帝，或者断然预言战争不会再次出现，或者通过可行且必要的行动处理当前局势中的挑战，我再无其他解决办法可言。总而言之，就是要肯定这些改变以及作出这些改变所需的坚定决心的必要性。[91]

这份题为《如果你向往和平，就为战争做准备》（*Si vis pacem para bellum*）的备忘录，响亮地道出了一个处于奥地利这样境地的国家在危机管理方面的欠缺，以及进行系统性权衡手段与目的以便未雨绸缪的必要性。这份备忘录明确强调要着眼未来，正如其第一条原则所言：

> 在时光流尽之前，君主国很可能会再次陷入战争，而其后果是，我们不得不筹划准备，这样我们——甚至是我们的子孙后代——才能体面地保卫自己。为了这一目的，我们现在必须选定要塞的最佳部署

> 位置，让士兵做好前仆后继的准备，增加军马数量……置办枪支，最后还要确保我们的士兵和马匹拥有足够的粮草。

《如果你向往和平，就为战争做准备》中所提出的准备工作的本质，是为了突破在早先战争中困扰奥地利的被动反应模式。其第二条原则主张：

> 可以预言，下一场战争将血腥异常，激烈非凡……头两次战役期间我们无法防御和守住的……即使我们再打十场［仗］也无法收复或夺取，因为最初付出的财力和人力将不足以让我们［在毫无作为的情况下］撑到战争结束。所以，如果一方会被攻击，那么这一方就**必须已然处于防御状态**……也就是说，我们一定不能等他们来逼我们做准备，那就太迟了，相反，我们应该在和平时期就准备好我们的资源， 110
> 以便能够在第一时间行动。[92]

约瑟夫对于物资筹备的重视，显示出了先前著述家如蒙特库科利和马基雅维利的影响，后者曾强调在冲突之前就要备好补给站：“任何没有花费心思为自己准备充足补给和弹药的一方，有可能还没出手便被征服了。”[93] 这也让人想起了欧根早先对人力的可靠来源、修筑要塞的资金以及系统的马匹养殖的必要性的务实强调。

在其他备忘录中，约瑟夫详述了奥地利应当为随时作战而长期进行的准备。[94] 其中就包括维持一支已永久性扩大的陆军，向一种按照州（canton）进行行政划分的制度过渡，发展军械库与补给站，以及在北部边境建立防御基础设施。由于君主国面临着财政限制，并非所有这些都是可行的。但许多措施还是会得到施行，它们让奥地利转而建设一支数量更大的军队和实施大规模防御性建筑工程。这些改变及它们建立的规划文化，确保了奥地利再也不会像它在18世纪上半叶历次战争的初期那样，处于军事上毫无准备的状态。

概念性规划

与腓特烈的战争促进了物质上的筹备，而与之紧密相关的，还有对战略的概念维度的日益重视。如上文所述，这一点反映在了18世纪末奥地利军事学家（如文图里尼和奥拉赫）的作品中。但这显然也受到了官方的重视，在哈布斯堡王朝总参谋部制定的正式战争计划中便有体现。

在由约瑟夫的备忘录《如果你向往和平，就为战争做准备》开展的计划中，就能找到一个较早的例子。这份备忘录被分发给了高级将军和宫廷战争委员会成员，并且是一场旨在讨论其内容的会议的基础。[95] 在这场持续了三天的会议结束时，三位在场的官员——陆军元帅拉齐、国务大臣海因里希·冯·布吕梅根伯爵（Count Heinrich von Blümegen）和约翰·格奥尔格·亚当·冯·施塔尔亨贝格伯爵（Count Johann Georg Adam von Starhemberg）——被委以起草一份白皮书的重任。这份题为《可靠防御战略的组织工作》的成果文件，介绍了会议的研究结果，并概述了对于未来政策的建议。

用今天的话说，《可靠防御战略的组织工作》的内容，就相当于《美国四方防御汇报》（*US Quadrilateral Defense Review*）和《美国国家安全战略报告》（*US National Security Strategy*）的结合。它分析了奥地利面
111 临的军事威胁，根据轻重缓急对这些威胁进行了排序，并提出了在国家能力范围内处理这些威胁的解决方案。这份文件的开头是这样的："关于创建可靠防御体系，为和平的中止做好准备的讨论，已经进行了一段时间了。"随后它进行了一次今天所说的应急规划演练：

> 目前条件下，我们能够抵御多少敌人呢……我们必须专注于一支或多支军队吗？……普鲁士国王独自发起突袭看起来是最有可能的，而土耳其方面发起进攻就不那么容易了，至少从目前土耳其宫廷中的整体氛围来看是这样的。奥地利地区……要得到足够的防护，而且如果别处爆发了一场危机，部队还要能够从这里根据需求调到别处。同时，考虑到情况总是在变化，聪明的做法，是利用君主国一切可利用资源，为两线作战的情况做好准备。

在审视国家所面临的威胁时，这份文件分析了其中哪一个是最严重的：

> 经验和国家领土的情况告诉我们，土耳其宫廷绝不会发起任何突

> 然袭击。在任何情况下，我们都有几个月的时间来控制局势，做好准备。然而，骨子里好战的普鲁士，却能够迅速集结力量，随时实现其敌意。因此，我们必须集中注意力，考虑将我们的防御提高到其他国家的同等水平。

在这一威胁评估的基础上，这本白皮书提出了问题：“从盟友那里，我们能指望什么帮助呢？”“各种敌人［能］派出哪些军队来对付我们？”“我们的军队如何才能达到这些要求？”在计算必需资源时，白皮书考虑到了军队已知可能在战争中出现的相互作用动态，包括“两线作战的可能性”，盟友背弃承诺，以及“匈牙利出现造成巨大损失的起义的意外事件”。[96]白皮书最后建议要在波希米亚建造要塞（并提供了成本估算），还推荐了在战争爆发时部队调向的地方。

《如果你向往和平，就为战争做准备》这份备忘录和《可靠防御战略的组织工作》白皮书一起，成为哈布斯堡王朝大战略规划的一个重要分水岭。在最基本的层面上，它们代表着针对衡量手段与远大目标之间关系的一次正式而慎重的尝试。由于问世于一段危机不断的时期之后，它们的明确目标，就是确保国家的行动要能够“超过当下的需求”，我们将会看到，这些文件中提出的许多建议，都在随后数年内得到了落实，为进攻土耳其的战争及波希米亚的防御行动奠定了基础，并且为战争规划 112
设立了一个标准——这个标准，在为最终与法国的冲突而进行的详细的战争应急措施筹划中，也派上了用场。[97]

在它们所包含的直接建议之外，约瑟夫二世的规划工作，对于阐释被哈尔·布兰茨称为哈布斯堡王朝大战略的“智力建筑”——一种“逻辑”，借此，奥地利根据近来的经验与对未来的预期，便可设法“在一个复杂而危险的世界中乘风破浪”——也是很重要的。哈布斯堡王朝寻求的逻辑，是一种可以解决奥地利作为一个地缘政治参与者所面临的根本问题——其内部受限制的资源与边境附近众多敌人之间的不平衡——的逻辑。约瑟夫二世所推崇的解决方式主要是军事方面的，他的设想，是通过全面重组作战资源，让奥地利能够在一场冲突的较早时期，向战场投入更多兵力。在回复约瑟夫二世1766年的备忘录时，考尼茨质疑了奥地利效仿普鲁士的战争机器的能力，认为奥地利的军队再怎么庞大也无法对付所有敌人，他不相信奥地利能够在不透支其长期的经济能力和人民的士气的情况下，维持如此的支出。[98]

这些争论可以被视为哈布斯堡王朝大战略逻辑的一个诞生过程，此外，它们也是一次尝试，明确了奥地利手中可用于实现安全的举措的局限。约瑟夫二世的想法本身，是一种理性主义的尝试。他把君主国当成一个与其他欧洲国家无异的机械装置，并因此想方设法，要系统性地增强其物质力量。相比之下，考尼茨认为奥地利被其内部局限限制了。对于他来说，普鲁士近来的成功，主要揭示了提高战略水平的必要性，这一点的前提，如其传记作者所言，是“一场战争的结果更多取决于持久延续的能力，而不是为决定性的第一场战役达到的准备状态”。[99] 这两条路径都包含了权衡——约瑟夫的方法，虽然最大化了各方面的力量，但却牺牲了经济实力，可能有损于国内的稳定；考尼茨的方法，虽然维护了长期实力的基础，但代价是国家任人宰割，可能在未来战争的开局阶段节节败退，正如奥地利的过往战争中发生的那样。在随后的几十年中，这些办法之间的矛盾，还会以多种形式在哈布斯堡王朝的大战略中再次上演。

时间与“系统”

约瑟夫二世与考尼茨之间的争论，突出了在努力设法解决大战略问题的过程中，哈布斯堡王朝的领导者们相比他们的竞争者，或许更需要着手处理时间因素。时间在战略中主要与两个概念相关：持续时间（一场冲
113 突持续多久）和先后顺序（各冲突何时发生）。克劳塞维茨认为持续时间是相互作用问题的重点，把它当作追求政治目标的过程中保持战略理性的首要障碍。[100] 对于奥地利来说，持续时间至关重要，因为一场战争打得越久，它就越可能创造出军队无法处理的动态。反过来说，在面临军事上更强大的敌人时，奥地利可能需要在盟友介入之前，有能力拖延冲突。最重要的是，西班牙和奥地利王位继承战争表明，维也纳需要能够给它的战争排序——要远在战争开始之前，就拥有确定在何时面对哪一个对

手的手段。

时间是哈布斯堡王朝战略行为中的重中之重。卡尔的《战争原理》认为它是奥地利将领面临的头等大事，指出“防御［战争］的首要任务是通过拖延赢得时间”，“时间往往比本质上就很宝贵的人类鲜血还重要得多”，以及“一位君主或总指挥官的首要需求，将是……设法运用［兵力］让战争持续的时间尽可能地短”。[101] 时间的问题在帝国备忘录和信件中经常得到讨论。“时间本身就于我们不利，”玛丽亚·特蕾西娅在奥地利被外交孤立时写道，“战争拖得越长，我们就要和越多的新敌人作战……［我们］必须设法争取时间。”当面临更强大的敌人时，她渴望“那类给予恢复时间的战争”，获得“争取时间和保持从容”的能力。约瑟夫二世的备忘录担心双线作战所制造的敌人，会让奥地利无力进行排序，而1767年白皮书的重点，则是“为我们赢得足够时间，以防和平突然中止”的必要性。[102]

就是在与时间问题的纠结过程中，哈布斯堡王朝的战略拥有了其定义性的特质。在军事和外交意义上，奥地利面临的战略问题的核心，与力量如何在空间上排布相关。正如梅特涅所言，“力量一旦分散便不复存在”。[103] 因为对于任何国家来说，要想让真正的力量存在，就必须将其集中在一个具体的地点。这意味着集中的必要性，而集中又与空间相关，因此也与时间相关。对于一个被包围的弱国来说，集中是很难实现的，因为在事物的自然状态下，力量的载体是分散的。在地理上，力量被边境和防备四周威胁的需求的“引力”所牵扯；政治上，力量被宪法限制和民族纷争的无底洞所消耗；财政上，力量则因为缺乏全方位安全就绪状态所需的资源而捉襟见肘。对手的行动只会使力量的集中更加困难。

由于需要应对时间因素，奥地利的领导者们开始创造性和整合性地运用其掌握的图存手段。他们在战略上想出的任何办法，都要用来弥补其军事力量在处理国家四面楚歌的环境时的不足。其中一个办法，就是寻 114
找能够在不过分耗费资源的情况下提供安全的系统。在战略中，“系统”（systems）这个词，通常指通过独立运用手段来实现可持续的安全。[104] 根据勒特韦克（Edward N. Luttwak）在罗马帝国的语境下对这个词的使用，它是指：“用来服务一个单一目标——在这一目标中，每一个元素的设计都体现了整体的逻辑——的综合的外交手段、军事力量、道路网络和防御工事。”[105]

战略中系统这一概念，如系统理论中所表述的一样，是很不好把握的。它牵涉一个没有言明的观点，即政治家能够根据某种达成共识的计划，在很长一段时间内以复杂的形式推行工具理性。不过，出于几点原因，系统概念确实为思考哈布斯堡王朝如何处理安全任务提供了一条有效思路。第一,一套针对战争和战略的系统性处理方法，是奥地利战略与政治文化的必然产物。哈布斯堡王朝军事科学的历史基础，包括在其历史上天主教对于追求合理秩序的强调，以及晚期的文艺复兴运动与启蒙运动对于运用理性与数学来驾驭人类激情与客观环境的执着，促进它形成了这样一种处理方法。蒙特库科利的循规蹈矩主义的首要观念，就是围绕将战争视为一种混乱（卡尔所谓的战争的“恶”）——一种可以通过理性的思想和行为系统来掌控的混乱——的观点而形成的。对于哈布斯堡王朝的陆军元帅而言，“战略和判断能力是那些内阁们操心的事……［他的］战争的艺术在于……从容不迫的几何学般（geometric）的秩序，对于形势和规则经仔细斟酌而得出的知识，一种冷静地‘深思熟虑’的能力；没有［这些］，就算了解了一个士兵可能面对的‘无限种情况’，也毫无用处”。[106]

第二，这是奥地利人自己讨论战略的方式。从玛丽亚·特蕾西娅时期到弗朗茨·约瑟夫（Francis Joseph）时期的哈布斯堡王朝军事著作，都在寻找一个最有效的防御系统（*Verteidigungssystem*）。这一术语，在约瑟夫进行战后规划演练的时候，已经被广泛使用了。1767年的白皮书曾设想“建设可靠的防御系统”，将部队、要塞、地形和盟友结合起来。文图里尼对于几何学能保证成功有一种启蒙运动式的信仰，他提倡的是“总体防御系统”和一种将地形、缓冲国和要塞整合起来的“协同行动计划”。奥拉赫也从系统的角度思考，强调通过陆军和要塞之间的互动来保护地形中的关键节点。布尔沙伊德（J. W. Bourscheid）力劝时人效仿拜占庭的“战术系统”，让军事力量在对抗来自多个方向的敌人时，可以“像一把扇子一样大开大合，无所不至……以实现赢得时间和领土的终极目标”。[107] 类似地，卡尔大公也写道，要发展战争系统（Kriegssysteme）

和防御系统，从而系统性地、近乎几何式地封锁奥地利的边境。[108] 甚至连 115
拉德茨基这个倾向于不从系统角度思考，而是追求寻找并消灭敌军的人，也在作品中提到有必要形成一个由“内部和外部”要塞组成的“防御系统”，以便以可承受的成本保护多个战区的安全。[109]

提及系统的资料往往含糊不清，似乎指的是一种战争的方法论。[110] 但是更多时候，它是某种手段组合的简略表达方式——通常是易守难攻的地形、外围要塞（不论是阵列排布还是封锁线式部署）和盟友（不论是大国还是缓冲国）的混合体，其作用是增强军队的能力。或许，这个词的含义，最好是用它不是的东西——纯粹的危机管理——来描述。奥地利18世纪早期战争的教训：对于一个处于奥地利这样境地的国家而言，依赖针对事件的临阵反应并不是一个可行的选项。相互作用动态对于一个中间地带国家的不可预测性和随时升级的特性，会让它因为这种毫无准备的状态而在财政上、后勤上和军事上付出代价。因此，约瑟夫担忧道：“我们现在什么筹划和准备都没有做；既不能迅速行动，也无法创造一套让我们能够在一场即将来临的战争中展开行动的系统。”[111] 卡尔大公写道：“[国家需要] 一套系统，将一系列行动导入预先准备好的体系中，为头脑消除不得不在压力下做决策的烦恼，并且不断地调整和修正决策。[这套给战争艺术带来一致性的系统] 与持续的躁动及严格的原则都是格格不入的。”[112]

系统，换句话来说，是为决策者解开不断被迫反应的束缚的一次尝试。在这一意义上，寻求系统，就是在解决时间问题。由于军队不能“同时处在所有地方”（道恩伯爵语），奥地利就需要在这些地方部署能够代表它的东西。[113] 我们将看到，考尼茨的盟友系统（*Allianzsystem*）的各种变化组合方式，就是为了让奥地利军方可以安全地减少对一些边境的顾虑，从而专注于其他的边境。相似地，在卡尔的防御系统中，要塞的目标，是让奥地利可以针对一个主要威胁进行力量集中（优先处理），其方式是将实物部署在其他地方，这样军队就不必“驻守在国家的其他所有边境，除了少数绝对必需的部队”[114]。

系统思维本质上是防御性的，是对于处理军队实际情况——这支军队相对于其所面临的挑战是弱小的，而它的保留是国家存续的必需——所需手段的一次探寻。18世纪法国或普鲁士的进攻型军队不需要这样的系统，因为它们的本质是在外国土地上寻觅机会。正是出于这一原因，少数天性好战的奥地利人——布塞尔、劳东（Ernst Gideon von Laudon）、
116 拉德茨基——并没有被系统思维吸引，而且我们将看到，在弗朗茨·约瑟夫的哈布斯堡王朝军队转向更具攻击性的作战观念时，这种思维被放弃的原因。与此同时，系统思维反映了哈布斯堡王朝的地理环境。很难想象，18或19世纪俄国的将军们在使用纵深攻击征服欧亚腹地的无尽空间时，会纠结于伪数学式的战争系统。对于奥地利来说，系统是放大重峦叠嶂与内部防线防御特性的一次尝试。在这个意义上，系统所体现的思考模式在本质上是乐观的——一种由多瑙河畔地形推动，对于秩序和可实现安全的探索的表达。

哈布斯堡的自然和政治地理环境，深刻影响了奥地利作为战略行为体的行为方式。周围的威胁需要它拥有一支庞大的陆军，同时又实实在在地局限了军队所能发挥的作用。国内的复杂情况放大了这些限制。国家的复杂组成使得这样的军事力量的存在弥足珍贵，而原因远不只是大多数军队所担负的常规安全责任，还与王朝乃至国家的存续有关。

哈布斯堡王朝的大战略，可以理解为对于权宜之计——能够在地缘政治和战争的混乱中节俭地使用弱小却宝贵的工具，乃至保存国家的权宜之计——的探寻。地形、技术和条约是进行这种探寻的最佳手段。组合使用时，它们为解除战略负担和避免不可控威胁同时出现提供了可以负担得起的手段。对于这些组合方式的探索，也推动了哈布斯堡王朝战略的发展。战略作为一种有意识的活动，因此发展成了奥地利的一项应急之策。奥地利在试图不依靠战略谋求生存，仅靠临阵反应应对侵略的情况下，尝尽了苦果，才明确了战略的必要性。这些经历刺激奥地利尝试超越纯粹的危机管理，开始对平衡手段与目的深思熟虑——在冲突开始前做好物质准备，在威胁出现前就进行构想。在奥地利开始感受到压力的时候，启蒙运动似乎为应对最令人恼火的国家挑战提供了理性的处理流程。这就鼓励奥地利尝试去创造井井有条的系统，用来抵挡混乱对其战略环境的入侵。

结果，防御性的大战略诞生了，其本质就是使用一支存在军队、边境要塞、缓冲国和一套灵活的联盟系统来削弱和转移外部包围及内部弱点带来的压力。与制作精确地图和尝试改革国家行政与财政一样，奥地利人为制定大战略所做的努力，也受到了战争和地缘政治需要的刺激。反思、规划和要塞建造的时期往往发生在冲突之后，就奥地利的情况而言，117
这几乎是永远在发生的事件。这些战争发生在边境——首先是对抗土耳其人，后来是法国人，再后来是普鲁士人。我们将在接下来的三章看到，正是在这里，也就是帝国影响力的外围，哈布斯堡王朝的大战略将得到最大限度的激发、塑造和试练。

第二部分

哈布斯堡王朝的边境防御“系统”

第五章 121

收割野蔷薇[①]：上耳其人、俄国人与东南边境

我觉得陛下不会因为拥有这些遐方绝域便心满意足。

——萨伏伊的欧根亲王

俄国作为朋友几乎毫无用处，但作为敌人，却能重创我们。

——文策尔·安东·冯·考尼茨

在南部和东部边境上，哈布斯堡君主国对抗着两个陆地大国：国势式微的奥斯曼帝国和方兴未艾的俄国，后者决心要将其影响力延伸到黑海海岸和巴尔干半岛。在平衡这些势力时，奥地利面临着两个紧密相连的危险：一是俄国可能填补奥地利本身所无法填补的奥斯曼帝国的权力真空；二是这里的危机一旦处理不当，就可能限制其在应对西部更严重的威胁时的举措。为了处理这些挑战，奥地利在18世纪期间运用了各种各样的手段。在第一阶段（16世纪90年代到17世纪30年代），它通过调度机动野战军，在不可小觑的俄国势力来袭之前，减轻了土耳其对于哈布斯堡王朝腹地的压力。在第二阶段（17世纪40到70年代），奥地利利用绥靖政策和军事化边境，确保了南部的安宁，与此同时，它也专注于和腓特烈大帝进行存亡攸关的斗争。在第三阶段（17世纪70到90年代），它

① 原文标题为Harvest of Briars。Briars在英文中指多荆棘的野灌木，尤指野蔷薇丛。——译者注

借助制约性结盟（alliances of restraint）遏制并赶上了俄国的扩张速度，且在共同处理北方的问题时借用了俄国的帮助。这些技巧共同造就了一
122 次缓慢但大体上有效的退场（recessional）。在这次退场中，奥地利王朝运用了许多低成本高收益的方法，应对了土耳其的衰落，并避免了种种冲突——这些冲突本会让更为重要的西部斗争更加复杂。

东部的僵局

1699年大土耳其战争结束后，哈布斯堡君主国获得了位于其上、下奥地利历史中心地带以东和以南的广袤领土。根据《卡尔洛维茨和约》的条款，君主国获得了将近15.5万平方千米的土地——实质性地将帝国的面积增加了一倍。新获得的领土南至萨瓦河，东至喀尔巴阡山脉，将斯拉沃尼亚、克罗地亚和匈牙利大部（包括除巴纳特之外的特兰西瓦尼亚地区）纳入了哈布斯堡王朝的统治。（见图5.1）[1]

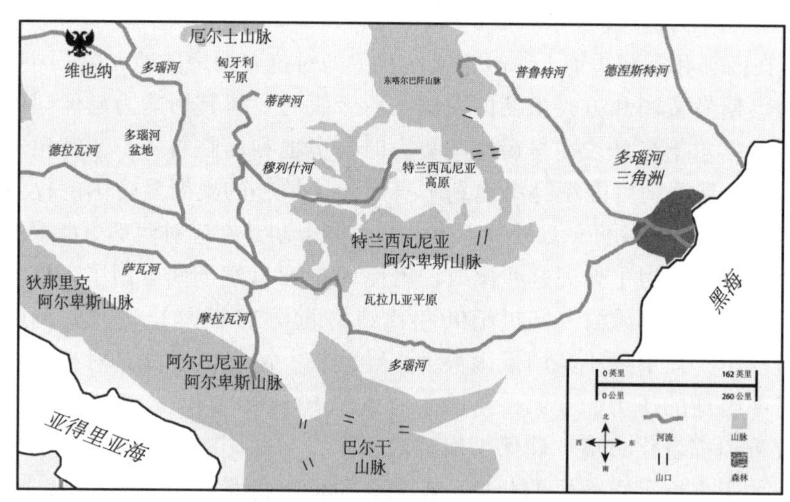

图5.1　哈布斯堡帝国的东南边境。

来源：欧洲政策研究中心，2017年。

这些新领土的获得，大大缓解了南部由来已久的安全问题。自16世
纪以来，奉行扩张主义的奥斯曼帝国就从这里向哈布斯堡王朝中心施加
着持续不断的压力，让皇家匈牙利和施蒂利亚变成了缓冲领土。由于奥
斯曼帝国边境向北延伸得很远，土耳其军队便能够在毫无征兆的情况下
劫掠边境地区，入侵奥地利世袭领地。在此前的世纪中，奥斯曼帝国
的大型攻城武器曾两次——一次在1529年，另一次在1683年——越过
沙尔山脉的天堑，沿马里查河、摩拉瓦河与萨瓦河河谷而上围攻维也 123
纳（见图5.2）。[2] 只有凭借巨大的付出和来自欧洲各地的盟军的帮助，这
些攻击才能被击退。通过将一大片领土划分给哈布斯堡王朝控制，《卡
尔洛维茨和约》有效地消除了突然入侵的麻烦，同时也为君主国提供了
一等强国应具有的体量和战略纵深。然而，东南部的扩张给哈布斯堡政
府制造了两类问题——一类在本质上与行政有关，另一类则与地缘政治
相关。

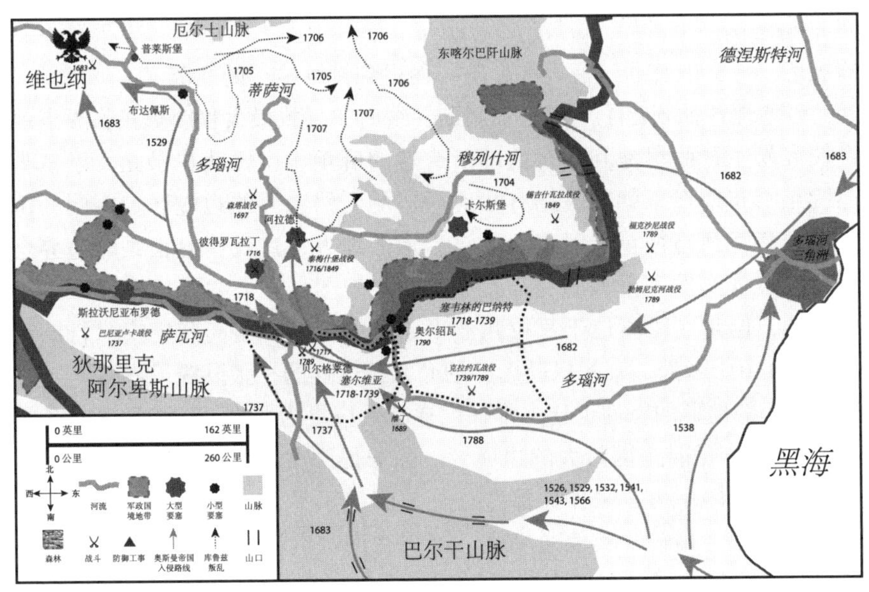

图5.2　奥斯曼帝国对哈布斯堡王朝腹地的入侵。

来源：欧洲政策分析中心，2017年。

东部的力量梯度损失

首先，奥地利在巴尔干地区面临着在哪里划定控制线的问题（这一问题，大多数陆地帝国在鼎盛时期都遇到过）。正如第二章中所述，一个帝国的实力，可以根据其能够施加控制和收集税款的区域面积来评估。边境历史学家欧文·拉铁摩尔推测，历史上的陆地国家最终都碰到了一个“期望扩张的外部界限”，在这种情况下，将新领土纳入政府管辖的能力，被投射军事力量的成本限制了。在这一临界点之外，力量梯度损失，或者说军事力量被距离削弱的速率，就开始陡增了，而帝国也面临着一个“收益递减地带”，在这里，额外的领土增加不会增强而是会削弱帝国的
124 实力。扩张行动不超过这一临界点，会让帝国丧失资源和安全，《卡尔洛维茨和约》之前的奥地利就经历了这种情况。但是超过这一临界点，就会导致战线过长，让国家更容易受到打击。因此，拥有精确识别最大程度扩张的临界点的能力，就是成功帝国的一项重要目标。只有这样，它们才能建立一个世界（*orbis terrarium*）——中国人所谓的“天下”——的规范，一套能够通过建设环形防线而得到持续执行的规范。[3]

当地理特征划定了所讨论空间的界线时，寻找最大程度扩张临界点就比较容易了，而奥地利在东南部所遭遇的麻烦，主要就在于此。巴尔干地区是哈布斯堡王朝唯一拥有相对薄弱的天然边界的边境区。主要的山脉位于萨瓦河与德拉瓦河以南几百千米的地方，这就使得正式的边界会根据军事现实发生重大的变动。在东边，地图似乎表明了扩张至黑海的可能性，但是在距离位于瓦拉几亚平原上的河流三角洲和疟疾横行的洪泛区约430千米处，喀尔巴阡山脉的介入给这样的扩张设置了障碍。

东南部地形的特性也让力量梯度递减效应更为严重。这个地区全长近1 300千米，是君主国最大的边境区。除非得到妥善管理，不然它就很可能需要大量的军力，来保住那些往往被崎岖不平且人迹罕至的地形分隔的偏远地区。相较于其他边境区，部署在南部的部队更难调动。巴尔干地区到君主国其他边境区的路途也比其他三个边境区之间的移动更为遥远和坎坷。一经部署，军队就更可能裹足不前：在塞尔维亚地区，军队被季节性降雨拖住，而在瓦拉几亚，则因泛滥平原和热病寸步难行。在这

里，一场战争持续得越久，可能就有越多的部队陷入泥潭，从而将君主国拖入持久的战争之中。这些因素影响了军事行动的范围，不仅因为它们让这里（相较于西欧更加适宜的土地）的有效行动的半径更小，而且在后勤方面，它们也促使哈布斯堡王朝指挥官们将这里的兵力派去驻守可能会用到的补给站和撤退路径。

东南领土的人口组成也让情况更加复杂。奥地利在卡尔洛维茨获得的领土，在社会、政治和经济方面的特性与君主国其他地区差异极大。这样的正式经济深受一个半世纪以来奥斯曼帝国统治的影响——以手工业和农业为主，因基础设施落后而闭塞，而且很难并入哈布斯堡王朝的西部领土。[4] 与周边在奥斯曼和俄国统治之下的边境地区一样，匈牙利的社会组织陈旧过时，且与乡土气十足的农业相关，只有5座城镇的人口数超过 125
2万。[5] 在更南边，部落主义和劫掠不断的边境文化并不乐意接受官僚主义帝国的同化。在大多数东正教信徒的眼中，在《卡尔洛维茨和约》签订之后到来的哈布斯堡王朝士兵和行政人员，引入了一种具有解放性，但同时又是全新而陌生的统治形式；对于马扎尔贵族来说，他们就是异族入侵者。

在领土和人员方面，奥地利在东南方的扩张，尽管对于抵御周边帝国来说是必要的，却无法显著增加君主国的经济资源基础。实际上，此处的扩张还造成了麻烦。在边界上，由来已久的加齐（Ghazi）①传统——无休止劫掠的传统——带来了没完没了的低强度袭击，制造出一种“持续的紧急状态”，让“官方的边界标定形同虚设”。[6] 位于奥斯曼帝国边界附近的特兰西瓦尼亚地区，历来奉行分离主义，这里，庞大而蛮横的马扎尔贵族的存在，滋生出一种持续的叛乱危险。这些因素放大了地缘政治对于君主国东南地区的“引力”，这就需要它进行频繁的军事干预，并确保这里的军队对内和对外保持同样的注意力。

遥远的距离、内部的难题和低回报的投入，都让哈布斯堡王朝难以在南部发挥其影响力。尽管从18世纪早期开始就正式并入了君主国，但是将这些地区当成一种被吸纳了的缓冲区才更为贴切，其军事价值在于吸收冲击，而不是在除地理位置之外的任何方面为哈布斯堡王朝的影响力

① 指伊斯兰教中发动圣战的勇士。——译者注

添砖加瓦。欧根亲王在某次巴尔干地区战役期间曾对皇帝说道："我觉得陛下不会因为拥有这些遐方绝域——其中许多地方既没有相互交通的路线，也无税可收，且维护成本高昂，带来的麻烦也多于它们的价值——就心满意足。潜在的负债，陛下，不必坚持保留它们。"[7]

平衡土耳其人和俄国人

奥地利在东南部面对的第二个麻烦，在本质上与地缘政治相关：处理与两个庞大邻接帝国——奥斯曼帝国和俄国——关系的迫切要求。两者向哈布斯堡王朝提出了截然不同的挑战。

尽管刚刚才遭遇失利，土耳其人仍保留了一支专注于向他们的北部边境投射力量（如果不是寻求完全掌控的话）的强大军队。奥斯曼帝国以
126 安纳托利亚为腹地，波斯、巴尔干和北非为外部地区，在现代空军和海军问世之前的时代，它处于高度的隔绝状态。尽管最终会在技术上落后于西方，但这个时期的奥斯曼帝国，仍保有大体上可以匹敌哈布斯堡帝国和俄国的军事能力，其火药、小型武器、野战炮和攻城炮的储量相当庞大。[8] 权力分散的奥斯曼军事系统（*seyfiye*）由封邑所提供的当地武装力量构成，而支撑这些力量的，是一支以著名的耶尼切里军团①为主的职业军队。由于骑兵数量充足，他们的军队采用了一种传统但不合常规的作战技术，这也折射出了他们的部分亚洲构成。经过几个世纪的巴尔干战事，他们在多瑙河下游和黑海沿岸已经积累了大量的要塞。奥斯曼帝国在战时动员缓慢，饱受了行政效率低下之苦，并且已经显示出政治动荡和宫廷阴谋——两者后来让帝国陷于瘫痪并引发了外部的干预——的迹象。然而，在《卡尔洛维茨和约》签订时，他们仍是一支韧性十足且好勇斗狠的力量，有能力将大量军队投入战场，让西方的敌人吃足败仗。

随着土耳其人走上漫长的下坡路，俄国作为一股区域性军事力量开始崭露头角。在17世纪末，俄国就开始了以莫斯科公国为起点的同心圆式的扩张，并最终成为历史上最大的陆地帝国之一。[9] 在俄国移民和士兵向

① corps，在奥斯曼土耳其语中字面意义为"新军"，是奥斯曼土耳其帝国苏丹近卫军中的精英步兵部队。——译者注

东方和南方推进深入草原的同时，他们也向西朝着波罗的海—喀尔巴阡山脉—本都沿线迁移。[10] 在《卡尔洛维茨和约》签订时，俄国正忙于与瑞典争夺波罗的海和衰落的波兰—立陶宛联邦。但是俄国人也觊觎着南方。仅仅三年，沙皇的军队把土耳其人从亚述海岸的要塞中赶了出去，标志着俄国成为黑暗北岸的一个重要军事存在。在接下来的数年中，俄国沙皇彼得一世系统性地改革了俄国政府，按照西方的模式建立了一支现代舰队和职业军队。彼得的改革恰逢一个人口增长和领土扩张的时期，让俄国走上了进行纵深侵略性打击的道路。直至19世纪，这都是俄国军事策略的典型特征。[11]

奥斯曼帝国的衰落和俄国的扩张对奥地利来说既是机遇也是挑战。一方面，土耳其人的式微解除了对这里造成安全压力的主要传统根源（在1699年之前就存在了）。这种情况也为哈布斯堡王朝的领土扩张创造了机会，而俄国这个同信仰基督教的大国，也能帮忙利用这个机会。与此同时，这个过程创造了俄国自己最终应该能够填补的空白。

这个问题的核心，就是这一地区中俄国军事实力不断增长的客观事
实。在击败瑞典的卡尔十二世，并巩固俄国在北方的地位之后，彼得一 127
世将军队的大部调到了南方。1710—1711年的一次失败的战役一结束，俄国的军队就发起了一系列的侵略战争，把土耳其人从他们的黑海北部沿岸的要塞中赶了出去，夺取了克里米亚，并且开始沿着黑海西部海岸线向着奥斯曼帝国的多瑙河防线步步紧逼。早在18世纪早期，这些功绩就表明，俄国有潜力在其传统周边地区之外利用西方军事技术进行大规模、有组织的远征，并在最终成为奥地利后院中一个支配性的存在。

俄国的实力限制了哈布斯堡王朝管理东南部的战略选项。君主国自身的军事局限和征服巴尔干地区所带来收益的减少，意味着奥地利可能无力将土耳其人刚刚留下的空白填补到足以遏制俄国扩张的程度，更不必说在持续对抗中战胜俄国了。与此同时，奥地利不能轻易将区域性空白让给俄国独自填补。俄国攻城略地的速度如果不被遏制，可想而知，就会创造出一个与奥地利接壤、从波兰延伸到塞尔维亚的猛犸般的竞争对手，从而阻碍奥地利在未来向多瑙河河口方向的扩张。俄国不断地接近奥地利的巴尔干领土上具有与其类似文化和宗教背景的斯拉夫人口，很

可能会对哈布斯堡王朝的权威，而不是它们的伊斯兰教公敌，提出更大的挑战。[12] 倘若这些因素导致哈布斯堡王朝在东部的势力衰减或被扫地出门，君主国的名誉和应对西部问题所需的战略纵深就会受到负面影响。

东部的战略

哈布斯堡王朝统治者意识到了这一窘境。1711年秘密会议的一次集会总结道："如果沙皇获胜，他就能投身于远至多瑙河的土耳其领土，并且可能强取君士坦丁堡，对奥地利来说，这一结果的长远影响，即使与影响最为深远的土耳其人的胜利相比，也都更具威胁性。"[13] 自18世纪初起，哈布斯堡王朝就在讨论解决这一问题的三个大致选项：一是单方面扩张哈布斯堡王朝的势力；二是与俄国合作驱逐并取代土耳其人，然后共同治理他们统治的残余；三是维持现状并阻止俄国的蚕食。[14] 在接下来的世纪中，这三个选项都以不同的形式和组合得到了尝试。在特定时期，决定每个选项可行性的因素，是奥地利相对其两个东部邻国的权力地位，以及两国对于这条边境上的事态进展相比于君主国西部和北部边境上事务的优先程度的判定。

128 机动野战军的时代：17世纪90年代—18世纪30年代

在18世纪最初的几十年中，当地的情况有利于第一个选项：寻求通过军事来塑造有利于奥地利的东南部安全环境。在这个初期阶段，奥斯曼帝国的孱弱——从哈布斯堡王朝在此前战争中所获领土的规模和土耳其人最近大败于俄国人之手便可见一斑——为巩固君主国在东南部已然提升的地位提供了一个机会。获得收益的可能性似乎超过了风险——不论是来自奥斯曼帝国军队本身还是俄国人的干预的风险——后者虽然可以预见，但仍尚待发生，而且主要被限制在亚述海和德涅斯特河地区。

为应对这种环境而逐步发展出来的战略之所以形成，是因为哈布斯堡王朝想要利用奥地利所掌控的具有军事优势的地区（这些地区获取自先前的土耳其战争以及近来与西班牙和法国的对抗）。战斗中的经历已然表明，哈布斯堡王朝相对于土耳其军队在战术–技术层面拥有巨大优势，而这种优势的根源，就在于使用西方装备和战斗方式的现代奥地利军队的发展。1697年，欧根亲王就展示了这支力量在面对以传统方式部署的奥斯曼军队时所能取得的决定性成效：在森塔战役（Battle of Zenta）中予以土耳其人毁灭性的打击，造成了奥斯曼军队超过3万人的伤亡。

在18世纪的前几十年，复制这种胜利的机会出现了。这一时期奥斯曼帝国的军队配备了与其欧洲敌人们类似的装备。事实上，奥斯曼帝国火枪和火炮的品质，在某些情况下是优于哈布斯堡王朝的。[15] 哈布斯堡王朝的优势，在于这些武器的数量及其在战术中的作用。前者是奥地利用来获取军事技术的系统所带来的意外利好。在传统上，奥斯曼帝国的战争资金来自劫掠——一个需要持续征战来支持军事机构发展的方式。尽管掌握了一支常备军的核心，但支撑它的系统却并不稳固，且过于依赖胜利。奥斯曼帝国的军需品的发展牢牢掌握在政府手中，并且依靠于军械库和熟练工匠群体，后者由行会组织，归耶尼切里军团——一个属于统治阶层，但因循守旧，经常反对创新的军事组织——支配。[16]

相反，在奥地利，军备采购更依赖军事承包商，他们掌握的工匠人才储备更加庞大，而且除了奥地利世袭领地，从邻近的波希米亚和意大利那里他们也能获得技术和资源。除此之外，还要加上哈布斯堡王朝领土上具有更多战争资源的优势，这些资源尽管在许多西方敌人的面前不值一提，但和土耳其人相比还是绰绰有余。为官僚主义中央集权所做的 129
工作，以及自1714年起君主国对于意大利和荷兰领土的兼并，都扩大了税收的基础，增强了常备军的实力。到了18世纪的前几年，哈布斯堡王朝的税收已经至少是奥斯曼帝国的两倍，而后者竟有高达80%的税收由于腐败和寻租而未能流入财政部。[17] 奥斯曼帝国把为国防所筹资金的一大部分划给了海军，而在奥地利，几乎全部资金都专门用于升级和维护陆军。

这些财政上的差别所产生的一个后果，就是尽管土耳其武器的质量可能毫不逊色甚至偶尔还要更胜一筹，但哈布斯堡王朝往往能将数量更多的军队和质量更高的武器投入战争。在18世纪初的土耳其战争之前，哈布斯堡王朝的部队已经换装了燧发枪（*Flinte*）。相比此前的火绳枪和簧轮枪，这种新式的火枪射击速度更快，可靠性更高，还推动了刺刀的普遍应用，而在几十年之后，刺刀都未能在土耳其军队中得到广泛使用。[18]相比之下，奥斯曼帝国军队配备的武器既有欧式的，也有传统的。他们配备现代枪支的军队——耶尼切里军团、西帕希骑兵军团（*sipahis*）和炮兵部队——的总比例通常只占可参战兵力的1/3。[19] 军队的大部分由当地管辖者所征召的私人部队和志愿兵构成——两者所配备的武器均品类各异，质量不一。[20] 尽管18世纪末的改革提高了这些比例，统一了武器标准，但在这一时期的大多数时候，哈布斯堡王朝军队的常规部队相对来说是更强的，而在1716年彼得罗瓦拉丁（Peterwardein）战役打响时，耶尼切里军团仍然只占奥斯曼军队的不到1/3。那些携带了火枪的土耳其部队，枪支的类型也可谓五花八门。“他们的武器，”一份奥地利军事备忘录记载道，“没有统一的口径，导致弹丸经常会卡在枪口。因此，他们装填缓慢，枪火从不连贯。”[21]

奥地利人的另一项优势是战术上的，即他们在战场上使用武器的方式。在个体层面，奥斯曼士兵往往是更令人畏惧的战士。正如卡尔大公所写：“土耳其人体格健壮：他们勇敢且大胆，特别擅长使用自己的武器。土耳其骑兵的马匹威猛健壮，异常灵活而迅捷。”[22] 在数量层面，他们往往会投入比哈布斯堡王朝更多的军队。这些军队由来自奥斯曼帝国各地的不同军种组成，并且包含了各个民族：从常见的安纳托利亚人到波斯人、埃及人和鞑靼人。他们偏好大举进攻这种战争模式。他们排出的密集兵阵
130 在冲锋时挥舞着伊斯兰教旗帜，并且嘶吼着欧根所记载的“他们那咒语般的‘安拉！’‘安拉！’‘安拉！’”[23] 奥地利的亲历者们经常提到这种数万名冲锋陷阵的奥斯曼士兵所发出的呼喊，在他们的敌人中所造成的恐慌。[24]

尽管如此凶猛，土耳其军队还是存在军纪散漫的问题，这继而又破坏了战术组织和火力控制。奥斯曼帝国的进攻虽然声势浩大，但往往混乱仓促，组织失调。欧根在谈及土耳其军阵中的混乱情况时写道：“第二线列夹杂在第一线列之中，第三线列中的其他人又混在第二线列之中，后备队也是如此；而他们的西帕希骑兵则位于侧翼。”[25] 后来的一份奥地利文献将这些袭击描述为“没有规矩和秩序”（*ohne Regel*，*ohne Ordnung*）的行动，把它们与古代所说的“猪头”（Schweinskopf）阵——在这种阵型中，最

英勇的战士们必然会冲到最前面，与此同时，大多数士兵还在他们后面磨蹭——相比。[26] 卡尔大公表达了类似的观点，他写道，土耳其人“使用混杂了各类部队的军团发起进攻，而每个个体都对自己的力量有一种执念”[27]。

相反，到了18世纪初，哈布斯堡王朝的军队已然训练有素，可以按照西欧的模式进行部队同步作战。根据欧洲战场的长期经验，步兵经过训练，能够依照命令进行稳定的齐射。由此产生的纪律转化成了一种战术优势，让奥地利军队在指挥得当的情况下能够维持射击速率，足以击退甚至剿灭土耳其人所偏爱的那种密集冲锋。“由于土耳其散兵的行动既没有相同的目的，也没有统一的章法，”卡尔指出，“他们在面对整齐划一、团结协作的敌人时便总是落败。他们在溃退时也是乱作一团，脚下生风，与开战时别无二致。”[28]

如何充分利用这些优势来对抗土耳其人的问题，得到了哈布斯堡王朝军方人员的重点研究。在《战役论》中，蒙特库科利建议奥地利的将领们抛弃用于西方战场的防御模式，转而采取一种具有攻击性，在战术上强调进攻的思维模式。“如果不得不与土耳其人交战，”他写道，

> 1. 长矛营必须部署在比以往更远的前线，这样敌人才不能轻易地用半月形阵型将其包围。
>
> 2. 骑兵要与步兵混在一起，位于间隔后面和对侧，这样敌人……就会在两面遭遇火枪队的齐射。
>
> 3. 要用战斗阵列直接向土耳其人发起进攻，而不应该等待土耳其
> 人来袭，因为他们没有齐整地装备短程防御性武器，不愿意卷入混 131
> 战，不想与敌人短兵相接……利用半月形阵型的侧翼，他们能够轻而
> 易举地靠近并从侧面撤退……
>
> 4. 骑兵中队的规模要比平常更大。
>
> 5. 要将一定数量的营和中队派驻在战线的侧翼以保障安全。[29]

欧根亲王在以后的岁月中采取并发展了这一范式，使火力控制形成了体系，推行了统一的军团训练，进一步强调了在平原战争中部署速度的重要性，并采用了防御性的阵型，让小股部队可以更加灵活地穿越崎

岖地形。[30]

奥地利在南部的战术的总体目标，是在这里发挥他们的威力，同时为保障侧翼安全做好准备，因为土耳其骑兵是袭击侧翼的行家。为了钳制奥斯曼军队的速度，奥地利的将领们把部队排成了方阵，这种方阵和后来欧洲殖民军队在对付非洲土著军队时所使用的相差无几。正如卡尔所言：

> 他们的马匹灵活而迅捷，因此他们的骑兵便能利用正面或侧翼的一切缺口，然后一举穿透。为了不给他们这么做的机会，我们应该将步兵编为方阵……而且只能将与他们的骑兵一样迅捷的骑兵投入战线……［将领们应该］排出几个方阵，每一个最多容纳两三个营的兵力。这些方阵不论在行军时还是在阵地就位时，都要形成战线。我们最后要将一些方阵排成棋盘格一样，这样做好处极大，让方阵能够互相防御，互相支持。[31]

土耳其骑兵穿透这些方阵侧翼的风险极高，以至于奥地利部队“在露营和行军时总是保持方阵形态”，并且一有机会，就要用拒马①——由几米长的长矛和猎猪标枪绑在一起制成——建起一道宽厚的障碍，阻挡在装填时来袭的非正规军骑兵。[32] 为了进一步加强预防措施，奥地利的南部军队通常会得到更多的骑兵（有时能达到陆军数量的50%）。

欧根的攻势

1716年哈布斯堡王朝军队讨伐土耳其人时，凭借的正是这三种技术。领导这支军队的，是时年52岁的萨伏伊的欧根亲王。从小和法国贵族打
132 交道，在路易十四的宫廷中长大的欧根，曾经被法军拒之门外，并且由于他的母亲被传与国王有染，被迫离开了巴黎。尽管他身形矮小，却是一个坚韧不拔、富有创造力、主张进攻的将军，其战争格言是“能者善

---

① 原文为法语Chevaux-de-frises，原意为“弗里斯马”。弗里斯马是弗里斯兰人的战马，以体力充沛、迅捷灵活而闻名。为了防御弗里斯兰骑兵，人们设计了一种用来阻滞和杀伤骑兵的障碍物（类似于我国的“拒马”），并称其为“弗里斯马”。由于在防御西班牙骑兵时也使用了类似的障碍物，所以它也被称作“西班牙骑士”（Spanish Riders）。——译者注

取”[33]。作为一名经历过土耳其战争的老兵，欧根的第一次战斗经历来自1683年的维也纳之围，当时，20岁的他作为一名志愿兵随波兰轻骑兵追击了土耳其人，利奥波德一世因此将一个龙骑兵军团奖励给他指挥。到了1716年战争的时候，欧根已经是一名经验丰富的高级陆军指挥官，曾带领奥地利和神圣罗马帝国军队赢下三场战争和十几场主要战役。

战争的直接原因，是奥斯曼帝国与威尼斯之间的冲突，后者与奥地利是防御同盟。然而，在战略上，这一事件为增强哈布斯堡王朝东南地区的安全提供了一个宝贵的机会，而且当时奥地利的军队还没有卷入西部的战事。欧根的战争目标，正如秘密会议上所概述的，有两个。第一，他要保证哈布斯堡王朝对于南至维丁的多瑙河的控制，因此要封锁巴纳特突出部，把土耳其人限制在位于久尔久-巴巴达格-伊兹梅尔沿线的第二条要塞防线，并且通过这样做，达成一项外交协议，让瓦拉几亚和摩尔达维亚成为事实上的缓冲国。正如皇帝在与他交流时所言，将这些地区变为附庸国至关重要（*unser tributär erhalten*）。[34]

尽管在战术上采取攻势，欧根的总体战略目标却是防御性的：为在此前战争中获得的领土完成扫尾工作并赢得喘息的时间。这一点尤其重要，因为没有巴纳特——匈牙利最后一个尚未被征服的地区——哈布斯堡王朝在克罗地亚和特兰西瓦尼亚的领地之间的战略交流就会中断。在紧随其后的战役中，欧根击溃了土耳其人。在西班牙王位继承战争结束不到两年的时候再次征战的他，能够在意大利和德意志战役中动用大量身经百战的老兵。利用多瑙河这条补给动脉，他绕过了贝尔格莱德——一座把持着东南部交通路线关键的奥斯曼帝国要塞——而选择去寻找并摧毁奥斯曼的主要军队。他于夏末在彼得罗瓦拉丁拦截了这支由大维齐尔（grand vizier）①亲自率领的军队。尽管军队人数占下风，他还是大获全胜，只有不到1/3的土耳其军队得以逃遁。[35] 在接下来的几个月中，他夺取了奥斯曼帝国位于泰梅什堡、巴纳特和特别值得一提的贝尔格莱德的要塞，巩固了这场胜利。

没有先前哈布斯堡王朝的外交手段，就没有欧根的军事胜利。他获胜

① 奥斯曼土耳其帝国职级最高的大臣，权力仅次于苏丹。——译者注

的关键，在于集中奥地利有限军事力量的能力，这之所以能发生，就是
133 因为奥地利不必在南部作战的时候，劳心费力地在其他边境地区集中大规模的军队。这种情况的实现，要归功于预先的外交策略。这些策略早在战争之前的数年就开始实施了，当时哈布斯堡王朝的外交官们就致力于确保在军事上只有在时机有利于君主国的情况下，这一地区的战争才会发生。

这种外交政策的基础，是为防止冲突过早爆发而做的工作——尤其是在西班牙王位继承战争发展到高潮的时候，卡尔十二世用4万大军入侵了萨克森，造成了通过干预行动来支持西里西亚新教徒，甚至是伙同匈牙利新教徒一起反叛维也纳的威胁。由于奥地利世袭领地对来自这一地区的攻击毫无防卫，约瑟夫一世便抢先在《阿尔特兰施泰特条约》（*Treaty of Altranstädt*）中使用了算得上绥靖的政策，通过赞成瑞典的候选人登上波兰王座换来了和平；他还割让了德意志的土地，甚至对西里西亚的新教徒作出了让步，从而避免奥地利卷入大北方战争。[36] 在接下来的一年中，南部又浮现出一个类似的麻烦：几个奥斯曼商人在位于凯奇凯梅特（Kecskemet）的一次边境冲突中身亡后，奥地利与土耳其宫廷之间的紧张关系眼看就要演变出一条新的战线。当时，哈布斯堡王朝军队无法从波河与莱茵河脱身，面对土耳其宣战的可能，约瑟夫一世通过一方面收买苏丹的朝廷，另一方面对土耳其的损失进行补偿，买来了和平。[37] 又一次，1709年，瑞典的卡尔十二世在败给俄国人之后，进入了奥斯曼帝国并得到了庇护，这让土耳其人面临着卷入战争的威胁。这一次，奥地利的回应是召集其西欧盟友一起反对瑞典人，威胁要对土耳其发动战争，还要创建一个新的由欧根率领的北部军团来制止袭击。[38] 在这两个例子中，哈布斯堡王朝都能够在不利于其整体战略利益的时刻，避免与奥斯曼帝国的战争。

类似的刚柔并济的手段，也确保了欧根在他征战期间不必担心来自匈牙利人的麻烦。1703年到1711年间，拉科奇率领的马扎尔库鲁兹劫掠者向奥地利位于匈牙利的阵地发起了一场漫长的非常规战争，甚至短暂地威胁了哈布斯堡王朝的首都。[39] 为了将兵力集中在西部战区，奥地利的外交官们在1706年达成了一份临时休战协定，使得欧根可以专注于他在

意大利的行动，同时也没有作出叛军所寻求的宪法上的大让步。[40] 在西部取得胜利后，哈布斯堡王朝便能够用“浪潮般”的骑兵涌入匈牙利，击败叛军并实现于己有利的和平。由此产生的1711年《萨图马雷和约》便是哈布斯堡王朝外交的代表作，既包含了威慑恫吓（如约瑟夫一世在面对卷土重来的库鲁兹劫掠时所说，“直接告诉他们，我们‘还能做得更绝’”），又表现出了宽宏大量（赦免了叛军领导者，并保证匈牙利享有以往的自由）。[41] 事实证明，这份和平是持久的。结果，四年后，到了欧根开 134
始为军事行动做准备的时候，他不仅没有被可能发生在其交通路线沿线的匈牙利叛乱所烦扰，甚至还能让先前的库鲁兹叛军为他的军队效力。

这些早期的准备让一场迅速而成功的战争有了实现的可能。卡尔六世曾明确提出这次战役要短暂，他命令欧根要取得一份“迅速而光荣的和平”——一方面是为了避免在其他边境地区给危机（*große Unruhen*）创造可乘之机，另一方面是要确保任何赢得的土地都能够立刻得到控制，不受外部势力的干涉（*ohne Mediation*）。[42] 意大利地区日益显著的冲突迹象，使得对于速胜的需求变得更加迫切，因为费利佩五世想要趁奥地利的注意力被巴尔干地区所吸引，对西西里发起攻击。随着土耳其战争接近尾声，来自西班牙的挑战迫使欧根将军团从巴尔干地区撤走，这让他不禁哀叹“一支军队无法发动两场战争”[43]。欧根利用与土耳其人在帕萨罗维茨（Passarowitz）的谈判，巩固了奥地利在东南部新获得的土地，并为西部释放了可用的军事资源。与此同时，卡尔与英国和法国达成了一项协议，通过放弃他对西班牙王位的所有权，换来了共同对抗费利佩的军事合作。这些措施避免了一次旷日持久的双线紧急事件。随着与奥斯曼帝国的谈判结束，卡尔欣喜地告诉欧根“我们现在可以腾出双手，来解决那些想要［在别的地方］蚕食我们的人了”[44]。

欧根对于土耳其人的胜利的实际规模是巨大的。在达成的《帕萨罗维茨和约》中，根据占领地保有原则（*uti possidetis*），奥地利兼并了所有在交战停止时其军队所持有的土地，也就是说，总共约7.8万平方千米的新领土。这些增添的广袤空间，增强了哈布斯堡帝国东南部的安全。根据欧根“依照地势进行扩张”的建议，奥地利吞并了巴纳特，填补了其在克罗地亚-斯拉沃尼亚和特兰西瓦尼亚之间的防御漏洞。这场战争也提高了君主国区域性缓冲区的面积和地位，将塞尔维亚北部和小瓦拉几亚纳入了哈布斯堡王朝的统治。同时，和约的第一条还将瓦拉几亚、摩尔达维亚和波兰定为了中介体："因自古以来被群山所区分和隔离，故各方都应保证古时疆域之界线不遭变动。"[45]

《帕萨罗维茨和约》标志着哈布斯堡王朝在巴尔干地区的势力达到了顶峰。但是它并未得以延续。在接下来的数年中，奥地利通过单边军事行动决定南部边境形势的能力消失了，这是两项变化——一个在本质上是军事方面的，另一个则与地缘政治有关——的结果。

首先，欧根去世了。奥地利在战场上的惊人胜利在多大程度上是欧根
135 亲王的天才所造就的，在1737—1739年下一场奥土战争爆发时就变得有目共睹了。[46] 这场战争与1716—1718年的战争可谓天差地别。由于西部的冲突（波兰王位继承战争）刚刚结束，因此最近其他边境地区相对比较安宁，所以，像从前一样，哈布斯堡王朝的官员们认为应把握这个时机进行军事行动。[47]

正如前辈们在1716年之前所做的那样，哈布斯堡王朝的外交官们不懈努力，在开战前排除了一切干扰，为专注于巴尔干边境创造了条件。同样，如同先前的那场战争，哈布斯堡王朝军队一心要利用机动野战军迅速赢得战争。秘密会议重复了此前给予欧根的命令，坚持要求"战争只能持续一个战役期"[48]。如同以往，战略目标以防御为主：巩固和完善奥地利在多瑙河中段沿线的土地，同时在瓦拉几亚和摩尔达维亚的缓冲地带拓展奥地利的影响力。

没有欧根掌舵，奥地利很快就发现，它再也不能依靠速战来实现它在东南部的安全目标了。指挥失当，再加上军费多年来被忽视——欧根曾多次预言这会导致灾难，哈布斯堡王朝的军队在巴尼亚卢卡（Banja Luka）和贝尔格莱德遭遇了失利。在紧随而至的1739年《贝尔格莱德和约》中，奥地利被迫吐出了它从《帕萨罗维茨和约》中吞下的大部分领土。尽管使用了许多在上一场战争中用过的战术，哈布斯堡王朝的军事指挥才能还是不及往昔，军队也失去了战斗力，而奥斯曼帝国却从以往的战争中吸取了教训，在外国军事顾问的帮助下，改进了小型武器和火炮的技术。

其次，东南部情况的剧变却只是其他地方地缘政治发展的结果。在战

争结束后的那一年，奥地利被腓特烈二世的普鲁士大军从北方入侵，从此，一场持续了近40年，攸关哈布斯堡君主国存亡的对抗开始了。

绥靖时代：18世纪40—70年代

由于几乎所有军事资源都向北方调转，奥地利便不能像此前几十年那样过多地关注巴尔干地区。但是这并不意味着它在东南部没有战略需求，或者它能够忽视这块边境。边境劫掠还在继续，而土耳其人再次燃起战火，从而扩大其刚取得的胜利的可能性，也要纳入考虑范围。俄国也在继续沿着黑海海岸线扩张。不论北部的事态可能变得多么糟糕，这些动态必须予以监视和处理。最重要的是，奥地利在其军队难以从波希米亚脱身的情况下，需要避免土耳其从南部入侵。而且如果可能的话，它还需要说服俄国积极帮助它对抗普鲁士。

出于这些目的，哈布斯堡君主国设计了一种与以往不同的战略，但是 136
其效果却不逊色于欧根进行侵略扩张时所使用的战略。这种战略依赖的不是机动野战军，而是用来牵扯和安抚东部敌人的绥靖政策。这种战略还要在边境防线的支撑下，遏制冲突爆发，保持巴尔干边境的安宁，同时又不牺牲奥地利长期的区域地位上的利益。

我们将在第六章看到，奥地利与普鲁士在1740年到1779年之间的战争，是一场一度危及君主国生存的痛苦较量。这些战争的残酷程度和持续时间，不仅要求奥地利降低对其南部的重视，还要能够在不影响南部安全的情况下，从这个地区调走尽可能多的资源。为了支持这些目标，在整个18世纪中叶，维也纳实施了主动与这个地区的对手建立密切关系的政策。整体上，这些努力相当于在巴尔干地区实行了将近四十年的缓和（détente）战略，其重中之重，是对土耳其人绥靖，与匈牙利人和解，与俄国结成防御性同盟。

其中的第一点尤为重要。由于仅仅发生在腓特烈二世入侵西里西亚的不到一年前，1739年土耳其战争中敌对行为的终止，延续了奥地利与土耳其宫廷之间重燃战火的可能性。考虑到奥地利军队最近的糟糕表现和这片边境上许多地区的挥之不去的紧张局势，不难想象，因最近重夺贝尔格莱德而信心大振的土耳其人，将会把奥地利的北部困境当作夺取领土的良机——奥地利的敌人们，尤其是法国，通过利用咄咄逼人的外交手段煽动土耳其人进攻，积极地推动了这一可能的实现。

哈布斯堡王朝为了应对这一威胁，进行了一次外交攻势，他们在使用游说艺术时，表现出了与欧根在战争中使用军事艺术时一样的决心和创造力。在官方层面，奥地利的外交官们致力于消除摩擦的根源，花了不到两年的时间——按照巴尔干地区的标准，这个耗时少得惊人——就解决了此前战争遗留下来的纷争。奥地利的外交官们曾极力操纵土耳其宫廷政治，好让奥斯曼帝国远离西班牙王位继承战争。现在，他们的后辈在更大的范围内使用了类似的技巧，消除了一个时期内——从1740年奥地利王位继承战争的第一次冲突开始到1763年七年战争结束——的种种紧张局势。

这些成就的缔造者们，是现在已经被遗忘的派驻在君士坦丁堡的奥地利外交官们。海因里希·克里斯托夫·彭克勒（Heinrich Christoph Penkler）就是其中之一，为了避免战争，他尽职尽责地操纵着宫廷动态。在行动时，彭克勒将维也纳的警告——与土耳其交战“将是我朝最
137 大的灾难，因此我们必须极尽所能地避免这种厄运”——谨记在心。他比他的法国与普鲁士同行们技高一筹，用阴谋、贿赂和宣传打消了奥斯曼帝国与奥地利敌人结盟的念头。[49] 他高超手段的一个例证，就是他曾及时泄露刚刚签订的《奥俄和约》的细节，解除了土耳其在平定其波斯地区的叛乱之后将注意力转向北方的威胁。[50] 通过这些努力，彭克勒不仅得以为奥地利虚张声势，还成功怂恿奥斯曼帝国对腓特烈二世的侵略进行了谴责，并争取到了《贝尔格莱德和约》中和平条件的增加。[51] 在随后（1756—1762年）与普鲁士外交官的斗争中，彭克勒的继任者约瑟夫·彼得·冯·施瓦赫海姆（Josef Peter Von Schwachheim）使用了类似的方法，阻止了普鲁士招徕土耳其人结成正式盟友的一致努力。

奥地利在奥斯曼帝国内部外交策略的成功，要归功于几个世纪以来它在复杂的苏丹宫廷政治中通过摸索而得来的经验。这种控制力的关键，是借助贿赂和恩惠培植当地的情报人员。通过他们，奥地利不仅能预测苏丹的意图，还能评估和操纵其重臣之中的各个派系。利用这些知识网络，奥地利能够打造一种“早期预警系统”，可以获悉何时敌方外交官就

要成功引起骚动，或者——这一点同样重要——何时土耳其人更担心他们自己其他边境上的麻烦。这种外交策略的成功，从奥地利的死敌——腓特烈——那里得到了最好的证明，他曾表示，“维也纳朝廷［比土耳其人的敌人们］更了解土耳其人”[52]。

匈牙利人的顺应

在奥地利和普鲁士的战争期间，与奥斯曼帝国重燃战火，并不是唯一可能会让奥地利无法专注于北部的东南边境问题；另一个问题，是匈牙利地区问题的爆发。在非常时刻，马扎尔人起义对于哈布斯堡王朝广泛利益的毁灭性冲击，已经在西班牙王位继承战争中得到展示。当时，拉科奇的库鲁兹骑士所发起的突袭，让奥地利人被迫在维也纳郊外建造了加固的防线和堑壕，并且从其他战线抽调了部队，以保护奥地利世袭领地。[53]

在奥地利王位继承战争的开端，这种动乱重新上演的条件已然成熟，因为奥地利面临着来自普鲁士、法国和巴伐利亚的攻击。这一次，奥地利对于匈牙利麻烦的忌惮程度，可以说是比西班牙战争时期更甚。由于英国最初拒绝提供资金，俄国由于其与瑞典的战争而自顾不暇，因此，奥地利就失去了它曾拥有的盟友援助。[54] 这场战争恰逢玛丽亚·特蕾西娅
登基这个敏感的政治时刻，而她的登基又需要得到匈牙利议会的正式批 138
准和加冕。马扎尔贵族经常利用这样的过渡期来提出新的诉求，并从新君主那里索取新的让步。这些动态在给予匈牙利人优势的同时，外部的情况也为哈布斯堡王朝创造了更大的战略需求：不仅要确保匈牙利局势稳定，还要在这里寻找军事资源，为全局的斗争贡献力量。

玛丽亚·特蕾西娅处理这种动态的方式，复制了此前哈布斯堡王朝君主通过调解来浇灭分离主义火苗，并鼓动匈牙利人主动支援时所用的策略。当她的军队在波希米亚打仗，她的外交官在想方设法地安抚土耳其人时，玛丽亚·特蕾西娅用她的个人魅力向匈牙利议会发起了攻势。以承认匈牙利的历史性权利和再次确认匈牙利在君主国内的独立行政地位为代价，女皇不仅获取了匈牙利人对她即位的支持，还要来了匈牙利人的承诺——提供400万弗罗林，并使用全体征兵令（*generalis insurrectio*）为

她征召3万匈牙利士兵。

像她的祖先利奥波德一世和约瑟夫一世一样，玛丽亚·特蕾西娅在这些交易中颇为谨慎，不会在宪法方面作出太多让步。她的妥协，都仅限于那些可以通过废除来让匈牙利吃亏——如果未来的情况有这个要求的话——的条款。通过这些努力，她将匈牙利这个潜在军事威胁的制造者，变成了君主国国防的积极贡献者。尽管匈牙利议会征召军队的承诺从未完全兑现，但是，从奥地利的战略角度来看，玛丽亚·特蕾西娅所做努力的更为重要的收获，是成功地避免了一条额外的、内部的军事战线的出现，而在当时，君主国的所有资源都需要用于应对别处的致命危机。

制约俄国

在安抚土耳其并迎合匈牙利人的同时，奥地利需要找到一种解决东部另一个潜在问题——俄国——的方式。在这里，它是有一定的基础的。和对付土耳其人和匈牙利人时一样，奥地利曾在多年之前就为日后缓和与俄国的关系奠定了基础。它在1697年与俄国结成了双边反土同盟。到了1710年，它在欧根的建议下故技重施，用这个权宜之计了打断了瑞典与匈牙利之间的打情骂俏。在1726年，一份新的协议达成了，哈布斯堡王朝也因此参加了1737—1739年的奥匈战争。

随着奥地利与普鲁士打得不可开交，它现在需要的，不是用来遏制瑞典人或扩大对土战争战果的联盟，而是能够阻止俄国在南部挑起足以打乱
139 奥地利整体战略的冲突的联盟。除此之外，它还需要鼓动俄国作为一个积极参战的军事伙伴来对抗普鲁士。这个目标在奥地利王位继承战争开始的时候，就因奥地利与瑞典在波罗的海的冲突而搁置，导致俄国无法在危急时刻为它的盟友提供重要帮助。

我们将看到，确保俄国更多地参与到反普事业之中，将成为考尼茨领衔的哈布斯堡王朝外交的一项工作重点——其重要性仅次于将法国从腓特烈势力范围中拉拢过来的任务。最重要的项目，是一个由考尼茨促成的防御性联盟，该联盟要求两个帝国承诺在对抗来自普鲁士或土耳其的攻击时互相帮助，其中还包含一条关于夺回西里西亚和在领土上削弱普鲁士的秘密条款。在紧随而至的七年战争中，俄国用行动证明了它是哈

布斯堡王朝的可靠盟友：俄国派出了一支援军，与哈布斯堡王朝的军队在库涅斯多夫（Kunersdorf）并肩作战，为以后俄国无数次为保护奥地利利益而进行的军事干涉——尤其是在1805年和1849年——开了先例。

边境防御

尽管哈布斯堡王朝外交在安抚东部敌人时的表现令人印象深刻，君主国还是需要具备在其东南边境展示军事实力的能力。即使在北方战事正酣之时，内部的边境突袭——一个巴尔干地区自古有之的特点——仍在继续。更重要的是，奥地利对周边敌人使用的安抚外交策略的有效性，是由一个假设——君主国在应接不暇的情况下，仍在这个地区中具有军事影响力——所决定的。为了实现降低巴尔干边境优先级的整体战略，奥地利需要能够在这里维持最基本的安全；而且，如果外交策略失败，还要有制止或挫败敌人袭击的手段。

在这两项任务中，帝国南部和东部防御工事沿线上宽广无垠、布置合理的防线，为哈布斯堡王朝提供了帮助。这些防线的支柱，就是军政国境地带（*Militärgrenze*）。这个综合性防御系统，最终蔓延到了边境全线——从亚得里亚海到喀尔巴阡山脉。军政国境地带起源于中世纪的匈牙利王国。自14世纪起，匈牙利就在克罗地亚-斯拉沃尼亚军事前线（the Vojna Krajina）上建起了一系列独立的要塞，并令其附庸克罗地亚总督派手下的农民民兵（militia portalis）驻防。[55] 随着奥斯曼帝国向北深入推进，附近的奥地利领土也成了这些防线的一部分，在匈牙利逐渐式微时，通过提供资金与军队确保了防线的维持。

到了16世纪末，随着匈牙利大部落入土耳其人之手，军政国境地带的残余部分构成了一道破败不堪的屏障，保护着通往奥地利世袭领地和维也纳的南部通道。“[这一] 要塞系统，”1577年的一份上呈皇帝的军事 140
评估写道，“是陛下能够用来遏制敌军势力扩散和进犯的唯一手段，而且只有依靠这一手段，您的国家和人民才能安全。”[56] 因此，维持这些防线良好运行，就成了哈布斯堡政府的一项要务，而宫廷战争委员会之所以诞生，就是因为奥地利需要创建一个能够保障防线得到恰当补给和管理的机构。

为了防御军政国境地带，哈布斯堡王朝延续了由匈牙利人创造的征兵方法，从附近奥斯曼帝国领土上流离失所的基督教人口中征召士兵定居者。[57] 为了吸引这些殖民者，哈布斯堡君主国提供了包括土地、武器、税收豁免和宗教包容在内的激励措施，以换取他们的兵役和对皇帝的忠诚。利用这些诱惑手段，奥地利人吸引了大量信仰东正教的塞尔维亚人、克罗地亚人、塞凯伊人（Szeklers）和瓦拉几人，并让他们从此在边境上被称为“札德鲁加”（*zadruga*）的要塞村庄安家落户。受宫廷战争委员会直接管辖的札德鲁加，被鼓励保持高出生率，而且其运转要按照一份严格的边境法律公告来进行。这些拥有自主选择权、干劲十足、尚武善战的巴尔干殖民者，源源不断地输送了大量成本低廉且精通巴尔干地区非常规“小规模战争”（*Kleinkrieg*）技巧的军事人员。“格伦茨人［是］一个尚武的民族，”一位奥地利军事观察家写道，“他们对自己的军事地位感到非常自豪，以至于他们在参加弥撒时，火枪和随身武器也不离身。”[58]

在1699年获得新土地之后，哈布斯堡王朝将军政国境地带向南扩张到了萨瓦河、多瑙河、蒂萨河与穆尔河畔的新边境。他们把军政国境地带重新分成了两个主要地理区域群：一个靠着斯拉沃尼亚边界，以位于布罗德和奥西耶克的要塞为中心；另一个靠着奥地利与塞尔维亚的边界，中心位于塞格德（Szeged）的要塞和蒂萨河—穆尔河沿线上的阿拉德。数年之后，随着巴纳特被兼并，这片边境将被进一步向东推进到特兰西瓦尼亚（见图5.3—图5.4）。[59] 最终，它成为欧洲最为密集的军事人员集中区之一。在17世纪末，这里1/10的男性是军人，而到了18世纪末，这个数字是1/3。[60]

扩张后的军政国境地带有三个主要组成部分（见图5.5）。

要塞。在边界外围，有一条由大型要塞构成的防线，而第二条要塞防线，则在它们身后两三百千米的边界内侧。前线要塞既包含升级过的中世纪要塞，也有一些新的建筑，而且一般位于地形上的战略要冲，比如河流拐弯处、已知的入侵路线或者边境上的制高点。它们一般都配有足以控制周边农村地区的重型火炮，驻守人员不是格伦茨人，而是德意志正规军。

141 **瞭望塔**。在前线要塞之间，矗立着一个瞭望塔网络，每个瞭望塔之间

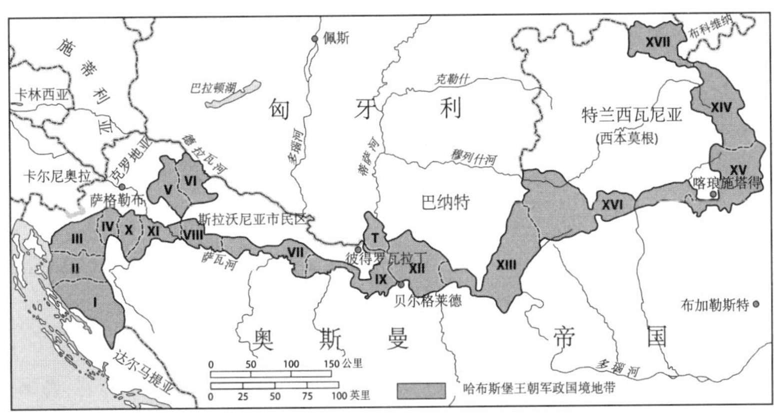

图5.3　哈布斯堡王朝军政国境地带地图。

来源：欧洲政策分析中心，2017年。

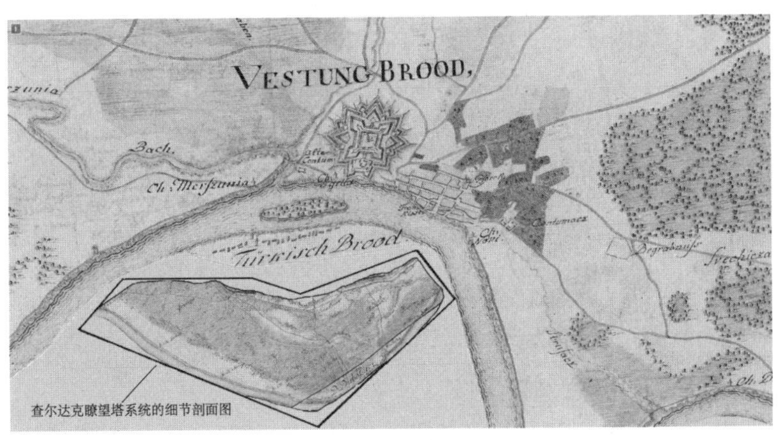

图5.4　军政国境地带的细节剖面图。

来源：Gabor Timar，Gabor Molnar，Balazs Szekely，Sandor Biszak，Jozsef Varga，and Annamaria Janko，*The Map Sheets of the Second Military Survey and their Georeferenced Version*（Budapest：Arcanum，2006）。

间隔约为2.5千米。这些被称为“查尔达克”（*Tshchardaks*）——在不同语言中，也被叫作*çardaks*、*ardaci*、*eardaci*或*chartaques*——的瞭望塔，是一种两层高的木质小屋，通常周围会配有小型堑壕或栅栏，以堵住通往其基底的道路。这种瞭望塔用作边境哨所的历史非常悠久，可以追溯到古希腊和古罗马时期，而且与古罗马长城（*limes*）沿线每隔一段距离
142 设置的木质建筑不无相似之处。[61] 哈布斯堡王朝使用这种瞭望塔已有几个世纪的历史，而且不仅是在南部，有时也会在西部使用。[62] 军政国境地带的查尔达克瞭望塔由格伦茨支队全天候驻守，每隔几天进行一次轮换。一位19世纪的英国旅行家曾如此描述这种哨岗及其守卫：

> 这种哨所，或者查尔达克瞭望塔，竖立在能够将沙滩尽收眼底的高处。它分为两个部分，一个用于生营火，另一个供士兵睡觉使用。在这个小窝棚前，士兵们将他们的武器堆在突出的屋檐下。查尔达克里容纳着六七个士兵，他们的穿着反映了他们的政治成分：既有军人风格，又有农民特色。他们身穿常见的农民大衣，背囊系在一根皮带上。腿着亚麻或羊毛裤，脚上则套着一种凉鞋……在大多数东欧斯拉夫民族中很常见……同一个岗哨，任何士兵待在一起的时间都不会超过七天；他们随后会被另外的六七人换班，这些后来者同样只待一个星期。每年，每一个士兵都会花九十天的时间来驻守这些地方。[63]

查尔达克瞭望塔的间距从不会超过步行两三刻钟的路程，这意味着，
143 如果遭到袭击，一个岗哨便能得到附近瞭望塔的迅速支援。[64] 这一间距，也让人们得以使用烟火信号进行可视的交流。当边境沿线的火焰接连燃起，附近的要塞便能立刻收到敌人来袭的预警。

后勤基础设施。军政国境地带的维持，靠的是一个精心策划的支援网络。连接查尔达克瞭望塔和要塞的，是邻近河流且通向内陆的交通道路。在边界之后，每隔8到16千米，部署着具有战略意义的补给站、军械库和众多的札德鲁加村庄，它们距离边界很近，便于对危机作出反应。这类基础设施的维护直到19世纪都是重中之重。“对于刚从匈牙利而来的旅人来说，”那位英国旅行家写道，“看到军政国境地带上道路

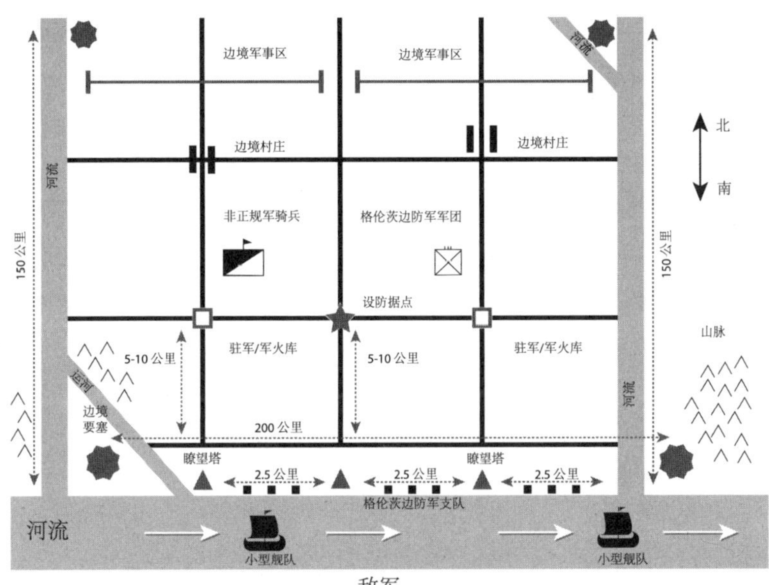

图5.5　1780年前后哈布斯堡王朝军政国境地带示意图。

来源：欧洲政策研究中心，2017年。

和桥梁的良好状态，真是欣喜不已，要是从土耳其过来，这种欣喜只会更甚。”[65]

威慑与防御

在普鲁士战争期间，军政国境地带从若干方面支持了奥地利安全降低南部边境优先级的目标。首先，它有效解决了突袭的问题。边境突袭是巴尔干地区历史上长期存在的特色，它的规模大小各异，有的劫掠者经常在夜间越河突袭，以偷取牲畜、贵重物品和妇女。这些突袭不仅仅是惹人生厌。如果不加以遏制，它们就能把北方急需的部队牵引过来。西班牙王位继承战争和波兰王位继承战争均表明，边境冲突可能升级为重大的危机，产生恶化奥土关系的威胁。通过直接将熟悉突袭技巧的本地士兵派驻在边境，军政国境地带为拒止这些低强度的袭击并发动反击提供了一项有效而廉价的手段。实际上，迟至1764年，宫廷战争委员会都认为，对付“鞑靼人的冒险主义”，7 000名这样的士兵远远足够，而在当时，它正准备调动13万大军对抗普鲁士。[66]

第二，边界附近建起的大型要塞网络，让奥斯曼帝国的主力军队不敢发动大规模袭击。诚然，在奥地利与腓特烈二世作战期间的大多数时候，土耳其人都无意发动侵略，因为他们被其广袤帝国其他地区的内部危机所困扰。像彭克勒这样的哈布斯堡王朝外交官们，能够通过他们的情报
144 网络监视这些事态的发展。与此同时，敌方外交官也下定决心，要不断地努力煽动土耳其人开辟第二条战线。尽管消息灵通，哈布斯堡王朝的外交官们却永远无法确定这些努力到底能实现什么样的效果。由于奥地利外交官能够提及奥地利精心规划且补给充足的南部要塞，对手的贿赂和劝诱的效果便大打折扣。

军政国境地带还有助于挫败匈牙利人谋逆不轨的念头。早在1672年和1678年，格伦茨边防军就在镇压库鲁兹叛乱中展示了他们的价值。[67] 在《卡尔洛维茨和约》签订后重新组织边境的过程中，皇帝利奥波德一世就曾设法强化这项作用，不允许马扎尔人管理或加入边境部队。[68] 在西班牙王位继承战争中，格伦茨边防军曾处理了匈牙利人的起义，1848—1849年他们再次发挥了这样的作用。[69] 有忠诚的部队在边境地区就位，意味着君主国即使在北部作战时，也拥有处理区域性起义的选择。因此，奥地利便可以用这根大棒和玛丽亚·特蕾西娅所使用的胡萝卜，来引诱马扎尔贵族一起对抗普鲁士。

第三，或许也是这一时期军政国境地带的最大贡献，就是它对哈布斯堡王朝北部战事的帮助。在用最少兵力保住边境的同时，格伦茨人能够将大量的部队投入发生在波希米亚和摩拉维亚的激烈战斗之中，而消耗的成本，只占投入同等数量正规军部队所需的一小部分。[70] 我们将在第六章看到，格伦茨士兵的小规模战争突袭技巧，成为奥地利针对抗击普鲁士的军事战略的关键部分。

制约性结盟的时代：18世纪70年代—19世纪初

在军政国境地带防线的支持下，奥地利的绥靖和调解政策，让它能够

以最低的成本管理东南边境，并专注于北部的危机（从1740年腓特烈的第一次入侵开始，至1778—1779年最后一次与他的军队僵持不下结束）。这种方式帮助奥地利成功地实现了主要目标：避免了第二条战线的开辟，拉拢了俄国共同对抗普鲁士。

然而，在这一时期，南部的地缘政治动态，正在朝不利于哈布斯堡王朝利益的方向发展。最重要的是，俄国在巴尔干地区的影响力在不断地增长。在奥地利对付普鲁士时，俄国军队正继续蚕食着奥斯曼帝国位于黑海沿岸的阵地。1768年，女沙皇叶卡捷琳娜二世启动了俄国有史以来最具野心的东南部计划。她派出的侵略军队跨过了德涅斯特河，捣毁了
奥斯曼帝国位于霍京（Kotyn）的要塞，并逐步向摩尔达维亚平原进取。 145
在几个月之内，他们就夺取了摩尔达维亚和瓦拉几亚的都城（即雅西和布加勒斯特）。从那里开始，他们随后进一步深入奥斯曼帝国领土，最终到达了距离起始位置600千米的地方。

俄国人所获成功的规模，既体现了奥斯曼帝国衰落的程度，也展示了俄国在没有哈布斯堡王朝帮助的情况下吞并大片巴尔干土地的能力。在战争结束时，奥地利在其东南侧面临着的，已是一个完全不同的局面——军力式微，统治涣散，摇摇欲坠的奥斯曼帝国边区已然不复存在，取而代之的，是一个兵强马壮，积极进取的俄国。在布格河上的一支大军和位于亚述海与克里米亚的舰队的支持下，俄国能够将兵力投射到整个黑海区域。此前，俄国主要被限制在黑海的北岸，现在，它顺海岸线而下的攻势让它到达了多瑙河河口附近，并因此跨在了奥地利东扩惯用路径的主轴之上。

新的现实，给奥地利带来了两个严重的问题。第一，俄国的扩张威胁了区域性缓冲地带的长久存在。从这个世纪一开始，维护这些中介体——北方的波兰、南方的瓦拉几亚和摩尔达维亚（也就是所谓的多瑙河公国）——一直是哈布斯堡王朝战略的核心目标。确保后两个公国的独立地位，也是欧根的1716年战役和1737年未能成功的战争的一项明确目标。两场战争之后签订的和约在开头的段落中，就处理了它们的地位问题，其中《卡尔洛维茨和约》明文规定瓦拉几亚、摩尔达维亚和附近的波多利亚应当“通过遵守双方自古有之的边界，任何一方都不应进行扩张”来保持完整。[71]

这些缓冲区的存在，为奥地利提供了重要的战略优势。考尼茨后来写道，通过确保哈布斯堡王朝领土与军事强敌的领土“不直接接壤”，他们避免了可能升级为战争的分歧。[72] 这也因此卸下了边境防御的部分负担，奥地利因此不需要在东部漫长的边境线上部署一支大规模的防卫部队。结果就是，君主国可以安全地将其稀少的军事资源集中在别处。最近与普鲁士的战事表明，这一点在战时是至关重要的。

通过让这些地区岌岌可危，俄国的扩张瓦解了奥地利整个东南战略的基础。尽管1768年的战争让土耳其治下的多瑙河公国保持了名义上的完整，随后达成的《库楚克-开纳吉和约》（*Küçük Kaynarca*）却赋予了俄国作为所有生活在奥斯曼帝国领土上的基督徒的“保护者”在未来四处
146 插手的权力。与此同时，俄国人对内忧不断的波兰的攻势也愈演愈烈。

第二，俄国在东部的侵略行动打乱了哈布斯堡王朝在欧洲方面的战略。奥地利需要独立存在的缓冲国，这意味着它要阻止俄国的行动。但它又需要俄国这个盟友积极地对抗奥地利的西部死敌普鲁士。鱼和熊掌是不可兼得的。如果它选择后者——考虑到普鲁士造成的威胁，这是理所当然的选择——它就要付出失去缓冲区的代价。随着时间的推移，这将不断地造成奥俄关系的紧张，甚至会让奥地利失去俄国这个抗普盟友，或者导致奥地利与俄国为争夺东部而开战。

争取土耳其，分裂波兰

为了摆脱这一两难境地，奥地利最初是想通过与奥斯曼帝国结盟来尝试抗衡并遏制俄国的扩张。哈布斯堡王朝的外交官们愿意考虑和君主国的穆斯林宿敌结盟，说明他们更担心俄国不断增长的实力会在南部边境造成安全问题。“拯救我们的宿敌，”考尼茨写道，“实在是非常之举，这样的决定，只有在真正存亡攸关的情况下，比如为了自保，才说得过去。”[73] 尽管玛丽亚·特蕾西娅承认哈布斯堡王朝的政策不得不在两个大国之间制造一种谨慎的平衡，但她一想到要与非基督教国家达成协议，就开心不起来。在1771年1月，她写道：

> 我已经确定，现在的情况是：土耳其人是侵略者，俄国人向来予

以我们最大的尊重，他们是基督徒，他们必须应付一场不义的战争，而我们现在在考虑支持土耳其人。这样那样的理由都让我坚信，不应与俄国人交战……可我要说，我更不能与俄国人联手赶走和消灭土耳其人。这两点都是没有商量余地的，因此，我们要决定［对俄］采取哪些必要的惩戒性措施。[74]

在向土耳其人倾斜，遏制俄国影响力增长的过程中，维也纳于1771年7月6日达成了所谓的奥土联盟，承诺将进一步阻止俄国人对苏丹的攻势，而条件是土耳其人付出金钱和领土作为回报。[75] 与考尼茨早先通过联合死敌法国来限制普鲁士很相似，这一举措代表着哈布斯堡王朝长期政策的一次转变，其目的是解决一个眼下的威胁。为了让新的立场名副其实，君主国在东部边境上部署了兵力，把部队从意大利和尼德兰调到了 147
特兰西瓦尼亚，与俄国位于瓦拉几亚的军队隔界而望。

这些行动在根本上是一种精心设计出来的虚张声势：奥地利在财政上和军事上均没有与俄国对抗的实力。而且，不像此前与法国的联盟，奥地利不能指望从它与摇摇欲坠的奥斯曼政府共同制衡俄国的合作关系中，获取多少长远的战略利益，因为君主国还需要俄国的友谊来维持与普鲁士的军事对抗。联盟结成不到一年，奥地利和奥斯曼的协约就作废了，因为维也纳的注意力从多瑙河公国转移到了与其接壤的波兰领土。到了1771年，普鲁士和俄国都在波兰积极寻求新的优势和领土。在某种程度上，奥地利在多瑙河公国问题上采取的坚决立场，增加了欧洲危机更大范围爆发的危险，并因此导致了注意力的北移。

与多瑙河公国不同，波兰不涉及奥斯曼帝国的利益，而且是俄国、普鲁士、奥地利帝国之间进行至少是短期合作的潜在地点。但是要想瓜分这个长期危机缠身，现已成为腓特烈二世和叶卡捷琳娜二世之间讨论主题的联邦的广袤领土，奥地利就要面临一个严重的战略问题。[76] 几十年来，奥地利都在寻求维持波兰联邦的缓冲国的身份，以吸收和减少其东部边境上的冲突。在一个多世纪以前的1656年，奥地利曾成功挫败瑞典和勃兰登堡公国以及立陶宛和乌克兰分离主义者瓜分这个内部早已动荡不安的大国的尝试。[77] 奥地利延续了这一政策，在波兰王位继承战争中，它极力阻止受波旁王朝支持的候选人登上波兰王座，并因此抢先拦截了法国影响力在这一地区的扩散。在这些对抗期间，哈布斯堡王朝的目标始终都是保留一个东部缓冲区，以便奥地利和其他竞争国一起，在这里保持一股不可或缺的影响力，同时避免敌国一家独大，或者因政权衰败和崩溃而出现的直接责任增加的局面。

这种微妙的平衡举措，长期以来都是奥地利东部政策的支柱，现在，却因一场瓜分的惨淡前景而受到了威胁，因为与其同场竞技的普鲁士和俄国不仅能够吞下大量的波兰领土和资源，还能获得一个更具优势，足以威胁君主国北部和东部边境的战略位置。从哈布斯堡王朝的角度来看，瓜分是“最不利”的结果——这一观点玛丽亚·特蕾西娅最为深信不疑，而最初约瑟夫二世和不那么深信的考尼茨也是认同的。[78] 但其他选项——要么是一场欧洲大战，要么是将奥地利排除在外的俄普瓜分大戏——更
148 是问题重重，特别是考虑到君主国的财政状况，奥地利选择了最不坏的选项，在1772年加入了与另外两个东部帝国对波兰的三次瓜分。在第一次瓜分中，奥地利获取了面积约8.18万平方千米，居住人口约265万的罗斯（Rus）、桑多梅日（Sandomierz）、克拉科夫（该城市本身除外）的巴拉丁领地（palatinates）。这些土地被整体重新命名为加利西亚-洛多梅里亚王国（Kingdom of Galicia-Lodomeria），以纪念它们此前16世纪时在匈牙利皇室治下的名号与地位。[79] 此外，奥地利还获得了布科维纳的一部分——一片面积不大但具有战略意义的土地，它提供了一座连接加利西亚和特兰西瓦尼亚的路桥，以及一个可以监视将来俄国对摩尔达维亚行动的岬角。

奥地利参与瓜分一事刚变得明确，哈布斯堡王朝的领导者们就面临着如何以及在多大程度上将波兰土地融入君主国的问题。依循奥地利以往的做法，考尼茨偏向于避免全面兼并及由此产生的管理加利西亚的全部成本。相反，他的设想是将新的领土变成一个半独立的附庸国，并让该国国民保留高度的自治权，允许他们在国内事务方面对波兰议会表示起码名义上的服从。这样的波兰，既能对将来俄国或普鲁士的扩张起到缓冲作用，还是奥地利将影响力渗透到波兰其他地区的入口。考尼茨将奥属尼德兰和米兰公国作为典范来参考，这两个地区都由外交部门管理，

而且“对于君主国［都没有］任何‘存在的’意义”。[80] 相比之下，约瑟夫二世据理力争，认为加利西亚应该完全并入奥地利的核心领土，成为哈布斯堡政府不可或缺的一部分。

考尼茨和约瑟夫二世之间关于加利西亚命运的分歧，反映了关于哈布斯堡王朝大战略在普鲁士战争结束之后何去何从的大辩论。在这场辩论中，为了实现最大化的安全，一方认为，应该保有一支更大规模的军队，而这支军队的资源基础，应由一个庞大的、经过合并的、资源专门用于战争的国家提供；另一方则认为，应该依循哈布斯堡王朝的传统，依赖于缓冲国和盟友，以及对国外均势的谨慎调节。这一分歧还反映了一种源于君主国构成的矛盾：君主国需要空间，并因此需要扩张，才能不落后于不断扩张的敌人，但是，要想完全地吸收通过扩张得来的资源，并从中获利，它就要面临难以逾越的内部障碍。我们将看到，这种矛盾在之后的几十年中，随着民族主义的兴起，只会愈加尖锐；而考尼茨和约瑟夫关于加利西亚的辩论，将会在梅特涅和弗朗茨一世关于奥属意大利地区领土的命运的辩论中，以更加戏剧化的形式再次上演。

制约俄国 149

第一次瓜分波兰表明，奥地利在东部陷入了更深的困境。在愈加不可阻挡的俄国扩张进程面前，它不能只是一味地退让。但是，它也不能公开地阻止俄国，而且，考虑到这个国家不断增长的军事能力，以及奥地利在处理更要紧的普鲁士威胁时对俄国支持的关键需求，更不能希望其成功。为了应对这一困境，奥地利在18世纪70年代的战略采取了第三种选择：通过更紧密的拉拢来限制它的东部强邻。

这种方式的要素，已经在奥地利的东部外交政策中存在了几十年；早在约瑟夫一世统治的时候，哈布斯堡王朝的外交官就将通过联合俄国来监视和赶上其扩张速度，视为东部战略的一项核心原则。到了俄国的叶卡捷琳娜二世统治的时候，区别就在于这次扩张不断加快的脚步和俄国对于与奥地利战略利益相关的地区的勃勃野心。[81] 这次扩张对奥地利东南部安全和其在欧洲均势中各方面地位可能造成的危险，在其旧联盟“瓦解”和奥俄紧张关系出现（自1761年开始）之后的一段动荡时期里，变得显而易见了。[82] 在1771年的一份长篇备忘录中，考尼茨权衡了奥地利如何才能在战略方面回应俄国实力的稳步增长——这种增长是以土耳其的衰落为代价的——的选项。这份文件值得完整地引述：

> 对国务要事进行一次扎实的判断的主要目的，本质上是要对最终目的有一个真实纯粹的理解，因为人们必须设想能够实现这个最终目的的手段。为了将这一普遍法则应用于目前的政治局势，并且从我们的角度恰当地判断局势，我们在俄国与土耳其宫廷的战争中注意到，除了我们凭借目前已经掌握的手段来寻求实现的最终目的，我们不需要任何东西来维持双方对立的现状，来弄清我们寻求的终极目的是否最有利于我们的福祉，以及我们目前使用的手段是否同样适合那个目的。
>
> 土耳其宫廷无法预测的战争准备和俄国军队的送上门的好运，都显著地改变了此前的局势，并且让俄国人拥有了对于土耳其人的巨大优势，这种优势从各方面来说都是危险的，让我们不得不认真思考。在这种危急的情况下，我们面前有四条路可走：
>
> 第一，是利用土耳其宫廷的弱点，并联合俄国对抗它。
>
> 150 第二，是支持土耳其宫廷。
>
> 第三，是什么都不做。
>
> 第四，是既不攻击俄国也不攻击土耳其，而是在条件允许的时候，对抗两者，从而设法实现我们的最终目标。
>
> 就最后一个选项而言，稍微想一想就足以证明它是错误的。我们辛苦赢来的信任和由此建立的可靠的政治信誉都将立刻荡然无存。我们将替所有人毁掉我们的信誉，并且彻底错失设立的最终目标；威胁将会增加，留给我们的，将是无法应对的后果。
>
> 第三个选项将让一切听天由命，既不扬善，也不止恶，但是总的来说，欧洲会普遍认为，由于俄国压倒性的实力和确定无疑的威胁，我们的行动是出于恐惧和虚伪的。然后，我们在正确的时间放弃我们的消极行为，以去除这种早已开始深入人心的不祥的印象。除了支持

> 土耳其人或者俄国人，我们别无选择。为了就选择哪一方形成一个明智的判断，我们需要评估自己真正的国家利益的以下几个层级。
>
> 第一层级：在双方都不获得优势的情况下结束目前的战争，不过我们将保留少量附加的优势。
>
> 第二层级：在我们得到附加优势的情况下结束目前的战争，确保俄国拥有尽可能少的优势。
>
> 第三层级：结束目前的战争，让俄国实现一些空洞的目标，但与此同时我们也实现了一些目标。
>
> 因此，如果我们决定在一开始就联合俄国人对抗土耳其宫廷，由此产生的直接后果将持续存在。[83]①

考尼茨的结论，是如果“在一开始便支持俄国人”，那么奥地利的处境将更好，因为它既能取得好处，又能避免负面影响。其中就包括一个区域性威胁——俄国可能取得对奥斯曼帝国的支配地位——和一个欧洲范围内的威胁——俄国与普鲁士之间的高度合作可能损害奥地利利益。前者的可能性，在俄军对奥斯曼军队取得的胜利中得到了证明，而且将在几年后的《1744年库楚克-开纳吉和约》中得到生动体现。根据这份和约，俄国将土耳其人从他们位于黑海北岸和克里米亚的残余阵地中赶了出去，并取得了商业渗透的权利，同时还为未来干预奥斯曼帝国内政奠 151
定了基础。在瓜分波兰的前奏中，1764年的俄普协约②与柏林和圣彼得堡之间的协作，都证明了后者的可能性。

随着18世纪70年代结束，考尼茨认为奥地利最好的，实际上也是唯一的成功希望，就是与俄国结成一种紧密而持久的战略伙伴关系；他还认为这在此后应当成为广泛形成的哈布斯堡王朝大战略的基础。重中之重，是达成一份以三个主要目标为基础的新协约——1781年奥俄协约。

首先，考尼茨想要获得一种手段，以监视、限制和赶上（如果可能的话）俄国在巴尔干地区的行动。在这个目标中，他寻求的是一种经典的

---

① 参考本书原文（英文）与所引文献（德文）翻译。——译者注

② 即1764年《彼得堡条约》。——译者注

制约性结盟，其主要目标不是像传统防御性联盟那样增强各种能力，而是要制约联盟中的其他伙伴。[84] 奥地利此前在1726年与俄国联盟，在很大程度上就是为了实现这一目标。在随后的战争中，哈布斯堡王朝的将领们就凭借这种联盟将主要的战斗负担推给了俄国人，并进一步了解了盟友的军事能力。1781年的联盟深化了这种合作，两个国家承诺，对任何由奥斯曼帝国发起的冲突，要在三个月内互相提供军事支持。[85] 奥地利的方法中，隐含着一种观念：拥有联盟的最大好处，就是可以避免没有联盟的危险。考尼茨多年后反思道：

> 每一种联盟体系，包括我们与俄国的，之所以明智、有效和必要，是因为它基于两大考虑——一个是真正的好处，即可以从它的存在中汲取的好处，另一个则是弊端……如果这个联盟不存在……如果我们从［与俄国的联盟中］获取的真正的［好处］只是偶然，那么，因这个联盟不存在而产生的真正的伤害就是不可避免的、迫在眉睫的和高度令人担忧的。[86]

第二，考尼茨想利用联盟来确保在俄国无法被制约的情况下，奥地利至少要有能力跟上其攻城略地的速度。1768—1774年战争期间作壁上观的奥地利，在和平到来的时候几乎一无所获——这样的结果通过最后时刻在波兰的行动才得以避免。与俄国的行动并驾齐驱，考尼茨写道："给我们带来了巨大的利益，而且未来也将如此。"尽管奥地利更希望看到一个虚弱的、由小型缓冲国支撑的奥斯曼帝国，它还是无法坐视俄国稳步地变得比它更大更强，而不想方设法地赶上他们。相反，一位历史学家
152 写道，考尼茨被迫接受了与俄国结盟"以消灭弱者"的"小恶"，以免遭受大恶——"俄国独自吞下土耳其具有战略意义的大片土地，从而给奥地利带来俄普共治东欧或俄国独霸东欧的潜在灾难性后果"。[87]

新联盟的第三个，也是至关重要的目标，是确保俄国在奥地利对抗普鲁士时为其提供支持。瓜分波兰的经验表明，当奥地利按兵不动或在东部抵抗俄国时，俄国和普鲁士的关系往往会更加紧密。这对奥地利来说是存亡攸关的危险。在短暂的巴伐利亚王位继承战争中，由于奥俄之间

缺乏紧密联系，俄国与普鲁士差点并肩作战。通过稳住东部联盟，奥地利人设法阻止了普鲁士利用这种机会进行拉拢的行动。考尼茨后来写道：

> 如果我们今天拒绝延续这个联盟，普鲁士和英国就会立刻张开双臂欢迎俄国女皇。结果一定是俄国、普鲁士和［其他大国］形成一个对抗我们的联盟。这样一来，我们就被完全孤立了……在这种被孤立的境地中，除了要遭受一切厄运，我们甚至不能与奥斯曼帝国讲和……［因此］毫无半点疑问的是，更新并延续我们与俄国的联盟体系是更明智、有效和必要的选择；至少我们最危险的敌人，也就是柏林朝廷，才渴望和寻求毁掉这种联盟体系。[88]

即使奥地利想要保留波兰这样的缓冲区，这所需要的抵抗或不作为政策也会带来高昂的成本。东部有一心想要侵略土耳其的俄国，北部有决心兼并奥地利地盘的好战的普鲁士，在这种情况下，哈布斯堡君主国唯一不能走的那条路就是采取骑墙态度。尽管奥地利断断续续地与俄国结盟已有几十年，但从这一刻起，哈布斯堡王朝的战略将把与其东部大国结盟的目标，放在其全部安全政策的核心地位。这种情况经历了拿破仑战争，延续到了梅特涅的时代，直到弗朗茨·约瑟夫治下才崩溃，而君主国面临的，将是灾难性的后果。

奥地利最后的土耳其战争

奥地利与俄国的深度联盟刚一签署，就迎来了一次重大考验。从1781年开始，克里米亚地区一系列反抗土耳其统治的起义，似乎很可能引发一场新的俄土战争。对于奥地利来说，危险在于这些对抗可能会将
战火烧到巴尔干地区和多瑙河公国。通过调动兵力，利用联盟提供的优 153
化航道，奥地利得以将危机遏制在黑海海岸，并避免了一场更大的战争。

但这只是延缓了胆气渐壮的俄国和大厦将倾的奥斯曼帝国之间不可避免的碰撞。在几年前呈给约瑟夫一世的一份不切实际的计划中，叶卡捷琳娜二世提议要扩张俄国的势力以肢解整个奥斯曼帝国，并通过复兴拜占庭帝国来取而代之。除此之外，瓦拉几亚和摩尔达维亚将被俄国监护

的新的“达契亚王国”（Kingdom of Dacia）所取代。这样的结果是奥地利绝不乐见的。几十年前，欧根曾对在巴尔干地区的过度扩张表示过担忧，而玛丽亚·特蕾西娅在去世前也表达了类似的观点：

> 瓜分土耳其人的帝国，是所有事业中最为危险的，其后果也是我们最为畏惧的。即使我们兵临君士坦丁堡城下，我们从攻城略地中又能得到什么呢？这些土地危机四伏，蛮荒蒙昧，要么人烟稀少，要么被奸诈阴险、居心叵测的希腊人占据［des Grecs perfidies］；它们非但不能加强君主国的实力，还会削弱我们。此外，我的家族一向乐于享有的［不做分裂之事的］尊重就将化为乌有，一去不返……甚至比我们瓜分波兰还糟……我希望我们的子孙后代永远不会见到［奥斯曼帝国］被逐出欧洲。[89]

俄国入侵和土耳其被瓜分的威胁一直延续到了19世纪。俄国的野心，在1787年战争终于来临时，让奥地利再也不能坐视不管。因为正是此前危机中的不作为，才让俄国吞并了克里米亚，而奥地利一无所获，还承担了动员的花销。

在进入战争时，相比他的前辈们，约瑟夫二世拥有更多的控制冲突条件的战略手段。[90] 奥地利和普鲁士的战争，让奥地利拥有了25万名现役军人。它的军队久经沙场，拥有大量的骑兵和最新式的火炮，还有众多的要塞提供支持。凭借最近在布科维纳和加利西亚获得的土地，这支军队能够更快地向主要战区施压。

和先前的哈布斯堡王朝统治者一样，约瑟夫也受困于一场南部战争的时间因素。如同以往，奥地利只有在其他边境区不面临紧迫威胁时，才能安心地将兵力集中于此。如此说来，与法国在欧根的1716年战争中制造的问题相比，普鲁士才是更大的麻烦——哈布斯堡王朝边境就在它的一支大军的打击范围内。危险在于，它会把战争当成进攻波希米亚或侵
154 占波兰部分地区的机会。尽管法国刚刚与奥地利结盟，它还是很可能抵不住趁机攫取奥属尼德兰的诱惑，而且在动荡的局势下，它甚至可能联手普鲁士向奥地利世袭领地发起攻击，就像它在1741年所做的那样。

为了防止这些情况发生，考尼茨更新了1756年的奥法联盟，从而让奥地利得以从其西部边境抽调兵力，并在波希米亚和摩拉维亚组建了一支威慑力量（共拥有50至80个营的步兵和35个营的骑兵）。[91] 此外，与先前战争不同的是，奥地利现在拥有一条北部要塞防线，可以在它的主力部队专注于南部的时候，用来遏制普鲁士的行动。和1716年与1737年时一样，它的目标是速战速决：一是为了避免给君主国的财政造成长期的压力；二是为了不给普鲁士乘虚而入的机会；三是要防止君主国的国内——特别是比利时和匈牙利地区——问题失控。[92]

没有这些准备工作，哈布斯堡王朝就无法将更多的兵力集中在南部。奥地利的将领们也能早早地为南部的战争制定详尽的计划，预测他们现在可能面临的情况。在1769年的一系列备忘录中，奥地利的高级将领们思考了这场战争应该怎么打的种种可能性。[93] 这些备忘录参考了最新的情报，评估了土耳其军队的组织、武器和战术情况。和之前几代考虑在巴尔干地区作战的哈布斯堡王朝士兵一样，他们也对缺乏创新的土耳其模式感到吃惊。尽管能够发起快速而猛烈的进攻，但是在这种进攻中“许多人都丢了性命……连传统的协同［战术］行动模式都不知为何物的土耳其人，依循着他们父辈所使用的奇怪的战斗模式，也不知道这是天性使然，还是另有动机”[94]。考虑到这种停滞的情况，他们推荐军队使用此前在对阵普鲁士敌人时磨炼出来的严控火力，同时只根据当地的地形情况作出有限调整的策略。他们从欧根的战役中吸取了教训，提倡运用今天所谓的“搜寻并消灭”的军事行动，通过方阵和设防军营兼有了小股部队的灵活和侧翼的安全。[95]

巴尔干的消耗

尽管计划周密，但一些因素还是阻挠了速战速决的目标。与1716年时不同，1787年奥地利的阵地中，包含了已然保持安定数十年的领土，这些领土也因此更易在经济上遭受敌人的破坏。为了保护这些边远领土，
约瑟夫二世将他的兵力散布在了一大片区域中，并因此失去了欧根曾在 155
他的战役开始时实现的集中力量进行打击的能力。[96]

战争一开始，哈布斯堡王朝的军事和外交谋划就明显感觉到了时间上

的压力。奥地利的部队在他们的阵地上待得越久，他们就越会被巴尔干战事所消耗。从位于奥尔绍瓦（Orşova）的要塞出发，奥斯曼帝国既可以向巴纳特和特兰西瓦尼亚方向进击，也可以进入塞尔维亚，迫使奥地利人进一步分散兵力。根据过去的经验，土耳其人也了解奥地利在对抗他们时有寻求速战速决的习惯，并且学会了通过四处出击来增加君主国的时间和金钱成本。“土耳其人对于拖延战争的执拗和尝试，”考尼茨在一份呈给皇帝的备忘录中苦叹道，意味着“我们的开支和牺牲将持续增长”。[97] 这样的压力很难在南部的战役中得到缓解，除非奥斯曼帝国主力部队被重创，或者敌军成功威胁到了君士坦丁堡——只要土耳其人还拥有他们位于南部的、由罗马尼亚要塞构成的第二道防线，后者这种情况对于奥地利来说不太可能发生。[98]

与俄国的联盟也会把战争拖长。由于奥地利处于中间地带，它就需要避免在巴尔干地区陷得过久，才能顾及其他边境，而俄国至少在当下就不必面对这些羁绊。事实上，由于俄国的目标是攻城略地和尽可能地击垮土耳其人，它就有将战争能拖多久便拖多久的动机，因为它知道自己比敌人更强。相反，奥地利不大可能得到多少土地。于是，奥俄联盟体系中的一个内在悖论便出现了：君主国赖以保障其整体安全的大厦——紧密的奥俄关系——却有潜力将其拖入漫长的战争，从而损害这种整体安全。

奥地利所面临的时间压力的主要受益者是普鲁士。柏林复制了法国在西班牙王位继承战争中使用的战术，在加利西亚和匈牙利挑起了动乱，并表示支持马扎尔人宣布独立。尽管这一诡计失败了，普鲁士的阴谋还是有效地搅乱了哈布斯堡王朝的国内局势。[99] 随着战争的进行，匈牙利变得越来越不愿意提供部队和补给了，尼德兰地区反对承受战争税务负担的声音也越来越大。奥地利因此需要将越来越多的小股部队从战区调走，并最终抽走了11.7万士兵，作为对比，南部部队数量为19.4万。[100]

柏林再次发起的破坏活动，也分散了奥地利的军事和外交资源。随着普鲁士军队在北部集结，双线作战的古老威胁再次浮现了，促使考尼茨警告约瑟夫：“如果我不告诉您，同时抗击两个像土耳其宫廷和普鲁士国
156 王这样的敌人——他们将包围整个君主国——是一项不可能任务……那

我就是失职的。”[101] 这种恐惧，以及军费支出的长期压力，最终迫使维也纳比俄国更早地退出了冲突。

在战争结束时，哈布斯堡王朝的军队比1718年的欧根占据了更大范围的土地。他们已经实现了他们的主要战争目标：把土耳其人逐出巴纳特和瓦拉几亚大部，将塞尔维亚的一大部分纳入奥地利的控制，并且向南推进到布加勒斯特。根据最终达成的《西斯托瓦条约》(*Treaty of Sistova*)，奥地利放弃了这些土地的大部分，主要是因为它负担不起管理它们的成本。奥地利保留了位于奥尔绍瓦的要塞，封堵了进入巴纳特的入侵路线，因为巴纳特易受攻击的特点一直是战争爆发的一个主要原因。以《卡尔洛维茨和约》与《帕萨罗维茨和约》的传统为基础，哈布斯堡王朝的外交官们利用了战后谈判来尝试争取长期的利益，从而巩固奥地利在多瑙河上的航行权，并强化瓦拉几亚和摩尔达维亚这两个缓冲国的独立性。

尽管对奥地利来说，土耳其战争的战果喜忧参半，但构成约瑟夫外交政策核心的奥俄联盟还是实现了其价值。奥俄合作遏制了普鲁士，并迫使土耳其人分散了他们的兵力，从而减轻了奥地利所承受的全面军事压力。哈布斯堡王朝在这场战争中付出巨大，但它却挫败了俄国瓜分奥斯曼帝国的大阴谋，因为奥地利在瓦拉几亚的封堵拦截，让俄国只能专注于在德涅斯特河以东的地方掠夺土地，并放弃建立俄国控制的达契亚王国的设想。[102] 直到60年之后，哈布斯堡才在一场危机中永远失去瓦拉几亚和摩尔达维亚这两个缓冲国，而那场危机，将给奥地利带来非常不同的结果。

在东南边境，奥地利没有什么好的战略选项。为了实现此处的安全，它需要在1 300千米的边境线上——这里荒无人烟，其军队的活动范围处处受限，而且大多数当地人口也心怀敌意——应对两个非常不同的竞争者：一个比自己弱，另一个则更强。在这样的环境中，奥地利需要完成两项相互矛盾的目标：在不失去土耳其这个稳定因素的情况下，从其弱点中攫取利益；在不让俄国统治东部的情况下，争取让俄国在西部提供帮助。即使它在这两项任务中都毫无疑问地成功了，这些地方带来的收益可能也是微乎其微的。但是如果它失败了，它的总体处境就岌岌可危了。

因此，评定奥地利的战略在这片边境上所取得的成功，并不是一项简单的任务；它不取决于君主国赢了或输了多少战争，或者夺取了多少土
157 地，而是在于奥地利在实现最好的结果（保留缓冲国并动员俄国帮它对抗普鲁士）的同时，在多大程度上避免了最坏的结果（奥斯曼帝国土崩瓦解，俄国独霸一方）。

从这个角度看，奥地利的东南战略在大体上是成功的。到了18世纪末，奥地利与俄国的安全联盟虽然越来越不平等，但还是有益的。因为这个联盟让奥地利实现了谋求生存的最重要的一个目标：防止普鲁士的扩张。它在东部保住了稳固的缓冲区，而俄国还未占有多瑙河公国。尽管奥地利确实永远失去了大部分欧根此前征服了的地区，它仍然持有一片广袤、连续且联系紧密的属地，不仅包括了匈牙利，还有巴纳特地区、布科维纳和加利西亚。它的匈牙利人口的忠诚度尽管从许多方面来说都比较暧昧，可在政治上和经济上都比1699年时更是君主国不可分割的一部分。作为一个边境帝国，奥地利成功地实现了最大范围的扩张，虽然这个范围还不及其统治者所愿，但在领土上却是完整和独立的。

或许，奥地利在东南部所取得成就的最佳衡量方法，不在于看它实现了什么，而在于它避免了什么。在18世纪，这样的情况发生了不止一次：哈布斯堡君主国在与西部敌人交战的同时，其两个东部敌人中的一个也在攻打它。在这个世纪的决定性争斗——西班牙王位继承战争、奥地利王位继承战争和七年战争——中，奥斯曼帝国确实站到了奥地利敌人的那一边，而且除了这三次战争中的第一次，匈牙利人都没有反叛。在奥地利于这片边境发动的三次战争中，它都避免了难以收场的困境。1716年和1737年战争的持续时间都没有超过两个战役季。虽然约瑟夫二世的土耳其战争比预期要长，但这是有意为之，即为了优先追求一个更有价值的目标：防范普鲁士。当更大范围内的战略环境不再允许在南部集中兵力时，维也纳便结束了战争。

奥地利也在东南部避免了无法承受的代价。那些在不利环境下实现了最大范围扩张，且还想更进一步的帝国，往往会引发高昂的财政支出。[103]奥地利通过避免因循守旧地建造长城，转而依赖更加灵活的防御系统，

降低了管理巴尔干地区——其环境最为恶劣，回报最为寡薄的边境——的开销。边境沿线大量先前修建的要塞让它获益匪浅。在军政国境地带，它构想出了一个有效的应急之策，其成本大体上可以实现自给。通过提供一些木质栅栏和税收减免，到了1780年，奥地利就接受了相当于17个步兵团的人力——如此众多的士兵，让这片边境为奥地利的其他战争输送了大量兵力。

缓冲国也抵消了维护边境安全的成本；像瓦拉几亚和摩尔达维亚这样 158
频繁引发麻烦的地方，如果哈布斯堡王朝尝试直接统治它们，只会付出更沉重的代价。同样，用于贿赂苏丹朝廷的金钱与本需要用来支撑边境军事建设的资金相比，不过是九牛一毛。通过释放别处所需的资源，并让奥地利将领得以在战场行动中“推卸责任”，奥俄联盟也帮助降低了维护边境安全的成本。在战略层面，即使在瓜分波兰之后，一直到19世纪，这个联盟都使得奥地利有效避免了在东北边境全线长期部署大规模防御和驻军的局面。对于一个最大地缘政治障碍是四面受敌的帝国来说，一整片边境的去军事化，可是奥俄联盟带来的一笔不小的收益。

我们将看到，在管理巴尔干地区时遇到的挑战，只会在接下来的世纪中变得更为棘手，而奥地利应对它们的可行举措却变少了。与此同时，君主国最重要的任务，不在于平定动荡的后院，而是处理北部和西部的更严重的威胁——这将是接下来两章的主题。

第六章 159

“怪物”：普鲁士与西北边境

法国国王不过是啃噬一下邻国的边缘地带……普鲁士国王却是直取人家的腹地。

——萨尔姆亲王（Prince Salm）

奥地利人去死吧。

——普鲁士国王腓特烈二世

在西北边境，哈布斯堡君主国的历史宿敌，是奉行军国主义的普鲁士王国。尽管身为神圣罗马帝国的一员，且在名义上听命于哈布斯堡王朝的神圣罗马帝国皇帝，普鲁士却有强取豪夺的野心以及实现这种野心的军事机器。在腓特烈二世（“大帝”）治下，普鲁士对哈布斯堡王朝的领土发动了一系列的战争。这些战争持续了40年之久，把君主国推到了倾颓的边缘。尽管在体量上比普鲁士更大，奥地利却很少能够在战场上打败腓特烈的军队。不过，它通过使用以地形和时间管理为核心的消耗战略，拖延了对抗，利用了人口、资源和盟友上的优势。首先，在1740—1748年的大危机时期，奥地利以拖延战术分散、消耗和驱逐了数量上占优的腓特烈及其盟友的军队。第二，在1748—1763年间，奥地利暗中缔结了联盟，并重组了其陆军，从而抵消了普鲁士的优势，迫使腓特烈转入战略守势。第三，在1764—1779年间，它通过修筑防御工事遏制了普鲁士，并最终封锁了北部边境。这些方法一起，让奥地利在反复的入侵中挺了过来，压制了来自普鲁士的威胁，还将普鲁士重新纳入了由哈布斯堡王朝领导的德意志体系。

160 北部的困境

在哈布斯堡王朝根据《卡尔洛维茨和约》向东扩张的同时，他们在西部也正经历着一段紧日子。几个世纪以来，哈布斯堡王朝政权的基础，是其作为神圣罗马帝国，或德意志帝国——一个由8世纪查理大帝建国以来一直存在的王国、公国和主教辖区组成的混合体——当选领导者的地位。自15世纪中叶以来，哈布斯堡家族在神圣罗马帝国的亲王中都居于主导位置，是他们推选出来的皇帝，负责利用德意志的资源在欧洲扩张他们的权力和影响力。在三十年战争中，帝国军队和北欧联军的战争陷入了僵局，让神圣罗马帝国伤亡惨重，也耗尽了哈布斯堡王朝的资源。

战争结束后，哈布斯堡王朝在德意志的权力被削弱了。最终达成的《威斯特伐利亚和约》（*Treaty of Westphalia*）承认了法国和瑞典对神圣罗马帝国事务的影响力，并强化了各成员国的主权。更重要的是，战争表明，哈布斯堡王朝已无力凭借武力来统治神圣罗马帝国。后来，哈布斯堡家族保住了他们的皇帝地位。但是他们所主宰的对象已与中世纪时大不一样：现在是由一些富足殷实、孤行己意的邦国构成，它们已经不像从前那样被德意志爱国主义和忠于皇帝的思想所约束，而且越来越意识到它们作为独立国家的特权和利益。

从三十年战争中崛起的新教邦国，是北部的德意志选帝侯领地（electorate）勃兰登堡-普鲁士。历经勃兰登堡伯爵领地（霍亨索伦家族的所在地）和普鲁士公国（曾是波兰王国的条顿附庸国）之间的一系列合并，这个选帝侯领地在17世纪末已显露头角，成为神圣罗马帝国内新教国家集团（*corpus evangelicorum*）的领导者。[1] 在表面上，普鲁士平平无奇，在1740年时人口只有225万，而奥地利则拥有超过2 000万的人口。它的商业不如它的邻国繁荣。由于波罗的海地区的土壤多沙，它的农业也不发达。事实上，进入18世纪时，普鲁士几乎没有通常用来解释大国崛起的那些特性。

波罗的海的斯巴达

让普鲁士脱颖而出的，是它的军队。为了调动资源，应对吞没他们国家的无休止的战争，选举人们粉碎了等级会议的权力，彻底抛弃了立宪主义，在除法国之外的任何欧洲国家之前，为一个军事官僚国家奠定了基础。[2] 161
在“大选帝侯”腓特烈·威廉（Frederick William，1620—1688年）治下，普鲁士在17世纪中叶的几十年中创建了强大的中央政府和常备军。在1701年，腓特烈·威廉的儿子，选帝侯腓特烈三世（Elector Frederick III，1657—1713年），已经有能力充分利用这些优势来要求哈布斯堡皇帝利奥波德一世同意普鲁士获得王国的地位，其统治者则得到“普鲁士内的国王”（“kings in Prussia”）的称号。在他的儿子腓特烈·威廉一世（Friedrich Wilhelm I，1688—1740年）治下，普鲁士成为一个军事化国家——后来，两者成了同义词。

冷酷严厉，俭朴节约，有着“士兵国王”称号的腓特烈·威廉一世，系统性地利用了普鲁士政府的力量，为未来的战争做好了准备。[3] 保守的容克贵族构成了一个忠诚的军官团体的基石。数量不多且分散，但总体上同属一个民族的人口，再加上来自其他新教国家的移民和来自国外的额外兵员，为一支高效专业的军队提供了基础。在腓特烈·威廉统治的27年中，普鲁士军队的数量从4万人涨到了8万人，最终吸纳了1/28的男性国民和约90%的普鲁士贵族。[4] 维持规模如此之大的一支军队，就需要将国家预算的一大部分（约3/4的全年税收）投入战争之中。结果就是，对于普鲁士这样体量的国家来说，其资源调动的程度太高了，它的军队最终占到了总人口数的7.2%，而相比之下奥地利则是1.2%至1.6%。[5] “根据计算，”罗德尼·哥瑟尔夫（Rodney Gothelf）写道，“如果其他欧洲大国像1740年的普鲁士那样建设他们的军队，那么奥地利和法国就将分别拥有一支60万人和75万人的军队。”[6]

与法国或奥地利这样的大国相比，普鲁士面临着严重的地理劣势，因为它就像一个群岛，土地互不相连。构成普鲁士的土地——伏尔泰称之为“边境带”——从西边的莱茵兰，穿过了易北河干流流经的勃兰登堡和波美拉尼亚，延伸到了东边的波兰领土。“在面对虎视眈眈的邻国时，由此导致的自卫问题，”斯科特（H. M. Scott）写道，“是极为棘手的：东普鲁士最远的边境距离莱茵兰的领地有1 200千米。”[7] 在早些时候，普鲁士的中心位置是入侵军队的必经之地，而且后来也再次成为一个军事上的重大不利因素。但是到了18世纪中叶，随着普鲁士的军事实力达到顶峰，这个王国的周边地理环境却为它提供了丰富的扩张路线：西边和南边是一群弱小的德意志邦国——汉诺威、布伦瑞克、明斯特和萨克森；东边则是波兰—立陶宛联邦这个死气
162 沉沉的巨人。作为一个被一些不那么好战的政治体环绕的军事独裁国家，普鲁士已经做好了扩张的准备。腓特烈·威廉所组建的军事机器，为塑造王国周边格局提供了一个强大而难以限制的工具，只待一个愿意用它实现这一意图的领导者出现。

裸露的边境

普鲁士的潜在目标之一就是哈布斯堡君主国。尽管比普鲁士体量更大、人口更多，奥地利在18世纪中叶的环境，对于应对来自这一方向的主要军事威胁来说，实在是不能更差了。在奥地利所有的边境中，波希米亚在这时是最弱的（见图6.1）。与南部不同，那里大片的恶劣地形让奥地利有时间为袭击做好准备，在北部威胁距他们最富庶的领土只有一步之遥。与意大利和神圣罗马帝国南部也不同，那里众多的缓冲国分隔了奥地利和法国，在北部，却只有一个缓冲国——萨克森——部分覆盖了这片边境。在东部，奥得河河谷提供了一条直通哈布斯堡王朝腹地的路线。尽管山脉保护了捷克地区的大部，西里西亚地区（君主国最富庶的地区之一）却位于山脉北部的平原上。一旦身处西里西亚，敌人就可以轻而易举地穿越众多标记清楚的山口，直击奥地利世袭领地的心脏地带，并且还能一路吞下哈布斯堡王朝最富有的领土（见图6.2）。

在应对来自北方的威胁方面，奥地利没有什么有力的军事举措。欧根死后，奥地利的军队不受重视，在波兰王位继承战争和之后灾难性的1737—1739年土耳其战争中节节败退。在这些战争结束后，哈布斯堡王朝的财力都已丧失殆尽，军队也实力减半，分散在帝国各处。[8] 与南部不同，奥地利在北部几乎没有设防。位于西里西亚的格洛高（Glogau）、布里格

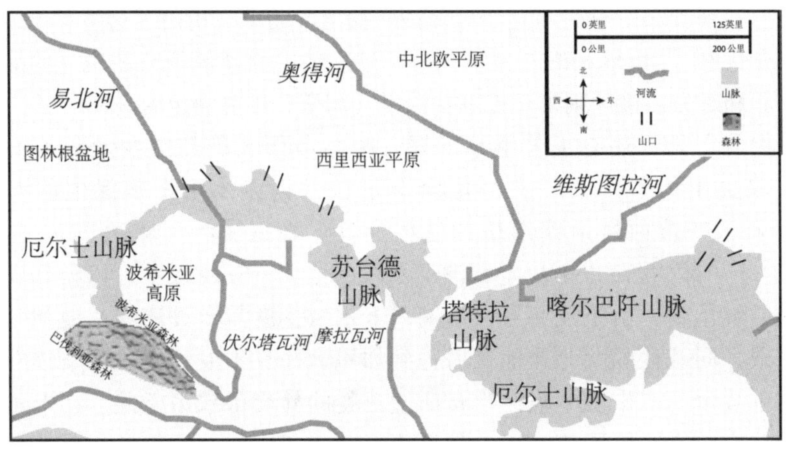

图6.1 哈布斯堡帝国的北部边境。

来源：欧洲政策研究中心，2017年。

163

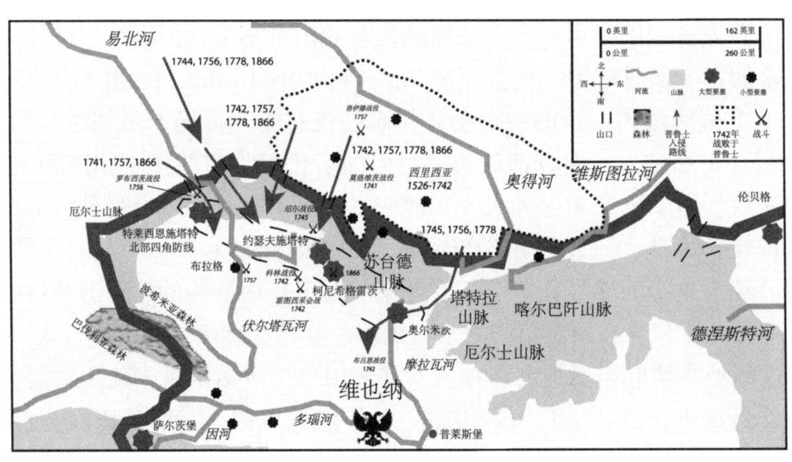

图6.2 普鲁士对哈布斯堡帝国的入侵。

来源：欧洲政策研究中心，2017年。

（Brieg）、布雷斯劳（Breslau）、格拉茨四座要塞均已年久失修。[9] 这里的山口无人把守，波希米亚和摩拉维亚缺少主要要塞，补给站和军械库也寥寥无几。1736年，一份针对这个区域内防御情况的汇报指出了这些不足，但遭到了无视。[10] 奥地利的联盟情况也不妙。英国因其最近与西班牙的战争而分心和乏力。俄国则忙于处理女沙皇安娜死后接踵而至的内部动荡。[11]

除此之外，还有王位继承问题。哈布斯堡王朝与盟友及敌人的关系，取决于国事诏书——一份由卡尔六世创设，用来确保他的女儿玛丽亚·特蕾西娅最终继位的法律文件。根据《萨利克法典》（*Salic law*）——自6世纪以来决定欧洲继承权的法典——女性不可以得到属于王侯的继承物。由于没有男性后嗣，卡尔六世就需要设法与其他朝廷达成一致，同意他的女儿在他死后得到加冕，并且不发动会长期荼毒欧洲的继承战争。二十多年来，哈布斯堡王朝的外交都致力于此。在卡尔六
164 世的首席外交官巴滕施泰因的领导下，这些工作成功赢得了所有欧洲主要大国的认可，其中就包括最重要的普鲁士的腓特烈一世。

尽管巴滕施泰因大获成功，在卡尔六世死后的岁月中，继承问题仍是悬而未决。这个问题在神圣罗马帝国内部尤其难以解决，因为两个邦国——萨克森和巴伐利亚——是欧洲仅有的两个不承认国事诏书的国家。萨克森的选帝侯腓特烈·奥古斯都二世（Frederick Augustus II），娶了卡尔六世哥哥约瑟夫一世的一个女儿，而巴伐利亚选帝侯卡尔则是他的连襟。在这一基础上，两者都认为，他们的后代对哈布斯堡王朝的领土拥有所有权。对于巴伐利亚人来说，他们之所以不承认，还有另外的原因：他们的统治家族——维特尔斯巴赫家族（Witelsbachs）——与哈布斯堡家族已经为皇帝的称号竞争了几个世纪。由于是选举性的而非继承性的，这个称号并不包含在国事诏书之中，也因此容易在继承之后引起争议。

这些动态削弱了奥地利将神圣罗马帝国作为政治工具来使用的能力。在通常情况下，这项工具可以提供一种天然的机制，有助于压制普鲁士的野心。在神圣罗马帝国这个联邦体中，普鲁士是皇帝的附庸。帝国为哈布斯堡王朝的君主们提供了影响和规训那些桀骜不驯的国王们的杠杆。其中之一就是帝国宫廷委员会——一个司法机构，皇帝可以用来收买和诱骗涉及领土纷争的成员。[12] 帝国还提供了一些军事工具。通过宣布帝

国战争（Reichskrieg）——一项与《北约》第五条款类似的集体防御条款——哈布斯堡王朝的皇帝可以要求德意志邦国提供军队并完成财政指标，以支持战备工作。即使在削弱后的后威斯特伐利亚政府中，它的这项功能也确实是有用的：在这个世纪早期对抗波旁王朝法国的战争中，为哈布斯堡王朝军力提供了重要的补充。然而，如此安排，是为了反制来自外部势力而非德意志邦国的威胁。奥地利集结德意志邦国军事援助的影响力，将会被不可避免的帝位争夺所妨碍。

腓特烈出击

正是在这种动荡的环境中，普鲁士于1740年迎来了一位新王。腓特烈二世在28岁时继承了他父亲的王位。未来的腓特烈大帝的军事造诣，还无法在这个年轻人的身上寻觅。令腓特烈着迷的，是哲学与音乐；他吹奏笛子，书写诗篇，还与伏尔泰通信。但他确实是为战争而生。腓特烈对启蒙 165
运动的热衷，掩盖了他尚武、尖刻、控制欲强的性格；他狂热地工作，会写一些粗鄙的打油诗来嘲讽他的敌人，还会在他的脖子上挂一小瓶毒药，以防他在战斗中失利。[13] 他厌恶女性，还是个无神论者。他把基督教称为“老套的、形而上学的杜撰之物”，而且更喜欢和男性打交道。[14] 很难想象出一个与保守、虔诚、常常拖沓敷衍的哈布斯堡帝国君主更不同的统治者了。

从他的父亲那里，腓特烈继承了一支训练有素、人数达9万的军队，和800万塔勒的预算盈余。[15] 在西里西亚，他发现了一个脆弱而肥硕的猎物。如果将其拿下，他的小王国的实力就会大大增加，其南部边境也会得到完善。西里西亚金属资源丰富，贡献了哈布斯堡王朝1/3的工业和年度税收，是欧洲最富裕的地区之一。腓特烈对于哈布斯堡王朝军队守住这片领土的能力嗤之以鼻。在年轻时，他曾跟随萨伏伊的欧根围攻菲利普斯堡，并且对奥地利部队涣散的表现感到震惊。他对哈布斯堡这个王朝充满鄙夷，并且急切地想要扩张他的地盘，因此，他对于夺取他们的土地，甚至在条件允许的情况下彻底瓜分他们的王国，是毫无愧疚的。

在1740年10月20日卡尔六世去世时，腓特烈就准备好出击了。除了一支整装待发的军队，这位普鲁士国王还暗中接触了法国，希望法国可以设法于战争刚打响的时候在西部开辟对抗奥地利的第二条战线。12月

16日，腓特烈在没有宣战和无视其父对国事诏书的承认的情况下，率领2.7万人的军队越过了奥地利边境，进入了西里西亚。这次入侵，标志着将近四十年的持续冲突和危机正式开始了。在此期间，哈布斯堡王朝的腹地屡次遭到侵略，战火烧到了除巴尔干地区之外的每一片边境，而且最终欧洲全境和大部分已知世界都受到了影响。对于哈布斯堡家族来说，这些战争将与之前那个世纪中土耳其人的入侵一样令人绝望，持续时间比奥地利在18世纪经历的所有战争加起来还要长，而且对于其生存的威胁的程度，也仅次于它在19世纪中叶将要面对的欧洲革命。

生存与战略

承受这些战争的主要压力的哈布斯堡王朝统治者，是玛丽亚·特蕾西娅。[16] 这位王朝唯一的女性君主，在她的父亲于1740年冬天去世时，才23岁。与腓特烈一样，玛丽亚·特蕾西娅此前几乎没有处理国事的经验，更没有与军方打交道的经历。她同样被启蒙运动的理性主义思想所吸引，
166 并且将会成为或许是哈布斯堡王朝历史上最大胆和最成功的政府改革者。但与腓特烈不同的是，玛丽亚·特蕾西娅极其虔诚和顾家，共生育了11个子女。天资聪慧、坚定不屈、体格强健的她，后来将她初登帝位时的棘手局面描述为“没有资金，没有威望，没有军队，没有经验……没有谏言”。[17] 在接下来的岁月中，她的斗志将被对腓特烈——她称其为“怪物”——的仇恨激发，并决意要夺回他执意保留的西里西亚。

从一开始，玛丽亚·特蕾西娅面临的主要问题，就是敌人在军事上的优势。作为一个意在收复领土且拥有一支强大军队的统治者，腓特烈掌握着战略主动权——这一点很快就显现了——和战场上的战术支配力。他的军队，尤其是他的步兵，几乎在每个方面——领导才能、后勤保障、军队纪律、机动速度和战斗精神——都要比她的更强。在腓特烈的天才指挥下，普鲁士军队在战争初期几乎是不可战胜的。尽管哈布斯堡王朝的战斗技艺随着时间的推移得到了大幅提高，最终在骑兵特别是炮兵方面超过了普鲁士人，但是，一直到18世纪60年代，腓特烈还是能够打败更加庞大的奥地

利军队的。

在设法应对普鲁士人的挑战的过程中，玛丽亚·特蕾西娅不像她的父辈在对付土耳其人时那样，拥有长久的思考时间和已然成形的战略框架。敌人大军压境，跃跃欲试，且强大无比；这样的威胁是存亡攸关的。为了应对这个问题，玛丽亚·特蕾西娅和她的顾问们构想的办法，最初是后发制人型的，主要目标纯粹是为了生存。然而，这些办法逐渐凝结成了一套专门为普鲁士威胁量身定制的条理清晰的战略。总体上看，它们的根本前提——这对于历史上的弱国来说毫不陌生——就是：打败一个难以战胜的敌人的最好办法，就是避免让敌人按照自己的方式进行战争。由于无力在战场上制服腓特烈，玛丽亚·特蕾西娅只能尝试消耗他。她的方法的精髓，就是将时间用于防御：在战场上，利用地形来拒止战斗，直至条件有利；而在外交上，要避免承担战争的全部压力，直至奥地利可以动员其联盟和军事人员。

这种基本模式持久存在于奥普之间的漫长争斗之中，可以分为三个阶段。在第一个阶段（1740—1748年），奥地利利用拖延、排序和侵扰，尽力保存了自己。在第二个阶段（1748—1763年），奥地利试图利用重构的联盟关系和一支得到改革的军队来恢复元气和收复西里西亚。而在第三个阶段（1764—1779年），奥地利利用预防性的战略，封锁了边境，遏止了未来的袭击。

保护性战略：交错与拖延（1740—1748年） 167

在奥地利王位继承战争的开局阶段，哈布斯堡王朝的战略，不是由能够实现什么，而是由必须避免什么来决定的。[18] 玛丽亚·特蕾西娅的目标，可以说与腓特烈的完全相反。腓特烈这个投机的收复失地主义者，想要迅速而彻底地征服西里西亚，按照他的方式作战，并且通过外交上的认可来结束战争，而为了支持这个目标，一场范围更大、让其他侵略者进入奥地利的冲突，将会增加他讨价还价的筹码，加大割让西里西亚的压力。玛丽亚·特蕾西娅则恰恰相反：她需要时间来调动她的资源，并“关闭”其他威胁从而专注于最大的威胁。在这8年的冲突过程中，玛丽亚·特蕾西娅精心打造了战略上的工具——其中一些简单但实用，其他的则源于此前哈布斯堡王朝的军事和外交文化，以及先前的经验——实现了这两个目标，并将有利的竞争时机掌握在了自己手中。

争取动员时间

奥地利的起始行动，是由一种必然性所决定的：抵御奥地利世袭领地所受的生存威胁，同时开展一场需要时间才能看到成效的资源调动。到了1741年，4支侵略军队已经踏上了奥地利的土地，局势万分危急。一位大臣写道："土耳其人似乎……已经在匈牙利了，匈牙利人已经全副武装，波希米亚的萨克森人和巴伐利亚人已经兵临维也纳城下了。"（见图6.3）[19]

在向北部派遣军队的同时，玛丽亚·特蕾西娅也向传统盟友——英国、荷兰和俄国——求援，目的是在腓特烈的侧翼形成军事压力，并将

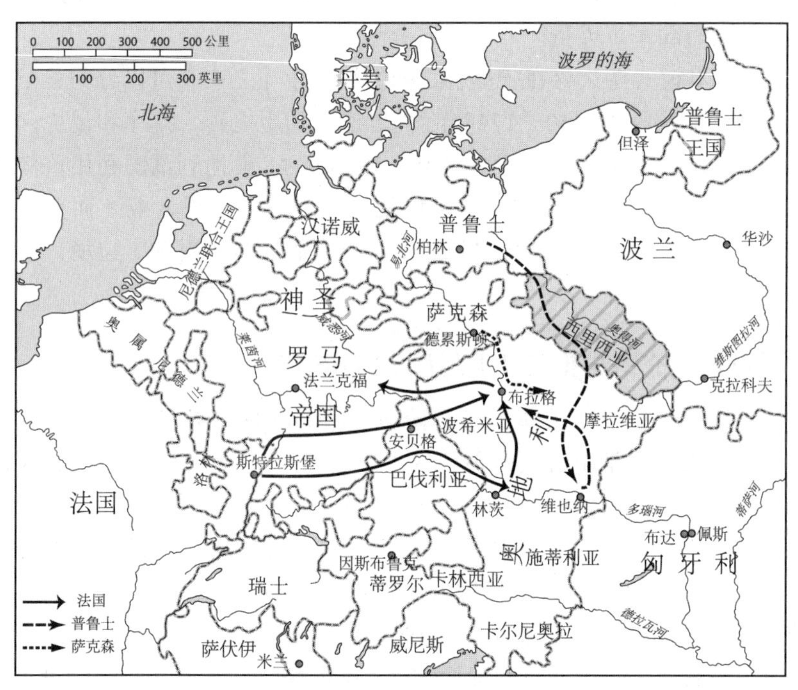

图6.3　1741—1742年间遭受攻击的奥地利。

来源：欧洲政策研究中心，2017。

得到的资助金，用于让奥地利四散各地、装备简陋的军团投入战场的动员活动。在促成这一联合的过程中，女皇将精力集中在了那些有理由害怕普鲁士野心的国家。其中就包括那些最靠近收复失地主义势力的国家：汉诺威及其背后的英国，普鲁士较弱小的南部邻国萨克森，夹在法国和普鲁士之间的荷兰，易受西班牙和法国攻击的皮埃蒙特。这一类国家，和战争中的所有联盟一样，是很难相互协调和紧密团结的。但是，奥地利的外交官们在与路易十四的战争期间，曾利用对法国霸权的恐惧，将那些愿意维持现状的国家团结在了君主国身后；现在，对普鲁士实力的恐惧，也为一个防御性的联盟提供了强大的黏合力。

在团结盟友的同时，玛丽亚·特蕾西娅也在战争的开局阶段开始动员
君主国自己的军队和资源。由于敌人占领了西里西亚和波希米亚与摩拉维 168
亚的大部，这些工作就需要集中在严格意义上的奥地利地区和东南部的领土，即匈牙利。考虑到王朝长期以来在从马扎尔贵族那里募集军团和军需时遇到的困难，这可谓是一项挑战。除此之外，玛丽亚·特蕾西娅仍然需要从匈牙利议会那里赢得继位的正式批准。但最重要的是，奥地利必须避免匈牙利人发动起义，从西部的危机——这样的危机，曾在西班牙王位继承战争期间分散了哈布斯堡王朝的注意力与资源——中占便宜。

玛丽亚·特蕾西娅克服了重重困难，实现了所有这些目标。尽管君主国在普鲁士入侵期间可能很弱小，但是她拥有两个应付匈牙利人的手段：宪法上的让步和马扎尔人的自豪感。远赴普雷斯堡的玛丽亚·特蕾西娅，直接向匈牙利议会发出了呼吁。自始至终，这趟行程都是一次公关上的成功。这位年轻的女皇，乘着一艘涂着象征着匈牙利的红、白、绿色的船只，顺着多瑙河抵达了匈牙利。她故作柔弱，打动了那些马扎尔权贵，激起了他们的责任感。这趟旅途之前的几个月中，玛丽亚·特蕾西娅尽管身
怀六甲，却仍然在为之后的加冕典礼练习马术，因为她需要骑马到山顶接 169
受圣斯蒂芬王冠。她还作出了宪法上的让步，扩大了这个王国的税务豁免范围，确认了匈牙利在哈布斯堡王朝管辖内的独立行政待遇。[20] 她的办法奏效了。[21] 匈牙利人不仅同意她继位，还发起了一道全体征兵令（*generalis insurrectio*），承诺为战争提供超过3万名士兵（大部分是骑兵）和400万弗罗林。虽然许多保证并未完全兑现，但是玛丽亚·特蕾西娅的外交手腕

却实现了更有价值的东西：阻止了马扎尔人在普鲁士战争期间发动叛乱。

更能有效解决哈布斯堡王朝燃眉之急的，是玛丽亚·特蕾西娅对于军政国境地带上那些吃苦耐劳的军团的动员。正如我们所见，格伦茨边防军并非传统的欧洲式的士兵，而是按照小型战争作战模式——突袭、侵扰和游击式的“打完就跑”的战术——训练出来的非正规战士。从来没有人在西部战场上尝试大规模地使用这样的士兵。但是对于玛丽亚·特蕾西娅来说，这些部队却是一支尚待施展拳脚的后备力量：他们数量众多，忠心耿耿，而且事实证明，他们的战斗能力也令人生畏。在接下来的岁月中，军政国境地带为西部的奥地利军队贡献了大量的士兵：在奥地利王位继承战争期间提供了4.5万名士兵（哈布斯堡王朝军队的总人数为14万），在七年战争期间提供了5万名士兵，其全部成本约占投入同等数量正规部队所需成本的1/5。[22]

分离敌人

玛丽亚·特蕾西娅也使用了将会成为奥普战争中极具哈布斯堡王朝特色的方法：通过排列冲突的顺序来避免同时与所有敌人交战。在西班牙王位继承战争中，奥地利曾经运用这样的方式，同时应对了位于意大利、尼德兰、神圣罗马帝国和匈牙利的战线（见第七章）。在对腓特烈的开局之战中，它面临着一系列同样分散的挑战。除了法国，巴伐利亚和萨克森的军队也加入了普鲁士的侵略。随着冲突规模扩大，西班牙和意大利小国热那亚与那不勒斯也作为奥地利的敌人掺和了进来。总而言之，在战争结束之前，奥地利面对着的，是位于波希米亚、摩拉维亚、上奥地利、莱茵河和意大利的活跃战线。

如果奥地利试图同时与所有敌人作战，那么它就必败无疑。君主国极有可能在战争早期——当它的盟友尚未进入战场，自己的兵力还未集结——油尽灯枯。为了生存，它需要想方设法地集中它那稀少的资源，直到均势开始向有利于它的方向转变。玛丽亚·特蕾西娅用几种方法做到了这一点。

170 首先，她努力阻止了新的敌人加入战争。奥地利在西班牙王位继承战争中学到的一个技巧，正如我们在第五章中讲到的，就是积极主动地平息那些尚未参与现存冲突的威胁。与匈牙利人的交涉，便是根据这个原则进行的。类似地，玛丽亚·特蕾西娅极力确保了奥地利与奥斯曼帝国之间关系的安定。玛丽亚·特蕾西娅复制了这个世纪早期约瑟夫一世曾经使用的方法，设法缓和了与土耳其人的紧张关系。她命令她的外交官们终止了近期战争中未解决的争议，并通过贿赂苏丹的朝廷，来确保土耳其不会踏入战场，加入普鲁士的阵营。

第二，玛丽亚·特蕾西娅按照轻重缓急，给已经进入战争的各个敌人进行了排序。其中，普鲁士是终极威胁，也是奥地利在这一阶段毫无应对准备的敌人。玛丽亚·特蕾西娅因此寻求了一种临时的和平，或者说静默期（*recueillement*），以恢复实力，专心于别处。在这次冲突的早期，正是出于这一目的，她曾吩咐她的外交官们想办法与普鲁士人达成停火协议。腓特烈本人由于想要通过速战速决拿下西里西亚，最终提供了这种良机。利用这一苗头，奥地利的外交官们协商出了《克莱因施内伦多夫停战协定》（*Convention of Kleinschnellendorf*）。这份临时的和约，让他们的军队得以从北部战事中脱身。他们的意图，是集中力量对抗其他敌人。之所以这么说，是因为玛丽亚·特蕾西娅拒绝了腓特烈在冲突中提出的“全面和解”。[23] 这位奥地利女皇**想要**战争继续，只是要在对她而非对她的敌人有利的条件下。她打算在解决了其他敌人之后，便继续与腓特烈对抗。之所以这么说，是因为她的外交官们在协定中不会永远向普鲁士人让步，他们最终只是含糊地同意失去西里西亚的部分地区。

第三，随着这一停火协议生效，玛丽亚·特蕾西娅开始优先处理最重大的危险：法国和巴伐利亚对上奥地利及首都的威胁。在西班牙王位继承战争中，当来自东部的库鲁兹叛军对奥地利世袭领地造成威胁时，奥地利曾经能够胸有成竹地降低此地的优先级，因为它依靠仓促构建起来的防线，便能抵御这些突袭者，同时还能专注于在经济上更加重要的意大利地区。[24] 但是来自传统欧洲军队的威胁就是另一回事了。在1741年末，这样的威胁有了具体的形式：法国-巴伐利亚联军大量涌入了上奥地利，并夺取了林茨。随着北部因停火协议而变得安宁，玛丽亚·特蕾西娅纠集了奥地利的兵力来对抗这一威胁，在从匈牙利派遣援军的同时，还从西里西亚和意大利转移了部队。这位君主发动了一场对于18世纪奥地利军队来说并不常见的冬季攻势，把敌人打了个猝不及防，将他们逐出了奥地利，赶过了巴伐利亚边境。[25] 尽管这次行动的代价是暂时将西里
171 西亚割让给普鲁士，并且削弱了奥地利在意大利的地位，但它还是巩固了奥地利在本土的地位，给君主国的外国盟友注入了信心。

随着这位女皇将兵力集中在上奥地利，她就迫使巴伐利亚——腓特烈联盟中最小的成员——转入了守势，将其部署在波希米亚的部队赶回了家。她随即令奥地利军队（其中就包括大量的克罗地亚人和其他的军政国境地带部队，他们不仅痛击了敌人，还残害了平民）进入巴伐利亚。从军事上讲，这一行动除掉了一个哈布斯堡王朝军队可以解决的目标，一旦北方的战火重燃，腓特烈就少了一个盟友。从政治上讲，它重创了巴伐利亚选帝侯——哈布斯堡王朝在神圣罗马帝国中的主要对手，在继位后成为神圣罗马帝国皇帝——的大本营。通过在冲突中先发制人，玛丽亚·特蕾西娅向神圣罗马帝国的其他邦国展示了奥地利持久不衰的军事支配力，增加了它们在战争爆发后站在她这一边的可能性。

游击战争

玛丽亚·特蕾西娅之所以能够决定战争的顺序，让奥地利获益，靠的不仅仅是外交方面的停火协议，还有游击战争。在集中注意力对抗巴伐利亚人的同时，这位女皇不得不想方设法地确保大批仍然留在波希米亚和摩拉维亚的敌军不被完全忽视。她用来侵扰他们的主要方式就是小型战争，这种进行非正规战争的做法，是从奥地利南部边境引入的。玛丽亚·特蕾西娅有一大批各式各样的部队可以完成这项任务，其中就包括匈牙利轻骑兵（hussars）和其他边境区的轻骑兵，以及大量的克罗地亚、塞尔维亚和哈伊杜克（Hajduk）非正规步兵。这些统称为潘都尔军团（Pandurs）的军队，不仅包含了组建于军政国境地带行政区的施行严格管制的格伦茨边防军，还有众多专为这场战争而征召的自由兵团。后者通常是由从穷山恶水的巴尔干乡村中招募的各类流氓——强盗、罪犯和冒险者——组成。[26]

这些部队使用的战斗技术，与当时腓特烈的军事机器所依赖的线式战术迥然不同。小型战争是一种野蛮残酷的战争，与哥萨克骑兵、科曼切

骑兵及世界边境地区中其他部落非正规军所使用的战法相似。当时的一位亲历者将其描述为：

> 惨烈到了极点；他们居住在山间与林地，从小就适应了艰难困
> 苦，他们谋生靠的是打猎与捕鱼，而不是制造手艺与耕田种地。每一 172
> 个与他们作战的敌人，都曾抱怨他们在战斗之后毫无宽容可言，而且当他们驻扎在与他们的君主交战的国家时，他们就会大肆劫掠，犯下暴行。[27]

普鲁士人害怕潘都尔军团。腓特烈的一位军官曾写道：“他们总是像盗贼与强盗一样藏在树后面，从来不像勇敢的士兵应表现的那样在开阔场地现身。”[28] 腓特烈告诉他的将军们，他们在战场上无法对普鲁士部队造成什么伤害，但是，“在森林和山间就是另一回事了。在那类地形中，克罗地亚人会伏在地上，藏在巨石与树木之后。这意味着你看不到他们从哪里开火，你也没有办法对他们造成同等的伤亡”[29]。

为对抗位于波希米亚的普鲁士和法国军队而部署的潘都尔军团，攻击的目标是补给线、补给站、辎重车队和孤立的支队。这种模式直击了18世纪军队的弱点：支持战场军队的后勤干线。在冬季，当普鲁士人需要寻觅粮草的时候，他们针对腓特烈位于摩拉维亚的军队的突袭大获成功。潘都尔部队在乡间无情地跟踪着普鲁士的部队，消耗着他们的兵员、弹药和士气。腓特烈恼火地抱怨道：“我们就要被匈牙利人和上帝创造出来的最该死的一群人给淹没了。”[30]

当地人口的抵抗，强化了潘都尔军团的突袭效果。痛恨普鲁士高压统治的摩拉维亚农民，在维也纳的支持下奋起战斗，并且从奥地利军队那里获得了武器和军事指导。[31] 潘都尔军团和当地起义军共同侵扰了普鲁士人，让奥地利可以将正规军的主力集中在别的地方。当腓特烈最终离开摩拉维亚时，他的军队已经疲弱不堪、士气低落，无法应对冲突的下一阶段。

当真正大规模地与普鲁士交战时，奥地利想方设法地放大了其非正规军施加给敌人的战略效果。这一时刻在1744年到来了。当时腓特烈终

止了临时的和约，率8万大军再次入侵了波希米亚。这一次，他很快就拿下了布拉格，并向南突破对维也纳构成了威胁，而哈布斯堡王朝军队还在莱茵河畔对抗法国人。在调动她的兵力时，玛丽亚·特蕾西娅的军队已经比战争初期时更加庞大、更加有经验。指挥这些军队的，是洛林的夏尔亲王（Prince Charles of Lorraine）和他的副官陆军元帅特劳恩伯爵（Count Traun）。

特劳恩是一名能力出众的军官，此前在波兰王位继承战争期间的卡普阿围城战中崭露头角，当时，他在用6 000名士兵对抗2万法西联军的情况下，坚持了7个月。[32] 夏尔和特劳恩对付腓特烈时所用战略的目
173 的，是消耗普鲁士的实力，而非直接与其正面对抗。随着巴伐利亚被迫中立，法军被赶回德意志，奥地利一旦从各地的基地召集其兵力，便能够在波希米亚集中大量军队对抗腓特烈。奥地利的指挥官们借鉴了此前在摩拉维亚的游击战法，他们相信，如果他们能够扼杀腓特烈从乡村获得补给的可能性，他就不得不撤出哈布斯堡王朝领土。夏尔亲王曾给他的哥哥写信，如果腓特烈要不顾一切地进入这个地区，他很容易就会陷入弹尽粮绝的境地："我相信上帝已使他盲目，因为他的行动只有疯子才做得出来。"[33] 腓特烈很快就预见了自己的艰难处境，他发现尽管他的军队实力强劲，他还是无法征服这片土地，因为这里的全部人口"从达官贵人，到城市长官，以及普遍的民心都对奥地利王室忠心耿耿"[34]。

由于拥有民众的支持以及来自西部的援军，奥地利人便开始拖延时间，不断骚扰和消耗腓特烈的军队。他们利用腓特烈的弱点，避免与其展开阵地战，并细致地利用了地形，绕过了主要河流沿岸的敌军纵队，选择在易守难攻的地方安营扎寨。在这些行动中，特劳恩想起蒙特库科利曾警告说："即使规模有限的战斗，也只有在一方拥有数量优势与更善战的士兵时，才可以尝试。"[35] 用今天的话说，特劳恩的战法相当于"后勤持久"（logistical persisting）防御——坚壁清野，创造一种恶劣的环境，让侵略者既不能持续地获得食物，也不能迫使防御者进行决战。[36] 在大批潘都尔军团的帮助下，特劳恩的军队不断地侵扰着腓特烈的后卫与侧翼部队，在夏尔亲王率主力军队到来之时，普鲁士人已经被严重消耗，连

一场大战都没打，就被赶出了这个地区。

恢复性战略：盟友、火炮与复仇（1748—1763年）

奥地利虽然挺过了王位继承战争，却也付出了巨大的代价，它在战
争上花费了8倍的年度税收，损失了数十万人，还目睹了其最富庶的地
区被普鲁士践踏。[37] 随着战争结束，厄运的兆头也显现了：如果哈布斯堡
家族想要存续，它就需要为下一阶段的战争更充分地做准备。在敌对关
系终止之前，玛丽亚·特蕾西娅就已经开始为未来做打算了。在这些工
作中，她得到了考尼茨的帮助，后者将在近四十年的时间中——从1753
年他被任命为国务总理开始，直到世纪末的对法战争开打——对哈布斯
堡王朝外交产生主导性的影响。[38] 作为古老的摩拉维亚贵族的一员，考尼 174
茨曾于此前的战争期间在意大利和奥属尼德兰担任外交使节，后来还在
《第二亚琛和约》（*Peace of Aix-la-Chapelle*）缔结时担当哈布斯堡王朝的
首席代表。才华横溢、与众不同的——弗兰茨·萨博（Franz A. J. Szabo）
用“个人主义者、享乐主义者、人文主义者和疑病患者”来描述他——
考尼茨给哈布斯堡王朝治国术带来了自巴滕施泰因以来未曾有过的聪明
才智，这种才能或许在几十年后才被梅特涅超越。[39] 他与玛丽亚·特蕾西
娅形成了一种密切的联系，这种关系在某些方面和迪斯累利（Benjamin
Disraeli）与维多利亚女王的关系很相似。正如一位历史学家所言，他在
各种大事小情中，“都像一个魅魔一样［掌控着］权力”[40]。

当君主国为其与腓特烈二世之间势必再燃的战火做准备时，考尼茨利用这种影响力，决定性地塑造了哈布斯堡王朝的外交和军事战略。他的代表性贡献，是在奥地利的联盟方面策划了一次大转向，放下了几个世纪以来与法国的世仇和对英国的依赖（此前的战争证明，后者是一个难以满足且不那么可靠的金主），转而与法国和俄国更加紧密地联结在一起。早在1749年，考尼茨就开始主张向这个方向行动，理由是普鲁士在可预见的未来很可能仍是君主国所面对的最大安全威胁。在法国，考尼茨发现，这个国家与奥地利对现状有着相同的看法，而且很可能感受到了来自腓特烈的无休无止的领土野心的威胁。

除了欧陆上另外一个陆地大国俄国，考尼茨还正确判断出法国（而不

是海洋国家英国）就是那个具备在未来的危机中为奥地利提供军事帮助条件的国家。在爱克斯·拉夏贝尔宫，他通过降低奥属尼德兰的重要性，换来了奥地利在意大利的地位的提高，为哈布斯堡王朝外交朝向陆地国家的转向奠定了基础，并因此减轻了奥地利对英国皇家海军的依赖。[41] 在1750—1752年担任法国大使期间，他努力策划了与凡尔赛宫的和解，这次和解最终在著名的1756年外交革命——一个提供相互援助以对抗普鲁士的防御性联盟——中取得了成果。作为这些协定的补充，他还促成了1746年奥俄条约的再次签订，要求“为了重夺西里西亚和格拉茨，并置他于再也不能破坏和平的境地，而‘与普鲁士国王交战’”[42]。

与此同时，考尼茨努力恢复了德意志邦国对于哈布斯堡王朝政权的信心。玛丽亚·特蕾西娅在继位斗争的最后阶段就心怀这一目标，当时她对那些选择对抗奥地利的邦国很是宽宏大量。在1745年的《菲森和约》（*Treaty of Füssen*）中，她将新的领土送给了正在从潘都尔军团的劫掠中恢复的巴伐利亚人，同时将一些重镇作为“抵押品”来占领，从而确保他们在再次选举时支持哈布斯堡人成为神圣罗马帝国的皇帝。[43] 通过宽容
175 对待巴伐利亚和萨克森，玛丽亚·特蕾西娅让神圣罗马帝国更加支持君主国成为“一个既不拥有无上权力，也不太过强大”（引述自一份奥地利的备忘录）的霸主。[44]

玛丽亚·特蕾西娅还系统性地加强了奥地利的国内备战能力。[45] 为了贯彻落实“与其乞求外国资金，进而陷入永远的从属地位，不如依赖自己的力量”这句格言，玛丽亚·特蕾西娅和她的顾问们，尤其是考尼茨和能干的豪格维茨伯爵，对哈布斯堡王朝的政府与经济进行了一次大规模的整顿。在1748年，也就是战争结束的那一年，她在旷日持久的斗争中成功地限制了等级会议的权力，要求它对预算作出更高和更可以预料的贡献。[46] 她发起了一次全面详尽的人口普查，记录了富人和穷人的财产，并提高了税收的效率。玛丽亚·特蕾西娅为了减少浪费还精简了政府，废除了冗余的机构，并让外地的机构接受维也纳的管辖。为了为这套经过合理化的官僚体制输送人才，她扩大了政治精英阶层，发放了新的贵族认证，豁免了曾经在战争中背信弃义的贵族。她废除了尚存的封建主义残余，削减了农民的劳动义务，把他们的常规劳动定额——遭人痛恨

的强制劳动（*Robot*）——转化为了固定的现金款项。[47] 这些变化不仅使得税收量在战时变得更多、更可以预计，还增加了人们对王国的忠诚。这些改革有一个宏大的战略意图：让更加强大的军事能力可以更加持久和可靠地支撑与腓特烈大帝的抗衡，确保奥地利在下一阶段成功的可能性更高。结果正如一位历史学家所言，哈布斯堡君主国发生了一次旨在“增加政府权威、资源和组织能力”的“革命性质变”——它始于一项实行了将近五十年的“前后一致的总体计划”。[48]

玛丽亚·特蕾西娅的改革也不可避免地深入到了哈布斯堡王朝的军队之中，最初是在指挥与控制层面。[49] 宫廷战争委员会经历了彻底的改革，目的是打造一个专注于其核心职能（即战争计划制定）的精干高效的机构。机构成员的数量遭到了裁减，军法和后勤的职能也被分给了独立的机构。后者成为一个新的军需部门——这个部门承担整顿混乱的供给系统（奥地利军队在上一场战争的初期曾因此损失惨重）——和新的工兵部队的职能。[50] 他们在维也纳诺伊施塔特建起了一座军事学院和一座专为军官设立的进修学校，并翻新了一所工程学院。在普通士兵层面，军队得到了扩充，为一支拥有10.8万士兵的常备军奠定了基础。玛丽亚·特蕾西娅尽力增加了匈牙利的军事贡献，合并了马扎尔人和非马扎尔人的部队，并且使这支军队成为增加匈牙利社会流动性的一条途径。[51] 她还设法更加系统性地利用了军政国境地带的全部人力潜能。此前的战争已经 176
表明，格伦茨边防军在非边境区的战争中具有巨大的潜能。在战争进程过半时，维也纳已经开始寻找最大化其贡献的方法。在约瑟夫·萨克森-希尔德堡豪森亲王（Prince Joseph Sachsen-Hildburghausen）的治理下，一套新的军事规范得到了推行，杂乱无章的自由兵团也被更加庞大和标准化的编队所取代。[52] 重要的是，这些组织方面的变化，是在没有尝试改变格伦茨边防军原有战斗模式的情况下实现的。

在扩大军队数量的同时，玛丽亚·特蕾西娅还设法提高了其质量。新近的战场经历提供了丰富的战术和技术经验。为了吸收这些经验，军事改革委员会成立了，并且被赋予了承担军队系统性备战的重任。[53] 这个委员会以夏尔亲王为主席，由拥有近来战争作战经验的军官组成，其中就包括陆军元帅道恩。他天赋异禀，是特劳恩的门生，曾在1744年的战役中帮助军队成功地从莱茵河撤离；还有约瑟夫·文策尔·冯·利希滕施泰因（Joseph Wenzel von Liechtenstein）亲王，他曾率领奥地利军队在意大利取得胜利。在创立一年之内，委员会就推出了一份标准化的训练手册。新的《规定》（*Regulament*）是奥地利军队史上的开山之作，它在普鲁士模式的基础上简化了步兵的行动与战术，其推行的变革沿袭到了1805年。[54] 为了学习《规定》和改进战术，军队在波希米亚设立了大型的训练营，以针对大型编队进行再培训、操练和赋能。[55]

在技术领域，奥地利人为改进炮兵部队投入了特别的关注和资源。对于这一时期的军队来说，火炮是最需要大量劳动和资金才能发展的武器，需要大规模的国家投资、先进的冶金学和工业才能生产。在18世纪40年代与普鲁士军队的碰撞中，奥地利军队发现，他们在这一技术方面的落后会引发危险。克服这一劣势，成为战后大规模现代化工作的重点。在炮兵部队方面实现“追赶”，并不是一项短暂或容易的任务，因为它不仅需要发展武器本身，还需要培养专门的技术技能和支持这些技能的军事机构。

改进火炮的工作由利希滕施泰因亲王领导。出身于欧洲最富裕家族之一的利希滕施泰因，在1742年的查图西茨会战（Battle of Chotusitz）中，差点死于普鲁士的炮火之下。这位亲王自掏腰包，资助了各种弹道学试验，并在波希米亚创建了一个新的炮兵部队司令部。[56] 利希滕施泰因在这个项目上共花费了1 000万弗罗林，最终在1753年制造出了一系列全新改进的火炮。[57] 他的努力基本上是依靠一个私人研发机构实现的，若非如此，
177 进展就不可能这么快。通过比较头两次战争中奥地利与腓特烈的炮兵部队，我们便可衡量利希滕施泰因的成功。在第一场战争中，奥地利拥有800名炮兵。在第二场战争中，它拥有3 100名炮兵和768门火炮，还有专门配备的燧发枪士兵、军需和布雷部队支撑。[58] 炮兵部队从哈布斯堡王朝军队中最不受重视的一部分，发展成了其王牌部队，还被认为是“18世纪奥地利对军事艺术的主要贡献”[59]。

通过改革联盟关系和扩充军队，玛丽亚·特蕾西娅和考尼茨设法让哈布斯堡君主国做好了重新与普鲁士开战的准备。这一次的目标在一定程度上是进攻性的，因为他们准备发动一场夺回西里西亚的战争。与被

罗马夺去西班牙的迦太基和被普鲁士占领阿尔萨斯–洛林的法国一样，奥地利的领导者们也因收复失地的欲望而振奋，因为这个地区不仅具有重要的经济价值，还象征着君主国在均势中的实力与影响力。然而，总体看来，她之所以这么做，是因为她正确预判了腓特烈会为了获得更多的领土而继续发动收复失地主义战争。尽管当前的目标是夺回西里西亚，奥地利的领导者们还是想要实质性地削弱普鲁士成为奥地利长期威胁的潜力。考尼茨设想了"一个'我们不必穷尽所有手段来保持武装，不必让忠诚的国民背上更多的赋税（而是减轻他们的负担）'的战后环境"[60]。如此说来，玛丽亚·特蕾西娅的目标在本质上是预防性的，她的意图是恢复失去的平衡，防止未来出现奥地利在18世纪40年代才刚刚勉强挺过的混乱局面。

为了实现这一目的，玛丽亚·特蕾西娅和考尼茨实施了一项分两步走的战略。首先，他们设法派出大量的盟友（比奥地利在上一场战争中拥有的还多）向腓特烈发起攻势。通过与法国和俄国结盟，奥地利便可以利用普鲁士的中间地带的地理环境，将战争的经济负担从哈布斯堡王朝本土转移到普鲁士自己头上。除了俄国与法国，奥地利的外交策略还成功地拉拢了萨克森（它在此前的战争中曾经改变过立场）和宿敌巴伐利亚。然后，作为这些联盟的一个副产品，奥地利的领导者们为哈布斯堡王朝军队实现了比上一次战争规模更大的兵力集中。由于没有法国和巴伐利亚的威胁，奥地利的军队便可以在一条对抗普鲁士的统一战线上集中。旨在实现奥斯曼帝国和意大利战线和平的战前协定，进一步支持了这个目标。矛盾的是，由于失去了西里西亚，军队反而可以在波希米亚地区河流附近的防御性地形上修建和完善前沿阵地。奥地利的将领们就计划将君主国经过扩充的军队集中于此。[61]

腓特烈再次出击 178

在预料到玛丽亚·特蕾西娅的意图之后，腓特烈在1756年8月先发制人地入侵了波希米亚。[62] 腓特烈的战争目标在某些方面与上一次战争的相似，只是现在他必须预测普鲁士东西方两个被考尼茨拉拢成奥地利盟友的大国——俄国与法国——的行动。为了避免让普鲁士陷入多线作战的境地（就是他此前迫使奥地利面对的那种窘境），腓特烈需要向他的主要敌人挥出一记势疾力沉的重拳，从而彻底挫败法国和俄国的行动；如果失败，他就需要调转他的军队的方向，从一个中央位置对抗其他两支军队。[63] 为了实现这一目标，他设想通过在1756年秋季发动一次战役来消除哈布斯堡王朝缓冲国萨克森的威胁，并在第二年入侵波希米亚，在那里，他的军队的补给将由这片土地的主人提供，这样做的目的是“扰乱维也纳的财政，或许还能让那个朝廷更加理智一些”[64]。

在迅速征服萨克森之后，腓特烈在1757年4月跨过边境进入了奥地利。与上一次战争一样，他从熟悉的山路进入，不过这次他率领着7万名士兵，是他第一次入侵时的两倍还多。与上一次战争一样，他的行进路线提供了多个目标，目的是将奥地利的军队压制在帝国最富庶的波希米亚地区，同时可以用突袭来威胁摩拉维亚，或者大举向维也纳进发。与上一次战争一样，腓特烈最初对他所遭遇的哈布斯堡王朝军队取得了许多胜利，于1756年在罗布西茨（Lobositz）挫败了奥地利和萨克森军队的会合意图，并在布拉格城外击败了由总司令夏尔亲王率领的奥地利军队。尽管在此前的战争中屡次败在普鲁士人之手，夏尔亲王作为玛丽亚·特蕾西娅的小叔子，仍然在哈布斯堡王朝军队中拥有显赫的政治地位。

虽然与上一场战争有许多相似之处，但是腓特烈很快就发现，他所面对的奥地利军队已今非昔比。从一开始，哈布斯堡王朝的军队就成功利用改进的后勤与规划工作，在前方战区实现了比上一次程度更高的兵力集中：在普鲁士人进入奥地利领土时，波希米亚和摩拉维亚已分别部署了3.2万与2.2万士兵。这样的部署让奥地利可以在战争早期更有效地对抗腓特烈，使得腓特烈无法轻易地使用哈布斯堡王朝的资源并进行迅疾制胜的攻击，而这正是他的总体战略所依赖的。

在战术层面，奥地利军队也展现出了玛丽亚·特蕾西娅的改革成效，让普鲁士军队即使在被迫撤离战场的战斗中也要付出高昂的代价。在边
179 境附近的罗布西茨初遇奥地利军队时，腓特烈遭到了陆军元帅马克西米利安·尤里西斯·布劳恩（Maximilian Ulysses Browne）所率大军的拦截，后者曾在1740年的第一次入侵期间指挥奥地利的西里西亚卫戍部队。在预判即将到来的战斗时，腓特烈发现，布劳恩已经将他的军队部署在

了易北河拐弯处的防御阵地，他的侧翼则驻守在山间与沼泽地。尽管最终失利，布劳恩却痛击了普鲁士入侵者，迫使他们的国王三思而后行。正如一位普鲁士军官后来所言：“腓特烈对抗的奥地利人，已非他曾连续4次击败的那批人……他面对的这支军队，在10年和平期中已经大大提高了对战争艺术的掌握。”[65]

在紧接着的战役中，奥地利军队利用各种手段与技术，赶上或抵消了普鲁士人在此前战争中已经习以为常的许多优势。哈布斯堡王朝的步兵更加沉稳可靠、训练有素，即使在重压之下也不会轻易溃散。克罗地亚非正规军仍然用以往的方式骚扰了普鲁士人的侧翼和补给线。但是除此之外，他们的数量也更多了，而且在阵地战期间更好地融入了奥地利人的战斗序列，让前进中的普鲁士部队在与奥地利主要战线接触之前，就遭受了人员的伤亡。或许最值得一提的是，奥地利炮兵部队的数量更多了，应用更加合理了，而且在技术上也要比普鲁士人的先进。“陛下自己愿意承认，”腓特烈的一位副官在给他的国王的信中写道，“奥地利炮兵部队要比我们的强，他们的重炮运用得更好，而且他们的远程射击更加有效——因为他们的火药质量更好，炮弹重量更大。”[66] 19世纪末德国军事学家汉斯·德尔布吕克（Hans Delbrück）（可以肯定的是，他并不喜欢奥地利人）后来承认：

> 这种武器的主要变化——即重型火炮的巨大改进——是由奥地利人而非普鲁士人首创的。奥地利通过探索，发现这些重型火炮可以用来抵御天性好战的普鲁士人。腓特烈后来也不情愿地同意了在这条道路上效仿奥地利人的必要性。在［1740年的］莫尔维茨（Mollwitz）会战中，奥地利军队拥有19门大炮，每1 000人才有1门，而普鲁士人则有53门，每1 000人约有2到2.5门。在［1760年的］托尔高（Torgau）战役中，奥地利人拥有360门大炮，每1 000人有7门，而普鲁士人则有276门，每1 000人有6门。[67]

改进的火炮让防御方占据了优势，有利于奥地利。为了跟得上行进部队的步伐，普鲁士进攻战术所需的轻型移动火炮牺牲了射程。奥地利的投入方向则恰恰相反，他们研制了更重、射程更远的火炮，可以在更

远的距离之外打击普鲁士军队的主要优势——步兵，同时又让普鲁士大
180 炮的回击鞭长莫及。通过在防御阵地部署大量重型火炮，奥地利人迫使腓特烈一次又一次地在不利条件下作战，在战场上消耗他的军队的同时，奥地利的非正规军又在战场之外让他蒙受了后勤方面的损失。腓特烈承认了奥地利作战能力的变化，表示他的对手已经“凭借他们的野营技能、行进战术和大炮的火力”成为“防御大师”。[68]

哈布斯堡王朝的指挥与控制水平也突飞猛进。在1756年，一个新的用来协调奥地利在战争期间战略的内阁级委员会成立了。这个“战争内阁”与秘密会议及另一个与专门处理军事事务的会议平行运行。[69] 尽管这些机构不可避免地存在一定程度的重合，但战争内阁的创立，通过将考量哈布斯堡政权各方面——军事、外交和经济——手段与目的所需的因素合并在一个地方，提高了君主国构想与实施一个贯彻始终的大战略的能力。这种效果又因考尼茨说一不二的存在而得到了强化，因为他与奥地利的陆军将领们保持着密切的来往，并且经常干预有关何时何地发起战斗的军事商议。[70]

战争开始时形势的逆转，也促进了哈布斯堡王朝计划在行动层面的改进。1757年，一个专业的总参谋部的基础奠定了，其汇报体系独立于由文官主导的宫廷战争委员会。[71] 这些变化，以及军官教育的提高和对地图与计划的重视，毋庸置疑影响了军队在战场上的表现。或许最高的称赞来自腓特烈本人，因为他正面评价了奥地利将领在表现上的变化，特别是他们基于地形布置防御的能力的提高。“奥地利将领在行事上的变化，”他写道，导致他们的防御阵地的“侧翼就像一座城堡，……正面则由沼泽和无法通行的地面——简而言之，由地形所能提供的各种障碍保护，”这让进攻行为“几乎无异于攻打一座要塞”。[72]

科林

在奥地利军队中，几乎没有任何军官能比道恩伯爵更称得上是哈布斯堡王朝军事进步的集中体现。这位夏尔亲王的下属，后来在战争中成为奥地利军队的高级指挥官。[73] 作为陆军元帅特劳恩的替补，道恩成年时身处欧根亲王的军队之中，正是在他的麾下参加了彼得罗瓦拉丁战役，并

且“学到了战争艺术的入门知识”，一位同时代的人写道。道恩出身于波
希米亚的一个没落日耳曼贵族家庭，他喜怒不形于色，头脑理智，与哈 181
布斯堡王朝的军事文化极为匹配，他“对地图了如指掌……德意志、匈牙利和波希米亚的每一个村庄的经纬度，他都知道”。[74] 在战争的间歇期，道恩作为军事改革委员会的一员，将这些技能派上了用场，他系统性地研究了奥地利军队的失败，为改进其未来的表现作出了努力。

在1757年6月的科林（Kolin），道恩让腓特烈吃到了他人生中的第一场大败仗。[75] 由于无法联系上夏尔亲王位于布拉格的主力部队，道恩只好从战斗中集结奥地利的残余力量，最终在城市东部汇集了一支4.4万人的部队，迫使腓特烈不得不分散军队，派遣3.2万士兵向他进发。和在罗布西茨的布劳恩一样，道恩充分利用了当地的地形，占据了一个固若金汤的防御阵地。他将他的主力部队部署在了科林村的南部，后卫和侧翼部队则驻守在河流与森林附近（见图6.4）。在沿着奥地利阵线所在斜坡向上行进时，腓特烈的军队发现他们遭遇了大量的奥地利步兵和来自道恩的固定火炮的密集火力。在节节败退之时，他们又遭遇了大量克罗地亚步兵和轻骑兵的骚扰，并被逐出了这片战场。

腓特烈在科林惨败的后果十分严重，以至于他被迫停止了对布拉格 182
的围城，放弃了入侵波希米亚的计划，并撤出了边境。在战争的这一阶段，奥地利终于能够考虑发起一波大规模的攻势，将普鲁士军队赶回萨克森和西里西亚，从而把战火烧到腓特烈的本土。与此同时，考尼茨先前的联盟外交的许多成效也开始显现。在北方，俄国军队入侵了东普鲁士；在西边，由小型德意志邦国——它们在当年早些时候曾一致向普鲁士宣战——部队组成的神圣罗马帝国军队，联合法国军队一起，对腓特烈在神圣罗马帝国南部的地位构成了威胁。

很难想象，在科林战役之后的几个月中，相比此前王位继承战争中类似的时间节点，奥地利的军事形势会遭遇更全面的逆转，君主国会面对更加迥乎不同的战略局面。正是在这一时刻，当普鲁士军队的运势似乎走到谷底之时，腓特烈在战场上取得了一系列惊人的胜利，重新夺取了战略局面上的优势。1757年11月，这位普鲁士国王在萨克森的罗斯巴赫（Rossbach）击溃了士兵数量两倍于他的法德联军，成功地逼迫法国这个奥地利的军事盟友退出

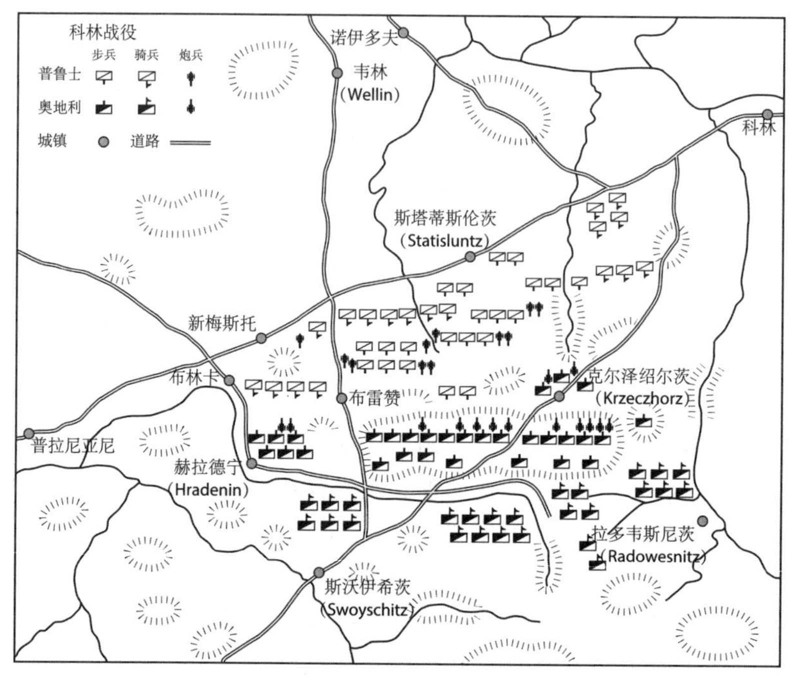

图6.4 1757年6月18日，科林战役。

来源：欧洲政策研究中心，2017年。

了战争。一个月后，在洛伊滕（Leuthen），他屠戮了由夏尔亲王和道恩率领的主力军（这支军队在科林战役之后曾捷报频传，并进入了西里西亚），夺走了奥地利先前胜利的战果，迫使哈布斯堡王朝军队撤到了波希米亚。

费边与汉尼拔

在洛伊滕惨败之后，玛丽亚·特蕾西娅用更加年轻、更具天赋的道恩，替换了夏尔亲王，因为他已经连续败在腓特烈手中。然而，随着战争的进行，哈布斯堡王朝的大战略遇到了阻碍，因为奥地利并不具备实现其目标的可用手段。即使在实力大增的情况下，哈布斯堡王朝军队在本质上，也只是一个被用来实现一个在根本上具有侵略性质的战略目标——削弱普鲁士——的防御性工具。奥地利可以利用经过改革的军队，超越它在此前战争中使用的以被动反应为主的“保存性”战略，并频频在战斗中击败腓特烈。但是它的军队的组成和上层将领的思维模式，却让他们无法适应在哈布斯堡王朝领土之外开展一场深入普鲁士腹地，且规模足以实现维也纳全部战略目标——收复西里西亚和削弱普鲁士在神圣罗马帝国内的地位——的侵略战争。

随着道恩和腓特烈都在君主国北部边境沿线调动军队，哈布斯堡
王朝战略中的矛盾自1758年起变得愈加尖锐。10月，道恩在霍克齐 183
（Hochkirch）突袭并击败了腓特烈的军队，让这位普鲁士国王损失了1/3的军队、几位将军和大部分炮兵部队。不过，在战斗之后，道恩拒绝乘胜追击，相反，他更想让他的军队原地待命，恢复实力。在上一年，同样的谨慎也让奥地利军队没能收割科林战役胜利的全部果实，在此之后，一支大胆但数量很少的轻骑兵突袭了柏林，这尽管在心理层面令人满意，却对提高奥地利的整体战略地位毫无用处。在霍克齐战役之后，考尼茨恳请道恩大胆行动，拿下萨克森的剩余部分，从而让腓特烈在下一年的战役季开始时处于劣势。[76] 尽管遭到施压，道恩还是很谨慎，也因此给了腓特烈喘息的机会，可以在冬天重整旗鼓。

道恩之所以行事拖沓，根本上是因为在那个时期，哈布斯堡王朝指挥官们普遍有一种根深蒂固的专注防御的战争哲学。用蒙特库科利也会认可的话说，道恩认为奥地利的将领们“应该［只有］在发现你从胜利中获得的好处，比你在撤退或被击败的情况下要承受的伤害大时，再进行战斗”。[77] 他又在别处写道：“上帝知道我不是一个懦夫，但是我永远不会尝试任何我断定不可能，或者不利于为陛下服务的事。”[78] 道恩效仿罗马将军昆图斯·费边·马克西姆斯（后者曾对更强大的汉尼拔军队紧追不舍，却又避而不战），认为奥地利的主要优势在于基于地形的拖延和拒止。他不愿意冒险让军队正面迎击腓特烈，而是更愿意如影随形地跟踪敌人，同时占据防御阵地，一旦遭遇攻击，就能让普鲁士军队陷入不利。

道恩对来自宫廷战争委员会的巨大压力不管不顾，仍然坚持使用这些模式。结果就是，腓特烈能够在战场上保持活跃，即使在大量损失部队和资源之后，还能继续根据自己的情况大规模地发动战争。大举出击和向柏林进军的想法和计划屡次遭到拒绝。[79] 尽管道恩遭受了批评，但现实

却是，哈布斯堡王朝军队这个机构仍是一项防御性的工具，其文化主张谨慎行事，领导具有保守倾向，很难放开手脚去使用。正如腓特烈在多年前关于自己的评论所言：“一个费边永远都能变成一个汉尼拔；但是我不相信一个汉尼拔能够遵循费边的行事方法。”[80] 道恩的表现却证明，这话反过来说也没错：就算在战争的政治目标提出要求的时候，像他自己这样的费边也没法轻易变成汉尼拔。即使在获胜的时候，奥地利的指挥官们多半也会回归他们最熟悉的老路：通过谨慎与策略实现自保。

184 奥地利手段与目的的不匹配，在外交领域——考尼茨试图拉拢并促成一个对抗腓特烈的有效的多国联盟——也显而易见。相比侵略性联盟，防御性联盟更容易组织和维持。奥地利曾经在众多受到普鲁士不断增长的力量和野心威胁的国家中，成功地集结了盟友。但是，要将这个群体团结在一起，让它的成员在多年艰苦卓绝的战争中经历频繁的战败与挫折之后，仍专注于共同的战略目标，就完全是另一回事了。

在历史上，奥地利在**管理**盟友集团上所作的努力，通常都要有神圣罗马帝国的邦国参与，这些国家不仅比君主国要小，而且在一定程度上因为历史习惯和既定体系必须接受奥地利的领导。在大规模的战争中，奥地利往往要从属于并在财政上有求于另一个大国——通常是英国。因此，在承担侵略性联盟管理者的角色时，纵使考尼茨智足谋多，奥地利所尝试的事业，还是在许多方面让它作为一个国家的手段相形见绌。奥地利的财政能力，不足以在一场漫长战争中，提供让盟友发挥作用所必需的资金，也没有一支足以用即将胜利的希望不断鼓舞盟友的侵略性军队。与它的军事改革一样，奥地利完全兑现战前联盟规划所获得的优势的能力，在一定程度上，因为它作为一个大国的构成而受到了阻碍。在军事和外交领域，君主国的地理位置，让它不得不为了安全和生存而发展战略，同时给这样的战略的实际执行程度施加了天然的限制。

禁锢腓特烈

尽管受限颇多，奥地利的军队和盟友最终还是让腓特烈就范了。联合起来的哈布斯堡王朝、俄国和瑞典军队，迫使普鲁士人在他们自己的领土上转入了守势。虽然腓特烈凭借他特有的胆量和天才仍然保留着大部分主动权，他的小王国所承受的多方压力，却严重消除了普鲁士所获大胜的战略效果。与此前的战争不同，奥地利的战略成功地迫使腓特烈更少地在奥地利土地上作战，更多地在他的本土打仗。1758年，当他再次尝试对哈布斯堡王朝土地使用他偏爱的掠夺战略时，在他侧翼待命的跃跃欲试的敌军却让他不能逗留太久；在因为哈布斯堡王朝位于奥尔米茨的要塞而停滞不前，且补给队伍被克罗地亚人追猎的情况下，他被迫撤退了——这一次，他再也没能卷土重来。在一年之内，道恩的天才副官，恩斯特·吉迪恩·冯·劳东（Ernst Gideon von Laudon），经过不断尝试， 185
于1759年在库勒斯道夫（Kunersdorf）实现了与俄国军队的战略会合，在那里，两个帝国的联军在一场战斗中击败了腓特烈，几乎摧毁了普鲁士军的战斗力。

在战争又持续了三年多的情况下，奥地利和普鲁士在物质上已然消耗殆尽。到了1763年，中欧的军事形势已陷入真正的僵局，当时普鲁士占据了萨克森和西里西亚的北部，而奥地利则占领着南部，包括萨克森首都德累斯顿和西里西亚的格拉茨县，后者虽然面积不大，却是位于被腓特烈夺取土地上的一个关键立足点。由奥地利、普鲁士和萨克森于1763年2月签订的《胡贝尔图斯堡和约》（*Treaty of Hubertusburg*），在大体上恢复了战前的局势。根据这份和约，一次多少算是平等的交易达成了：普鲁士放弃萨克森，奥地利则交出格拉茨。

根据玛丽亚·特蕾西娅的核心目标——收复西里西亚——来评估，可以断定，这场战争是失败的。但是，作为与腓特烈从1740年开始的大范围对抗中的一个环节，奥地利大战略的收益是更加积极的。如此看来，奥地利的首要需求，是在大体上稳固它作为中欧大国的地位，并明确制止腓特烈隔三岔五就想针对哈布斯堡王朝领土发动侵略性收复失地主义战争的野心。总的来说，玛丽亚·特蕾西娅成功实现了这个目标。她的军队在经过改革之后，不仅打停了尚未尝到败绩的普鲁士"怪物"，还和考尼茨促成的联盟一起，榨干了他的王国的生命力。虽然永远失去了西里西亚，但是萨克森——哈布斯堡王朝北部的一个至关重要的、唯一的缓冲国——却被保住了。如果萨克森被普鲁士兼并，腓特烈的王国将成为一个更加令人生畏的国家，从而对奥地利的安全造成极其严重的长期负面影响。

同样重要的是，奥地利经历冲突后，获得了复兴大国的声望。在欧洲的均势范围内，奥地利恢复了其地位，成为一个强大的、永久性的参与者，拥有缔结联盟以维持欧陆稳定的能力。在神圣罗马帝国内，腓特烈重申了普鲁士作为哈布斯堡皇帝附庸的地位——一个象征性但仍具有重大意义的让步，稳固了哈布斯堡王朝在神圣罗马帝国内的影响力。相比1740年腓特烈刚刚开始其暴戾统治时奥地利的危急处境，它在1763年的境况已然发生了天翻地覆的变化。君主国运势的扭转，要归功于玛丽亚·特蕾西娅和她的下属——尤其是考尼茨——所作出的矢志不渝的努力，他们全面组织并充分利用了奥地利作为一个大国的种种能力，并凭借它们实现了新的国家安全工作所提出的一系列政治目标——简而言之，因为他们执行了一个有效的大战略。

186 预防性战略：要塞、河流与威慑（1764—1779年）

在七年战争之后，奥地利的统治者们再次将注意力转到了对未来战略的思考上。23年几乎没有休止的战争，给君主国带来了极大的损失。仅最近的一次战争，就造成了超过30万奥地利人的伤亡，政府也因此欠下巨债，北部大片的村庄由于多年的占领、掠夺和丰收时节缺乏劳动力，仍在恢复之中。奥地利的领导者们面临的问题，是如何才能避免上述状况再次发生。

比其他人更努力解决这一问题的人，是约瑟夫二世。1765年，他成为神圣罗马帝国的皇帝，与他的母亲玛丽亚·特蕾西娅共同执政，并自1780年起成了唯一的君主。[81] 约瑟夫是普鲁士战争的产物。在第一次西里西亚战争之初，玛丽亚·特蕾西娅在前往匈牙利议会之前练习骑马时，已经怀上了他。在持续入侵造成的动荡中长大的约瑟夫，自幼就对军事事务感兴趣，并且对腓特烈非常着迷。和那位普鲁士国王一样，他也是一个绝对主义君主，致力于打造一个以宽容和开明管理为基础的强大的中央政府。他天资聪颖，行事冲动，被他母亲巴洛克式的宗教热忱和对国事的持久掌控搞得很是恼火。

约瑟夫相信，哈布斯堡王朝的安全可以通过运用理性的工具——逻辑、深思熟虑和计划——而获得一个更坚实的长远的基础。他曾在他的将领的陪伴下，在君主国的边境区上长途驰骋，考察地形的每一个细节。在北方，约瑟夫视察了近来与腓特烈交战的战场，并且仔细研究了波希米亚北部的山岭与河流（由于失去了西里西亚，这里现在成了北部边境）。在维也纳，他撰写了数不胜数的备忘录，组建了不胜枚举的委员会，以讨论如何在普鲁士再次入侵时保全边境的问题。

在这些活动中，约瑟夫的搭档是陆军元帅弗朗茨·莫里茨·冯·拉西伯爵。这位陆军元帅道恩的天才门生，是奥地利总参谋部的一把手，并且在道恩死后的岁月里，担任宫廷战争委员会的主席。约瑟夫和拉西从普鲁士战争中学到的最重要的一课，就是不充分的准备不仅会让奥地利更加难以防御，还会在一开始的时候就招致袭击。这些战争，约瑟夫写道：“非常清楚地证明了为未来做好万全安排的必要性。”[82] 做好更充分准备的一个重要因素，就是部署一支更加庞大的常备军。玛丽亚·特蕾西娅在战争间歇期对军队的扩张，曾经缩短了腓特烈在波希米亚的战役，并避免了新的领土丧失。“在此前的战役期间，”一份由高级将领在战后
撰写的报告论述道，“很明显，除非我们在边境保有的部队，与敌军所能 187
部署的部队同样庞大，否则敌人就能来去无阻。”[83]

为了应对未来普鲁士的威胁，奥地利的将领们预计他们将需要14万士兵——超过土耳其边境部队数量的三倍，而且还没有计算意大利、德意志和加利西亚所需的部队。一份报告表明：

> 波希米亚和摩拉维亚的局势要求，要对抗普鲁士国王，就必须拥有比他更多的部队，也就是说，任何时候都要有13万到14万人。对抗土耳其人，至少需要4万到5万人驻扎在巴纳特和多瑙河附近……为了保证这两条防线的所需的**最少**人数，战争主席因此建议至少要留20万人在战场上……［但是］我们还应该考虑此前提到的种种限制，即如果被迫双线作战，我们就需要一支30万人的军队，包括卫戍部队在内。[84]

长期满足这些要求并非易事。在预计数量算出之时，奥地利北方部队的数量已经比期望数量少了6万人。填补这个缺额将耗费巨资。早在1763

年，军费预算已经提高到了1 700万弗罗林，而且尚有额外的500万需要筹集。[85] 约瑟夫主张军队和预算都要更加庞大，但是也明白这些准备工作会给财政带来负担。“我们必须不断尝试将必需的安全和国家的福祉结合在一起，”他在给他弟弟的信中写道，“还要保证尽可能地降低前者保护后者的成本。”[86]

即使奥地利能负担得起一支更加庞大的军队，也不足以换来不受普鲁士破坏的安全。1756年那支庞大的军队未曾遏止腓特烈的侵略，只是非常艰难地将他们驱逐出了边境。一旦部署在北方，奥地利陆军就需要为防守多条入侵路线发愁，同时还要留意其他边境区。正如玛丽亚·特蕾西娅所言：

> ［腓特烈］拥有内线作战的优势，而我们需要跋涉两倍的距离才能进入阵地。他拥有我们没有的要塞。我们不得不保护面积非常大的区域，而且很容易遭受各种形式的入侵和叛乱……人们知道普鲁士式的阴谋诡计……他会用尽千方百计来突袭我们，直击我们的命门。[87]

由于西里西亚落入了普鲁士人之手，一支侵略军队便可以经由山口，从多个方向入侵，这迫使奥地利的指挥官们分散他们的力量，而且正如一
188 位将军所言：“完全不知道普鲁士人的意图。”[88] 近来的经验已经表明，这一切随时都可能发生，而当军队作出反应的时候，腓特烈已经在通往维也纳的路上了。一旦进驻波希米亚，他就能在军队追逐他的时候悠然拖延，用奥地利最富裕的地区来养活他的军队。正如玛丽亚·特蕾西娅所言：“这个怪物一直拖延他的战争……直到一切安排妥当，万无一失。”[89]

易北河要塞

为了遏止未来普鲁士人的侵略，约瑟夫和拉西想要在波希米亚北半部建造一系列的要塞。“原则上讲，”拉西解释道，“防御工事对于国家的安全来说绝对是必需的。”[90] 他们认为，没有这样的防御设施，腓特烈就会蠢蠢欲动，同时迫使军队“依赖于后方据点和军械库的建立，这样一来，补给的运输就会变得艰难和昂贵，成为国家的负担”[91]。约瑟夫和拉西认为，只要没有这样的防御工事存在，腓特烈的进攻就不会被遏止。1767

年，拉西曾担忧，“考虑到我们在最近的一次战争之后，没有立即开始建造［要塞］，普鲁士国王［可能不会］等待这样一项工程完成，［而是］会在一道新的屏障建好之前，就将他的侵略意图付诸行动”[92]。

1758年，位于奥尔米茨的营垒，曾轻易阻止了腓特烈最后一次的入侵尝试，这就表明，布置妥当的要塞具有增强波希米亚防御的潜力。当地的地形也有利于这样的固定防线。道恩和拉西在最近的战役中发现，易北河的形状及其数量众多的急弯和支流，非常适合保护事先设置的防御阵地的侧翼。河流的河道刚好位于山脉底部以南，与主要入口有一定的距离，这就使得位于其中心的防御者可以快速向东或向西转动，从而保护一大片边境区。

为了给北部边境修筑防御工事，约瑟夫和拉西征求了一个法国军事工程师团队的意见，最终选择了覆盖每一条主要入侵路线的位置——一个位于易北河西端、纳霍德山口（Nachod Pass）以南，另一个位于易北河东端、德累斯顿和布拉格两地之间以南。在前一个地方，奥地利人在奥得河与易北河位于柯尼希格雷茨（Königgrätz）的交汇处附近建造了一个大型要塞。[93] 几年之后，他们在上游19千米处的普莱斯（Pless）——这里的一片大平原为集结一支庞大的军队提供了足够的空间——建起了第二座要塞，即约瑟夫施塔特要塞（Josephstadt）。这两座要塞，在普鲁士军队离开苏台德山口后通常集合的地方（用约瑟夫二世的话说，这里“自然是易北河最薄弱的地带”）设下了障碍。[94] 为了保护东部通路，他们在埃格河和易北河的交汇处附近建造了第三座要塞，并命名为特莱西恩
施塔特要塞（Theresienstadt）。这座面积超过3平方千米的要塞，被设置 189
在了腓特烈1741年和1744年入侵时的两条路线之间，取消了普鲁士军队曾经享有的将兵力借助易北河运往利特梅里茨（Leitmeritz）的优势。[95] 除了这些大型建筑，他们还建造了无数小型要塞。他们在亚布伦卡山口（Jablunka）附近建造了一个星形的土墙，又在山谷中布下了碉堡和瞭望塔，还建造了前线补给站和军火库，并加强了主要城市的防御能力。

封锁线问题

拉西为强化哈布斯堡王朝防御能力所做的工作，后来与“封锁线”这

个概念——通过将兵力均匀地、尽可能长距离地展开，以覆盖所有可能进攻点的做法——联系在了一起。[96] 封锁线在18世纪和19世纪早期的军事文献中经常出现，而且通常被指定为防守崎岖地形的最佳模式。[97] 哈布斯堡王朝军队在其存在时期内以各种形式使用了封锁线，在战争的开局阶段，他们就将经过分化的部队展开在边境上，以侦查和拦截位置和实力均未知的入侵者。我们将看到，这样的做法，让哈布斯堡王朝军队在法国大革命战争早期处在了不利的地位。

后来的军事学家批评了拉西，因为他所提倡的分散阵地，导致他们被集中兵力的对手击败了。[98] 这样的描述并不完全准确。首先，虽然拉西为波希米亚制定的计划确实需要在边境区建造一批要塞，但它们的主要目的不是分散兵力，而是集中兵力。作为道恩的学生，他一定会同意他的导师所说的“你无法同时防御所有地方”；正如拉西所写，“经验告诉我们，军队的战力和数量并不是战争中的决定性因素，”他还警告不要尝试“同时树立多个目标”。[99] 问题在于，如何在一个帝国内实现兵力的集中，尤其考虑到地理环境上被包围的情况和地域的广袤本就加大了集中的难度。在铁路问世前的时代，这个问题的答案就是修建要塞，从而让一部分兵力可以留在战区。要塞使得少量的士兵就能监视一个地区（没有要塞的话就需要一整个兵团），让其余的部队可以撤回到内线。当麻烦出现时，用拉西的话说，部队可以联合起来在受到威胁的地点做“外科手术”：

> 如果别的地方爆发了一场危机，部队可以根据需要进行转移……
> 除了要有能力为所有的前线阵地配备随时待命的卫戍部队，而且，根
> 190 据战争的要求和敌人的动向，所有的兵力还要能够被调动到单个要塞
> 中。因此，无论分布得多么不均匀，所有的卫戍部队都要做好随时执
> 行不同行动的准备。[100]

拉西的北部防御概念，不是仅仅用易受攻击的要塞屏障来拦截和击败入侵者，作为一位18世纪的军官，他深知将成排的要塞成梯次配置的重要性，因为这样才能保证在危急时刻它们可以相互支援。当时的一本奥地利防御工事手册描述了这种做法：

> 仅用一座要塞来保护一整个国家，就像仅用一个新兵来防御一个阵地，是远远不够的……用两条呈棋盘格状（*en échiquier*）连续排布的防御工事防线，就能让一个试图入侵别国的敌人所需要克服的障碍变得难以逾越。在防御一个没有［这些］的国家时，想要保护补给站和军械库，防御者就必须总是处于它们的前方，一条要塞防御链不仅保护了所有的军械库，还保护了进行军事行动的兵团或军队的阵地。它们可以根据情况增强和恢复伤害，甚至躲过一场大规模的对抗。防御工事链条可以保护我们军队的后方与侧翼，这样他们就可以在要塞之间部署和自由移动，而敌人则会犹豫不决，不敢在这些阵地之间移动。[101]

这样部署要塞的价值，自古代起就为人深知。奥地利南部边境的防御工事，正是以这种方式布置的，其边界要塞由相距160到320千米的内线要塞提供支援。相比之下，（在西里西亚的要塞陷落之后）北部边境没有前线哨所，也就是说，内线要塞——奥尔米茨、布拉格、布吕恩——在最近的战争中被迫承担了防御的压力，这给毗邻的耕地和哈布斯堡王朝的经济带来了毁灭性的后果。通过在易北河建造要塞，拉西试图补救这一缺陷；他的目标不是建造一道孤立无援的前线屏障，而是为一个纵深防御姿态提供缺失的部分，因为这种姿态随着西里西亚沦陷，已经过于依赖其后方的组成部分。

在这一和其他方面上，拉西的防御计划必须放在一场多线战争的背景下去理解。“鉴于情况总会变化，”1767年的白皮书曾主张，“明智的做法，是用君主国一切可利用的资源来为一场双线战争做准备。”[102] 当这样一场战争真正到来时，奥地利的兵力将会被稀疏地展开，以便同时奔波于两条战线之间。堡垒的作用，体现在它使得少量的部队就能将敌人压制在一个区域内，同时可以让主要力量集中起来对抗另外的敌人。18世
纪60年代，当奥地利在北方缺少要塞时，南部要塞曾让奥地利能够将其 191
陆军的大部转移到北方。通过在北方建造类似的防御工事，拉西想要具备实施相反做法的能力。

但是拉西并不认为仅靠要塞就能保护奥地利；与此前和之后的哈布斯

堡王朝军人一样，他把要塞视为一个大范围、多层次、延伸到了边境之外的防御系统的一部分。在踏上奥地利土地之前，敌人首先将要对抗的，是“我们盟友预计将会提供的援军”，以及我们的监护国要塞和奥地利缓冲国的附庸军队。在边境区，入侵者将会被设置在天然入口处的前沿要塞阻拦；在其后面，还有由内线军械库和要塞组成的第二道防线；最后，他们要面对的是主力军。这种天然和人造的层层障碍，让奥地利在一场多线战争危机中具有了韧性，而且在北方的作用极大，因为奥地利缺少广袤的隔绝空间来缓冲针对奥地利世袭领地的攻击。

拉西计划的实施

拉西寻求的，是兵力的集中，而非分散。当他的计划在1778年短暂的巴伐利亚王位继承战争中接受考验后，这一事实便得到了证明。像他们在此前经常做的那样，普鲁士人经由山口入侵了——腓特烈率主力部队借道纳霍德，另一支普鲁士纵队则从劳西茨（Lausitz）向南进发。腓特烈的计划与之前一样，是让这些兵力像一把钳子一样移动，并在利特梅里茨附近熟悉的陆上运输线会合，让奥地利人再次陷入选择保卫摩拉维亚还是首都的两难境地，与此同时，他的军队将践踏这些地区，消耗这片土地的资源。

拉西没有上钩，而是通过在易北河进行防御性兵力集中阻止了这次入侵。不过拉西的准备工作没有全部完成，柯尼希格雷茨要塞刚刚经历重大的改进，特莱西恩施塔特的土墙刚刚建好。[103] 在一份题为《波希米亚王国联合防御方案》的战争计划中，拉西详述了奥地利的战略：“由于［波希米亚］四面受敌……［而］不断逼近的危险也因此是来自四面八方的……我们必须制定这样一份集中方案……我们的军队（尽管尚未全部集结）借此可以确保有能力进行联合，同时让敌军纵队相互分隔。”[104] 在早先的规划中，拉西曾保证这个战区将部署足够多的兵力，从而避免敌军突袭和自己弱点造成的问题，这些问题曾经在第一次西里西亚战争伊始削弱了哈布斯堡王朝的军事力量。与过去不同的是，拉西的准备工作让腓特烈不得不面对一道由位于易北河后方堑壕中的防御军团组成的密集防线。“随着上易北河从阿尔瑙（Arnau）流向柯尼希格雷茨，这条河

在波希米亚形成了一个弓形，”拉西的战争计划总结道，“我们的主要防 192
御阵地就应该建立在这一地区。”[105]

事实证明，拉西在易北河上所选择的据点，恰好就是腓特烈想要让他的纵队会合的地方。当普鲁士人到达时，他们惊讶地发现了大量的奥地利人。由于奥地利军团排列紧密，而且由“每个营配备15门火炮的大量炮兵部队”支援，腓特烈只能被围困在摩拉维亚，与不断会合的奥地利部队对抗着，与此同时，一支较小规模的普鲁士部队消失在了布拉格附近的乡村。[106] 腓特烈拒绝进攻拉西的阵地，在撤回到边境之外之前，又按兵不动了三个月。这场短暂的战争花费巨大。但是其结果却证明，拉西将易北河发展为一道防御屏障的战略是正确的。[107] 这场战争的别名——“土豆战争”，得名于普鲁士部队赖以维持生命的土豆——从奥地利人的角度来讲，极为恰当地给普鲁士战争画上了一个句号，因为1763年后战略的主要目标，就一直是戒掉腓特烈的恶习——用波希米亚南部富庶的乡村来养活他的军队。拉西的防线实现了这一目标，截断了普鲁士人的补给，剥夺了腓特烈通过经济施压逼迫维也纳作出让步的能力。在下一个世纪，奥地利和普鲁士军队用类似的战略在相同的地点进行了对抗，但结果却完全不同。不过，目前拉西成功地关上了君主国北部的后门。

奥地利在普鲁士战争中幡然醒悟，从此开始常态化地使用大战略。与其东南边境的情况不同（那里几个世纪以来的冲突，刺激了防御理念和基础设施的发展），奥地利在1740年之前，没有与普鲁士发生重大冲突的经历。在开始与腓特烈交战时，除了少数不受重视的卫戍部队和陈旧落后的神圣罗马帝国体制，奥地利几乎没有一个可以一以贯之的战略，或者是专门用于特定区域的战略手段。经过三场战争和39年的时间，奥地利崭露了头角，拥有了一支现代化的军队，欧洲最优秀的炮兵部队，一套合理化的税收与行政系统，以及一个精密的要塞网络。

哈布斯堡王朝的战略表现在普鲁士战争期间愈发成熟：从谋求生存、避免战败的被动反应计划，到一个旨在收复失地的恢复性战略，再到一个旨在让奥地利在未来冲突中占据优势的预防性战略。第一个战略的目标是生存，第二个是复兴，而第三个则是稳定。在南部，奥地利想要确保在面对较弱对手时实现速战速决。在北方则不同，它通过拖延冲突，动员内部资源以及盟友，来共同对抗一个在军事上更强大的对手。在奥地利王位继承战争中，哈布斯堡王朝的外交官们用临时的协定，把冲突化解成了可以处理的部分，与此同时，哈布斯堡王朝的将领们利用地形
193 和非正规军纠缠并阻碍了在战术上更占优势的敌军。在七年战争中，奥地利使用扩大的联盟，给腓特烈二世施加了时间压力，创造了当时难以想象的、其军队都无法完全利用的军事机会。在巴伐利亚王位继承战争中，奥地利的军事技术与易守难攻的地形有效结合在了一起，从而获得了战术上的优势，让普鲁士人无法使用他们偏好的战略。

奥地利对来自普鲁士的压力的处理，在某种程度上，是通过将限制腓特烈的负担转移给别国——先是英国与荷兰，后来则是更有效地转移到了法国、俄国、瑞典和萨克森的肩上——而实现的。要塞的建造有助于这种负担的转移，这些永久性设施保护了陆军，减轻了奥地利在驱逐普鲁士势力方面对外部援助的依赖。这种在减轻敌人军事压力上的逐步发展获得了成功，在这三场战争中，发生在奥地利土地上的战斗次数便是证明。在第一场战争中，波希米亚和上奥地利不仅发生了大量的战斗，还被普鲁士人和法国人长期占领。在第二场战争中，入侵的普鲁士人很快就被赶了出去，而且大部分战斗都发生在外国领土上。而在第三场战争结束时，一次大型战斗或围攻都没有发生。奥地利王位继承战争持续了8年，而巴伐利亚王位继承战争，在普鲁士人采取相同行动开战的情况下，只持续了3个月。

普鲁士战争对哈布斯堡王朝的战略产生了深远的影响。在地理上，奥地利暂时解决了如何管理中欧的问题——在大体上对奥地利有利，不是通过乘人之危的土地掠夺，而是通过延续基于规则、长期用来控制神圣罗马帝国的折中模式。如此说来，考尼茨寻求更加稳定的战后秩序的目标已经实现了。腓特烈的入侵，迫使奥地利对主动出击式而非被动反应式的战争进行了思考和计划。军事上的需求，决定了战略机构的合理化改革，形成了一个更高效的政府和总参谋部。战后委员会让军队养成了从战争中吸取教训和系统性未雨绸缪的习惯。

拉西与约瑟夫二世的计划所开创的先例，将深植在奥地利军事实践

中，与此同时，考尼茨的外交革命和在战时决策中的干预，提高了哈布斯堡王朝军事与外交规划的协作程度。最终形成的以一支防御性军队、边境防御工事和反霸权联盟为核心的理念，将在君主国余下的历史中，成为哈布斯堡王朝大战略的支柱。正是凭借这些方法，以及面对掠夺成性的强邻历练出的韧性，奥地利开始了下一场对抗。这一次，它将面对一个更加强大的对手——拿破仑的法国。

第七章 194

魔鬼般的法国人：法国与西部边境

如果我们掂量一下奥地利与法国的相对实力，我们就会发现，奥地利拥有的2 500万人口中，约有一半由于宪法不同而无法动用；而法国则可以畅通无阻地动员4 000万人，它对它的国民强制推行了一部无情的兵役法……谁都逃不掉——简而言之，这是一种陛下您永远无法在我们国家实施的体系。

——卡尔大公

我们只剩一条出路可走：为了美好的明天而保存我们的实力，用更温和的手段来实现我们的保存——并且永不回头。

——梅特涅

在西部边境沿线，哈布斯堡王朝在大多数时候，都陷入了与法国这个超级军事大国的强弱悬殊的对抗之中。法国比奥斯曼帝国更为先进，比俄国更为庞大，有能力发动大量的现代军队和精心策划的联盟，从多个方向威胁奥地利世袭领地。在与法国的冲突中，奥地利无法指望它在对抗土耳其人时所享有的军事技术优势，或者在抗衡普鲁士人时更庞大的体量与资源所给予它的竞争力。相反，奥地利逐渐学会了通过防御性地利用空间来限制法国的势力，它创建了大量的缓冲区，来抵消法国在进攻能力上的优势。哈布斯堡王朝在西部边境的战略，经历了三个阶段的发展。在与波旁国王的战争中，接连几位哈布斯堡王朝君主将神圣罗马

帝国的小型邦国和北意大利培植成了附庸国，让它们承诺在战时利用当
地的军队和监护国要塞来分担防御的重任。在面对拿破仑时，这些缓冲
195 国垮塌了，迫使奥地利不得不使用拖延和调解战略（这些战略与对抗腓
特烈二世时使用的很像），以拖垮和战胜一个军事上更强大的对手。而在
随后到来的和平中，奥地利恢复并加强了其传统的西部安全系统，通过
使用同盟缓冲国和边境要塞来遏制卷土重来的法国收复失地主义战争。

帝国的游乐场

哈布斯堡君主国的西部边境，横跨了从英吉利海峡到地中海的欧洲大陆中部（见图7.1）。位于其中心的，是阿尔卑斯山脉山上与山下的地区，其中包括神圣罗马帝国南部的邦国和意大利北部（这里曾是查理大帝帝国的古老腹地）。尽管它们被山脉隔断，这些领土基本上还是一片连续的地带。这片地区拥有适合发展农业的肥沃土壤，而且矿藏丰富，有能力养活密集的人口，提供大量的税收，以及支持早期的工业发展。自中世纪起，这个地区的国家就都存在政治分裂的特点，形成了一系列组织松

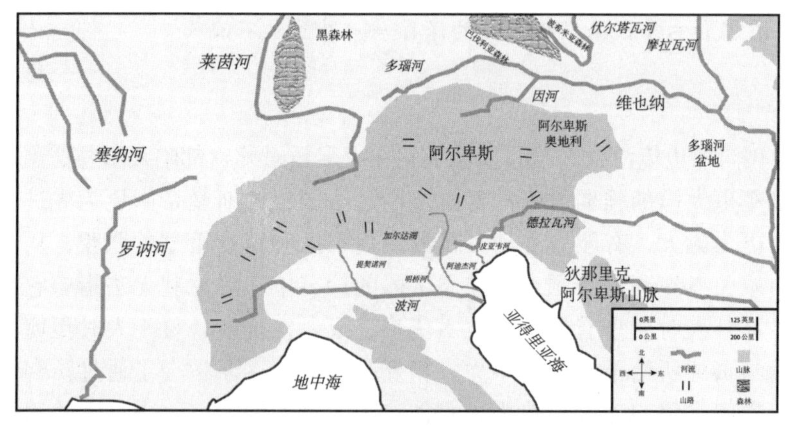

图7.1 哈布斯堡帝国的西部边境。

来源：欧洲政策研究中心，2017年。

散的小型政治体，极易受到外部势力的统治与影响。

这片地区所处的中心位置与政治上易被操纵的特点，赋予了它们对
于邻近大国的重大地缘政治意义。到了14世纪，哈布斯堡王朝与法国的
卡佩王朝（及其瓦卢瓦和波旁分支）为了争夺对这个地区的控制，展开 196
了一场持续了近5个世纪的激烈对抗。两个王朝都试图在某种程度上强行
主导神圣罗马帝国和意大利中的弱小政治体，但是无论如何也要阻止它
们落入另一方的统治之下。两个帝国的赌注都很高。法国若能够扩张到
莱茵河以外，就有能力统治欧洲；反之，如果它不能，就要面临被限制在
欧洲大陆最西端角落，面对神圣罗马帝国联合力量永远采取守势的前景。
如果奥地利能够在神圣罗马帝国和意大利内保留一种决定性的影响力，
它就能为它那狭小的阿尔卑斯山脉腹地增加纵深和财富；反之，如果它不
能，它的地位就会降为一个边缘国家，被隔离在欧洲的东部边缘。

一个与众不同的敌人

在这次高赌注的竞争中，奥地利面临着的，是一个与其他竞争者存在质的差异的对手。法国比其他西方国家都更早地开发了一个强国应拥有的资源和军事技术手段。[1] 它的国王们早早就掌控了贵族，建立了一个中央集权的军事国家。幅员辽阔、易守难攻、比例恰当、自然财富丰饶的陆块所提供的资源，为这个国家提供了支持。除此之外，到了1700年，它已拥有2 000万在文化和语言上相同的人口——比包括俄国在内的任何欧洲国家都多。[2] 利用这些资源，法国可以募集庞大而先进的军队，并得到充盈的国库和最新的西欧作战模式的支持。尽管拥有一片面积不相上下的地块，奥地利往往还是无法在同一军事水平线上与法国展开竞争。[3]

法国的一项优势是地理环境。法国位于欧洲半岛的最西端，三面环海，其朝向陆地的边境还有群山阻隔。结合它众多的人口，这些自然特征提供了一个安全的地缘政治基础，让法国在其行为中有了一种天然的侵略倾向。正如19世纪的一份奥地利军事评估所言：

> 由于西部和北部靠海……［法国］只有一条防线和一个进行战争的方向。［它有］一个整齐划一的民族认同——这是除俄国以外的任

> 何大国都没有的特质。仅这一点就赋予了它利于战争的地位，减少了任何潜在失败或挫折的痛苦。分裂法国是无法想象的，即使它在毁灭和分割欧洲其余国家的尝试中被击败。[4]

这些特征提供了一项战略竞争中的重大优势。在与奥地利的战争中，
197 法国的地理环境有利于分兵两路入侵多瑙河流域。法国从阿尔卑斯山脉的地形分布中获益匪浅。阿尔卑斯山脉东西走向的山脊，让入侵者可以从西边沿着两条独立的道路接近并进入奥地利世袭领地，与此同时，还能掩藏其军队的一大部分——以及终极意图。欧洲的河流强化了这种效应（见图7.2）。在阿尔卑斯山脉北部，由于莱茵河河谷与多瑙河几近相交，法国内陆的部队和补给便可以迅速向东直接运入哈布斯堡王朝的腹地。正如文图里尼对边境上这一地区的描述：

> 漫长的边界自始至终只对法国人有利……对于山脉的主张……［意味着］法国人在那里总是可以行动自如，可以安全渡过莱茵河，还拥有用来从右翼攻击奥地利前线的最为广阔的阵地。通过在瑞士组织兵力，他们在上莱茵也拥有同样的优势。因此，奥地利军队的处境
> 198 极为不利：它要在一条完全被包围且没有防御工事的边界上，防御从一个固若金汤的离心作战基地发起行动的强敌。[5]

在南部，法国的罗纳河也能产生类似的效果，有助于向意大利波河河谷的上游运送兵力。沿着波河河谷，军队可以穿过肥沃的平原，到达48千米宽的"卢布尔雅那峡谷"（Ljubljana Gap），再经过现在斯洛文尼亚的阿尔卑斯卡拉万克山，便可畅通无阻地直抵维也纳。[6] 这两条路径——一条经由神圣罗马帝国，另一条经由意大利——在西部给奥地利创造了一个罗纳河-波河困境，让侵略者可以从两条轴线推进，从而确保防御者在受到重创之前一无所知，到那时，就算从一条战线迅速向另一条战线转移兵力，也来不及了。

法国的另一项优势是联盟。作为一个兼有海洋和大陆强国属性的国家，法国需要盟友来支持其长期的朝向陆地的推进。作为一个历史悠久

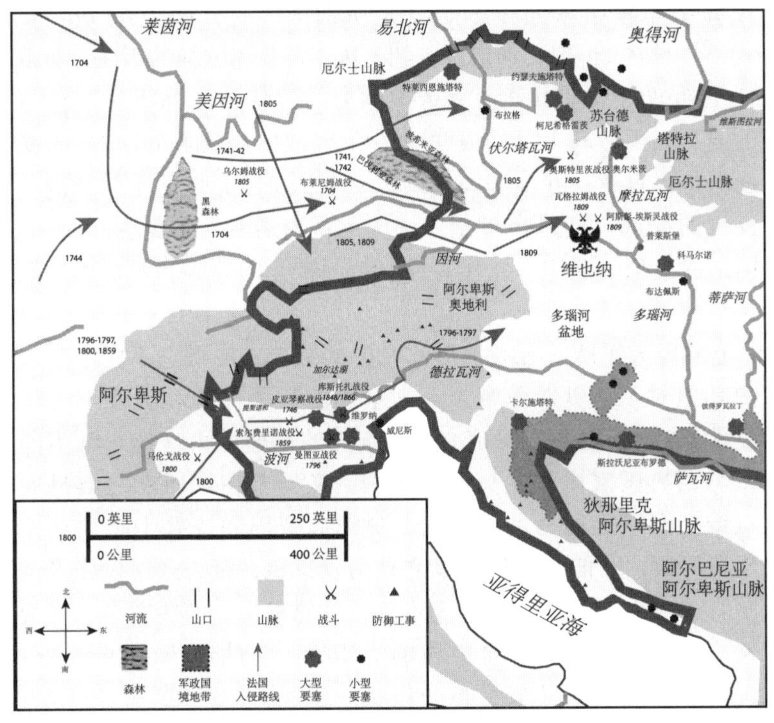

图7.2　18、19世纪法国对奥地利的入侵。

来源：欧洲政策研究中心，2017年。

的王朝，瓦卢瓦王朝及其分支精于招徕附庸国，擅长用继承权来提出对别国的所有权（一直到18世纪末，这都是他们的扩张模式）。在一定程度上，通过这一传统，法国形成了一种复杂精巧的外交文化。这种文化把联盟当成了安全政策不可或缺的一部分。在西部，法国著名的家族盟约（*Pactes de Familie*）[①]有效地封锁了其南部边境，并让西班牙在实质上成了其在欧洲大陆的对抗中的代理人。在神圣罗马帝国，法国结交了那些对哈布斯堡王朝统治心怀不满的德意志邦国（尤其是巴伐利亚，有时还有勃兰登堡和萨克森）。在更远的东部，它与位于其对手后方的二

① 家族盟约是18世纪法国和西班牙波旁王朝国王之间签订的盟约。——译者注

等国家缔结了军事联盟——也就是所谓的“后方联盟”（*alliances de revers*）[①]。早在8世纪，加洛林王朝的国王们就用这样的方法，争取到了阿拔斯王朝的哈里发对拜占庭帝国侧翼的侵扰。在16世纪，它与当时尚存的波兰和匈牙利王国结成联盟，后者由于反叛的马扎尔亲王受到法国资助而得以存续，并为法国提供了一个位于哈布斯堡王朝境内、随时奋起反抗的据点。直到18世纪，法国还将与瑞典、萨克森-波兰、奥斯曼帝国结成类似的联盟，以作为反制俄国扩张的筹码和对抗奥地利的止血带。

法国的庞大军队、有利地形和联盟的结合，使得它不同于哈布斯堡王朝的其他对手。奥斯曼帝国经常掌握的数量优势和普鲁士人往往拥有的技术-战术领先，法国都有。它娴熟的结盟能力，让它既不同于很少尝试与西方国家协作的奥斯曼帝国，又异于在俾斯麦之前只展露出一点点维持联盟的能力的普鲁士。奥斯曼帝国和普鲁士必须在外交上
199 使出浑身解数，才能在他们地盘之外引发危机；而法国仅仅依靠地理位置，便能对两片独立的边境造成威胁。总的来说，这些军事、外交和地理因素，让法国成了一个全方位的竞争者。它的优势，由于哈布斯堡君主国经常陷入动荡不安、遭受侵扰、资源受限的状态，变得更加致命了。

西部战略的构成要素

想要理解奥地利为处理法国威胁而发展的战略，首先就要了解它所做不到的事情。波旁王朝战争表明，君主国不能在军事上主宰法国。它也没有吞并其西部全部或大部分土地的选项，因为只有一个更强大的帝国才会如此尝试。法国作为一个具有侵略性的陆地大国，对德意志和意大利土地的重要战略-经济价值相当重视，这就意味着奥地利不能依靠少量的要塞，以及它在东南部大片荒芜区域上所能够部署的那种低强度边境防线。尽管局势缓和，甚至缔结联盟的时期可能到来，两国之间的冲突

① 后方联盟是法国与位于其敌人后方的国家结成的联盟，其目的是开辟第二条战线，以包围敌人和重建均势。——译者注

往往还是会牵涉到战略利益上的根本性错位，这就排除了奥地利曾与俄国达成的那种长期共同统治的选项。

虽然受到了这些限制，但奥地利确实拥有某些优势，随着时间的推移，它们将成为一项对抗法国势力的有效战略的构成要素。与北部和南部边境不同，奥地利的西部边境上聚集了数十个或小或弱的国家。在此前的几个世纪中，哈布斯堡王朝凭借神圣罗马帝国皇帝的地位，已在这些国家中积累了相当大的影响力。神圣罗马帝国本身不是一个强大的进攻性军事工具；正如第六章所提到的，到了18世纪，它已失去了中世纪时的荣光。帝国在意大利的影响力很微弱，因为教皇国北部的地区充其量只是在名义上受到皇帝的管辖。

然而，哈布斯堡王朝在这两个地区的地位，虽然就硬实力而言似乎是无关紧要的，但仍彰显出一种道德权威，代表着一系列在中欧小国中施加政治影响力的手段，这是波旁王朝国王们——无论他们的军事实力多么强大——望尘莫及的。[7] 在争夺对中欧小国的政治影响力的较量中，这种地位提供了一种看似是象征性的，实则为决定性的优势。在这一基础上，哈布斯堡王朝构建了一套安全系统。到了18世纪早期，这套系统由三个相互依托的支柱构成：保护性的缓冲国地带、要塞网络和反霸权联盟。

西部缓冲国：帝国的屏障 200

哈布斯堡王朝西部战略的核心，是一个构想（最初并不成熟，但是随着时间的推移变得愈发规范）：通过一系列障碍——政治上的、军事上的和空间上的——来阻挡法国东扩，并建立受哈布斯堡王朝控制的中间领土。总体目标是在哈布斯堡王朝整个西部边境（从瑞士到英吉利海峡）上创造一个防御壁垒——奥地利人称之为“帝国的屏障”（*Reichsbarriere*）。在北部，这道屏障安置在奥属尼德兰，这里是奥地利军队在后方威胁法国的一个支点；在南部，屏障设置在阿尔卑斯山脉，因为山脉就是莱茵河河谷下的一道天然壁垒。[8] 在这些据点之间，哈布斯堡王朝组织起了一条受神圣罗马帝国支持的缓冲国防线。这条防线还延伸到了意大利北部的领土，不过其组织方式较为松散。

通过设法让这条防线上的国家向哈布斯堡王朝倾斜，哈布斯堡王朝获得了两个优势。其一是恐惧。尽管德意志邦国在名义上是哈布斯堡皇权的附庸，但是到了三十年战争结束时，这种关系已不再足以将它们拉拢到反法阵营之中。至少在短期内能将它们团结在一个共同的战略目标之下的，是来自外部的、非神圣罗马帝国势力的袭击威胁。在波旁国王治下，法国政府贪得无厌的军国主义政策就表现为这样一种威胁，而路易十四喜欢强迫弱国的习惯，让法国和这种威胁更是难以分割。

连续几代哈布斯堡王朝君主都利用神圣罗马帝国对波旁王朝的恐惧，来实现奥地利的战略需求。他们自宗教改革之前，第一次修复了帝国老旧的集体防御机制，以对抗外部侵略者。[9] 他们尤其专注于在位于法国边境和主要入侵路线沿线的小国中组织防御集团。1702年，利奥波德一世与帝国最易受攻击的成员国的国王们一起成立了讷德林根联盟（Nördlingen Association）——一个旨在抵御来自西方的攻击的小型国家集团（见表7.1）。[10] 在神圣罗马帝国内部，讷德林根国家抵消了来自北方或亲法国家的反对，从而确保了帝国战争（*Reichskrieg*）——类似于北约第五条款——的通过，同时还让奥地利在其外部大国盟友眼中，成了一个可靠的安全保障者。[11] 一旦宣战，这个集团所提供的一套机制，就可以集中远超帝国平均水平的防御资源，它往往能调配3倍于议会所要求人数的兵力，同时又不过于暴露。

表7.1　1702年前后讷德林根联盟的军事人力

行政圈（kreis）	军队（数量）
法兰克尼亚公国	8 000
施瓦本	10 800
上莱茵	3 000
莱茵候选行政圈	6 500
奥地利	16 000
威斯特伐利亚	9 180
总计	53 480

来源：Lünig，ed.，*Corpus iuris militaris*，1：402 – 7；Hoffmann，ed.，*Quellen zumVerfassungsorganismus*，269 – 71。

意大利也存在类似但不成体系的动态。作为哈布斯堡王朝长久以来的一个据点，意大利在奥地利势力范围内的地位，在西班牙王位继承战争中得到了重新确立。1711年，包括曼图亚和米兰公国在内的伦巴第部 201
分领土归于奥地利所有。奥地利与处在这些领土和奥地利世袭领地之间的威尼西亚经过协商，获得了在战时经由布伦纳山口（Brenner Pass）运送部队和补给的权利。位于西部的是撒丁王国，这是一个独立的政治体，在历史上曾是西班牙的附庸国。它和讷德林根国家一样，靠近也因此惧怕那些就在它边境之外的强大国家。横跨于山间的撒丁王国，忧心忡忡地目睹着波旁势力的扩张。[12] 与神圣罗马帝国的情况一样，这种焦虑为奥地利建立紧密的安全联系创造了一个机会，并且在最终提供了一个抵挡法国人和西班牙人再次进入半岛的缓冲区。

矛盾的是，另一个帮助哈布斯堡君主国建设西部缓冲系统的因素，恰恰是它自己的弱点。对于欧洲小国来说，18世纪早期的法国实力强大而又掠夺成性，而奥地利在这时候，已被广泛地认为不具备尝试夺取欧陆主导地位——它曾在16和17世纪的鼎盛时期尝试过——的能力。虽然有能力开展重大的军事行动，但是它并没有夺取霸权的威胁。事实上，作为一个古老而虚弱的国家，它的首要目标是维持稳定的领土现状。这一点与小国在自保方面的利益是一致的。不出所料，奥地利在西部缓冲区的最重要的支持来源，就是那些会在收复失地主义战争中损失惨重的国家：在神圣罗马帝国，是较小的公国和大主教辖区——萨尔斯堡、帕绍（Passai）、帝国骑士（the imperial knights）和南部的自由市；而在意大利，则是伦巴第地区的小国和撒丁王国的附庸国，因为它们更喜欢维也纳冷淡疏远的家长式统治，而不是波旁的中央集权统治。[13] 在这两个地区，一笔简单的交易出现了：小国用效忠和参与集体防御来换取哈布斯堡王朝的仁慈统治和保护。

哈布斯堡王朝积极地推动了这笔交易，用皇帝的职位赏赐——帝国行 202
政部门中的要职、贿赂和其他好处来奖赏忠诚的国王，并惩罚了不忠的行为。与此同时，神圣罗马帝国的体制通过各种制衡制度限制了皇帝的权力，包括一个正式批准重大决定的选侯院，以及一个决断是否宣布帝国战争以及——这是最重要的——确认新皇帝是否当选的议会。无论多么死板，这些规则都将奥地利层层包裹在了规则和程序的谜团中，也让奥地利的霸权更容易被附庸国接受。

哈布斯堡王朝的君主们意识到了来自这种背景下所受限制的力量，并且往往会在胜利时追求克制的声誉，在处理叛逆国王时建立仁慈的美名。比如，我们曾见到，玛丽亚·特蕾西娅在1745年的《菲森和约》中为巴伐利亚人提供仁慈的条款。如此的气度，本可被残暴的行径所取代。但归根结底，哈布斯堡王朝的统治，是建立在一个软霸权的基础上的。这并非利他主义之举，而是需求所迫；鉴于哈布斯堡王朝军事和财政实力常常处于不稳定的状态，使用一种更加强制的方法是行不通的。通过表现出恰合时宜的仁慈，哈布斯堡王朝最有可能让那些国家自愿地在未来的危机中保持忠诚。

这些措施并没有把神圣罗马帝国或意大利一律划入亲哈布斯堡王朝的势力范围。根据定义，一个缓冲区的本质，就是所涉及国家不能受任何一个侧翼势力的完全支配。在神圣罗马帝国中，中等体量的成员国经常对哈布斯堡王朝的统治地位感到恼火，因为这种地位阻碍了它们自己的领土扩张与影响力增长。正如我们所见，巴伐利亚尤其如此，因为它除了属于维特尔斯巴赫家族与哈布斯堡家族之间由来已久的较量的一部分，还被哈布斯堡王朝的领地或盟友包围了，并因此发觉奥地利就像撒丁王国或讷德林根国家眼中的法国，是同等的威胁。欧根注意到了这种动态，表达了他对巴伐利亚人的看法，“地理环境让他们成为不了正直之士”[14]。萨克森尽管始终处于哈布斯堡王朝势力范围之内，但也经常在奥地利和奥地利的敌人之间摇摆。法国煽动了这些动态——在意大利，是通过操纵撒丁王国的宫廷政治，在伦巴第挑起不满情绪；而在神圣罗马帝国，则是通过阻挠帝国军事政策的统一，激起对皇帝的反抗。[15] 在这两个地区，凡尔赛宫提供了惊人的贿赂，并利用了当地的派系斗争。最重要的是，它试图扶持皇帝头衔的竞争者，要么是通过拉拢德意志支持波旁候选人，要么是通过支持敌视哈布斯堡王朝的次要德意志家族。

尽管法国很努力，但德意志的国王们武装反对哈布斯堡王朝的情况，却是可遇而不可求的。虽然法国人的资金总能找到可乘之隙，但更多情

况下，缓冲区内部的紧张局势都没有越过雷池：不和的确在酝酿，但没有 203
变成活跃的收复失地主义活动。在一定程度上，这是由于连哈布斯堡王朝的德意志敌人，也从其虚弱的霸权中得到了好处，因为这种霸权是可以忍受的，而且无论如何，它往往也比一个新的、不知根知底的外国统治者要好。神圣罗马帝国摇摇欲坠的规则制定体系，进一步将这些思潮导入了倾向于维持现状的宪法死胡同（cul-de-sacs）之中。虽然巴伐利亚人和普鲁士人的反抗有时也很可怕，但是帝国的体系让奥地利的外交官们有了处理这些动态的选项，若非如此，他们就将无计可施。即使在其实力的巅峰，法国也从未在神圣罗马帝国政治中成功建立起一支永久性的第五纵队，而且在19世纪中叶民族主义理想出现后，它只能够将撒丁王国完全拉入它的势力范围。[16]

监护国要塞

哈布斯堡王朝在组织缓冲区域方面的成功，让奥地利可以做一些强国很少能在这样的地区做到的事：在中间地带国家的领土上保有一支驻军。波旁王朝战争展示了前线力量部署，尤其是要塞，在神圣罗马帝国和意大利所能发挥的作用。在西班牙王位继承战争中，法国用布拉班特防线（Lines of Brabant）——一个从安特卫普延伸到默兹河（Meuse），长210千米的要塞和堑壕网络——减慢了由第一代马尔博罗公爵约翰·丘吉尔（John Churchill，First Duke of Marlborough，1650—1722年）指挥的联军在低地国家的前进速度。相比之下，奥地利在西部的防御工事起初又少又差，欧根因此抱怨这里连一座“营垒”都没有，并且屡次请求在西部建造要塞以“建立一道抵御法国的屏障，因为这可能会阻止它攻击我们”[17]。

然而，通过神圣罗马帝国，奥地利可以使用德意志邦国的要塞。这样的防御设施，特别是那些位于莱茵河沿线靠近法军登陆点的防御设施，曾在法军行动早期有效阻止了其攻势的推进。在更靠近奥地利边境的地方，巴登伯爵路德维希（Ludwig of Baden）的施塔尔霍芬防线（Stollhofen Line）虽然被绕开了，却让人不禁遐想，更加完善的防御阵地，也许能够封堵黑森林与莱茵河之间的缺口（这里是法军进入奥地利的理想通道）。[18]

法国迅速拿下乌尔姆、雷根斯堡（Regensburg）、门宁根（Menningen）和诺伊堡（Neuburg），以及随后敌人挺进蒂罗尔，都表明当这条穿越神圣罗马帝国南部的关键路线不设障碍时，奥地利面临的危险就可能迫在眉睫。[19]

通过在波旁王朝战争期间利用神圣罗马帝国要塞，哈布斯堡王朝军
204 队逐步发展出了一个西部安全的构想。在这个构想中，将力量部署在奥
地利边界之外的获得领土或友邦土地上的能力，是防卫奥地利世袭领地
的关键。根据帝国战争的条款，奥地利军队可以跨越友方的神圣罗马帝
国领土发起军事行动。当战争就要爆发时，维也纳经常会与个别的国家
达成协议，从而在他们领土上具有重要战略意义的据点进行持续部署或
共同驻防。在德意志，这些据点包括莱茵河中段上的曼海姆和菲利普
斯堡要塞；莱茵河下游的美因茨、科布伦茨、波恩和科隆（所谓的“主
教的小巷”，Bishop’s Alley）；以及多瑙河上的凯尔（Kehl）、菲林根
（Villingen）、弗罗伊登施塔特（Freudenstadt）、海德堡、曼海姆、弗兰肯
塔尔（Frankenthal）和弗莱堡（见图7.3）。[20]

同样，奥地利也可以使用位于意大利的众多边境要塞。西班牙王
位继承战争的胜利，让奥地利获得了位于阿达河河口附近的富恩特斯
（Fuentes），加尔达湖附近的皮齐盖托内（Pizzighettone），把守着蒂罗尔
205 山口的曼图亚沼泽要塞。[21] 与威尼西亚达成的安全协议，提供了佩斯基耶
拉（Peschiera）——一座位于明乔河与加尔达湖交汇处的岛屿要塞——
的使用权。而在西边，与撒丁王国的联盟，则让奥地利非正式地兼并了
位于都灵的要塞和阿尔卑斯山口沿线的众多小型据点。

虽然哈布斯堡王朝缓冲要塞主要是用来防御的，但它们的存在也拓展了战时的进攻选项。利用莱茵河沿线的要塞，哈布斯堡王朝和神圣罗马帝国的军队就能够在摩泽尔河谷会合，这里是法国边境上几乎可以直通巴黎的地点。在这一方面，尤其值得注意的是“主教的小巷”上的要塞和位于曼海姆和菲利普斯堡的要塞。[22] 与奥属尼德兰和哈布斯堡王朝的意大利阵地协同应用时，这些要塞网络就能提供一项手段，让哈布斯堡王朝可以将力量投射到法国边境全线，并在一场冲突的早期实现兵力的集中。

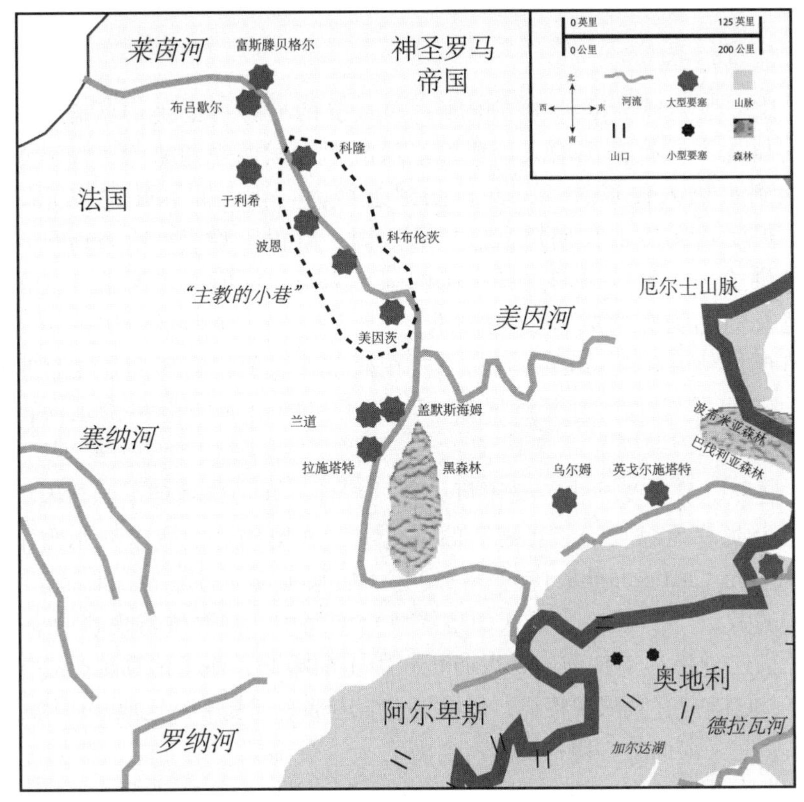

图7.3　莱茵兰要塞。

来源：欧洲政策研究中心，2017年。

一旦入侵者越过神圣罗马帝国的中间地带，有效的防线就更难组织了。第二次世界大战中的盟军就曾发现，莱茵河支流的自然流向往往会加快侵略军队的速度，同时也让防御部队之间的内部协调变得困难。[23] 利用这些河流，并在途中逐个击破德意志成员国，法国的入侵就能穿透德意志南部，迅速抵达奥地利领土。这一现实将哈布斯堡王朝本土的战略命运和邻国的领土紧紧绑在了一起，放大了在那些军事上易守难攻、政治上可以依靠的据点建设前线基础设施的重要性。

反霸权联盟

让奥地利成为欧洲中等国家可以接受的庇护者的虚弱状态，也帮助它拉拢了对抗法国的大国盟友。从欧洲大国的视角来看，如果法国强大到足以入侵尼德兰，并扩张到莱茵河与阿尔卑斯山脉以东，那么，想要在实质上长期抗衡这样的法国，就很困难了。哈布斯堡君主国提供了一支足以遏制这种扩张的强大力量，同时又不会取代法国成为危及欧洲均势的威胁。在东部，奥地利确保了奥斯曼帝国的衰落不会造成招致邻国掠夺的真空状态。在西部，它的附庸国和位于低地国家的阵地形成了一道天然屏障，阻挡了法国由北向南和由东向西的扩张。

这种既易遭受攻击，又不可或缺的特性，在一定程度上，是因为奥地利扮演着地缘政治“必需”的角色——如英国外交官卡斯尔雷子爵（Viscount Castlereagh，1769—1822年）后来所言，它是“欧洲命运必须依靠的铰链”[24]。在由来已久的地缘政治格局中，想要维持现状的大国，
206 会凭借这种格局支持弱国，以防止新霸主的崛起，而奥地利则是一个结合体：它既拥有大国的特征，但由于它的内部情况复杂，且地理环境易受攻击，它又要面临小国所处的安全困境。

作为盟友的奥地利，拥有一些更强的国家控制欧陆所需的特性。其一是位置。英国的财富和海军力量让它可以提供资金、封锁和小批远征军，但是它需要奥地利担任陆军的陆上组织者。俄国的军事人力充足，但它对和西方对手对抗不感兴趣，因为除非受到奥地利的阻碍，它会把兵力用于向东扩张。哈布斯堡王朝的另一个优势，如前所述，是合法性。早在16世纪，奥地利的外交就建立了一种文化：利用王朝作为土耳其人抵御者的地位，去拉拢其他欧洲国家以获得帮助。在《威斯特伐利亚和约》之后，哈布斯堡王朝发扬了这一传统，确定了他们作为欧洲协约神圣性的捍卫者的定位。通过行使合法性，君主国成为欧洲国家体系中基于协约权利的守护者。在法国进行军事扩张的背景下，这一优势就让奥地利能够吸引其他愿意维持现状，且会在收复失地主义战争中承受损失的国家的支持。

西部的时间管理

奥地利西部防御中各项元素的协作，让它能够更好地掌控西部冲突的顺序。缓冲国系统拖住了入侵者，为组织兵力和拉拢盟友赢得了时间。要塞强化了中间地带国家的防御，缓解了莱茵河-波河的防御困境（因为要塞使得阿尔卑斯山脉两侧的少量兵力，能够在陆军转移到关键战线之前，进行持续的抵抗）。盟友通过对法国后方工事施压，并派援军在莱茵河下游和摩泽尔——法国防御最薄弱，奥地利军队后勤工作最受限制的地点——作战，强化了这种效应。这继而又让奥地利能够安全地降低德意志战线的优先级，因为它相信，当它于别处集中兵力时，神圣罗马帝国军队（这支军队遭遇了管辖权限上的阻碍，不能在阿尔卑斯山以南行动）和西部的盟友可以保护北部。种种支持，都让君主国在应对西部的危机时，可以采取一种真正“放射式”的处理方式，也就是说，尽可能地减少奥地利位于莱茵河战区的部署，并在别处——有时是匈牙利，但通常是意大利，因为在那里，维也纳最有可能在战争中赢得最富庶的领土——集中兵力。[25]

这种管理西部的方法有失败的可能。在波兰王位继承战争中，奥地利
失去了英国与荷兰的支持，丢掉了意大利的地盘。在奥地利王位继承战 207
争中，神圣罗马帝国没能团结起来，而盟友的帮助也比西班牙王位继承战争中的小，迫使奥地利只能独自承担多线战争的重压。来自海洋国家的支持，往往集中于奥属尼德兰地区，但是它们反对哈布斯堡王朝把资金或精力耗费在匈牙利。俄国的援助，正如我们所见，也是迟迟不兑现，而且经常要让奥地利人在东部付出巨大代价。但是总的来说，这个体系维持住了，在一定程度上，是由于奥地利的外交手段，但主要还是因为欧洲的大国除了通过在中间地带维持一个“楔子”来限制法国实力的增长，就没什么举措了，而奥地利是唯一的选择。从路易十四的统治时期开始，直到腓特烈大帝崛起，奥地利与法国打了五次仗，每一次它都有更多盟友，有四次它的战绩都可以说是更好的。在这一时期，奥地利在西部的种种手段，让它以自己能够承担的财力和人力成本，抵消了法国侵略力量的大部分优势。

体系的崩溃：拿破仑战争

正如我们在前一章所见，普鲁士的崛起在18世纪中叶结束了奥法之间的较量，为考尼茨成功争取凡尔赛宫奠定了基础。随着1789年法国大革命的爆发，这段短暂的平静被打破了。结果就是，法国又成了一个侵略性国家，并重燃了战火，恢复了在路易十四治下开始的多线军事扩张。

在第一次与这个新生的共和国发生冲突时，奥地利人试图用传统的模式来遏制这个威胁。与过去一样，维也纳召集了它的缓冲国盟友，集结了帝国的军队，并将这支军队部署在了附庸国领土的前沿阵地上。它还谋求了区域外的盟友的支持，巧妙地恢复了与英国荒废数十年的联盟关系，并且把曾经的敌人普鲁士转变成了合作伙伴（这样大胆的举动，堪比考尼茨此前与法国和奥斯曼帝国交好）。由于外交系统将欧洲的大部分国家都拉拢到了奥地利这一边，军队便在一份行动计划——欧根如果活着，也会认可这份计划——中，准备将帝国的要塞用于进攻。军队将在位于科布伦茨的前沿阵地集结兵力，从奥属尼德兰和莱茵河下游发起向心式的推进。

在紧随而至的战争中，奥地利的计划和它所代表的沿用了数百年的安全体系灾难性地失败了。法国将同盟军队赶出了它的边境，入侵了奥地利的德意志与意大利缓冲国，在坎坡福尔米奥强迫奥地利签订了一份和约。根据这份和约，奥地利割让了比利时，而且失去了对意大利北部和莱茵兰大片区域的控制。

208 奥地利的惨败表明，相比于曾经的波旁王朝，新生的法兰西共和国是一个更加可怕的威胁。最明显的是，它有能力组织更庞大的军队。尽管法国以前也总是能够维持相当多的兵力，但是这个共和国征召了18岁到25岁的所有未婚男性，因此得以将75万士兵送上了战场——其中有惊人的50万士兵是用于作战的。[26] 在一些早期的战斗中，奥地利军队的对手拥有3比1的人数优势。让法国军队士气高涨的，是一种与同时代军队迥乎不同的进攻精神（*geist*）。他们好斗而灵活，移动迅速，不受补给队伍的妨碍。在战场上，他们在散兵的掩护和大量机动灵活的轻型火炮群的支援下，用大量的纵队发起进攻。

新的威胁

对阵法兰西共和国的早期战役，预示了一种新的战争形式。对此，使用线式战术和消耗战法的奥地利没有做好应对的准备。将要完善这些技术的人，是拿破仑。生于科西嘉岛上没落贵族家庭的拿破仑，在法国大革命战争爆发时，只是一个下级炮兵军官。在英勇远征意大利和埃及之后，他于1799年被任命为执政官，并于1804年宣布成为一个新的法兰西帝国的皇帝，正是这个帝国，对哈布斯堡君主国的军队发动了二十多年几乎不曾间断的战争。

拿破仑与哈布斯堡王朝此前所遭遇的敌人极为不同。不像过去的波旁王朝军队，拿破仑将他的军队分成了能够在战场上独立行动的庞大型作战单位——师和军而不是团。兼有数量与机动性，对许多曾在过去主导战争的战略和战术考虑置之不理的全新法国军队，迅速席卷了欧洲。路易十四、腓特烈和土耳其人都曾在不同程度上依赖于庞大的补给队伍，他们也因此被束缚在了补给站；而拿破仑的军队则靠山吃山，靠水吃水，直线式地行军。腓特烈曾优先攻克要塞，而拿破仑则是绕过它们，在整个生涯中只围攻过两个。[27] 波旁王朝和腓特烈曾用消耗战来取得对自己有利的和约，而拿破仑寻求的，则是摧毁敌军。

奥地利的战略，是拿破仑取得成功的间接原因。面对法国军队从阿尔卑斯山脉以北和以南均能靠近的困境，哈布斯堡王朝的指挥官们把他们的军队分散在了边境，以期在敌人抵达奥地利世袭领地之前侦测和拦截他们。在第一次反法同盟战争早期，军队形成了一条从瑞士延伸到莱 209
茵河，长480千米的战线。移动迅捷的法军，能够比以往更好地利用莱茵河-波河防御困境。在1800年，他们同时沿两个河谷推进，占领了瑞士的山口，阻挡了奥地利在两条战线之间的移动。当奥地利部队艰难地集中时，拿破仑在意大利打出了决定性的一击。从这一经历中，奥地利人得出了结论：他们需要重视意大利。1805年，他们把主力军部署在了那里，让拿破仑得以沿着多瑙河进行闪击，同时击败了位于乌尔姆和奥斯特里茨的较弱的奥地利军队。

与拿破仑的军事行为一样危险的，是他的政治行动。在早期征战意大利和德意志时，拿破仑就表明，他的动机是一项基于政治的战略。这项战略针对的，是敌人基础战略或政治体系中的薄弱点。至于奥地利，这个薄弱点，或者是利德尔·哈特（B. H. Liddell Hart）所说的“接合点”，就是君主国众多的缓冲国。[28] 在将附庸国军队与奥地利人分割开，并将其逐个击破后，他宽宏大量地对待了他们的政府，以瓦解他们对维也纳的忠诚。通过这样做，拿破仑夺走了哈布斯堡王朝此前拥有的一项基本优势——众多的小型附庸国——并将其转化成了一个弱点。[29] 他的目标是永久性地切断这些国家与奥地利的关系，并让它们作为横跨意大利和德意志的“共和国壁垒”依附于法国。[30] 1806年，拿破仑正式确定了这一安排：他废除了神圣罗马帝国——哈布斯堡王朝缓冲国系统的关键——并用全新的、由法国主导的莱茵邦联取而代之。在莱茵邦联建立后不久，他在与梅特涅的一次交谈中，概述了他对于这个新组织的战略意图：

> 我要把我的秘密告诉你。在德意志，弱者想要不被强者欺负；强者则想随心所欲地进行统治；现在，由于我只想从［德意志的］邦联中得到人力和资金，而只有强者而不是弱者才能给我提供这两样东西，所以我只会与前者和平相处，而后者只能好自为之了！[31]

在掌握了奥地利传统附庸国模式的基本逻辑——保证弱者不受强者野心的损害——后，拿破仑做了相反的事：他以弱者为代价来奖励强者，换取后者的军队和对法国的忠诚。曾经，波旁王朝只是想分裂神圣罗马帝国，降低其作为奥地利缓冲区的价值；而拿破仑则试图取消哈布斯堡王朝实现主导地位的手段，并将残余部分团结成一项进攻型的工具。

拿破仑的勃勃野心，使他对奥地利的威胁不仅是领土上的，还是生存上的。不同于与波旁王朝的竞争，奥地利无法在和约谈判桌上挽回拿
210 破仑在战时的收获。起初，哈布斯堡王朝的外交官们曾尝试利用拿破仑的战败，来延续长期以来“打磨”奥地利领土的做法。但是随着冲突扩大，拿破仑进一步地消解了奥地利缓冲国——最终是其本土——的政治结构。1805年，在《普莱斯堡和约》中，拿破仑夺走了达尔马提亚，把伊斯特里亚半岛划给了一个新的意大利王国，并将蒂罗尔和福拉尔贝格

（Voralberg）割让给了法国的德意志附庸国，使得法军占领了一眼便能望到奥地利领土的据点。[32] 1807年，在《蒂尔西特和约》（*Treaties of Tilsit*）中，他更进一步，建立了一个新的波兰人国家——华沙大公国，并逼迫奥地利承认了扩张后的威斯特伐利亚王国。[33]

到了1808年，法国及其代理人在意大利、德意志和波兰三面与君主国展开了对抗。正如梅特涅所言，从这时起，与法国的任何战争都"将同时在因河与维利奇卡（Wieliczka）的河岸开始"——相隔约640千米的边境河流。[34] 这些变化，宣告了古老的哈布斯堡王朝缓冲国系统的破灭，伴随它一起消失的，还有按照奥地利自己的方式进行战争的能力。这继而给奥地利西部体系的剩余部分——区域外的盟友——增添了压力。接连的战败削弱了反霸权同盟的逻辑，与此同时，也耗尽了奥地利用于持续抵抗的资源。早早就积极加入反法同盟的普鲁士，开始在反抗和中立政策之间摇摆不定。英国尽管是最想要战胜拿破仑的国家，但在陆地上几乎帮不了奥地利什么忙。卡尔大公在1804年写道：

> 英国总是需要将一部分正规军留在国内。过去的战争证明，指望英国部队在欧洲大陆上取胜，是不现实的。重商主义的英国更不可能将欧陆政治作为它的真正目的。过去150年的历史已经证明如此……除了马尔博罗公爵，没有一个英国人曾设法在多瑙河上实现他们的海上优势。[35]

相比之下，俄国拥有支撑一场长期战争所需的最庞大的陆军储备。在1800年和1805年，奥地利复制了七年战争中的军事协作模式。通过协商，苏沃洛夫（Suvorov）元帅带领大量俄军部队，对西至意大利的地区进行了干预。这一安排的根本问题，是由于拿破仑已深入哈布斯堡王朝本土，任何俄国援军都会给这片土地带来与敌人同等的沉重负担。正如卡尔所言，这些盟友

> 顶多发挥一点点分散作用，［而且］对核心领土的防御毫无助益。即使另一个国家允许10万到12万士兵在奥地利的土地上开展行动，

> 211 应该注意的是，边境地区、内奥地利和蒂罗尔并不足以养活这样一支力量。引入这样一支大军，就算并非完全不可能，对于陛下您的财政来说，也太过昂贵了。[36]

此外，与对抗腓特烈的战争一样，遥远的距离和相互矛盾的军事文化，让奥俄军事合作陷入了困境。1759年两支军队在库勒斯道夫的联合，曾让腓特烈二世遭遇惨败。然而，在1805年的奥斯特里茨，类似的协作却让拿破仑大胜。在所有这些联盟中，从奥地利的角度来看，最根本的挑战，是它的盟友的资金、船只或军队都离得太远，无法在每场新战争中足够早的节点发挥作用，导致只能由它来独自承受法军侵略的冲击和代价。

除了面临着前所未有的外部新挑战，奥地利还要应付内部的老问题，这些问题，随着与拿破仑的战争越拖越久，变得愈发明显。到了战争的第12年，君主国破产了，军事预算也被迫削减过半。[37] 尽管有英国的资助，但债务还是在攀升，给政府财政带来了压力，增加了人民的税务和通胀负担。国内的重压达到了自18世纪早期以来的极点。与奥地利王位继承战争中的情况一样，匈牙利议会投票决定，要为战争提供比以往更多的税收和更大的军事贡献。不过，与之前的情况相同，它未能兑现这些承诺。马扎尔贵族预演了他们之后还会再次使用的策略：他们利用这种紧急情况，给哈布斯堡王朝呈上了一份关于新的宪法让步的需求清单。议会拒绝征兵，而当法国人在1805年进攻时，马扎尔民兵（*insurrectio*）的指挥官们告诉侵略者，匈牙利“保持中立，不愿交战”[38]。随着时间的推移，战争也持续地消磨着君主国发动战争的物质基础，消耗着部队的储备，与此同时，法国正在通过征战，积累新的领土和附庸。

抵抗与静默：1808—1812年

到了1808年，奥地利曾经用来管理西部边境的安全系统已是断壁残垣。随着意大利和德意志缓冲区消失殆尽，君主国再也不能在法军抵达奥地利本土之前拦截他们。没有在莱茵河与摩泽尔作战的帝国军队的帮助，它再也无法在向阿尔卑斯山脉南部集中它自己的力量的同时，将德意志战区交由盟友管理了。随着神圣罗马帝国解体，意大利的国家成为法国的附庸，预防和对抗敌人两面夹攻的挑战变得愈加紧迫。由于缺少早期预警系统，哈布斯堡王朝的军队在未来的任何战役中，都将被限制在一个局促的空间内，也就是奥地利的本土区域，因为法国可能会从两 212
个方向突然对这里发起袭击。

面对这种困窘的状况，哈布斯堡王朝的领导者们就两个战略选项进行了讨论：是通过顺应拿破仑，接受法国的霸权，还是展开一场新的战争。卡尔大公倾向于前一种办法。外交大臣约翰·菲利普·施塔迪翁-瓦尔特豪森伯爵（Count Johann Philipp von Stadion-Warthausen，1763—1824年）则支持后一种，理由是拿破仑“不曾改变对我们的敌意，只是在等待正确的时机，从而用行动来证明这一点”[39]。在奥地利上次战败之后的时间里，施塔迪翁实施了一种静默政策：为了重建君主国的财政和军队，避免任何针对法国的直接挑战，直到时机成熟，再利用这些挑战来恢复君主国的地缘政治地位。到了1808年，施塔迪翁相信这个时机已经到来，奥地利应该“通过采取攻势来寻求自卫”，而不是任凭敌人从他们位于德意志和意大利的新获前沿阵地上发起攻击。[40]

让奥地利在这一特定时刻行动的关键论点，是由施塔迪翁的一位部下提出的。此人就是时任法国大使的克莱门斯·文策尔·冯·梅特涅伯爵（后来成为亲王）。在接连三篇备忘录中，梅特涅概述了发动战争的理由。这三篇备忘录都围绕时机这个因素展开。在第一篇备忘录中，他认为法国公众对拿破仑的支持不断降低，意味着在任何新的战争中，这位法国皇帝都会被国内的舆论分心。在第二篇备忘录中，他断言，虽然在1807年与法国暗中结盟，但是俄国不会攻击奥地利：“亚历山大，”梅特涅写道，“不是会受法国人挑唆从而攻击我们的人；恰恰相反，他想与我们形成紧密的联系，他相信只要我们坚持，这种纽带就能实现。”[41] 在第三篇备忘录中，梅特涅给出了他最强有力的战略理由：拿破仑的军队因为想要征服西班牙，已经深陷其中，消耗殆尽：

> 对西班牙的战争泄露了一个天大的秘密——拿破仑只有一支军队，也就是他的大军团（*Grande Armee*）……需要考虑的问题有：

> （1）目前，法国及其盟友共有多少兵力？
>
> （2）在这些兵力的总数减去在西班牙征战的人数后，拿破仑能拿出多少有效部队来对付我们？
>
> （3）拿破仑有什么手段，可以用来**同时**与西班牙和我们作战？［着重强调］……
>
> 据我所知，军事状况可总结如下：（a）拿破仑现在可以拿出20.6
> 213 万人与我们作战，其中10.7万为法国人，9.9万人来自邦联和盟友。（b）他的后备部队在一段时间之后，只能由低于服役年龄的动员兵组成……因此奥地利的军队，尽管在西班牙的暴动发生前比不上法国军队，但在这一事件之后，就至少可以和他们平起平坐了。[42]

和法国分散的部队相比，奥地利的将领们相信，通过扩大征兵，并在君主国内政治上可靠的地区组织民兵部队，他们就能派出君主国历史上最庞大的部队——约55万士兵。[43] 此外，施塔迪翁坚信，最近拿破仑征服普鲁士所激起的德意志民众情绪，可以为奥地利所用，而且随着在早期取胜，他们就可能说服俄国和普鲁士作为盟友加入战争。

1809年战争

考虑到这些有利条件，施塔迪翁和皇帝弗朗茨二世（Francis II，作为奥地利帝国皇帝为一世）判定，在可预见的未来内，现在就是最适合战争的时刻。在接下来的战役中率领哈布斯堡王朝军队的，是皇帝的弟弟卡尔大公。1809年，37岁的卡尔正处于其戎马生涯的巅峰。[44] 不同于大多数奥地利高级将领，他已经展露过面对法国人占据上风的能力，曾在荷兰、意大利和瑞士取胜。1805年，当拿破仑经由德意志进入奥地利时，他曾与位于意大利的主力军并肩作战。患有癫痫病，但智力超群的卡尔，是一位谨慎的指挥官，认为关键地带的持守和交通路线的保护比击败敌人更重要（见第四章）。在审视奥地利的资金和兵员短缺情况时，卡尔曾对战役的时机表示过顾虑。后来，这种顾虑得到了证实。

当奥地利宣战时，拿破仑迅速将注意力与资源从西班牙转移到了多瑙河，而奥地利动员的部队却比预期要少。[45] 德意志民众情绪和俄国与普鲁士的支援也都没有如愿以偿。与过去一样，奥地利的多向量地理环境造成的困境让它苦不堪言。由于部分部队部署在意大利，军队就必须作出选择：是将主力集中在波希米亚，并从那里攻入德意志；还是集中在因河，以保护首都。卡尔最终选择了后者，而且不得不抽调部队来保护蒂罗尔、达尔马提亚和波兰。[46]

当法国人入侵时，卡尔所采取的策略，类似于道恩用来对付腓特烈的策略。他没有尝试在维也纳之外拦截拿破仑，然后在多瑙河右岸寻求一场决定性的战斗，而是利用奥地利的河流来拖延和消耗更为强大的敌军。卡尔的参谋长马克西米利安·冯·温普芬（Maximilian Freiherr von 214
Wimpffen），在5月17日的备忘录中概述了这一策略：

> 如果法国人输掉这场战斗……他们就要冒一切风险，而我们的危险却很少。如果我们现在跨过多瑙河，情况就相反了：在君主国被征服之前，奥地利皇帝甚至将再也不能进行谈判。费边拯救罗马，道恩挽救奥地利，都不是靠赶，而是靠拖延［*nicht durch Eile*，*sondern durch Zaudern*］。我们必须效仿他们的方法，按照适合我们武装力量情况的方式来进行战争。我们的援军距离很近，而敌人的则很远。守住多瑙河左岸，我们就保卫了君主国的大部。如果跨到对岸，我们就将损失惨重。我们的军队能够在自己的补给站进行补强，而拿破仑只能指望另外1.2万萨克森人……我们需要多瑙河左岸的资源来支持我们的武装力量，而右岸则不能提供这些。如果我们充分利用这段静默期［Schäferstunde］，我们就能做好迅速抓住正确时机的万全准备。[47]

随后的战役，展示了早先的哈布斯堡王朝将领对卡尔的思想的影响。卡尔在奥地利乡村为一场持久战——上一代普鲁士人，也曾在摩拉维亚引发这样一场持久战——做准备时，预料到法国对补给的征用，将会让当地人厌恶疏远他们。于是，他指示他的指挥官们，要杜绝他们的部队做出类似的行为，威胁要将违令者“严厉惩处”（strenge Strafen）[48]。在多瑙河后面建立防御阵地后，卡尔效仿在森塔时的欧根亲王，逐个击溃了尝试渡河和在对岸重组队列的敌人。[49] 这一策略奏效了：随着从意大利赶来的奥地利军队对法国的后部造成了威胁，俄国或普鲁士加入战争的危险也迫在眉睫，拿破仑感到了一种时间上的紧迫——与腓特烈在摩拉维亚战役中感受到的类似。在跨河进攻之后，他于5月21日至22日在阿斯彭–埃斯灵（Aspern-Essling）遭遇了生涯中第一次重大失利。虽然蒙特库科利都会赞赏卡尔在多瑙河沿岸的布阵，但是他对消耗战法则的执着，也让奥地利无法充分利用这一胜利——这不是其历史上的最后一次。[50] 在那场战斗之后，拿破仑迅速重整旗鼓，在瓦格拉姆（Wagram）击败了奥地利人，迫使君主国求和。

在之后的和平谈判中，奥地利将本国重要领土的一大部分割让给了法国及其盟友：巴伐利亚得到萨尔茨堡，华沙大公国获得西加利西亚，俄国收获东加利西亚，法国吞下南卡林西亚、克罗地亚、伊斯特里亚、达
215 尔马提亚和的里雅斯特港。《申布伦和约》（*Peace of Schönbrünn*）总共切走了哈布斯堡君主国8.3万平方千米的土地和350万居民，同时还索取了一大笔赔款，并将哈布斯堡王朝军队的士兵数限制到了15万。算上之前失掉的领土，这个新的局面夺走了奥地利一大部分用于在未来进行战争的经济和人力基础。在地缘政治方面，现在它被拿破仑及其位于意大利、德意志、波兰和克罗地亚的代理人包围了，这也使得法国成为奥地利历史上唯一一个同时在哈布斯堡王朝四片边境拥有长期驻军的对手。

顺应拿破仑

1809年战争之后，奥地利发现它已成为一个不断缩水，夹在法兰西和俄罗斯帝国之间的二流国家。随着梅特涅开始掌舵，奥地利现在采取了一种妥协政策。君主国唯一的生存希望，梅特涅写道，就是“顺风而行，降低存在感，与胜利者妥协。只有如此我们或许才能存续到全面翻身的那一天”[51]。

伴随这些话而来的，是一项全新的政策。它似乎与奥地利在1809年战役之前所追求的孤立抵抗方针截然不同。但是在奥地利的战略中，延续要多于改变，因为梅特涅的目标和施塔迪翁的一样，都是获得一段用来拖延时间和积聚力量的静默期。为此，他现在采纳了维也纳在《普莱

斯堡和约》与《蒂尔西特和约》之后就一直讨论的两个战略选项中的第一个：与敌人共处。这并不是奥地利第一次为了生存而顺应强敌。哈布斯堡王朝的领导者们一直在使用临时的和平协定来改善君主国的处境，直到可以从实力的地位出发，重新对付敌人。比如，约瑟夫一世在欧根的战役之前，就曾如此对付奥斯曼帝国与匈牙利人；再比如，玛丽亚·特蕾西娅也曾默许《克莱因施内伦多夫停战协定》。

梅特涅以一种类似的逻辑继续努力，但是他做得更彻底。奥地利此前经常使用战术上的拖延，获取对敌的短期局面优势；而梅特涅所面临的局面，则是奥地利很可能被一个早已展现出推翻旧制度能力的革命者对手长期统治。施塔迪翁曾致力于终结这种霸权，并恢复奥地利在德意志和意大利的地位；而梅特涅则试图通过一次长期的“权宜婚姻”（marriage of convenience）来与这个霸主妥协，直到新的一天——不论多么遥远——到来。如果失败，奥地利可能就会夹在俄国统治的巴尔干地区和法国统治的中欧之间，逐渐消亡——简而言之，就是一个多世纪以来，它的战略一直努力避免的局面。如果奥地利一着不慎，不难想象，它就可能被 216
瓜分成拿破仑的德意志附庸王国。

奥地利需要推迟消亡的发生，同时还要注意它的举措对它的战后处境的影响。为了实现这一目的，梅特涅化身为一个热情的（虽然是装出来骗人的）“女佣”，开始为新秩序服务。为了将两个国家联系得更紧密，他安排了玛丽·路易丝（Marie Louise，1791—1847年），也就是弗朗茨皇帝和第二任妻子的大女儿，与拿破仑的婚姻。这一举动，发生在1809年奥地利战败后不到一年，是哈布斯堡王朝的耻辱，因为这牵涉一个有着800年历史的王朝，与一个白手起家的将军——他象征着君主国所代表的社会秩序的对立面——的结合。不过，这场联姻实现了梅特涅的目标，通过安抚拿破仑而赢得了时间，提高了奥地利相对俄国的地位。

在1812年春天，梅特涅政策的效果达到了极致，当时奥地利与法国结成了正式的军事联盟，拿出了3万士兵来协助（虽然是间接地）拿破仑入侵俄国。梅特涅愿意顺应一个收复失地主义国家（即使多半是象征性的），去攻击一个曾是奥地利长期安全利益关键一环的国家，说明了奥地利的处境是多么令人绝望。参与侵略，有助于奥地利埋头保持低姿态的计策，同时拿破仑的赌博只会消耗法国的实力。在梅特涅的策略中，他正在进行一场以费边式逃避与消耗——卡尔和道恩也曾经在战场上使用——为主的大型地缘政治游戏，也就是与更强大的敌人步调一致，避免那些会让奥地利因高估自己实力而犯错的行动。

体系恢复：1813—1814年，梅特涅体系

由于拿破仑在俄国战败，梅特涅自1805年起就时常等待的机会出现了。不同于1809年，现在的情况对军事行动极为有利。[52] 这场灾难性的失败，让法国的军事实力降到了1792年来的最低点。施塔迪翁和梅特涅所创造的一系列静默期，已经实现了他们为奥地利争取恢复时间的意图。正如在与腓特烈二世的战争间歇期间所做的那样，奥地利利用1809年之后的喘息机会，调动了内部的各种能力，培养了民兵骨干队伍，动用了军政国境地带的各种资源。结果，到了战争再次爆发时，君主国已拥有一支资深老兵队伍，可以围绕他们迅速集结大量的军队。在1813年4月，这些军队的士兵数为16万，到了8月则是47.9万，并最终达到了56.8万。[53]

与普鲁士战争的情况一样，奥地利人已经从他们败给法国人的经历中吸取了教训。他们成立了研究所学到的教训的战后委员会，并且改变了战术与理念——首先是在1798—1799年，于1801—1804年和1807年
217 再次改变。同样和普鲁士战争的情况一样，制定军事战略的责任得到了集中，而且最终由更具才能的人来负责。卡尔在1805年和1809年战役之前，被授予了领导宫廷战争委员会和新的军事宫廷委员会（Militär-Hof-Commission）的权力，而一位年轻军官，拉德茨基，则被任命为总参谋部的总军需官。[54] 与此前战争的情况相同，持久的紧急情况促使外交和军事目标更紧密地交织在了一起，同考尼茨一样，施塔迪翁和梅特涅对总体战略施加了决定性的影响。

外部的因素也有利于行动。在此前的战役中，俄国曾表现得行动迟缓，冷淡漠然，而且在1809年奥地利节节败退时保持了中立。现在，俄国正将其庞大的资源全部投入使用。普鲁士凭借其经过重建、爱国情绪高涨的军队，也加入了进来。一如既往坚定的英国，现在正在因拿破仑东征而变得薄弱的法国边缘地带趁火打劫，狂取豪夺。凭借这种力量的

联合，奥地利在自轻自贱四年之后，现在可以带着成功的希望，重新加入军事竞争了。

与此同时，由于其他国家得到动员，而奥地利仍然只占据着《申布伦和约》之后被蚕食殆尽的领土，君主国就处于一种弱势地位，很难决定即将来临的对抗的发展。尤其是俄国凭借《蒂尔西特和约》兼并的领土，以及它那稳步向西跋涉、经过扩充的陆军，已经成长为欧洲事务中的一项军事影响因素，这就造成了它用实质上的俄国统治取代法国霸权的危险。为了遏制这种可能性，梅特涅实施了一项以限制俄国影响力在欧洲发展为中心的战略。[55] 它的目标，是维持法国作为一个制衡俄国的因素的地位，重获奥地利失去的缓冲国，并让德意志国家——大部分现在已是法国的盟友——成为维持稳定的因素。

这些早在拿破仑战败之前就已在酝酿之中的目标，将会在即将到来的1813—1814年战役和战后的一段时期内，为哈布斯堡王朝的大战略指引方向。梅特涅此前曾通过妥协来避免不利的军事结果；现在，他要利用军队来避免不利的外交结果。他掌握着两张影响结果的军事牌。其一，是对于哈布斯堡王朝军队何时进入战争的时机的掌控。梅特涅没有仓促地进入冲突，而是选择了拖延，在名义上保持与法国的盟友关系，并在进入反法联盟之前转为中立。他顶住了来自俄国和普鲁士君主的压力，继续在这条道路上前进，直到战场上的情况能够确保奥地利的加入能够带来最大的外交影响。梅特涅后来写道：

> 皇帝让我来决定我认为最恰当的时机，来向交战国宣布奥地利已
> 放弃中立，并请他们认可奥地利的武装斡旋为最合适做法。拿破仑在吕 218
> 岑（Lützen）和包岑（Bautzen）的胜利告诉我，这个时机已经到来。[56]

在备忘录中，梅特涅对于他的行动和动机的描述，应当慎重解读，因为在写这些文字时，他占了后见之明的便宜，而且想要从最积极的角度来解释他的作用。保罗·施罗德（Paul Shroeder）颇具说服力的论证认为，梅特涅推迟奥地利进入战争的真正原因，是想要在弗朗茨皇帝反对军事行动的时候，“给和平一个机会”[57]。

不过，同样明确的是，梅特涅明白，在拿破仑取得新的胜利之前推迟奥地利的入场，将会提高他在面对俄国人和普鲁士人时的谈判地位，因为在那时，他们对自己的实力的余量就不那么自信了，也因此会更强烈地意识到他们对于奥地利的支持的需求。拖延也有助于在战役的早期建立作为一支独立力量的奥地利的地位，并在消耗法国和俄国军队的同时，尽可能地延长谈和的可能性，从而让奥地利作为斡旋国，在和谈中掌控两股势力的平衡。

一旦全心全意投入战争，奥地利就有第二张牌可打了：决定它的军队部署在哪里。在这一点上，梅特涅得益于他和施塔迪翁先前执行的静默政策。在总计57万士兵的联盟军中，奥地利的部队就占到了30万，这让它成了联盟中最庞大的一支军事力量和抗击法国的中流砥柱（后者能够派出41万士兵）。[58] 根据“派出30万士兵上战场的国家是首领国家，其他的则是辅助性力量”这一推论，梅特涅坚持要让一位奥地利将领，卡尔·菲利普·施瓦岑贝格亲王（Prince Karl Philipp Schwarzenberg），担任联军的总司令。

在战场上，梅特涅利用奥地利的联盟领导权，推动了他的目标——避免法国的衰弱造成俄国实力的增长——的实现。他没有让军队直接跨过莱茵河，给退缩的法军决定性的一击，而是设法减缓了行动的速度，让行动对奥地利有利。[59] 普鲁士的军事学家长期以来都在批评施瓦岑贝格的消耗计划迟钝缓慢。一个世纪后，德尔布吕克抱怨道：“奥地利人拒绝出击，不知是有意还是无意地给这种不情愿披上了战略考量的外衣。他们声称，之所以采取这样的立场，是因为不论是欧根还是马尔博罗——两者都是伟大的指挥官——都不曾针对巴黎发起军事行动。”[60]

然而，从奥地利的战略角度看，施瓦岑贝格的行动遵从了梅特涅“永远准备谈判，但是要边战边谈”的方法。[61] 在军事上，这些行动是消耗战的巨大成功，用数量众多的联军像止血带一样稳步地剥夺了拿破仑内线
219 作战的优势，同时不给他进行对他有利的决战的机会。在政治上，奥地利充分利用了这场战争的机会，团结了其过去的缓冲国，并为与法国和谈以制约俄国创造了可能。倘若军队更加迅速地进入法国，导致不知所措的法军在1813年的投降（这是可能的），俄国对因此形成的政治格局的

影响将会更大，而战后形成均势的可能性会更小。通过为奥地利的外交争取额外几个月的时间，施瓦岑贝格保证了梅特涅不仅在面对盟友时拥有更强势的地位，而且能够指望任何新成立的法国政府，都将成为奥地利的盟友。[62]

后拿破仑时期的西部安全

凭借最后时刻的操作，梅特涅为奥地利做好了决定性影响战后和平协议的准备。我们将在下一章看到，他帮助策划的会议模式将成为哈布斯堡王朝外交成就的巅峰。由于这一体系具有了欧洲各国都参与其中的特性，它在区域层面具体对于法国的重要意义，往往也因此被掩盖。就这一章的目的而言，值得注意的是，奥地利在拿破仑战争之后为保护西部边境而部署的安全系统，是对曾在对抗波旁王朝期间指导哈布斯堡王朝战略的基本原则的恢复，不过它也吸取了最近的教训，得到了调整。

同过去一样，奥地利西部安全的根本，在于缓冲国的维持。与拿破仑的战争突出了这些中介体的重要性，与此同时，也显示出它们易于被外部势力颠覆的脆弱性。这一问题，有军事和政治两个层面。在军事层面，拿破仑的军队曾将宗主-附庸的联系在其薄弱的“接合点”（附庸国）处断开；在政治层面，他曾能够利用附庸国集团的内部动态为自己谋利，一方面靠的是颠覆哈布斯堡王朝对于大小成员国的传统平衡模式，另一方面是引入一股强大的新的民族主义力量。这些方法合在一起，相比于波旁王朝曾经通过贿赂和操纵中间地带国家宫廷所作的尝试，是一个强大得多的威胁。它们曾导致古老的神圣罗马帝国的灭亡；如果在未来再次被使用，这样的方法可能会导致奥地利西部缓冲国系统的持续性崩溃，将安全的重担卸给军队独自承担。

在战后的行动中，奥地利开始解决这一问题的两个层面。在德意志，梅特涅努力保留了一种结盟的总体安排，他允许旧的神圣罗马帝国成为历史，并设计了一个经过整改和精简的德意志邦联。[63] 在意大利，通过将 220
奥地利的领土组成一个新的以德意志邦联为模板的意大利联盟，他设法为意大利提供了比过去程度更高的联合。[64] 尽管后者失败了，但在这两种情况中，梅特涅的目标，都是增强奥地利缓冲国的政治黏合度和提高其作为地缘政治防御手段的实用性。德意志邦国从神圣罗马帝国时期的300个，缩减到了德意志邦联的39个。要求成员在遭受袭击的情况下互相援助的新的第47条条款，取代了杂乱无章的帝国战争程序。虽然丢掉了神圣罗马帝国皇帝的头衔，梅特涅却为奥地利保住了其作为新的邦联议会主席的领导角色。奥地利曾通过担当最小和最易受攻击邦国的保护者，来巩固它在旧的神圣罗马帝国中的主导地位；现在，通过在法国、普鲁士和民族主义力量面前捍卫主权，它能够扩大它的支持基础，包罗德意志邦联中的大部分新国家，其中还有像巴伐利亚这样的宿敌。这些变化让奥地利在摆脱战争后，不仅能够拥有完整的德意志缓冲区，而且在地缘政治上，它或许变得比以往更加可靠了。

类似地，拿破仑战争也影响了奥地利军方对于保卫西部边境的看法。在根本上，他们强化了存在已久的坚定信念——君主国在这里的自卫能力，与它自己和法国之间的中间地带的命运紧密相连。战争已经比以往都更清楚地表明，奥地利的西部防御从莱茵河与波河开始。等到敌人到达哈布斯堡王朝边境的时候，一切基本上就结束了。如果这一区域内的前线国家领土迅速落入进攻者手中，不论是因为它们自己的防御薄弱，还是因为援军未能及时抵达，发动一场成功的防御战的可能性就会急剧缩小。

为了解决这一问题，维也纳努力加强了奥地利军队维持位于意大利和德意志的前沿阵地的能力。哈布斯堡王朝过去的防御方针，在某种程度上，总是以西部的要塞网络为基础；现在，它寻求的是大幅增加这些领土上固定防御设施的规模和数量，与此同时，还要加深它们与君主国防御方针的融合程度。在整个战后时期，奥地利的军事计划者们设想用17座要塞来包围法国边境。在德意志，他们与德意志邦联合作，最终建成了5座大型要塞——美因茨、兰道和卢森堡，以及后来的乌尔姆和拉施塔特。连接这些要塞的，是一些由边境区成员国把守，由位于邦联城市法兰克福的一支奥地利卫戍部队提供支援的小型军事设施。[65] 在意大利，奥地利将它位于加尔达湖附近的旧时防御阵地，扩展成了一个防御群——著名的“四角防线”——连接了曼图亚、佩斯基耶拉、莱尼亚戈（Legnago）和维罗纳，同时取得了驻守教皇要塞费拉拉（Ferrara）和科马基奥，以

及帕尔玛的皮亚琴察的权利。[66] 所有这些防御集群的预定目的，都是通过 221
拖困法国的攻势，为阿尔卑斯山脉北部或南部所需援军争取时间，从而缓解波河–莱茵河的防御困境。

与这些防御工事的客观位置和范围一样重要的，是奥地利人用来为其提供驻防和资金的系统。与过去一样，在战后财政处境危险的情况下，君主国无法独自在西部维持大量的永久性部署和基础设施。为了支付这些新的防线的费用，奥地利在一定程度上依赖了它那被击败的敌人。它向法国征收了一笔7亿法郎战争赔款，并拿出了其中的6 000万直接用于建设新的莱茵河要塞。此外，它还依靠缓冲国来分担防御的重负。它在德意志邦联中设立了一项由成员国资助的基金，专门用于西部要塞的建设和维持。[67] 为这些岗位配备人员的重担，将由邦联成员担承，它们现在需要在一个固定的、与人口数成比例的基础上，为要塞和一个范围更大、经过改进的邦联部队系统供应、训练和装备兵力。[68]

作为一个集体性的安全基础设施，邦联的要塞比旧的监护国要塞模式有了相当大的改进。在操作层面，新的德意志邦联的长期军事协议，比依赖帝国战争的宣布更加可靠，因为后者即使成功，往往也会将不成比例的风险和成本交由帝国最易受攻击的邦国承担。邦联的总体设计为奥地利军方所提供的，用今天的话说，就是一下子签署了39份单独的《部队地位协议》（*status of force agreements*，*SOFAs*）①。在本质上，它们把德意志变成了旧的讷德林根联盟的巨型版本，保证了更高、分担更均等的防御贡献，同时让最安全的成员也在更可预测的基础上致力于整体防御。

为了支持奥地利扩张后的前线防御，梅特涅还更新了其传统西部安全系统的第三大支柱：大国联盟。他促成了大量要求其他欧洲国家承诺维护协约权利——这些权利将通过频繁的会议来捍卫——的新协议。具体到西部边境，他用一个要求英国、普鲁士和俄国承诺在法国军事威胁卷土重来时进行共同防御的正式机制——四国同盟（Quadruple Alliance）——

① 《部队地位协议》是东道国与在其国内驻军的派遣国之间，就驻军的权利和义务等相关事宜达成的协议。——译者注

为这片边境提供了支持。与发生在奥地利缓冲国系统上的变化一样，这个小集团代表了哈布斯堡王朝的一条长期政策路径的延续，与此同时，它也将这条路径发展成了一种更可预测的总体设计。

四国同盟通过专门针对摩泽尔河谷的特别军事远征，以及一个在双边层面比周期性的、考尼茨式的缓和政策更稳定的安全机制，改进了拉拢
222 外部势力共同管理奥地利的德意志阵地的模式。新的体制没有依赖紧要关头的反霸权小集团，而是将遏制法国变成了整个体系的责任，正式将奥地利的西部安全需求与列强的利益和资源绑定在了一起。虽然新的联盟体系完全承认了所有国家从预防霸权战争中所获得的公共利益，但它也让欧陆中部国家奥地利获得了不成比例的好处，确保了其维持负担将由几个大国——而不仅仅是自己——来承担。

从整体上看，奥地利与法国的长期竞争，是一个相对弱小的国家战胜并超越一个强大对手的过程。在这些战争中，除了1814年战役这个有争议的例外，奥地利在任何时候都不能说是比法国更强大的军事力量。它的防御机构往往都更小，内部组成总是更脆弱，财政状况也更不确定。然而，在大多数对抗中，奥地利都应被判定为赢家。在大约一个半世纪内，它阻止了路易十四向北和向东的扩张，拉拢了它的继任者共同遏制普鲁士，堵住了雅各宾派的浪潮，并组织或参与了六次反抗拿破仑的共和国的联盟。它成为欧洲平衡的仲裁者，并负责肢解了一个从大西洋延伸到波兰的法兰西帝国。

矛盾的是，奥地利在这些对抗中最大的优势，却是它自身的弱点。表面上看，哈布斯堡王朝无序蔓延的西部利益，带来了一系列难以处理的安全负债。但是法国在这片广袤空间的相对实力，使它对其他国家构成了威胁，为抵抗法国扩张提供了一个天然的基础。奥地利只需付出适当的努力，往往就可以利用这一基础来实现自己的安全需求。奥地利用来实现这一意图的手段——神圣罗马帝国、它的意大利卫星国、海上联盟和反拿破仑联盟——有着各种各样的形式，但基本上都需要以共同的忧惧为由，拉拢其他国家应对威胁。这个威胁虽然是共有的，最终却给这个欧陆中央的帝国——奥地利——带来了不成比例的风险。在这个意义

上，君主国暴露于欧洲的震源核心，却使它成了欧陆稳定的压舱石。

奥地利组织的小集团，给了它用来抵消法国军事力量优势的士兵储备。可以说，存在于所有这些安排中的难题，是时间。西部边境上的对抗，在根本上就是看谁能够更快地发挥作用：是法国在进攻性军事能力上的优势，还是奥地利在联盟方面的优势。后者在本质上的激活速度就比较慢。因此，奥地利在与法国的战争中往往开局失利。它在波旁王朝战争早期，就曾在低地国家屡战屡败，还经历了莱茵要塞的陷落。在这个 223
意义上，拿破仑带来的战争速度的提高，将一场进攻性军队与防御性联盟之间长达数百年的军备竞赛推向了高潮。

正是通过削弱法国的时间优势，而不是努力让军队对抗本身势均力敌，奥地利的西部安全系统才作出了决定性的贡献。拉拢意大利和德意志缓冲国——起初纯粹是王朝的一时兴起之举，随着竞争的发展，对生存来说变得愈加关键。要塞的增建提高了缓冲国的价值，为补充阿尔卑斯山脉的横向布局插入了一系列的纵向屏障。在波旁王朝战争中，缓冲国要塞群使君主国可以在边境区之间转移自己的兵力，抵消了法国三线进攻的优势。当这个系统在拿破仑战争期间崩溃时，奥地利制定了一项备用战略。这项再次以时间为重点的战略，在长期的妥协和短暂的抵抗之间交替进行，这样在避免财政上被压垮的同时，也拖延了大范围内的对抗，直到它在盟友和合法性方面的核心优势能够发挥作用。在这些战争结束时，奥地利利用它战后的意外收获，锁定了一项持久的时间优势，有效封堵了德意志南部和意大利北部这两条法国军队的通道。

哈布斯堡王朝手段方面的发展，凸显了奥地利总体西部战略的政治性质，而不是军事性质。与其他国家的协定，如果在冲突开始之前就已就位，那么就将拥有更高的地缘政治价值。这个小集团的常态化程度越高，它在对付最初的法国军事攻势和减少奥地利不得不承受的长期防御成本两个方面，就越有成效。从约瑟夫一世更新帝国战争总体设计，利奥波德促成讷德林根联盟，到图古特（Johann Amadeus von Thugut，1736—1818年）和施塔迪翁的联盟，再到最终梅特涅的德意志邦联和会议制度，哈布斯堡王朝寻求不断常态化的联盟形式——不论是与弱小的附属国，还是列强——的战略，有了显著的发展。在这些集团中，根据奥地利前沿军事部署的可预测性衡量出来的缓冲国军事价值，与根本政治协议的牢固程度，是成正比的。

到了19世纪初，这种发展使哈布斯堡君主国成为中欧庞大弱国网络的领导者，这个网络的地缘政治格局和外交影响让奥地利得到了不成比例的好处，但是它的军事成本却主要由别国承担。由此产生的非正式的帝国，在许多方面都和哈布斯堡君主国本身一样令人印象深刻。就是从这种明显实力的地位——两个世纪的战争与治国术的结果——奥地利进入了后拿破仑时代欧洲列强政治的漩涡。

第三部分

鼎盛、衰落和遗产

第八章 227

时间的壁垒：处于巅峰的梅特涅和哈布斯堡体系

> 我感觉我身处一张蛛网的中间，而我正在像我的朋友蜘蛛那样结网，我喜欢蜘蛛，因为我经常欣赏它们……这样的网赏心悦目，工艺精湛，而且足够强韧，可以承受一次轻击，即使它无法抵御一阵强风。
>
> ——梅特涅

> 时代精神是一股强有力的潮流。人们不能停在它之前或之后，也无法加速或延缓它。但是通过在它的岸上筑坝，人们就能消除它的危害，让它变得有用。
>
> ——卡尔大公

经历了拿破仑战争的哈布斯堡君主国，实力空前强盛。在维也纳会议的战后协议中，奥地利收复了失地，形成了一个领地和属地从威尼斯延伸到克拉科夫的庞大帝国。为了保护这些比以往更多的财产，哈布斯堡王朝的领导者们在过去的边境战略的基础上进行推导，打造了一个欧洲范围的安全系统，其基础由两部分组成：一个经过重组和加固，将周边地区融入奥地利防务的缓冲区网络；以及一个旨在调解冲突和拉拢对手共同管理哈布斯堡王朝缓冲区的精密外交体系。由此形成的“维也纳体系”，缓解了管理多片边境的时间压力，同时将长期以来的敌人转变为了维护奥地利政权的参与者。这继而又消除了对于大量长期军事投入的需求——
228 如果单凭武力来应对奥地利无序扩张的处境，这种需求就必不可少。作为哈布斯堡王朝战略治国术的巅峰，这个安全系统以它可以承担的成本，赋予了奥地利许多霸权的特性，同时也为持续了半个世纪的欧洲稳定创造了条件。

奥地利治世①

在1814—1815年的维也纳会议上，哈布斯堡君主国作为欧洲国家体系中最具影响力的大国登上了舞台。[1] 在拿破仑的所有敌人中，奥地利顶住了最严重的财政和军事压力，遭受了最大的领土损失。在战后的协议中，它得到了土地和人口方面最大的补偿，收复了失去的属地，而且几乎在每片边境都获得了新的领土。在西部，哈布斯堡王朝重获了他们的世袭领地蒂罗尔和萨尔茨堡，再次取得了德意志邦联的领导权。在西南部，他们收复了意大利北部，建立了一个新的伦巴第-威尼西亚王国，同时在托斯卡纳、帕尔马和摩德纳任命了哈布斯堡王朝的统治者。在南部，他们再次吸纳了伊利里亚行省和军政国境地带中落入法国统治的那一部分，以及达尔马提亚的港口共和国拉古萨（Ragusa）。在东部，他们收复了落入华沙大公国之手的部分波兰领土，以及现今乌克兰的塔诺波尔（Tarnopol）。

这些获得的领土，让哈布斯堡君主国达到了自欧根的土耳其战争以来的顶峰，确定了奥地利作为欧洲最大陆地帝国之一的地位。随着奥属尼德兰被永久性地割让，形成了一个新的比利时王国，这个多瑙河畔的国家处在了其范围最广、领土最集中的布局之中，哈布斯堡王朝的统治从加尔达湖沿岸，延伸到了俄国边境上的伦贝格（Lemberg）。

---

① 原文为拉丁语Pax Austraica，这个表述与著名的Pax Romana（一般译为“罗马治世”或“罗马和平”）相似。后者指的是公元前27年至公元180年，罗马帝国相对和平有序、繁荣稳定、霸权在握、版图辽阔的一段盛世。——译者注

战后秩序的问题

在维也纳会议上，奥地利面临着两个主要问题。首先是其侧翼国家普鲁士和俄国——两者都在与拿破仑的战争过程中得到了扩张——的发展。尽管“所有与法国交战的大国都落得民穷财尽”，梅特涅后来写道，但“只有普鲁士”每次都从冲突中得到了好处。“每一场战役都给了她扩大影响力的借口；每一次停战，要么批准了她对一个弱小胆怯的邻国的侵犯，要么促成了这样的邻国自愿地俯首称臣；每一份和约都给她的付出带来了回报……而这些付出只为她自己的目的服务。”[2] 通过与拿破仑达成的协议和1812年战役之后的反攻，俄国也在战争期间找到了发展的机会。
在战争结束时，两个国家都拥有由不断增长的人口和经济基础支撑的庞 229
大军队。两者都试图正式获得更多的领土——普鲁士通过吸纳萨克森，而俄国则是通过兼并波兰。随着法国被迫退回到它的历史边界，奥地利的经济由于连年的战争而千疮百孔，几乎没有哪个国家可以限制这些野心了。除非奥地利能够这样做，否则，北部和东部发生激烈军事竞争的新时代，可能就会取代拿破仑在西部对霸权的争夺。

奥地利在1815年遭遇的第二个威胁，是民族主义作为欧洲政治力量的发展。法国大革命的理念在整个欧洲唤醒了一种民族热忱，其根基源于民族国家是政治合法性唯一体现的概念。在拿破仑的卫星王国，法国的附庸关系留下了一种主张理性主义公共管理和激进主义公民的范例；在拿破仑受害者所在的地区，法国的占领激起了民众对于驱逐入侵者和挽回民族尊严的渴望。在这两种情况中，经历了漫长战争的人们，都因为想要实现基于共同语言、习俗和文化的统一而热血沸腾。而没有哪些地方比奥地利的西部缓冲区——德意志和意大利——更为强烈地受到了这些影响的触动。

从哈布斯堡王朝的安全立场看，这两个问题——民族主义和扩张主义对手——紧密相连。德意志民族主义代表了一种潜在的工具，普鲁士作为最大的德意志国家，可以借此将其凭武力统治中欧的野心与民众的意志绑定在一起，而奥地利由于结构多元，却无法激发这种意志。意大利民族主义为法国带来了一种类似的，但不那么直接的机会，让它最终可以推翻奥地利在意大利的主导地位；同时，几乎任何形式的欧洲民族主义，都会给见风使舵的俄国提供机会，让它可以借此瓦解其西方敌人的政治秩序，并以动乱为借口来进行武装干预。除非奥地利能够解决这一威胁，将民族主义与其对手的地缘政治欲望脱钩，否则，摆在它面前的危险，就是一个源源不断地制造危机——这些危机能够在其边境上造就统一的民族群体，并将革命之火烧到君主国的腹地——的工具。

梅特涅体系

奥地利所面对的问题极为棘手，让它这个强国都无法独立解决。在经济上，二十多年的战争已让君主国破产；军事上，帝国在最终的和平协定中赖以施加巨大影响的庞大陆军，也已无法维持，亟待裁撤。为了成功，
230 奥地利必须在其受限的力量能力范围内，设法应对后拿破仑时代的局面。

承担这项艰巨任务的人，是战后时期奥地利最杰出的政治家梅特涅亲王。[3] 到了1815年，梅特涅已经连续为君主国效力了近14年，他曾是弗朗茨皇帝派往巴黎的公使，在1809年战败后，取代施塔迪翁伯爵成为外交大臣。他自视甚高，老成持重，精于算计，对权力有一种敏锐的本能，这种本能往往会被他潇洒自如的魅力、拖沓的外交风格和对漂亮女人的喜爱所遮掩。出生在莱茵兰的梅特涅，曾在法国没收其家族位于德意志的世袭财产的过程中，亲眼见证了革命的毁灭性后果。作为启蒙运动的产物，他是一个极端的理想主义者，不相信法国大革命的普遍主张和斗争狂热，以及它所产生的民族主义。在这些力量中，他看到了一种可能会瓦解古老的哈布斯堡帝国的结构，并颠覆欧洲文明根基的混乱。

为了遏制这一威胁，梅特涅试图创造一道屏障，来抵御肆虐横行的民族主义和死灰复燃的霸权主义战争所产生的动荡影响。在意识到奥地利没有强行维持战后稳定的军事实力后，他转而设法为外交密集型安全奠定基础，这将降低君主国所面临的实力考验的频率和强度。他的总体目标，是塑造一种稳定而保守的秩序，以便让奥地利在这种秩序中恢复元气，并成为主要竞争者。在这一点上，他深化了先前哈布斯堡王朝政治家的意图。考尼茨在与腓特烈的战争结束后，曾尝试创造一个“不必‘穷尽所有手段来保持武装’”的环境，而梅特涅则为“正在承受22年战

争的战后阵痛的奥地利”设想了“一段长期的全面和平”。[4]

尽管军事力量虚弱，哈布斯堡政府却拥有实现这一目标所需的某些优势。矛盾的是，其中之一是它所处的中央位置：居于棋盘中央，长期以来都是一项劣势，现在却让奥地利能够就战后欧洲面临的大部分主要领土问题进行裁定协调。另一项优势，是奥地利在列强中作为协约权力捍卫者的独特地位。奥地利是欧洲存在时间最长的帝国，同时，它的人口结构，也让它成为一个会因动荡再临而损失惨重的国家。奥地利拥有一定程度的道德信誉，让它能够在国际争端中充当合法性的传递者。第三个优势，是梅特涅本人。我们已经看到，他深知时间在谈判中的力量，尤其明白如何利用拖延来从军事上更强大的对手那里夺取优势。他的“绝世才能”，同时代的法国人夏尔·莫里斯·德·塔列朗-佩里戈尔（Charles Maurice de Talleyrand-Périgord，1754—1838年）曾说道，“是让我们浪费自己的时间，因为他相信他能因此获得时间”。[5] 或者如梅特涅本人所言，“我以时间为壁垒，耐心为武器”，而在另一场合他又说道，“遭 231
遇战我不在行，但战役却是我的拿手好戏”。[6] 正如此前梅特涅曾利用静默期来增强奥地利的战斗力量，通过推迟进入第六次反法同盟战争来提高其外交地位；现在，他又用拖延和排序的战术，在谈判桌上分裂奥地利的对手。

在战后的协议中，梅特涅试图保留和加强奥地利的历史缓冲地带，就像此前的哈布斯堡王朝外交官经常做的那样。但是和他的前辈相比，他在更大程度上努力实现了这一目标：他将欧洲的大国（包括奥地利的对手）拉拢进一个正式的集体安全系统（该系统以国际法为基础，旨在创造一个稳定的、不受周而复始的列强战争干扰的欧洲中心）。这些目的一起，将在半个多世纪的时间内，成为奥地利大战略——既体现在军事上，又表现在外交上——的两大支柱。

梅特涅的缓冲区

梅特涅的体系，首先必须被理解为一系列为奥地利安全提供保障，旨在保护和延续哈布斯堡君主国的措施。和前几代奥地利政治家一样，梅特涅在保护君主国方面的首要目标，在本质上与空间有关：确保其边境附近地区的地缘政治多元性。在战后不久的时期，这是一项艰巨的任务。由于在每个方向都被拿破仑法国的卫星国所封锁，奥地利失去的，不仅是它的德意志和意大利历史缓冲区，还有大量西部、北部和南部边境的领土。与他的前辈一样，梅特涅发现了大国之间的直接接触导致冲突爆发的内在危险。考尼茨曾一直试图确保奥地利与其对手“不直接接壤”，而梅特涅也渴望“让我国脱离与法国的直接接触，从而结束两个毗邻帝国因长期接触而导致的战争”。[7]

在梅特涅的指导下，维也纳会议“恢复和发展了18世纪的中介体概念，即旨在缓冲、隔离和连接对抗中的列强的独立小国和区域”[8]。和平协定拆解了拿破仑的“共和国壁垒”，将法国的影响逐出了德意志，让王族再次成为意大利的统治者，并废除了华沙大公国。在西北部，梅特涅把和平协定当成摆脱奥属尼德兰的一个机会。他的逻辑是：由于这片土
232 地导致了哈布斯堡王朝领土与法国的直接接触，因此它也增加了两个大国未来发生冲突的可能性。[9] 在这一点上，他延续了他的18世纪前辈的做法——把奥地利领土“打磨”成一个更加紧实的地缘政治单位。

事实证明，梅特涅的领导对于重建欧洲中心附近的缓冲区至关重要，因为其他欧陆国家也想要把这片领土占为己有。虽然法国暂时处于被围困的境地，但是奥地利的侧翼对手却尚未满足，一心想要利用维也纳会议来扩张他们的边境。普鲁士想要兼并萨克森——君主国在这一战区的唯一缓冲国——来弥补普鲁士在军事上的付出，并惩罚这个铁了心要成为拿破仑附庸的德意志王国。沙皇亚历山大一世试图掌控波兰的大部分，声称是为了斯拉夫民族的手足情谊，但根本上是为了增加俄国西部的战略纵深。

如果成功，俄国和普鲁士向中欧的扩张，就会不断蚕食奥地利在北部和东部的剩余缓冲地带，敌军就会被部署在德累斯顿和克拉科夫，两者距离维也纳均不足320千米。独立的萨克森对于未来的哈布斯堡王朝安全至关重要——“作为直面普鲁士的中介体，其对奥地利的重要程度，就像曾直面俄国的波兰和如今仍在面对俄国的奥斯曼帝国一样”[10]。断然回绝普鲁士对萨克森的企图，以及阻止俄普合作这个更大的因素，因此就成了梅特涅外交的首要焦点。

为了离间他的敌人，梅特涅使用了拖延战术。他假装生病，久久不愿康复，把风流韵事弄得众人皆知，此外还摆出一副忙于应酬的样子，目的是让他的对手们迫不及待地要求奥地利准许其他的需求。梅特涅首先分离的是柏林。他通过同意普鲁士兼并萨克森的一部分，换来了其对波兰问题的支持和奥地利西部缓冲区的强化——奥地利将美因河要塞并入了德意志邦联的南部防线。[11] 随着俄国被孤立，梅特涅最想做的，就是恢复玛丽亚·特蕾西娅和考尼茨最初希望得到但未能保住的完整的波兰缓冲区。当尝试安排奥地利、英国和普鲁士三国联合为一个独立的波兰担保失败后，梅特涅组建了一个奥地利、英国和法国的联盟，并扬言要发动战争，吓得亚历山大一世只好答应在克拉科夫和波森（Posen）附近建立缓冲区。

梅特涅为了在奥地利边境周围得到缓冲区而愿意付出的努力，突出了它们对于战后哈布斯堡王朝安全的根本性意义。他的首要目标，就是避免相关地区落入奥地利对手的直接控制。在做到这一点后，他又致力于 233
通过维也纳会议，为欧洲大大小小的国家之间的“合作与协调”创造复杂详尽的国际“规则与协议”。[12] 由此产生的框架，让欧洲的小国——所谓的中间势力（*puissances intermediaires*）——获得了或许比以往（或者说第二次世界大战战后之前）更强的正式影响力与保护。

在争夺奥地利边境周边独立且不受对手控制的空间的过程中，梅特涅所追求的目标，一直以来都是哈布斯堡王朝的政治家们眼中君主国生存的先决条件。长期任务，是确保这样的空间一旦创建，就要在政治上为奥地利谋利。这在德意志地区尤其是一项挑战，因为在那里，拿破仑不仅废除了奥地利在神圣罗马帝国中的传统霸权地位，而且还推行了一项用领土来扩大弱国的政策，从而让它们抛弃对奥地利的忠诚，转而依附法国。关于德意志，梅特涅在战后时期写道：“奥地利，还有莱茵联邦君主们——后者全部的实力增长，都要归功于拿破仑的战争——的处境，真是发生了天翻地覆的变化！”[13]

正如上一章所讨论的，梅特涅解决这个问题的办法，是建立一个新的联邦化的德意志邦联，其组成单位比旧的神圣罗马帝国成员更大，结合得更紧密。“在为德意志寻求一个行之有效的组织背后，”施罗德写道，

“是对奥地利这个大国的生存的担忧。这主要依赖于两点：一是德意志整体要安宁，二是它要在奥地利需要支持的地点和时间为奥地利提供支持。”[14] 为了实现这些目标，梅特涅使用了许多过去的奥地利外交官们曾用来巩固对维也纳的忠诚的手段。正如约瑟夫一世和玛丽亚·特蕾西娅曾在他们的时代所做的那样，在弗朗茨治下的奥地利，尽量不去惩罚和疏远那些曾经在先前战争中对抗它的德意志邦国。因此巴伐利亚这个拿破仑的忠实盟友，被授予了土地，而有志加入普鲁士的萨克森，也逃过了奥地利的熊熊怒火。与过去一样，作为额外黏合剂的，是奥地利实施软霸权的可能性——这与其他大国提供的替代方案相比不那么难以接受。梅特涅将这种方式带到了新的高度，他利用小国对普鲁士的恐惧，迫使他们接受奥地利的领导，同时，他又利用普鲁士对民族主义的恐惧，笼络柏林成为德意志邦联的共同管理者。

由此产生的体系，提供了一个双重遏制机制，不仅压制了普鲁士在德意志内部的野心，还为抵御其他外部势力的侵犯提供了共同防御。这一设计的核心，是梅特涅在邻近区域对一种交易——这种交易是非正式的
234 哈布斯堡帝国的立国之本——的持续使用：用相对的政治自治和为弱小霸权提供的保护，换取忠诚和以防御为主的安全。利用这种方法，梅特涅让奥地利在19世纪早期成为德意志中等国家的代言人。

梅特涅在重建哈布斯堡君主国缓冲区方面的功劳，与他关于欧洲国家体系在战后将如何运行的宏大愿景是密不可分的。隐藏在萨克森、波兰和意大利个别问题背后的一个根本问题是：由众多小国构成的欧洲大陆中部，是否具备足够的实力来抵御强邻的侵犯，同时，它们本身的联合，又不会强大到威胁欧洲稳定的程度。在梅特涅看来，实现这一结果的唯一方法，就是在其他欧洲大国的支持和担保下，建立一个由奥地利领导的联邦化的政治体集团——“一个独立的欧洲中心”，其基础是“一个在法律支撑下的广泛政治共识。处于这个中心的国家，将必须联合对抗来自过于强大的侧翼国家的压力；一些外部国家将不得不支持这种联合，而侧翼国家本身将不得不接受这种联合；必须为了维持这种独立状态而建设各种机构，尤其是要为德意志建立一个联盟组织”。[15]

拉拢对手

为了实现梅特涅的愿景，就必须设法把奥地利的强国对手拉下水，让它们支持一个独立的欧洲中心，从而维护代表着欧陆整体公共利益的哈布斯堡王朝的领导地位。对哈布斯堡王朝外交来说，这个概念的核心并不新鲜。梅特涅之前的奥地利政治家们，就曾致力于通过压倒强权政治并缩小君主国军事劣势的法定协议，让对手为奥地利的目的服务。巴滕施泰因试图事先获得欧洲对于一项法律工具——《国事诏书》——的承认，就肯定了国际政治中法律对于武力的主导地位。

最重要的是，梅特涅拥有考尼茨这位先驱，为了专注于与普鲁士的对抗，后者扭转了奥地利与法国的长期敌对关系；后来，为了联合兵力对抗支持革命的法国，他又改善了与普鲁士的关系；为了对抗俄国，他还尝试短暂地与土耳其结成联盟。这些都表明，一个居于中央的国家，不能永远与之前的敌人决裂。总体上看，考尼茨的外交手段是以这样的组织原则为基础的：哈布斯堡王朝的安全，在根本上依赖于一个有序环境的建
立。在这样的环境中，均势虽然是国家事务中永远都在运转的力量，却 235
可以被控制，而且在引导之下，能够为狭义上的哈布斯堡帝国和整体上的国家共同体的安全利益带来有利的结果。晚年的考尼茨曾在一份回应法国革命爆发的备忘录中，概述了这一思路：

> 任何理性、公正和有思考能力的人都会同意，为了让人类社会稳固安定且可以维持，其首要规则，一定是任何个体都不能试图夺走他人的财产。由此可得：任何国家都不能侵吞任何正当得来的财产，也不能在没有明显不义行为的情况下，以任何借口——无论情况多么特殊——向其他任何国家要求这样的财产……我们所说的“均衡”总是能够找到，而且还要继续不断地被找到。这种均衡将会在每个国家能够从足够多的欧洲盟友那里指望得到的保护——为了自己的利益，抵御一个不公正的侵略者——中找到。因此，我们最好彻底抛弃那种称均衡为错误妄想的想法，并告诉我们自己……“己所不欲，勿施于人”[*Quod tibi non vis fieri alteri ne feceris*]。[16]

恰巧娶了考尼茨孙女的梅特涅，也是这么想的。与考尼茨一样，他的愿望是超越均势，但他想通过彻底“拒绝征服的方法”，主张用一种集体安全协议，让大大小小的国家都借助常态化的外交协调解决欧洲的问题，来实现更大规模、更为正式的超越。在这一构想中，梅特涅不仅希望招募奥地利的天然盟友，还想要拉拢其敌人加入一个——用让人想起考尼茨的话说——忠于“国家团结和均势原则”的常设联盟，从而利用它们的“共同努力来对抗任何一个［国家］的短暂的支配地位”。[17]

梅特涅对于一个欧洲集体安全架构的渴望，虽然起源于先前哈布斯堡王朝的外交思想，但是在程度上却要强于他的前辈。奥地利此前拉拢对手的大多数尝试，往往是每次只专注于一个国家，而且只是临时之举，旨在“关闭”一片边境，把注意力和资源暂时转向别处。过去，为打造集团式联盟所付出的努力，基本上是以特定任务为导向，其目的是在特定的时间解决一个特定的威胁，而在此之后，联盟合作关系就消失了。在18世纪，为了遏制路易十四，奥地利与海洋国家结成的断断续续的联
236 盟关系，就提供了一系列例证。约瑟夫为了防止瑞典和土耳其进入西班牙王位继承战争而尝试构建的中立联盟，考尼茨为了围困腓特烈二世而组建的各种联盟，也是如此。

相比之下，梅特涅在战后为奥地利设想的安全系统，将覆盖奥地利周边的所有战区，并且需要无限期的时间投入。管理多片易受攻击的边境，一直都让奥地利面临着远超其维持能力的长期军事付出，面对这个由来已久、司空见惯的窘境，梅特涅找到了一种办法，这种办法并不用来处理最新的危机，相反，它彻底超越了危机的循环。此前几代奥地利政治家曾竭力改善奥地利在**下一场**战争中的处境，而梅特涅则试图通过扼杀腓特烈或拿破仑这样的人夺取欧洲主导地位的机会，来降低战争本身的可能性。

战争的避免

这样一种协调大国的系统，如果能够实现，它所生产的某些公共产品，不仅将广泛惠及欧洲，还会给奥地利带来大量的好处。首先，也是

最明显的，就是避免了战争。到了19世纪初，持续了一个世纪的霸权争夺——从路易十四开始，由腓特烈二世承续，被拿破仑推向了顶峰——已经让所有欧洲国家筋疲力尽。奥地利尤其在这些对抗中损失惨重。它那四处蔓延、区域众多的布局，意味着它的边境紧挨着欧洲大多数主要的军事冲突爆发点：最近是意大利和德意志，在18世纪末还加上波兰和巴尔干地区。通过迫使欧洲列强为解决争端而持续接触，奥地利试图促成一项解决这些地区的未来危机——如果这些危机升级，那么它们对奥地利的不利影响将比任何大国的都大——的协议。

随着时间的推移，梅特涅用额外的防御性联盟强化了会议制度。每个防御性联盟都专注于限制那些最有可能破坏和平的国家——在西部，奥地利、英国、俄国和普鲁士组成的四国同盟用来遏制法国；在东部，由专制帝国组成的“神圣同盟”用来限制俄国；在德意志，新的德意志邦联则用来束缚普鲁士。在这些安排中，可以看到建立欧洲范围内集体安全系统的首次尝试。通过缓解每片边境上的紧张局势，这些复杂精密的安排为奥地利提供了一种手段，让它可以纾解18世纪持续竞争给哈布斯堡王国带来的毫无松懈之势的安全压力。

梅特涅的体系不仅适用于限制对手，还可以用来联合它们共同对抗遍 237
及欧洲大陆的民族主义运动。事实证明，俄国和普鲁士在这一方面的作用尤其大；正如梅特涅曾经能够利用对民族主义起义的恐惧，来强化奥地利在君主制德意志邦国中的道德领导力，并管束普鲁士；现在，他也能够利用恐惧让俄国政治家专注于对抗民族主义起义的共同目标。协调资源和镇压反叛的能力，对所有这些国家都有好处，但是这尤其有利于奥地利这个欧陆中央的帝国，因为它的安全依赖于德意志和意大利的缓冲区，而那里正是民族主义泛滥的地方。梅特涅的安排，赋予了君主国求助外部干预的现成工具，这一工具不仅可以用来抵消管理自己缓冲区的安全负担，而且在最坏的情况下，还能为镇压君主国内部起义提供救命的军事支援。

在和平解决达成后的几年里，梅特涅的集体安全措施，让欧洲渡过了一系列没有升级为战争的危机。1818年，在亚琛会议上，会议的总体安排让各国就占领的盟军撤出法国达成了一致，从而避免了俄国和英国的公开决裂。在一年后的卡尔斯巴德（Carlsbad），梅特涅通过协调，对德意志民族主义最初的苗头作出了回应，也因此深化了普鲁士对奥地利领导的联邦框架的忠诚。在1820年和1821年的特罗保（Troppau）和莱巴赫（Laibach）会议上，梅特涅成功赢得了欧陆国家的支持，让奥地利军队干预了那不勒斯和皮埃蒙特的民族主义起义，同时又避免了奥地利和法国的冲突。[18] 在下一年的维罗纳会议上，奥地利又用类似的方案，支持了法国镇压西班牙的民族主义起义。而在1813年的慕尼黑城堡（Münchengrätz），奥地利、普鲁士和俄国就相互帮助以对抗革命，以及将波兰和土耳其作为缓冲区来共同管理达成了一致。

维也纳体系的一个优势，是它把安全变成了一项共同承担的任务。当奥地利需要用军事行动保护它的缓冲区时，它很可能会获得其他国家事先的政治批准和支持。凭借会议的许可，哈布斯堡王朝军队于1821年的那不勒斯和皮埃蒙特，1830年的罗马，1831年的帕尔马和1847年的摩德纳承担了大量的宪兵职能。为了支持奥地利于1821年对那不勒斯和皮埃蒙特的干预，俄国派遣了一支由9万名士兵组成的军团作为增援部队到边境待命。在维罗纳会议上，沙皇再次为干预意大利提供了军队。1846年，俄国军队与哈布斯堡王朝军队配合，共同镇压了克拉科夫附近的波兰武装起义。

俄国愿意为奥地利远至意大利以及多瑙河流域本土的行动提供军事支
238 持，就凸显了梅特涅的安排对一个在所有方向都要维持安全投入，且拥有军事人员为所有欧洲列强中最少的帝国来说，所具有的实际安全价值。那个曾经在法国战败后，扬言要让军队继续前进，扰乱1815年之后欧洲的稳定的国家，现在却成了欧陆稳定的头号支持者。

在打击革命的过程中，除了各种会议意在解决的紧迫问题外，奥地利从对手那里获得的支持，还有一项额外的好处：遏制由来已久的领土收复主义尝试。俄国对于奥地利军事行动的军事支持发出了一个信号，即在任何升级为与其他大国的重大冲突的危机中，君主国都可能得到有力的支持。同样，奥地利在德意志事务上与普鲁士的协调，随着普鲁士和哈布斯堡王朝军队在德意志邦联中执行联合维稳任务，也传达了一个信息，即德意志国家将作为一个防御性集团来抵抗侵略。结果就是，在哈布斯堡王朝的领导和欧洲侧翼国家自愿的大力支持下，一个稳定（尽管有些脆弱）且在某种程度上形成了内部统一的中欧秩序建立了。

“战略据点”与前沿防线

在描述梅特涅式的秩序时，施罗德使用了双体船的比喻：“一种轻盈单薄，但灵活易浮的船只，其脆弱的中部被两侧的舷外托架架在了波涛之上，它需要持续的关注和高超的航海技术才能浮于水面。”[19] 在这种“双体船”中，会议外交提供了固定船只的铆钉和细绳。这是一种外交密集型而非军事密集型的安全系统。不过，军事力量确实也发挥了重要的作用。由于奥地利的领土面积实际上比《申布伦和约》之后翻了一番，君主国就需要手段来重申其对收复领土的统治权。外交手段只能在一定程度上实现这一目标；和其他帝国一样，奥地利必须拥有武装力量这一最后的手段（ultima ratio）才能保障其地位。由于军队因战后的经济紧缩而缩水，君主国将不得不另辟蹊径来向对手展示其军事能力，而且在必要的时候，还要使用这些能力。像过去一样，这有两种形式：一是利用地形作战，二是以各种方式运用军事手段保卫其边境。

在1815年后的奥地利战略中，地形对在君主国本土区域和对手领土
之间获取中间地带至关重要。正如我们所见，确保这些地区中的大多数 239
小国保持政治上的独立，是梅特涅外交的一个重要目标。与此同时，为了应对可能爆发的冲突，奥地利军方研究了利用君主国边境地形的方法。后拿破仑时代奥地利军事思想的核心理念，就是战争中的成功，可以通过占守特定的关键地形或者说“战略据点”来实现，因为它们对于决定地缘政治的结果有着极为重大的意义。如第四章中所述，这个观点的主要支持者是卡尔大公，他的战争著作在经历一些耽搁之后，成为1815年之后的几十年中奥地利军事科学的基础。在战后的军事著作中，卡尔主张在整个帝国建立一个以保留和防御边境周边的战略据点为基础的防御体系：“在每个拥有一套防御体系的国家，政府都应该有这样的行为准则：让这些据点处于警戒状态，而且即使在和平时期，也要让它们随时都能作出反应，还要能够毫不费力地长期维持它们，并且让敌人知难而退。”[20]

军队在行动方面遇到的问题，是这些据点的所处位置，以及保卫它们

的方式。关于第一个问题，从拿破仑战争中得出的观点是，最重要的战略据点位于边境之外，在哈布斯堡王朝缓冲区或新获领土之上。这个观点并不新鲜。哈布斯堡王朝的军事计划一直以来坚守的概念，就是奥地利的安全始于实际边界之外。正如我们所见，奥地利的西部战略曾大量使用神圣罗马帝国的前线要塞，而且拉西也曾赞成涉及外部盟友和多重要塞防线的多层次安全概念。

然而，与拿破仑的战争极大地增强了这种坚定信念，因为这场战争表明，如果敌人占据了阿尔卑斯山脉和多瑙河上游附近有利地形上的战略据点，那么它就能迅速地控制奥地利的腹地。1800年、1805年和1809年的战役都在不同程度上展示了军队速度的提升——这是通过组织兵力和管理后勤的新方法实现的——如何放大了法国人在这一战区的进攻优势。早在1802年，文图里尼就曾主张通过建立一个“总体防御系统”来应对这一挑战。在这一系统中，位于莱茵河、多瑙河与意大利北部的双层军事据点，将为奥地利的西部通道提供纵深防御。[21]

拉德茨基仔细研究了这些战役的教训。拉德茨基出身于曾培养出道恩的日耳曼-波希米亚贵族家庭，他的成功，一方面要归功于玛丽亚·特蕾西娅为应对普鲁士威胁而打造的军事系统，另一方面是因为军队在与拿破仑的战争中所接受的血腥洗礼。拉德茨基成年时，正亲身参与土耳其战争，是约瑟夫二世麾下的一名骑兵。在这场战争中，他吸收了关于
240 地形和机动的至关重要的经验教训。作为拉西的副手，他目睹了奥地利年迈的将军们努力解决战争计划的问题。作为施瓦岑贝格将军的总参谋，他制定了盟军的战争计划，将奥地利传统上对于消耗战的强调和新的拿破仑式的组织与战术模式结合在了一起。

到了维也纳会议召开的时候，拉德茨基已经经历了将近三十年的几乎未曾间断的战争，而且在帝国边界附近的每一片战区都打过仗。终身学习历史的拉德茨基相信从历史中学习的重要性，他为战争档案馆（Kriegsarchiv）的建立作出了贡献，还委托人对欧根的战役和法国战争进行了军事分析。[22] 凭借对历史的研究和战场上的经验，拉德茨基逐渐产生了一种坚定的信念：奥地利的安全始于政治边界之外的邻国领土，实际上，最好是敌人的土地。

对于拉德茨基来说，与拿破仑交战的主要教训来自1809年战争，因为这场战争令人痛苦地表明，如果奥地利无法在边境之外阻止敌人，它基本上就无法进行有效的自卫了。正如拉德茨基在一份评估奥地利战略处境的长篇备忘录中所写：

> 如果多瑙河上游像迄今为止这样被忽视，而我们的防御又仅仅建立在河流从维也纳到科马罗姆的河段［也就是说，我们退到了边境后面］，那么，每次与从西边进攻的敌人开战时，我们就将不得不放弃上奥地利，波希米亚只能自求多福，而德意志地区虽然可以为军队提供丰富的辅助资源，也可以当作沦陷了，因为敌人将能够赶在我们集结兵力之前抵达皇城。

根据过去的经历，拉德茨基和文图里尼一样，认为奥地利最需要的是战略纵深——既可以威胁敌人，而且在必要的时候还能进行拖延性撤退的隔绝空间。正如拉德茨基所说：

> 所有可能的进攻点都来自一个国家的边境，而针对每个这样的进攻点，都有可以在接触点威慑或拒止敌军攻击的防御措施。我们要想防御邻国的攻击，就要寻求与那些自己有能力攻击我们邻国的陆地或海洋大国结盟，从而提供一种外部防御……正如我们将别国作为防御手段，我们也能以同样的方式为其他国家提供我们的服务。联盟体系和力量就如是出现了。[23]

在距离奥地利最远的地方，君主国的大国盟友们在战时发挥了压制 241
竞争对手和分散其兵力的作用。君主国众多的小国盟友和缓冲区位于一个内直角上，拉德茨基认为，它们是君主国防务的关键：

> 今天，奥地利与教皇国、撒丁王国、瑞士、德意志的小国……以及土耳其接壤。我们周边的小国很弱小，不会单独或联合起来攻击我们。然而，它们也同样无力阻止一个强国越过它们的土地发起行动。

> 现在，如果奥地利想要消除对这样的行动的疑虑，它就需要通过积极引导，让小国把阻止这些行动当成是在维护它们自己的国家利益。这些小国将从我们这里寻求保护以抵御任何未来的动乱，并将接受任何可以稳稳获取的安全。[24]

文图里尼、奥拉赫和卡尔的军事概念，以及他们对战略据点的重视，与拉德茨基对于将缓冲区纳入奥地利安全系统的强调是一致的。在拉德茨基看来，奥地利先前的战争，指明了那些需要布防才能保卫腹地安全的“内部和外部”据点。上莱茵从拉施塔特到弗莱堡的河段是其一，因为法军会在这里顺流而下进入奥地利边境。[25] 帕绍附近的多瑙河上游和毗邻的因河是其二，因为侵略者可以从这里畅通无阻地进入哈布斯堡王朝领土。[26] 第三个则是位于明桥河与波河之间，伦巴第中部以维罗纳为中心的一片四边形区域，侵略军队要想分兵两路从尤利安或石灰岩阿尔卑斯山进入奥地利，就必须经过这里。[27] 还有一个则是位于喀尔巴阡山脉山麓丘陵的艾派尔耶什（Eperies，又称普雷绍夫）和查查（Czacza，又称科希策）之间的地带，这里是东边的入侵者前往布达佩斯的主要路线。[28]

防御工事

为了防守这些战略据点，拉德茨基主张大量使用防御工事。对于拉德茨基来说，由于奥地利四面受敌，而且还可能受到内部的攻击，同时其军队又相对薄弱，所以相比大多数国家，要塞对奥地利更有用。“每场战争都有一个特定的敌人，有时候还不止一个，”他写道，

> 而且每场战争有各自的危险，都对要塞有各自的需求……防御工事是手段，防御才是它们的目的；作为一种工具，它们的效用只能通
> 242 过了解要塞在特定情况下的用途来评估……应该给什么设防？为什么这些防御工事是有必要的？为什么需要这样的手段？……一个国家的防御力量［在根本上］取决于其财政力量、武装部队的实力、盟友的力量。［在这种背景下］防御工事的目的就是以寡御众。国家的地貌提供了天然的防御设施；凭借人的技巧，防御工事提供了强化这些特

征的手段，并解决了部分甚至是大量的地形劣势。[29]

正如我们所见，至少从普鲁士战争结束起，要塞在奥地利军事思想中的重要性就在稳步提升了。到了后拿破仑时代，一种牢固的正统观念已经形成：当正确地布置在周边的地形上时，要塞即使无法让君主国免受拿破仑或腓特烈式的侵略，也能起到隔绝的作用。乍一看，这种对要塞的持续强调是令人惊讶的，因为它们在拿破仑的大部分战役中都没发挥多大作用。但是奥地利人对它们的执着也是有些原因的。其中之一，就是要塞在少数情况下收获的巨大成效。最值得一提的就是巴德（Bard）的小型要塞，它只靠22门火炮，就坚守了三周之久。在1800年战役中，它加大了法军重型装备运离阿尔卑斯山脉的难度，让拿破仑都说它“对于军队来说，是比圣伯纳隘口更难以逾越的障碍”[30]。

当奥地利的要塞被用来**对付**它自己时，产生的影响更为重大。拿破仑夺取撒丁王国的要塞后，就以此为支点，向奥地利发动了成功的攻势。面对一支五倍于其数量的部队，热那亚的一支法国驻军坚守了两个多月，让奥地利人未能驱逐被拿破仑留在意大利的法国军队。1800年战役后，法国人系统性地强化了意大利北部的防御工事，形成了两条要塞防线。1805年，正是这些工事的存在，才使得法国指挥官马塞纳（André Masséna）用一支弱小的部队，便压制了卡尔的9万人大军，从而加剧了奥地利的莱茵河–波河防御困境，造就了拿破仑在奥斯特里茨战役中的胜利。曾落入法国人之手的乌尔姆，和法国在其他边境夺取的基地一起，让法国可以于1809年战役之前在奥地利的边境上集结力量。在哈布斯堡王朝军人眼中，正是因为占领了这些防御据点，法国才得以在各种战役中稳步收紧缚在奥地利身上的束带，并最终威胁到了这个帝国的生存。

随着君主国进入和平时代，这一点，而不是发生在乌尔姆的灾难，或 243
者是拿破仑绕过要塞的众多案例，才是最让奥地利军事人才印象深刻的。在文图里尼和其他人先前工作的基础上，卡尔大公在战后时期设法合理化和系统化了要塞在奥地利军事思想中的角色。他的核心观念，是防御工事应该设置在战略据点，因为经验表明，当地的地形可能对未来战争的形式和结果产生巨大的影响。在这些据点中，他又区分出了可以与政治领导层的目标——限制敌人和对抗民族主义势力——协作的内部和外部的据点。在《战争原理》中，卡尔大公概述了奥地利借以利用各种要塞实现不同意图的大致原则：

> 要塞要么用来支撑一个国家的基础防御，要么用来给进攻行动提供支持……对于用来支持进攻行动的要塞，我们主要需要考虑那些可以和应该用来对敌发动进攻性战争的据点；也就是进入敌国的主要入口，以及与这个国家相通的交通要道。它们应该有能力容纳重要的军械库，而且它们的部署位置，还要让它们能够在攻守易势时掩护军队撤退，阻止敌军行进。因此，它们应该规模庞大。还有第三种要塞，这种要塞与其说是为了保卫边境，不如说是为了实现整个国家的安全和保留。这些要塞应该部署在内陆地区，而且应当叫作“兵力集结区”（*places d'armes*）。[31]

要塞是奥地利战后时期总体战略的支柱。在与庞大敌军交战时，那些位于前沿阵地的要塞，是一种威慑力量。正如卡尔所言，通过在主要干道附近保留一种强大且显眼的安全存在，要塞“让敌人知难而退”[32]。如果威慑不起作用，要塞也有助于进行纵深防御的工作。用卡尔的话说：“位于交战国边境上的要塞，改变了战争的所有情况。”它们的用途是“争取时间”——一个“选择用部署要塞来保卫国家，就永远不能忽视”的目标。[33] 为了实现这种用途，边境要塞的部署，应该“确保敌人无法轻易脱身，除非敌人愿意为其交通系统……冒上一切风险，从而让敌人必须在其后方留下一大股兵力……而这将削弱敌人的军队，让其无法进行出其不意的进攻”。[34] 用拉德茨基的话说，它们“阻碍了敌人的继续前进……保
244 障了战争补给，在战败的时候庇护了军队，［而且］在增援部队抵达之前抵挡了敌军的优势”[35]。

除此之外，要塞在奥地利军事思想中的进攻性作用也在不断增强。正如我们所见，在先前哈布斯堡王朝与波旁王朝的战争——这场战争表明，奥地利的安全不是始于边境，而是始于塞纳河河岸——中，这种趋势就已经出现了。在拿破仑战争之后的时期发生变化的，是对于将决定

性战斗作为战争首要目标的日益重视。哈布斯堡王朝的指挥官们，尤其是拉德茨基，从1813—1814年的战役中吸取了重要教训：未来战争的成功，取决于能否把战火烧到敌方的领土。与几乎完全在奥地利土地上作战的1809年战役相比，盟军在1813年已经将冲突的苗头扼杀在了它的源头：巴黎。梅特涅的首席军事助手，会议制度鼎盛时期奥地利防御战略的设计师克拉姆·马丁尼茨（Karl von Clam-Martinez）认为，将要塞部署在边境上"最能发挥作用的地点"，是确保奥地利具备对敌人发动快速打击能力的一种手段，他因此将卡尔对于战略据点基于地形的执着与拉德茨基对于寻求交战的拿破仑式的强调，有效地结合在了一起。[36] 位于边境的要塞为两者提供了基础，因为与主教小巷的要塞长期以来在莱茵河上发挥的作用一样，它们使得在前线进行兵力集中有了可能，不过，现在的集中方式更加系统，而且串联了君主国的几片边境（除了奥俄边界这个显眼的例外）。

将边境要塞用作前线防御的手段，不仅实现了针对潜在敌人的军事功能，还支持了梅特涅的广泛外交体系的关键政治目标。对于给这个体系提供实惠的安全的邻近缓冲国来说，这一点尤为重要。"一个国家与另一个国家的融洽关系，"卡尔写道，"以及它希望对它的邻国或它的邻国希望对它施加的影响的大小，决定了设防据点对保护这个国家适当独立性的必要性和重要性。"[37] 同样，拉德茨基指出，"在所有边境国家中，防御工事的必要性和它们应该采取的形式，取决于一个帝国与那些和这些地区①构成真正边境的国家的政治、地理和军事关系"；君主国周边"每个邻接的国家"本身就是"一个致使我们焦虑的潜在敌人，不仅因为它与我们接壤，还因为它的内部情况和它与广泛国家体系的关系可能会为战争提供导火索"。[38]

前沿防御据点巩固了奥地利外交官们在加强维也纳与其附庸国联系方面取得的成果。这种手段中根植着些许恐惧：它表明了奥地利坚守其1815年之后所收复失地的决心。但是其中也有一些慰藉和仁慈的家长式 245

① 根据作者所引文献，这些地区是指克罗地亚、布科维纳、特兰西瓦尼亚、巴纳特、斯拉沃尼亚和达尔马提亚这样的地区。——译者注

统治。根本上，奥地利帮助其边境周边的领土和国家，就是帮助它自己，因为“这些小国为了抵御任何未来的动乱，将从我们这里寻求保护，并将接受任何可以稳稳获取的安全”[39]。通过与这些国家协同防御，“奥地利……可以被称为所有周边国家的共同避难所，因为它是满足它们所有需求的庇护所，是为它们抵御所有攻击的防护墙”[40]。

奥地利要塞

考虑到这些政治和军事目标，哈布斯堡王朝军队在维也纳会议之后的几年中，开始强化和翻新君主国的要塞。正如与腓特烈交战后产生的系统性战后回顾推动了易北河上要塞的部署，现在，在1815年之后，军队开始更广泛地研究如何才能设计一个保卫君主国整体的综合防御“系统”[41]。在19世纪上半叶，一系列的军事委员会承担了这项任务，并且取得了不同程度的成功。1818年，约翰大公（Archduke Johann）以工程师总监的身份，参观了欧洲其他主要国家的防御工事，并提交了一份计划草案。在这份草案中，他根据防御价值，将君主国的要塞分成了三类，并提议通过建造新的工事来保护东部和西南部边境。[42]

在随后的几年中，奥地利进行了多次小规模升级的尝试，不过其中大部分都受到了预算的限制。1832年，约翰和拉德茨基共同提出了旨在加强意大利北部防御，并在阿尔卑斯山脉和喀尔巴阡山脉的山口部署屏障要塞的计划。[43] 大约在同一时间，马克西米利安大公慷慨解囊，用一种试验性的新型塔楼系统，承担了林茨的防御工事工程，但该工程最终因预算限制而终止。陆军元帅弗朗茨·冯·朔尔（Franz von Scholl）后来监督了意大利北部和阿尔卑斯山脉附近（包括布伦纳山口）要塞的改进。[44] 在整个19世纪40年代，各种规模的计划仍在继续进行：完成度过半的方案大量涌现，无数用来把守位于阿尔卑斯山脉和塔特拉山脉的山口与峡谷的屏障要塞（*sperre*）也在持续建造。1850年，受到1848年革命的震撼，一个由海因里希·弗赖赫尔·冯·赫斯（Heinrich Freiherr von Hess）领导的帝国要塞委员会成立了，并且得到了真金白银的支持。[45]

到了19世纪中叶，奥地利已经拥有了大量质量参差不齐的要塞。这些防御据点以集群或网络的形式，散布在帝国的边境、内部河流系统和缓冲区上，其特点和用途基本上复制了卡尔、拉德茨基和其他奥地利军人的设想（见图8.1）。其中包括意大利曼图亚、威尼斯和布里克森（Brixen）的一流要塞，奥地利的萨尔茨堡和恩斯（Enns），匈牙利的科莫恩（Komorn），奥斯曼帝国边境上的彼得罗瓦拉丁（所谓的多瑙河上的直布罗陀）和卡尔斯堡，布拉格、奥尔米茨和艾派尔耶什，还有位于柯尼希格雷茨、特莱西恩施塔特和约瑟夫施塔特的较旧的北部四边形要塞。这些建筑群由位于美因茨、兰道、卢森堡、乌尔姆和拉施塔特的大型同盟要塞维持，由位于法兰克福的一支庞大的奥地利驻军支援。而在意大利，他们为毗连地区——由哈布斯堡皇族成员统治，或者是奥地利拥有商定的驻军权的地区（比如教皇要塞费拉拉、科马基奥、皮亚琴察）——的监护国要塞网络提供了支持。[46] 246

在这一时期，最能展示要塞在推进哈布斯堡王朝政治和战略目标方面所发挥作用的例证，或许可以在著名的意大利四角防线要塞中见到（见图8.2）。在这个地区的战争中，维罗纳、佩斯基耶拉、曼图亚和莱尼亚诺（Legnano）四座要塞城市一直以来都非常重要。1815年之后，随着奥地利直接统治的扩张，它们的重要性也急剧提升。为了将法国人拒之门外，

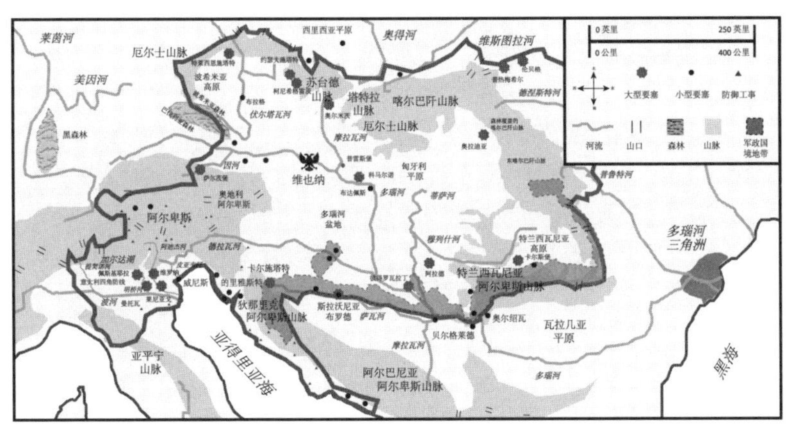

图8.1　哈布斯堡帝国的要塞。

来源：欧洲政策研究中心，2017年。

并压制民族主义者，君主国就需要将力量投射到阿尔卑斯山脉之外。一旦到达那里，奥地利军队就会发现自己身处一片平原，而无数场战争已经表明，这种地形有助于法军的移动。往往具有数量优势的法军，如果不被拦截，就能迅速抵达奥地利边境，并利用众多的山口从南北两个方向来威胁维也纳。

奥地利解决这一问题的方案，是在伦巴第平原中央建造一系列横跨
247 这条军事要道的现代要塞。这些要塞的选址，堪称利用地形防御的杰作。在北部，它们被部署在了加尔达湖；在南部，部署地点为波河的沼泽地；而在东部和西部，它们则位于明桥河与阿迪杰河上。奥地利人将要塞部署在了由这些天然障碍形成的四个角上。在建造这些建筑时，奥地利人使用了当时最先进的防御工事技术，并给它们配备了水力发动机，最终还装备了射程6.9千米的线膛炮。[47] 它们通过电报和铁路线连接彼此以及遥远的奥地利世袭领地，由一直延伸到后方边境的小型要塞和加尔达湖

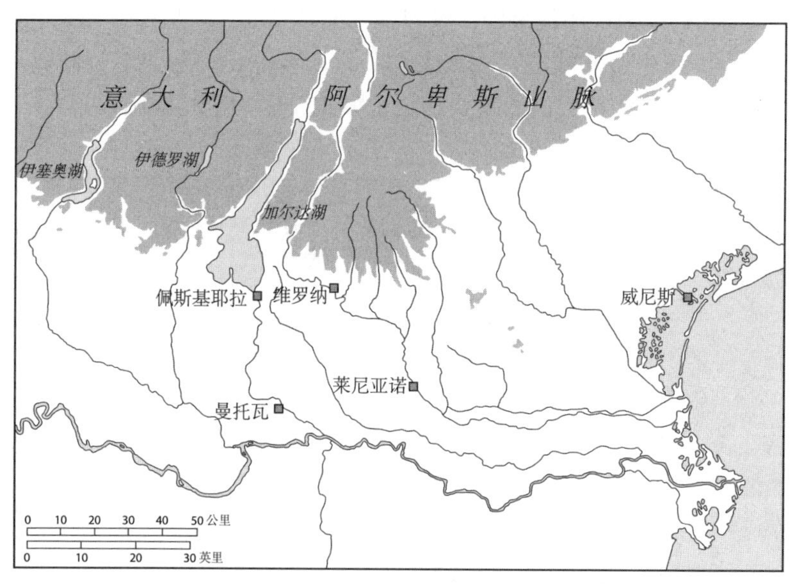

图8.2　四角防线要塞。

来源：欧洲政策研究中心，2017年。

上的一支炮艇舰队提供支援。最大的要塞维罗纳能够长期庇护大量的军队，从而使得当地部队能够在必要时在邻国进行进攻行动。对于从西边或南边逼近的军队来说，这些要塞形成的防御集群几乎是不可穿透的——用当时一位观察家的话说，它们“或许是我们见过的最令人生畏的军事基地”[48]。

廉价的和平

作为一个完整统一的体系，后拿破仑时代的奥地利外交和要塞以低廉的成本，为休养生息中的脆弱的君主国保障了安全。其组成部分通力合作：集团联盟巧妙地将对手变成了缓冲区域的联合管理者；要塞和附庸 248
国军队则把这些地区置于奥地利的领导之下，并为处理任何外交无法解决的问题提供了手段。与之前的哈布斯堡王朝安全系统相比，这些手段更为成功地解决了管理多片边境的问题。尽管许多历史学家都指出了梅特涅在1815年后遭遇的挫折，但是，要想更公正地衡量他的体系的成效，或许应该将这一时期所取得的成果与梅特涅此前准备实现的目标作比较：一段可以让奥地利从22年战争的“战后阵痛”中恢复的“长期和平”，和一道阻止冲突，特别是要解决俄国/普鲁士扩张和民族主义双重威胁的屏障。

第一个目标在本质上与经济相关。与大多数刚刚打完一场大战的国家一样，奥地利需要廉价的和平。战争过后，君主国背负着巨大的债务积压（主要涉及对英国的承付款项）和战争其他挥之不去的影响——兵力枯竭、通货膨胀、农业中断和金属货币损失——这些因素将经济萧条的情况延长到了19世纪20年代。[49] 因此，奥地利的外交官和军人为应对新的地缘政治环境而设想出的所有安排，都必须在不恶化经济形势的情况下，实现帝国的防御。维也纳体系的组成部分通过协同合作实现了这一目标。在最基本的层面上，会议制度及其提供支持的联盟通过避免最有可能导致经济崩溃的大国战争再次爆发，为奥地利争取到了它所需的恢复时间。

奥地利在19世纪上半叶得到的相对稳定的环境，使得它可以维持相当低的军事影响力——如果欧洲在1815年之后立即恢复到战前的强权政治，那么情况就完全相反了。因此，哈布斯堡政府能够在和平到来后大幅削减国防支出。与维也纳几乎将一切可用资源用于军事抵抗拿破仑的战时环境相比，拨给军队的那部分预算，在1817年时已减少约一半，在1830年减少到23%，在1848年减少到20%。[50] 在整个19世纪20年代，总体国防预算都徘徊在不到1亿克朗的水平，在30年代时稍有上升，而整个40年代又下降到了20年代的水平，这使得奥地利在1815年之后的几十年中，成了国防预算最低的国家之一（见图8.3）。

奥地利的军事政策也有助于强化梅特涅外交的经济效应。在古代，众多帝国就曾用要塞来节省兵力。与旷野相比，城墙只需要很少的部队来
249 把守。因此，罗马人曾用稍加训练的民兵来镇守要塞，通过以资代劳降低了边境防御的成本。[51] 奥地利对要塞的使用（如四角防线要塞），让它在预算锐减的情况下，也能够放大它可以部署的兵力的作用。这是由于要塞提高了兵力与空间比，并且需要防御这种比进攻更易组织，也因此更易训练和装备的战争形式，因为防御工事可以提高军队的战斗力。[52] 它们的价值往往与一个国家在特定时期内的部队质量成反比。因此，法国在第一次世界大战后利用防御工事来提高应征士兵的质量，就与防御方针有关。同样，奥地利能够利用固定的防御设施来提高其军队在理论、训练和准备方面停滞不前时的整体效率。

让这些部队在最有可能发生动乱的地方原地待命，进一步提高了它们的作用，并降低了应对危机时将部队在边境间调动的运输成本。比如，
250 在意大利，军队凭借少量的要塞和不断减少的驻军（从1831年的10.4万人，到1833年的7.5万人，再到1846年的4.9万人），就能够守住为奥地利贡献超过1/4税收的领土。[53] 由于当起义发生时，需要奥地利军事干预的意大利各国，最终要承担远征的费用，所以这些部署的成本效益得到了提高。[54] 在东部，通过神圣同盟与俄国建立的紧密政治关系，君主国几乎完全放弃了在其最长的边境线上建造要塞和进行大规模部署的工作，而在德国，正如我们所见，维持莱茵河畔众多要塞的财政负担，在很大程度上是由其他德意志邦国承担的。此外，由于哈布斯堡王朝周边许多地区的安全工作下放给了缓冲国军队，而且奥地利能够依赖其他大国的联合干预，所以，管理奥地利于1815年后扩大的领土的军事成本便得到了进一步的降低。

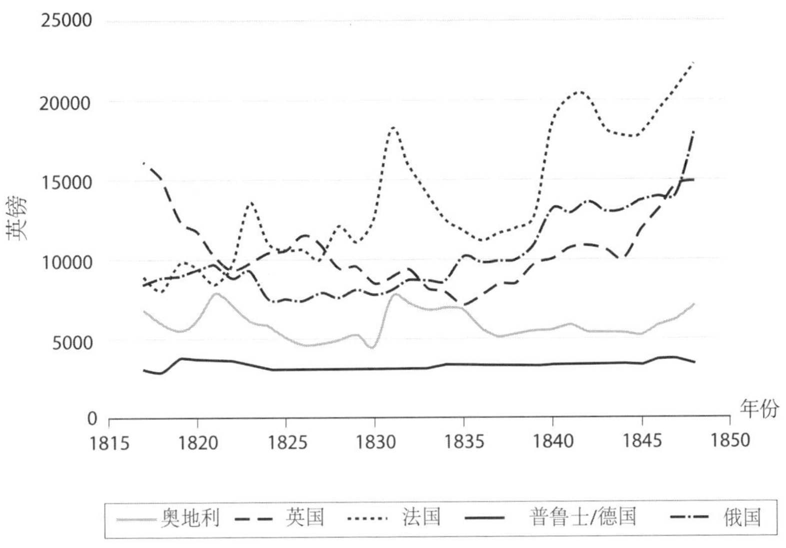

图8.3　1817—1848年期间欧洲五大强国的军事支出。

来源：J. David Singer，Stuart Bremer，and John Stuckey，"Capability Distribution，Uncertainty，and Major Power War，1820－1965，" in *Peace*，*War*，*and Numbers*，ed. Bruce Russett（Beverly Hills：Sage，1972），19－48；National Material Capabilities，Correlates of War Project，http：//www.correlatesofwar.org/；Catherine Casson，"European State Finance Database：An Introduction，" European State Finance Database，http：//www.esfdb.org/table.aspx？resourceid=11342。
图表来源：欧洲政策研究中心，2017年。

经济稳定化

在一定程度上，由于军事开支的减少，奥地利的经济在1815年后的几十年里实现了大幅复苏。从拿破仑战争结束到1848年革命之间的数十年，被统称为"三月革命前"时期，其主要特征是显著和持续的增长。到了19世纪20年代末，君主国已经从战后的持续萧条中恢复过来。在波希米亚和上奥地利，机械化进程开始起步，首先是在纺织业，然后又迅速地在其他行业展开。结果就是，随着市场在多年的停滞之后逐渐稳定，产出不断增加，奥地利迎来了一连串周期性的经济繁荣。

这一过程与人口增长相伴而行。到了19世纪中叶，奥地利的人口年平均增长率为1%（按当时的标准是很高的）。哈布斯堡王朝庞大的农业部门，确保了这样的人口增长可在内部持续，这也因此有助于推动经济的高速增长。在运输（蒸汽和铁路）革命的支持下，工业产出激增，能长期保持高达2.5%至3.3%的年增长率，人均工业产出率在1.8%至2.6%之间（法国和英国分别为1.7%和1.9%）。煤炭消耗量——通常用来衡量增长和技术传播的标准——从19世纪30年代起的20年里每年增长8.6%（最终平均增长率近10%），而同时期德国和法国的消耗量增长率分别为7.5%和5.8%。总的来说，正如大卫·古德（Dacid Good）所指出的："在'三月革命前'时期，人口、产出和人均产出的表现，强烈表明了现代经济增长的崛起。"[55]

251 军事安全

梅特涅体系还为奥地利提供了重要的安全保障，抵御了对手扩张和民族主义者起义的双重威胁。如上所述，会议外交为有效应对19世纪30年代和40年代意大利的众多危机提供了一个模板。除了解决眼前的困境，集团联盟还使梅特涅避免了大国对抗的出现。奥地利的要塞通过提供额外的威慑因素，扩大了其外交政策的影响。比如，这种威慑力曾在1840年发挥作用，当时奥地利经过改进的莱茵河畔要塞阻止了法国在德意志南部的军事冒险主义。另一个例证发生在1850年，当时俄国的支持、奥地利的邦联盟友所动员的9万大军，以及对柯尼希格雷茨、约瑟夫施塔特和特莱西恩施塔特要塞的加固，都有助于阻止普鲁士发动战争并取代哈布斯堡王朝在德意志的领导地位。[56]

不过，梅特涅体系在地缘政治上的最大成功是在1848年，当时革命之火烧遍了欧洲，而且进入了哈布斯堡君主国，并最终吞噬了意大利、匈牙利、波希米亚和维也纳本身（见图8.4）。虽然这和武装起义者而不是敌国军队有关，但奥地利发现，自己在平衡多个战场方面面临着的许多挑战，与18世纪在西班牙和奥地利王位继承战争中遇到的没有什么不同。与此前对抗中的情况一样，君主国需要管理行动的顺序，从而避免压垮其捉襟见肘的军队；还需要控制冲突的持续时间，从而避免对财政造成难以承受的压力。[57]

在梅特涅体系下，奥地利当时所掌握的各种经受过考验的手段，为其时间管理任务提供了帮助。与1748年的情况一样，1848年的君主国试图分离其敌人，首先集中力量对付最弱小和最直接的威胁，然后再集结其他战线上腾出的兵力，将注意力转向更强大的敌人。在追求这一目标的过程中，君主国早先对要塞的投入取得了成效，因为位于匈牙利和意大利的要塞，使驻军能够用围攻让叛乱分子疲于奔命，从而为其他战线上的军队争取时间。在匈牙利，阿拉德要塞坚持了270天，泰梅什堡要塞坚持了59天。在意大利，在米兰沦陷和伦巴第-威尼西亚的城镇揭竿而起后，四角防线要塞为拉德茨基被围困的2万人军团提供了庇护。

撒丁-皮埃蒙特王国的卡洛·阿尔贝托（Charles Albert，1798—1849年）决定投入这场争斗，他集结了附近大多数意大利国家的军队，试图对拉德茨基的阵地发起进攻。在这种情况下，这些要塞充分显示了它们的军事价值。即使佩斯基耶拉沦陷，其他三座要塞也能相互支撑，而且 252
最终让拉德茨基发动了反攻，于7月24日在库斯托扎决定性地击败了数量上占优的撒丁民族主义者军队。在这次战斗前不久，温迪施格雷茨（Alfred Candidus Ferdinand，Prince of Windisch-Grätz）将军于6月12日至17日镇压了布拉格的起义。只有在意大利和波希米亚的危机得到处理后，军队才将全部注意力转向帝国的首都，在那里，大量部队镇压了10月的革命。

与此前战争中的情况一样，奥地利的外交官们使用了适时的安抚手段（从颁布新宪法到皇帝退位），换取了暂时的缓和，争取了军事集中方面的援助。这使得军队能够逐个镇压各战区的起义，并在最终整合力量对付其最强大的对手——科苏特（Lajos Kossuth）领导的匈牙利军队。与普鲁士战争中的情况一样，奥地利动用了军政国境地带中热衷于战争的后备军，这些军队在耶拉契奇（Josip Jellačić von Bužim）将军率领的克罗 253
地亚军队向北突围与主力部队会合时，发挥了向内遏制的作用。

与对抗腓特烈时的情况一样，在结束这场战争的行动中，奥地利利用了其最有力的资产——奥俄联盟。沙皇尼古拉一世以践行神圣同盟的团结为由，派出了一支由20万人组成的军队，兵分三路从北、东、南三个方向进入了匈牙利。等到俄国人抵达时，哈布斯堡王朝军队基本上已经挫败了匈牙利的革命。[58] 然而，俄国人的介入显示了奥地利大战略从过往战争至今的延续性，是君主国的东部邻国在紧急情况下向其提供援助的又一个例子。正是在这次维也纳体系的谢幕表演中，我们可以看到梅特涅三十多年来种种谋划的最终成功：这些谋划提供了一些随时可以用来抵抗革命的力量，维持奥地利生存的手段——即使这些手段的象征意义大于决定性意义。

从根本上讲，梅特涅体系是一个相对弱小的国家对一种战后秩序——在这种秩序中，其能力远不如其他大国——进行塑造的尝试。就此而言，

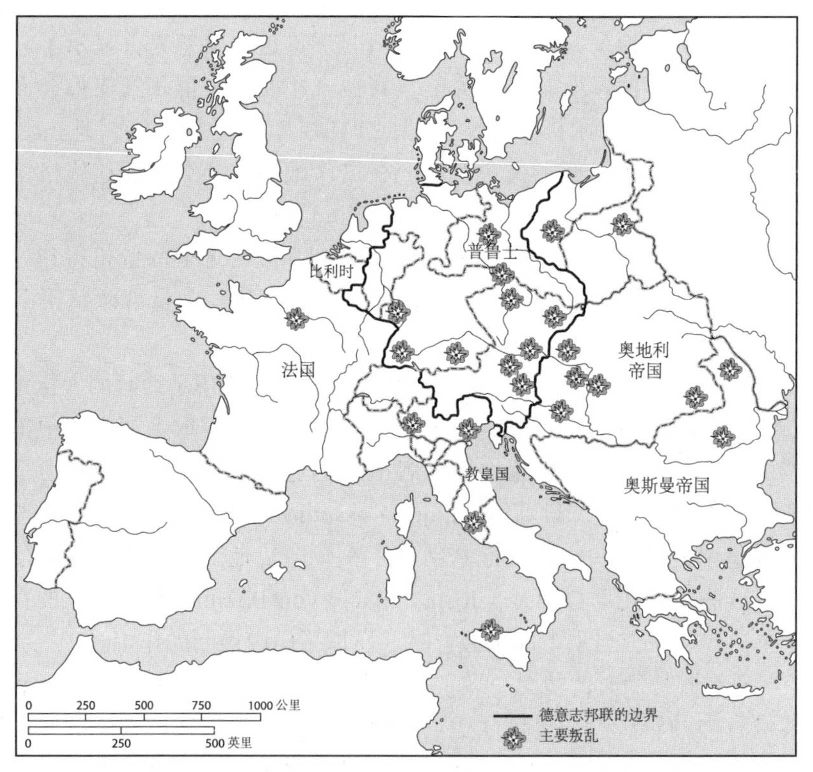

图8.4　1848—1849年前后奥地利和欧洲的革命运动。

来源：欧洲政策研究中心，2017年。

它取得了成功。从狭义上讲，它为奥地利提供了经济复苏所需的喘息时间；从广义上讲，它使奥地利在欧洲事务中具有了某种与君主国军事能力完全不成比例的影响力。

梅特涅的体系与它之前和之后的战后秩序设计所取得的成就相比，都更具优势。它比1648年、1713—1714年、1748年、1763年和1801年的协议持续得更久。[59] 事实证明，与1919年后的《凡尔赛和约》相比，在维也纳会议上作出的决定，更加持久和成功地限制了未来发生冲突的条件。即使与1945年的欧洲战后协议相比，维也纳的解决方案也可以说是更成功的，因为至少在最初的几十年里，它缓和了昔日对手之间的紧张关系，防止了地缘政治危机的重现。作为一个避免战争的机制，梅特涅体系也有时常发生暴力事件的特点。但它避免列强战争达四十年之久，而且成功地让牵涉所有大国的系统性动荡在百年内（1815年至1914年）都没有发生。

考虑到奥地利作为秩序制定国是相对弱小的，梅特涅体系的成功就更令人印象深刻。1815年，奥地利和其大国盟友的实力对比，从比值上讲，比1919年英国与法国和美国的实力对比还要低，更不用说1945年美国和其盟友的实力对比。然而，与第一次世界大战后的英国不同，奥地利迎
来了长期的和平，为自己和欧洲其他国家争取到了恢复的时间，同时没 254
有导致全面战争的爆发。而且，与1946年的大英帝国相比，梅特涅建立的体系使奥地利在几十年内都没有落入相对于其较强伙伴而言的不断萎缩的从属地位；事实上，它让奥地利决定性地塑造了对其自身有利的战后环境。

正是奥地利在19世纪上半叶日益衰弱这一不可避免的现实，才使得君主国位于维也纳体系核心的地位如此引人注目。在1815年至1848年间的任何时候，君主国都不具备单靠自己的军事力量应对种种负担的能力。说它只是依靠作为欧洲其他国家“必需品”的地位才获得成功，是不够准确的。奥地利用来弥补能力和承诺之间巨大差距的手段——要塞圈、缓冲附庸国和最重要的欧洲大国集体安全系统——都需要哈布斯堡王朝外交和军事领导者的构思和积极维持。这些都不是靠休养生息和依赖别国得来的，而是一个前后一致的大战略——其目标是有意识地缓解和利用奥地利作为大国的弱点——的产物。

在实施这一大战略的过程中，正如乔治·凯南（George Kennan）曾经说过的那样，梅特涅和他同时代的人是“园艺师而不是机械师”——在他们看来，在一个已经由他们拨乱反正的世界中，他们是一个有机的、基于超然规则的秩序的照管者；而不是一个在机械论均势中依靠精确制衡手段的修补者。[60] 没有人比梅特涅本人更像一个园艺师。他挖掘的土壤，是主权国家之间的协约权利；他使用的铲子，是奥地利作为一个古老文明和帝国的合法性。军队的作用，是拔除偶尔长出的杂草，而它的要塞，则提供了隔开耕种行的尖桩篱栅。

从安全的角度来看，梅特涅体系的成就，在于它为奥地利提供了种种战略选项（在赤裸裸的强权政治环境下，这些选项是无法拥有的），使重大危机远离了哈布斯堡王朝的核心。梅特涅外交在时间上取得这一成就的方法，是在问题扩散成欧洲范围的大灾难之前，就从源头上将其解决；在空间上，则是利用缓冲区和防御工事，将威胁阻挡在奥地利本土以外的地区。结果，一个稳定的，虽然并非完全独立的，由欧洲大陆侧翼大国支撑的欧洲中心诞生了。奥地利的核心地位，为一种系统性“辐射式的”战略创造了可能（可以说是哈布斯堡王朝历史上的第一次），这种战略使得它可以在处理完一个问题后，再以最小的自身军事风险或外交代价转向另一个问题。通过将奥地利的多片边境纳入一个战略框架，梅特涅实现了对时间问题——奥地利处境的关键——的驾驭，而这正是先前
255 的哈布斯堡王朝君主在试图支撑一个又一个摇摇欲坠的战线时，所梦寐以求的。

但是，或许从这一时期没有发生的事情中，我们可以发现衡量梅特涅遗产的最佳标准。在军事开支和连年交战的压力下，奥地利没有再次陷入经济萧条。40年来，法国和奥地利没有因为意大利而发生冲突。君主国没有屈服于1848年爆发的离心力。普鲁士也没能在1850年的首次尝试中，就成功将奥地利赶出德意志事务。上述每一个事件，在19世纪晚些时候最终发生时，都是回天乏力的。

从这个意义上说，梅特涅的体系确实是一个“时间的壁垒”——一个阻挡事件趋势的庞大建筑，它给了奥地利喘息、重建和积累影响力的机会。而在时间自然流逝的情况下，奥地利很可能会在更强大的力量面

前黯然失色。他的目标是时间管理：在狭义上，他试图同时应付众多的边境；在广义上，文明意义上，他想要延长一个被激进变革力量困扰的古老帝国的寿命。正如亨利·基辛格后来所写的那样，要衡量梅特涅所建立的外交体系的成功，“不应该看它最终的失败，而应该看它将不可避免的灾难延缓了多久”[61]。或者如梅特涅本人在晚年所言：“考虑到会议制度造就了已维持38年的政治和平的基础……还有其最重要的法令不仅能够抵御中间时期出现的风暴，而且甚至能够在1848年的革命中幸存下来，就足够了。”[62] 这些基础如何能够抵御未来的风暴，将是下一章的主题。

第九章 256

腹背受敌：哈布斯堡君主国的失势

在腹背受敌的情况下，我们向任何一个方向发起进攻，都要担心后院失火。

——冯·阿勒辛（Von Aresin）

时机已到，不过不是要与土耳其人及其盟友交战，而是集中一切力量对付背信弃义的奥地利，对它无耻的忘恩负义行径处以严厉惩罚。

——沙皇尼古拉斯一世

在19世纪中叶，哈布斯堡君主国在一系列短暂而却激烈的战争中节节败退。这些战争终结了梅特涅体系，为作为大国的奥地利铺平了灭亡之路。本章认为，这些变化之所以发生，主要不是因为经济衰退或帝国内部的复杂情况，而是由于奥地利失去了过去用来掌控战争顺序和持续时间的手段。这既是领导者无法控制的结构性变化的结果，也是由本可避免的错误和对过去塑造其治国术的原则的偏离造成的。具体而言，奥地利的领导者们放弃了他们赖以控制冲突顺序并避免孤立局面的灵活治国术；对手也采用了新的方法，让君主国的军队无法利用消耗和地形来延长冲突并战胜比其更强大的军队；而民族主义战胜了协约权利，成为领土合法性的依据，导致君主国此前的缓冲区上形成了敌对的政治体。由于失去了传统的战略工具箱，奥地利在其最强大的对手的强迫下，只得接受与其最强大的少数民族共处，而且首次不得不承担管理全方位防御阵地的全部成本。

257 奥地利失势之谜

在梅特涅时代，哈布斯堡王朝在欧洲的影响力达到了顶峰。奥地利拥有比以往任何时候都更多的联盟，稳坐在由精英合作伙伴和附庸国军队保障的缓冲国之中，并通过把外交而非战争变成欧洲政治的必要条件，将地缘政治竞争的棋盘偏向了对自己有利的方向。然而，在不到50年的时间里，君主国就将发现，自己在一系列灾难性的战争中被孤立了：在这些战争中，它将独自对抗不止一个敌人，而且将逐渐被挤出欧洲外交的中心。当这些战争结束时，奥地利已不再拥有它在梅特涅时期享有的影响力，而且它用来奉行独立外交政策的举措也受到了严重的限制。再过50年，也就是哈布斯堡王朝治国术在维也纳会议上达到顶峰的一个世纪后，奥地利将进行一场三线战争。在这场战争中，大多数欧洲国家将结盟对抗它，并在随后令它解体。

发生了什么呢？在这么短的时间内，奥地利是如何从一个有影响力的格局塑造者，变成一个必然要灭亡的三流国家的？从历史上看，帝国衰落的主要原因，是经济增长速度的不平衡导致它们在力量能力上落后于竞争者。[1] 奥地利的情况并非完全如此；正如我们所看到的，“三月革命前”时期的哈布斯堡王朝经济曾显示出活力和增长的迹象（见图9.1）。[2] 虽然处于相对的经济衰退状态，但君主国实力排名的恶化程度并非不可救药，甚至并不特别急剧；在整个19世纪中，它仍然牢牢地处在欧洲发展梯度曲线的中间位置；事实上，在19世纪的最后几年里，它还显示出了增长的迹象。[3] 在此期间，它仍然有能力派遣大规模的陆军，维持欧洲最高的国防预算。因此，没有理由仅凭经济表现就认为它应该跌出大国行列，更不用说解体了。

解释奥地利的失势，也不能只看它作为强国的先天缺陷：国家内部的民族多元性。毋庸置疑，君主国内部的复杂情况拖累了它的地缘政治表

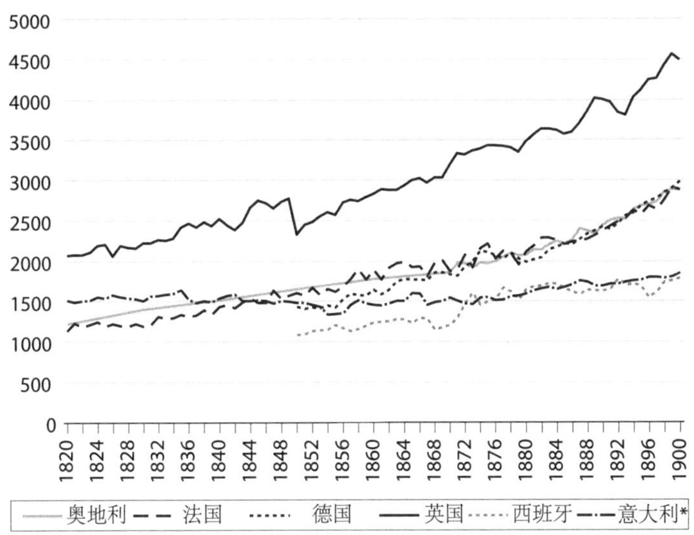

图9.1　1820—1900年间欧洲列强的人均国内生产总值。

注：1820—1860年间，意大利的数据只包含意大利中北部。1861年之后，其数据包括了意大利王国。

来源：The Maddison-Project，2013，http：//www.ggdc.net/maddison/maddison-project/home.htm.

图表来源：欧洲政策研究中心，2017年。

现。[4] 正如我们在本章中将要看到的，民族主义的力量，特别是在紧邻奥地利边界的地方，将成为其外交政策困境的一个主要因素。但从19世纪中叶的有利局势来看，君主国似乎已经成功经受住了最恶劣的风暴。1848—1849年的起义得到了平息，王朝也重新建立在了一个坚实的基础上。除了意大利，这一时期哈布斯堡王朝的土地上很少发生大规模的动乱。258
即使在意大利，当时的紧张局势在大多数情况下也不构成内战的因素。

毫无疑问，经济动荡和民族紧张关系都是帝国世纪中期危机的组成部分。但这两者都不能完全解释危机的结果。[5] 奥地利在其整个历史上都断断续续地面临着经济问题，却没有被这些问题击垮。内部分裂经常困扰着奥地利。它也曾吃过败仗，甚至输掉过战争。然而，它总是能够生存下来。在最危急的时刻——1701—1714年、1741—1748年、1809年和1848年——它总是能避免承受所处困境的全部负担。这通常可归结为它运用了一些组合手段，操纵了事件的时机，从而让奥地利不必同时面对各种各样的外部和内部问题。

这些手段中最首要的是外交。在生死攸关的斗争中，奥地利曾组合使用联盟、协约和绥靖来消除次要威胁（无论是外部的还是内部的），并形成了防御性联盟（甚至是与对手结盟），以减轻遏制其最危险敌人的负担，拖延对抗和避免多线战争。第二项手段是技术。在可能的情况下，奥地利经常试图完全避免战争，如果情况不允许，就避免将其忠诚但往
259 往脆弱的军队投入它无法取胜的对抗中。相反，它将兵力和其他盟友、附庸国军队及易守难攻的地形结合起来使用。最重要的是，它保持了一种以防御为主的军事观，力求守住并保留战略要地，而且即使是在胜利的时候也从不赌博。这有助于奥地利节省兵力，从而对战争的持续时间产生一些影响，也就是在其更深层次的优势——大军和盟友的支援等——得到激活之前，拖延与强大对手进行的对抗。奥地利经常能够利用战后的和约来收复失地，并将其腹地周边的中间地带作为隔离空间，为未来的战争争取时间。

这种组合从来都不是一门精确的科学，而是一套为应对挑战而演变的临时手段。哈布斯堡王朝的政治家们遵循这些手段，很少会出现偏离，因为一旦出现偏离，奥地利所处的敌对和受限的环境的惩罚通常就会来袭。梅特涅充分利用了这些手段的最大潜能，创造了锁定某些地缘政治优势的体系。利用这些手段，奥地利在19世纪初的几十年里经受住了许多潜在的重大危机。

后来的危机之所以不同以往，明显是因为这些时间管理方式已不复存在。从1848年革命结束，到1866年奥地利被普鲁士击败，在这十几年的时间里，君主国无法掌控的结构性变化和人为的错误，迅速腐蚀了奥地利的传统战略工具箱。所有这些变化都将引发奥地利地缘政治地位的急剧恶化，让其屈服于难以应对的力量，并将最终导致这个帝国的失败。

抛弃灵活的治国术

灵活的治国术一直是哈布斯堡王朝安全的基础。由于运用智谋比使用暴力更划算，所以，当一个弱小且四面受敌的国家所处的环境中出现

了难以用军事手段抵御的强大威胁时，外交就为它提供了一种赖以生存的重要手段。外交从两个方面帮助奥地利渡过了难关。首先，防御性联盟作为力量的集结者，聚集了比奥地利自己更多的军事能力——就奥地利的情况而言，涉及的协议往往都需要盟国军队进入哈布斯堡王朝领土，将其从生存危机中拯救出来。对奥地利来说，限制性联盟（特别是与最大的邻国俄国的联盟）是联盟关系的一个重要分类。只要这个联盟存在，奥地利就不仅可以监视和控制俄国的行动，还能在西部利用俄国的帮助，并且——这一点至关重要——免于在最长的、可能是最为棘手的边境地
区进行军事准备。奥地利的第二种治国术，是避免与次级威胁发生冲突。260
君主国曾频繁使用先发制人的绥靖手段来安抚对手，以便集中注意力对付更大的威胁。这不仅适用于像奥斯曼帝国这样的外部行为体，也适用于内部集团——尤其是匈牙利人——和邻近地区中反对奥地利计划的附庸国。

这两种形式的治国术都要求奥地利具备高度的灵活性。由于敌人包围了君主国，它就需要在每一个新的威胁出现时，都能有一整套的应对举措，因此，它甚至不能与此前战争中的死敌永远决裂。绥靖的意愿也需要灵活，因为这往往意味着要刻意降低一个威胁的优先级，以便完全专注于另一个当下更关键的威胁。对于内部集团或附庸国，这通常需要哈布斯堡王朝的君主保持一定程度的谦逊，有意识地放弃他们有权享受或者会妨碍帝国调动全部能力的特权。约瑟夫一世在《萨图马雷和约》中对匈牙利人的处理方式就是这样一个例子；玛丽亚·特蕾西娅在《菲森和约》中对巴伐利亚人的宽大处理，以及在18世纪50年代的战争中未对匈牙利人提出更多的要求，也提供了两个例证。

通过在这两种形式的治国术中灵活行事，奥地利往往能够集中资源和注意力应对它在特定时刻面临的最大挑战。梅特涅体系代表着奥地利人灵活程度的顶点。它达成了长期的协议，把欧洲的资源都用来支持奥地利反对民族主义和霸权主义的战争。它还将大国纳入了对奥地利极为有利的协调机制。这种承诺和约束体系确保了君主国在危急时刻不会被完全孤立，并能保留尽可能多的举措来解决——用有利于奥地利的外交手段，而不是军事力量——边界附近地区的大量问题。

正如我们所看到的，梅特涅体系不仅成功应对了1815年后的挑战，还让奥地利通过了1848年革命的终极考验。它之所以团结牢固，是因为其他大国意识到，通过协调而不是独立行动，他们能获得更大的利益——换句话说，他们更恐惧的，是单独行事的种种后果（战争再次爆发、排斥、孤立和失败），而不是调解结果造成的边际收益损失。

这种盘算最终崩溃了。就像所有的战后秩序一样，随着时间的推移，维持这种秩序变得越来越困难，因为对战争恐怖的记忆已逐渐消退，新一代的收复失地主义领导者也出现了，他们看到了在他们所处环境中获
261 得领土利益的前景。尤其是法国和普鲁士，它们察觉到了欧洲领土重组的好处，并把奥地利视为妨碍其目标的绊脚石。在整个19世纪20年代和30年代，他们的怨恨被对革命的恐惧——煽动这种恐惧正是奥地利的拿手好戏——和俄国（这是最重要的原因，因为它对奥地利的支持，在根本上震慑了梅特涅体系欧洲中的收复失地主义）所压制了。然而，在1848年革命后的几年中，这些制约因素就将消失。梅特涅体系结构中的两个具体缺陷——一个涉及意大利，另一个涉及巴尔干地区——造成了这种情况的发生。两者都有结构性的根源，但都因奥地利的僵化而加剧了。

意大利风暴眼

1815年后奥地利安全结构中的阿喀琉斯之踵，是其势力在意大利的过度扩张。[6] 根据1815年的协议，君主国把它此前曾通过1797年的《坎坡福尔米奥和约》获得的前威尼斯共和国占为己有，并将其与哈布斯堡王朝的伦巴第领土合并，形成了一个新的伦巴第-威尼西亚王国。由此产生的实体，代表着哈布斯堡王朝的影响力向西南方向的重大延伸，覆盖了意大利北部的大部分地区。

从表面上看，这巩固了奥地利的安全，既在奥地利世袭领地和法国之间设置了一个更大的缓冲地带，又扩大了帝国西部的税收基础。但是，从奥地利在君主国边境周边维持安全缓冲区的传统方法角度来看，意大利的新局势是存在问题的。在地缘战略上，哈布斯堡王朝的庞大财产，使奥地利在很大程度上成为半岛安全的主导者，却没有赋予它扮演这一

角色的能力。占有伦巴第-威尼西亚王国让奥地利与历史盟友皮埃蒙特的关系变得复杂，同时也标志着法国或多或少被永久排除在了意大利的主要事务之外，从而为未来法奥之间的紧张关系埋下了种子。正如施罗德所言：

> 奥地利对伦巴第-威尼西亚王国的兼并，给国际体系带来了一个更深刻的问题。从均势的角度来看，这是无可厚非的，因为这是支持和保卫皮埃蒙特，并将法国排除在意大利之外的唯一可行方法。但是，从意大利作为法国和奥地利之间中介体的一般职能的角度来看，奥地利对伦巴第-威尼西亚王国的兼并，既是多此一举的，又是浅尝辄止的。它在实际上迫使奥地利领导和组织意大利，却没有真正赋予它这样做的能力。伦巴第-威尼西亚王国作为一个权力基础，没有大到足以让奥地利控制整个半岛，但是对于其他国家（特别是皮埃蒙特
> 和教皇国）来说，它的庞大又令人无法安心。维也纳本可将威尼西亚 262
> 本身作为一个省份来发展；伦巴第-威尼西亚王国成了一头供维也纳榨取牛奶的奶牛，这在很大程度上是为了支付它所需要的额外军事义务。拥有伦巴第，使奥地利对于法国努力在意大利重新立足的行动的反应更加僵硬。与此同时，这让包括皮埃蒙特在内的其他意大利国家，能够将其自身防御的大部分负担推给奥地利。[7]

换句话说，伦巴第-威尼西亚王国将奥地利置于这样的境地：与其说它掌控着一个位于意大利的缓冲区，不如说它在管理一个安全负债和潜在溃疡——一个冲突的来源，而不是一个在列强政治中充当减震器的中介体。

这个问题的根源，主要在于如何治理伦巴第-威尼西亚王国。直到18世纪末，哈布斯堡王朝在意大利半岛上的主导地位都是既正式，也不正式的。虽然伦巴第由维也纳直接统治和管理，但它只是一个更大整体——其中就包括与哈布斯堡王朝核心关系不太正式的实体——的一部分。威尼斯保留了相当大的独立性，并掌控着亚得里亚海地区；教皇拥有相当大的影响力；那不勒斯和西西里倾向于波旁王朝阵营；而皮埃蒙特虽然出于

对法国的恐惧而倒向了奥地利，但仍然是一个独立的国家：与其说它是哈布斯堡帝国的组成部分，不如说它是附庸国。[8] 从哈布斯堡王朝的角度来看，这种模式比直接将统治拓展到半岛的北半部更可取；它加强了意大利作为缓冲区的实用性，因为它让奥地利只需承担正式帝国的部分成本，就享受了首要地位的好处——任命权、税收以及最重要的自愿抵抗外部侵略的本土力量。

梅特涅此前曾倾向于看到这种模式的部分要素延续到1815年之后。最重要的是，他希望把伦巴第-威尼西亚王国这块新领地作为一个半独立的政治体，而不是一个完全融入君主国的单位来管理。1815年，他在呈给弗朗茨皇帝的备忘录中写道："这些土地必须在［意大利］本地进行管理，而且这里的政府必须在维也纳维护自己的利益。"[9] 根据梅特涅的方案，在日常事务中，这个王国将被授予高度的自治权，包括在维也纳设立一个代表意大利利益的领事馆办事处和法院。与考尼茨四十多年前就波兰问题向约瑟夫二世提出的许多论点相呼应，梅特涅希望通过在该地区推行温和的哈布斯堡霸权，来抵消在意大利进行帝国建设的成本，避免引发意大利民众的敌意。在理想的情况下，这将采取大致类似于德意志邦联的意大利联盟（*Lega Italica*）——"一个由奥地利领导的防御性联盟"——的形式。[10]

263 起初，事态似乎正朝着将权力下放给伦巴第-威尼西亚王国的方向发展。1817年，一份几乎包含了梅特涅所有提议——不仅有关于意大利的提议，还有让君主国整体结构中的权力更加分散的提议——的特许状颁布了。一个独立的伦巴第-威尼西亚王国领事馆办事处就此成立，并由一位米兰伯爵主管。但很快就可以看出，弗朗茨皇帝的意大利计划，如同他之前的约瑟夫二世的波兰计划，是希望这个新王国像几十年前的伦巴第那样，完全并入君主国的中央行政机构。

对奥地利来说，在意大利实行中央集权的诱惑是可以理解的，而且也并非完全不合逻辑；几十年来，哈布斯堡王朝的君主们一直渴望看到他们在意大利的版图扩大——与神圣罗马帝国或东部的多事之地不同，这个地区似乎是君主国唯一可以通过扩张获取丰富资源，同时管理成本又可以承受的领土。毕竟，历史上大多数帝国通常都是这样盘算的——通过扩张获得更大的安全和财富。事实上，这样的新安排最初似乎给维也纳和它的意大利臣民都带来了好处。奥地利的投资带来了经济增长和新的就业机会。工业化步伐加快，纺织业的发展尤其迅猛。哈布斯堡政府推出了公共工程项目和基础设施建设。这些变化似乎印证了梅特涅的信念，即奥地利可以为意大利“提供一些东西”：“有序的治理和安全取代了阴谋诡计和革命的无政府状态。”在经济上，受哈布斯堡王朝统治的意大利人，比他们位于邻近的非哈布斯堡王朝管辖地区的同胞更加繁荣。奥地利也从该地区的财富中受益，到19世纪50年代，它仅从意大利地区就能收取帝国1/4的税收。[11]

但随着时间的推移，哈布斯堡王朝在意大利的处境开始变得紧张，为当地和最终的国际危机播下了种子。将伦巴第-威尼西亚王国视为一个完全融入君主国的行政单位，意味着奥地利要承担起保卫领土的责任，而在这些领土上，外国的监管几乎一定会激起人们的不满。直接统治带来了驻军（到19世纪中叶数量达到了7万人），这继而又加重了当地人的税务负担和仇恨。奥地利为了密切关注意大利的革命运动而大量使用的监视活动、激进的治安维护和间谍网络，激化了这种动态。之前几代意大利人倾向认为，相比于波旁王朝的统治，维也纳这个遥远而仁慈的势力更易接受——常言道，“憎恨法国，畏惧皇帝”——这种情况逐渐被颠覆了。当地人民，甚至是通常支持奥地利的本地王公，都开始把奥地利视为占领者，而法国作为拉丁人同胞的国家，则成了为民族主义愿望提供 264
同情和支持的源泉。

1831年，撒丁-皮埃蒙特王国的保守派国王去世，他的继任者，是具有自由主义倾向的年轻国王卡洛·阿尔贝托，他渴望成为新兴的意大利民族主义运动的捍卫者。当1848年伦巴第发生革命时，卡洛·阿尔贝托决定与民族主义者站在一起，他为起义提供了武装支持，并鼓励其他意大利君主也纷纷效仿。[12] 同年，路易-拿破仑·波拿巴（Louis-Napoléon Bonaparte，1808—1873年）当选总统。[13] 这位拿破仑皇帝的侄子，未来的拿破仑三世，与卡洛·阿尔贝托一样受到了救世主式的雄心壮志（不过他的志向要大得多）的驱使，梦想着恢复法国的帝国伟力。与他的前任不同，他认为梅特涅体系是一个应当抛弃的障碍。在意大利和奥地利对中央集权统治的抵制中，他发现了现成的手段，这种手段不仅可以挑战这一体系，还可以为法国再次成为欧洲民族主义的庇护者提供道义上的动机。

随着19世纪40年代结束，在大国支持下，对奥地利在意大利的统治发起持续挑战的局面已经形成。一位奥地利通讯员后来总结了19世纪中叶怒火不断增强、一触即发的气氛，以及维也纳的行政长官们越来越强的无力感：

> 我只能用一个词来说明意大利中部和整个意大利的状况：政治霍乱。富人和穷人，显贵与平民，所有人都在遭罪……因此，我的看法必须涉及武装力量：意大利人只服从于压倒性的实力，他们视克制为软弱，他们不知慷慨为何物，他们的语言中甚至没有一个合适的词来形容“感激之情”。大公–总督为伦巴第人花费的数百万钱财，到底有什么用？[14]

意大利远没有像梅特涅设想的那样，成为奥地利更大财富和安全的来源，它将占据哈布斯堡王朝越来越大的注意力，同时还将成为一个长期的危机策源地，几乎可以肯定的是，奥地利在其他任何战区面临的冲突，如果没有得到有效的控制，就将迅速蔓延成第二条战线。

东部的例外

只要俄国仍然坚决维护现状，愿意用武力维护君主国利益，那么路易–拿破仑和卡洛·阿尔贝托所怀有的收复失地主义野心，对奥地利来说就是可控制的。然而，在意大利的危机不断酝酿的同时，奥地利东部
265 边境的事态发展，却让它有可能失去这根哈布斯堡王朝安全的关键支柱。根本问题，也是梅特涅体系的第二个主要缺陷，是东部的事务实际上被排除在了1815年后的会议框架之外。作为没有参与拿破仑冲突的国家，土耳其不是维也纳和平协议的缔约方。这就是问题所在，因为奥地利一直在强调巴尔干地区的安全利益——正如我们在前一章中所看到的，尤其需要维持奥斯曼帝国的存在，以制约俄国的扩张。到了19世纪初，随

着土耳其经济和政治加速衰败，这项工作也变得越来越难。俄国自1812年起就占有了比萨拉比亚（Bessarabia）的领土，也因此有了一个直取瓦拉几亚和摩尔达维亚地区的渠道。由于维也纳认为这些领土持续发挥缓冲区的作用是地区稳定的先决条件，所以俄国在东部边境存在感的增长，就增加了它与奥地利发生冲突的可能性。

奥地利的主要问题，在于帝国东部和西部缓冲区中事件的相互关联。为了管理后者，奥地利需要俄国的支持。在意大利尤其如此，因为它需要俄国的军事支持来遏制具有收复失地主义思想的法国；在德意志也一样，因为俄国对普鲁士起到了限制作用。对奥地利来说，这并不是一个新动态；至少从18世纪30年代开始，它就在平衡东部和西部难以共存的目标。新的动态，是奥地利在1815年后承担的大量战略承诺，特别是因为它试图在意大利实行中央集权统治而被创造出来的那些需求。如果伦巴第-威尼西亚成为君主国不可或缺的一部分，那么奥地利就要像在波希米亚或匈牙利等核心领土上一样，致力于捍卫它在那里的利益。因此，奥地利在意大利的承诺，将维也纳与某种不可动摇的东西绑定在了西部，而且对于这种东西它不能有一点灵活性，这就使得俄国的友善更加重要，也要求奥地利在东部必须灵活。

只要俄国将巴尔干地区视为次要而非主要的战略利益——它在18世纪的大部分时间里都这么认为——这种复杂的动态就是可以控制的。但这种情况在19世纪中期开始发生变化，因为俄国战略的重心从北方转移到了南方。在这之前，俄国战略的重点是波罗的海，因为那里丰富的森林提供了木材、沥青和焦油，这些世界各国海军所需的原材料，是沙皇帝国的主要出口产品。[15] 但是随着舰队用蒸汽船替换帆船，俄国的出口商品也变成了南方的乌克兰小麦。这使得战略重点更多地集中在了可以作为这些出口产品的运输通道的最近水域——黑海，并且让俄国更加渴望控制进入地中海的狭长通道，因为这是俄国的船只前往外部市场的必经之路。与此同时，土耳其内部的加速衰败，为俄国在奥斯曼帝国的政治 266
中心扩大影响提供了机会。随之而来的，是俄国针对土耳其的战略目标的本质性的变化。俄国现在热衷的，不再是获取领土，而是一个远大得多的战利品：拆分奥斯曼帝国，或者通过征服彻底将其变成俄国的附庸。

随着俄国扩张的机会增加，奥地利发现自己在巴尔干地区的活动范围比以往更受限制了。可以肯定的是，对多瑙河畔的君主国的所有边境地区来说，领土扩张并不是一个特别有利的选择，它往往会带来新的领土和帝国内部民族平衡变化等方面的问题，这抵消了它在安全方面获得的任何边际收益。巴尔干地区尤为如此，因为这片土地本身的经济价值往往较低。随着19世纪民族主义兴起，扩张的成本比收益越来越高。相比于哈布斯堡帝国，居住在君主国东南边境内和边境周边巴尔干地区的许多民族群体，与斯拉夫民族的俄国有着更多文化和语言上的共同点。随着奥斯曼帝国衰落，同时它此前的巴尔干属地在地缘政治上也变得越来越“活跃”，这些地区亲近俄国的事实，便有效地排除了哈布斯堡王朝进行扩张的战略选项，因为即使这些领土被正式纳入哈布斯堡帝国，俄国仍将在这些领土上拥有巨大的影响力。正如施罗德所指出的：

> 就奥地利的情况而言，内部的革命威胁和外部的安全困境之间没有一般意义上的区别；它们完全交织在一起……对于包括俄国在内的大多数欧洲大国来说，此时兼并领土通常意味着获得额外的财富、权力和安全；一旦被同化，新的领土就将贡献士兵、税收和资源。奥地利由于其民族构成和地理位置，已经处于所有欧洲大国和当今世界大多数国家所面临的境地：领土兼并会给奥地利带来额外的财富、权力和安全，但前提**当且仅当**其他大国，特别是俄国，允许它们这样做。其他国家，特别是俄国，如果愿意，就可以通过利用奥地利的某个弱点，让奥地利无法治理它兼并的土地，使这些土地成为它的负担而不是优势。[16]

对作为大国的奥地利来说，这些与生俱来的弱点，严重限制了它用来应对巴尔干地区俄国影响力增长的战略举措。与考尼茨时代的情况一样，
267 君主国自己不可能通过抢夺这些土地来阻止俄国的扩张，尽管哈布斯堡王朝的政治家们偶尔也会被这样的计划所吸引。考虑到哈布斯堡王朝在意大利和德意志战场上的大量安全义务，它也无法指望用军事力量来阻挡这一进程，因为这两个地区都要依靠俄国的支持来管理。然而，与此

同时，奥地利也不能无视俄国的扩张，否则它一觉醒来就会发现，一支强大的军事力量永久地挡住了君主国通往黑海的道路，并且受俄国影响或控制的附庸国——这些附庸国是从土耳其欧洲属地的残余中瓜分得来的——包围了它的东南边境。

因此，奥地利面临着一种严重且在逐渐恶化的困境，这种困境与考尼茨在18世纪最后25年所面临的基本问题相同。与考尼茨一样，梅特涅处理这个问题的方法，是避免在东部直接挑战俄国，并通过引导来防止其野心永久性地妨碍奥地利的利益，或者破坏大范围内均势的稳定。再次引用施罗德的话："制衡俄国的最好办法，或许也是唯一可行的办法，就是奥地利自考尼茨时代以来就时常主张，并且在1820年后一直支持的办法：不直接挑战俄国，或与之争夺在君士坦丁堡的影响力，而是将其联合起来，要求俄国在对土耳其采取行动时，只能与欧洲的步调一致。"[17]

在可以实现的情况下，以这种方式引导俄国的野心，对奥地利是有利的，因为这让君主国这个腹背受敌的中欧大国，能够避免最能危及它的长期安全的情况——不得不在俄国和西方之间作出选择的情况。这样的选择只会给奥地利带来不好的结果——一方面，一个过于强大的俄国，会因为其支持奥地利在西方的立场而索取过高的代价（巴尔干地区的主导地位）；另一方面，一个被惹恼的俄国，将不再为哈布斯堡王朝在意大利和德意志的安全提供支持，并有可能凭借自己的力量，成为奥地利的收复失地主义敌人（类似于拿破仑时期的法国或腓特烈时期的普鲁士）。

在维也纳协议之后的几年里，奥地利能够按照它偏爱的对俄方针，取得相当大的成功，从而不必在俄国和西方之间作出决定性的选择。在1821年的莱巴赫（Laibach）会议上，梅特涅诱使沙皇对诸公国的起义进行镇压，同时赢得了他对奥地利在意大利进行的军事活动的支持。在1833年的慕尼黑城堡，在神圣同盟的支持下，他通过重申奥地利、俄国和普鲁士之间的共识——使三国承诺共同维护它们周边地区的稳定，并保证土耳其的完整——弥补了会议体制中的越来越大的漏洞。与此同时， 268
梅特涅成功地策划了奥地利和俄国之间就波兰问题的高度合作，让这两个帝国在波兰的大部分地区实施了实质上的联合统治，两者还将共享情报，并协作镇压民族主义暴乱。

梅特涅的平衡举措，让奥地利掩盖了其作为一个大国不断增多的弱点，应对了其东西部安全利益之间内在的矛盾。然而，随着地区力量平衡的改变，俄国也将越来越多的精力转向南方，这种平衡变得愈加难以维持。在19世纪20年代，一场新的危机爆发了。在这场危机中，英国和俄国这两个欧洲的侧翼大国，第一次以双边方式决定了结果，暴露了梅特涅的东部机制的脆弱性。1838年，这种模式再次上演，这一次，奥地利试图通过会议来解决这个问题，并在最初得到了西方的支持，但由于俄国向英国倒戈和援助而遭到破坏。[18] 随着每一次新危机的出现，奥地利显得越来越力不从心，梅特涅的集团计划在遏制俄国野心方面的可行性也越来越低。奥地利先是被试图分裂神圣同盟的西方大国排挤，后又被试图摆脱会议体系的俄国倾轧。双方都在断断续续地争取奥地利，但奥地利却从未掌握主动权。随着每一次新危机的出现，赌注也越来越大，土耳其的衰败招致了俄国逐步深入的侵蚀，并将大国——尤其是俄国和英国——卷入了威胁欧洲稳定的对抗之中。

克里米亚战争

正是在这种危机升级，哈布斯堡王朝的举措越来越少的背景下，另一场东部的危机在1853年爆发了，并且最终引发了后拿破仑时期的第一次列强战争。克里米亚危机的直接原因是微不足道的，涉及法俄两国关于奥斯曼帝国控制的圣地上基督徒地位问题的争执。更深层次的原因，是俄国想要通过一次行动——其当时声势最为浩大的行动——巩固沙皇作为土耳其东正教臣民（占奥斯曼帝国人口的2/5以上）保护者的地位，从而在君士坦丁堡的内部事务中获得无可争议的首要地位。[19] 英国与法国结成了联盟，试图利用危机迫使俄国放弃其在东部的显要地位，从而削弱俄国在欧洲的整体实力。

与此前阶段的东部问题相比，克里米亚危机给奥地利带来了更加重大的风险。最直接的是，俄国为向苏丹施压，在1853年7月占领了多瑙
269 河公国，这不仅践踏了哈布斯堡王朝既定的安全利益，还有可能侵蚀其仅存的东部缓冲区。更严重的是，如果俄国现在在土耳其的内部事务中取得了主导地位，或者在一定程度上拆分了奥斯曼帝国，那么奥地利就

会发现，自己被俄国在广阔封锁线——从波兰到亚得里亚海——上不断巩固的压力所限制了。如果奥地利站在俄国一边，它在意大利的阵地就有可能遭到法国攻击，而且在意大利，它与撒丁的紧张关系已接近爆发点。与此同时，如果奥地利与英国和法国结盟，它就有可能疏远俄国，而俄国正是抵抗中欧革命势力和法国/普鲁士收复失地主义的主要安全保障者。

处理这个马蜂窝的任务，落在了卡尔·费迪南德·冯·布奥尔伯爵（Count Karl Ferdinand von Buol，1797—1865年）的肩上。他是一位职业外交家，此前曾担任过驻俄使节，并于1852年接任外交大臣一职。在针对即将到来的危机制定哈布斯堡王朝的外交行动方针时，布奥尔认为，自己遵循了梅特涅此前为奥地利的东部治国策略制定的原则。与梅特涅一样，他的首要目标是避免战争；与梅特涅一样，他首先寻求的，是避免俄国在东部一家独大，尤其不能让俄国占领多瑙河公国；与梅特涅一样，他试图通过一个集团化的联盟来解决问题，迫使俄国接受土耳其“名义上的补偿”，然后，“当它咆哮着在土耳其打了场痛快仗之后，光荣而平和地回到它的巢穴”。[20]

在推行这一方针时，布奥尔面临着来自哈布斯堡王朝外交和军事机构内部的强烈反对。反对他的是奥地利驻土耳其大使、著名经济学家和政治家卡尔·路德维希·冯·布鲁克男爵（Baron Karl Ludwig von Bruck，1798—1860年），以及军队中的大多数高级指挥官。这个“亲俄派”认为，奥地利最好的战略选择是站在圣彼得堡这一边，因为在接下来的任何战争中，奥地利都将承受俄国进攻的主要冲击，而法国和英国的支援又鞭长莫及。此外，将领们认为，军队为迎接法国对意大利的进攻做了更好的准备，因为它可以依靠四角防线要塞；而对于俄国对加利西亚的进攻，军队的准备还不够充分，因为那里它几乎没有什么固定的防御设施。[21] 布鲁克甚至还要激进，认为奥地利应该把这种情况当作一个机会，来缔结“与俄国的秘密协议……［从而］占领塞尔维亚、波斯尼亚和黑塞哥维那”[22]。

随着事态的发展，布奥尔很快就发现，自己陷入了梅特涅在此前的危机中所遭遇的两头施压的处境，因为西方盟国和俄国都希望奥地利能支持他们的立场。俄国以神圣同盟的名义，要求哈布斯堡王朝提供支持，或至少保持武装中立。英国和法国游说布奥尔脱离神圣同盟，坚定地支持他们，并动员奥地利军队在多瑙河沿岸牵制尽可能多的俄国军队和资
270 源。为了与梅特涅过去的做法保持一致，布奥尔试图在各大国之间找到一个中间立场，希望能达成妥协，最重要的是，避免一场会对奥地利造成巨大负面影响的战争。

当战争在1853年秋天爆发时，布奥尔更加坚定地贯彻了这种做法。他鼓励土耳其人和俄国人进行双边会谈，同时寻求安排一个四国方案来调停冲突。然而，随着战争的进行，他越来越倾向于海洋大国，希望它们能限制俄国，因为他正确判断出了俄国才是主要的侵略者与和平的破坏者。他向圣彼得堡提出，想让奥地利保持中立，俄国就要承诺“不采取革命行动”——具体来说，就是“不越过多瑙河，不煽动巴尔干人民造反，不占领任何土耳其领土”；如果无法兑现承诺，“至少在外交上，奥地利将不得不和土耳其及西方联合，以便通过迫使俄国离开多瑙河公国，来阻止俄国扩张”。[23] 1854年1月，俄奥关系破裂了，当时俄国人拒绝了这些条件，因此布奥尔承诺奥地利将与西方盟国合作。

从这时起，奥地利虽然极力避免参与对抗行动，但还是不可避免地变得更加好战了。7月，布奥尔发出了最后通牒，以战争为威胁，要求俄国撤离多瑙河公国，为了使这一威胁具有可信度，他在帝国的东部领土上逐渐集结了军事力量。[24] 如此一来，奥地利就需要进行动员，并将哈布斯堡王朝的部队——总共11个军团，32.7万名士兵——转移到加利西亚和特兰西瓦尼亚，只留下3个军团来保卫意大利和西部边境。[25] 此外，最高统帅部还需要制定以布格河为军事行动中心的对俄进攻计划。[26] 事实证明，奥地利这种激进的姿态，对决定战争的结果具有关键作用；虽然没有进行战斗，但哈布斯堡王朝在多瑙河畔部署的庞大部队，还是迫使俄国分散了它的兵力，并因此缺乏足够多的军队来对抗英法在克里米亚半岛的行动。换句话说，布奥尔的政策决定了俄国在这场冲突中的命运。

布奥尔并非没有意识到撤走奥地利西部边境的驻军，可能产生法国人侵意大利、普鲁士攻击德意志的风险。正如约瑟夫二世在1787—1788年战争中所做的那样，他通过先发制人的协约处理了这些弱点——与法国

签订的协约，用来保障伦巴第-威尼西亚王国的现状；与普鲁士签订的协约，则用来赢得泛德意志地区在危机中对于奥地利立场的支持，尽管未获成功。

通过与西方国家站在一起，布奥尔希望能在东部为奥地利实现某种持
久的战略价值：对俄国的野心作出决定性的回击，使其领导者在今后考虑
侵略行动时有所顾忌。如果通过毫不含糊地对抗俄国这个侵略者，奥地 271
利不仅可以避免土耳其的瓦解，还可以一劳永逸地将俄国赶出多瑙河公
国，甚至在那里形成自己的军事存在，那么，君主国就将在它的东部和
南部边境，为将来几代人取得比此前更持久的安全基础。

布奥尔对于克里米亚危机的处理，一直是历史学家们争论不休的话题。[27] 显然，布奥尔认为他处理危机的方法，与此前梅特涅和考尼茨的传统——通过与其他大国协作来限制俄国——保持了一致。同样明确的是，与梅特涅一样，他认为当前的主要威胁是俄国，因为它在该地区越来越倾向于实践收复失地主义的目标和方法。同样值得一提的是，布奥尔在危机中的战略举措受到了极大的限制。奥地利当时资源有限，在欧洲军事层级中也就处于中等地位。在1848—1849年劳力费财之后，它的财政已然捉襟见肘，而它的其他安全边境，特别是意大利地区，也受到了越来越大的压力。

如果非要说布奥尔对克里米亚危机的处理有问题，那就是他高估了奥地利的实力。正如布里奇（F. R. Bridge）所言，布奥尔“开启了一项雄心勃勃的政策；但他却没有实施这一政策的军事手段”[28]。事后来看，正是因为奥地利在军事上和经济上都没有准备好持续参与一场重大冲突，所以，采取积极的武装中立的立场，似乎是一种不合逻辑的做法。尽管布奥尔的方法的基本特征，还有他在危机中的出发点，可能与梅特涅的做法一致，但他对奥地利政策进行的大规模军事化改革，却突破了此前的做法。可以肯定的是，此前的哈布斯堡王朝政治家有时会用军事姿态，来支持他们针对俄国的策略——1771年奥土联盟期间的考尼茨和19世纪20年代危机期间的梅特涅，都曾这样做。但是，布奥尔所使用的大规模军事集结和大量的战争言论，完全属于另一个量级：它需要集中大部分军队（14个军团中的11个），筹划进攻性战争方案，驱逐俄国并占领多瑙河

公国。

在如此明显的结盟对抗俄国的过程中，布奥尔做了一件此前哈布斯堡王朝政治家在东方避免做的事情：他选边站队了。梅特涅从一开始就警告布奥尔要注意这种危险，并在后来以这些理由批评了他：奥地利绝不能被视为“东方反对西方的先头部队，或是西方反对东方的先头部队”[29]。考虑到奥地利过去曾作出选择，有理由认为，在避免采取激怒或疏远俄
272 国的行动方面，它可能会犯错误。至少从17世纪80年代开始，在危急关头，哈布斯堡王朝的外交官就倾向于“从一开始就站在俄国人一边”（考尼茨语）[30]。按照布鲁克的设想，将这种做法推向极端，也就是参与瓜分土耳其，当然不会比约瑟夫二世在他的时代这样做更明智。相反，可行的选项只能是保持中立——“不参与战争，捍卫自己的利益，等到双方的厌战情绪高涨，奥地利便能够不战而促成和平”。[31] 这就是梅特涅处理19世纪20年代危机的方式，也是他向布奥尔提倡的方法。没有明显的理由表明这种方法会失败。

不过，对布奥尔政策的主要批评，是它在地缘战略上并不明智，因为它让奥地利面临着当时两个明显的危险中的较大危险。从哈布斯堡王朝的安全角度来看，可以肯定的是，俄国在巴尔干地区寻求扩张，可不是什么奥地利乐见的局面。但是，奥地利几十年来一直在应对这种危险，很难说它对君主国的威胁，如同法国和普鲁士分别在意大利和德意志的收复失地主义威胁那样致命。事实上，后两者要致命得多，是奥地利面临的最严重的威胁。与俄国不同，这两个大国曾在最近的历史上威胁过哈布斯堡君主国的生存。这两个国家都希望将奥地利赶出西部地区，而这个地区在人口、战略和经济方面对奥地利利益的长远意义远超巴尔干地区。相比之下，俄国是奥地利历史上几乎绝对可靠的盟友，在最危急的时刻——对抗腓特烈和拿破仑，以及最近的1848—1849年革命——俄国都会团结起来保卫奥地利。

从近期的军事角度来看，将领们的战略计算是正确的。他们认为，奥地利与俄国一起抵御法国对意大利的进攻，要远好于匆忙把君主国毫无防御的东部边境强行变成与更庞大的俄国军队作战的主战场。从更广泛的大战略角度来看（这也是最重要的一点），他们的论点甚至更加无法辩

驳：作为盟友，英国和法国都不能提供俄国可以提供，而且事实上几十年来一直在提供的对奥地利主要安全利益至关重要的东西——维护其在意大利和德意志的地位。无论法国为伦巴第-威尼西亚王国提供什么样的临时保障，它在这里的利益与奥地利的利益在根本上是不一致的。普鲁士在德意志的情况也是如此。如果这些大国在西部攻击奥地利（它们短期内也有此打算），俄国是世界上唯一能够帮助君主国的大国。仅凭这一点，我们就有理由认为布奥尔作出了错误的选择。

无论他当时的决定有什么值得称赞的地方，有一点是无可争议的，那 273
就是克里米亚战争的结果，将给哈布斯堡君主国带来灾难性的后果。起初，结果似乎是积极的：根据缔结的《巴黎和约》，俄国被迫终止了分裂土耳其的活动，转而接受黑海的中立化，并放弃了对多瑙河公国的保护关系。[32] 然而，很快就可以看出，奥地利获得的任何好处，都不过是昙花一现。事实证明，哈布斯堡王朝对这些公国的占领并不比欧根时期更持久，它为这些公国结成一个新的、统一的政治体——罗马尼亚——铺平了道路，而这个政体在俄国、法国、普鲁士和撒丁王国的支持下，给奥地利构成的负担远比曾经的摩尔达维亚和瓦拉几亚要大。

从长远角度来看，这场战争给奥地利带来了一个更大的大战略问题：俄国作为一个公开反对奥地利的军事强国的崛起。在梅特涅时代，甚至在最近的19世纪50年代初，俄国都是“欧洲既定秩序的主要支持者”，而从此以后，它将成为一个坚定的收复失地主义国家，而且对哈布斯堡君主国的利益有着特别强烈的敌意，因为在俄国看来，它既是既定秩序的领导者，又是俄国在克里米亚受辱的设计师。[33]

这一变化对哈布斯堡王朝国防政策的影响极为显著。自18世纪以来，凭借与俄国的结盟，奥地利多少能够忽视从维斯图拉河延伸到铁门峡谷的东部边境——其最长的边界线——的安全建设。这相当于俄国对奥地利安全的实质性补助，让奥地利可以将有限的国防资源主要集中在西部边境。[34] 随着这一联盟的瓦解和俄国现在对奥地利的阻挠，广阔的东部边境将首次需要积极的防御。这不仅意味着要塞的实体基础设施，也意味着驻军、公路和铁路——总之，是全时防备状态所必需的一套完整而昂贵的国防机器。这样的投入不太可能限制俄国人的能力，而在东部展开军备竞赛，奥地利也没有获胜的希望。正如一位作家所言：“与俄国关系紧张，永远不会对奥地利有利，因为俄国拥有一项令人生畏的优势：每一条新修建的铁轨，每一台新建造的机器上的每一个新机轮，都会唤醒他的潜在优势。如果这些优势太多了，你认为哪一方会拥有有利地位？”[35]

对于更广泛意义上的哈布斯堡王朝外交来说，战争的后果将有效地夺
274 走奥地利在随后几年中最需要的俄国的支持。自18世纪中叶以来，寻求与俄国建立某种形式的联盟，一直是奥地利外交的常态，这不仅是在东部限制俄国的一种机制，而且至少是，或更重要的是，确保俄国积极地为哈布斯堡王朝的中欧外交目标提供支持。在梅特涅时代，这个联盟已经成为哈布斯堡王朝安全拱门的关键基石，为对抗构成奥地利主要威胁的民族主义和列强收复失地主义力量提供了物质支持。只要它还在，奥地利的安全大厦连最严重的打击都可以避免或承受。一旦它不复存在，奥地利就面临着一个处于中心位置的军事弱国所不能承受的局面：外交孤立。后来的事件表明，没有任何一个国家，能够为奥地利提供俄国在维持奥地利的缓冲区乃至其作为大国的整体地位方面所做的工作；如果有的话，它们中的大多数都渴望削弱哈布斯堡王朝在欧洲的权力和影响力。

进攻性技术胜过防御性地形

克里米亚战争破坏了梅特涅的协约体系，大大削弱了君主国在传统上用来影响地缘政治竞争中时间因素的最重要工具——联盟。从这时起，奥地利开始四面受敌，几乎没有什么可以保护它避免同时发生的多线危机。这一变化的主要受益者，是那些野心勃勃、想要改变欧洲秩序的国家，其中最强大和最积极的是普鲁士。

自腓特烈二世的时代起，普鲁士一直渴望成为德意志的主导力量。在与拿破仑的战争中，奥普之间的竞争曾暂时停止，但在“三月革命前”时期，随着普鲁士发展加速，梅特涅体系开始出现裂痕，奥普的竞争又逐渐激化了。然而，与法国一样，在整个“三月革命前”时期，普鲁士的野心都被对革命的恐惧和俄国对奥地利的军事支持所压抑。到1848年革命时，这两个限制中的第一个已经开始瓦解，革命展现了奥地利权力的脆弱性，也展示了德意志的人口和经济潜力。普鲁士的政治和军事领

导者通过利用这些力量来实现自己的战略利益，看到了一个将普鲁士推向中欧——事实上是整个欧洲——最强大竞争者的地位的机会。

因此，奥俄联盟因克里米亚问题的瓦解，为普鲁士实现这一目标提供了机会。然而，它仍然面临着一个挑战。从体量上看，普鲁士比哈布斯 275
堡君主国小得多，其人口、面积和军队数量都只是哈布斯堡君主国的零头。此前的对峙表明，奥地利有能力在北方部署大量军队，同时也能调动其邦联盟国的附属国军队。在1850年的危机中，邦联盟国提供了13万人的军队，而普鲁士军队只有5万人。[36] 为了有效地挑战奥地利，普鲁士必须找到一种方法来抵消对手的规模优势，并为自己赢得战略优势。在工业革命的新兴技术中，答案出现了。

颠覆性技术

在19世纪初的几十年里，一系列技术突破出现了。对于任何能够利用其军事潜力的国家来说，这些突破都具有革命性的意义。其中有三项突破将使普鲁士在即将到来的普奥冲突中具有竞争优势——第一项突破使其军队更具杀伤力，第二项突破使其行动更快，第三项突破则使其更容易控制。第一项突破发生在弹道领域。在长期战争后，创新者往往会带着最近冲突的教训，去探索更高效的杀戮方式。19世纪40年代末，第一颗现代子弹——米尼弹（minié ball），一种离开步枪枪管后会膨胀的锥形铅弹——的出现，为这场小型武器的革命奠定了基础。通过简化将子弹压入枪管的过程，米尼弹让整个军队都可以配备步枪，而不仅仅是少数精英部队。同时，它极大地提高了步兵在战场上的有效射程——从约70米提高到了约275至915米。

装备了大规模生产的步枪后，士兵们可以射得更远、更精确、更有穿透力。不久后，他们还射得更快了。1841年，普鲁士军队采用了世界上第一支大规模发放的后膛枪。这种步枪由一位名叫约翰·尼古劳斯·冯·德莱赛（Johann Nikolaus von Dreyse）的普鲁士发明家开发，被称为“针发枪”（*Zündnadelgewehr*），因为它有一个明显的撞针（或针），用来穿透自带纸质弹匣底部的火帽。这个弹匣被插进了扳机附近的开放弹膛（“后膛”），而不是由推弹杆推入枪管。德莱赛针发枪使步兵能够达到前所未有的射速——每分钟10至12发，而前膛枪每分钟只有3至4发——同时，以俯卧姿势射击，让士兵摆脱了操作前膛枪所需的极易受攻击的站姿和跪姿。

在这一时期，通信和行程速度也大大提高了。19世纪初英国发明蒸
276 汽机车后，铁路网迅速在整个欧洲大陆铺开。到了19世纪50年代，欧洲主要城市和工业腹地之间已经出现了干线。这些线路大大缩短了行程时间，其运送军队的速度是公路的4到6倍。与此同时，电报的发展使欧洲大片地区的即时通信有了可能；到了19世纪60年代初，大多数大国都建立了国家电报系统。与大多数欧洲国家相比，普鲁士更加努力地设法发展了这些新技术，并利用它们来实现自己的战略利益。它比它的主要竞争对手提前25年使用了后膛枪，推动了世界上第一批钢炮的使用，并将国家预算的很大一部分投入铁路网的建设中。这个铁路网将成为欧洲最密集的铁路网之一，到了19世纪60年代末，它已拥有5条通往东部边境的线路，6条通往西部边境的线路。

若干因素推动了这一计划。上面提到的一个重要因素是意志力：普鲁士的领导者想改变德意志，并且在寻找改变的手段。除此之外，还有机会：与奥地利或普鲁士的其他邦联邻国不同，普鲁士拥有一个庞大的、单一民族的德意志国家的政治属性，可以组织其周围小型政治体的经济和民族意愿。普鲁士还拥有可以用来支持本土军事工厂的手段——拥有熟练劳动力的鲁尔工业区。政府培养了它的潜力，利用保护主义和投资刺激了增长。它鼓励了本地的发明家，支持了前景光明的项目，还向那些成功者颁发了奖章。但是，普鲁士在适应新技术方面取得成功的最大原因，或许在于普鲁士军队和军队与政府的关系。与对手不同，普鲁士的优势，是它拥有一个致力于研究如何利用技术——以及几乎任何其他潜在优势——来赢得未来战争的军事精英集团。

没有人比毛奇更能反映这种思维模式。从1857年到1888年，毛奇一直是普鲁士军队的总参谋长。他是军事知识分子的典型：腼腆但严格，聪明却保守，对他的国王和国家尽心尽力。[37] 与拉德茨基一样，他从历史中寻求灵感，年轻时就翻译了吉本的《罗马帝国衰亡史》。[38] 但与拉德茨基不同的是，毛奇是一位专心致志的战争理论家，他把精力用在了研究人类

的冲突上——他认为，只要一个国家愿意付出努力，便能掌控这项事业。
在发展普鲁士军队的各项能力方面，毛奇的优势，在于他利用了一个前
后一致的、有本土特色的、适合使用现代技术的框架。他是克劳塞维茨
的信徒，后者是普鲁士的将军和军事学家，曾参加过1806年和1813—
1814年的战役。在于1831年撰写的军事作品《战争论》中，克劳塞维茨
接受并发展了拿破仑为战争带来的根本性的政治目的，主张“最大限度 277
地使用暴力”，以保卫国家，推动其政治利益。他写道：

> 战争是一种迫使敌人服从我们意志的暴力行为……因此，暴力——物理意义上的暴力，因为除了在国家和法律中表现出来的之外，道德上的暴力是不存在的——是战争的手段；把我们的意志强加给敌人，则是其目的。为了确保实现这一目的，我们必须使敌人无力抵抗；从理论上说，这才是战争的真正目的……如果一方毫无顾忌、不畏流血牺牲地使用暴力，那么，在另一方保持克制时，前者就将占据上风……问题必须如此看待。

为了取得迫使敌人服从自己意志的手段，克劳塞维茨主张国家“用技术和科学的发明来装备自己”，根据未来战争中的需求，来审视社会和经济政策的所有要素。[39]

作为总参谋长，毛奇推动了军队的现代化，并提出了一个新的战争概念。这种以克劳塞维茨思想为中心的概念，认为技术和卓越的组织可以让普鲁士在冲突中获得时间的控制权。在战争的开始阶段，毛奇主张积极利用普鲁士的铁路，使用总参谋部特设的铁路部门制定的时间表，实现针对敌人的快速动员、部署（*Aufmarsch*）和集中。

毛奇的概念一开始实施，他就展望了大规模的攻势。在这样的攻势中，普鲁士的军队将分兵多路，向一个战区会合，利用铁路和电报，来避免部队因道路泥泞而扎堆和止步不前的情况（这在拿破仑时代经常发生）。到达战区后，普鲁士部队将利用其向心的攻击角度来形成一个大锅阵（*kessel*），包围仍在集中的敌人，并利用优越的小型武器技战术将其歼灭，从而避免那种会给普鲁士带来后勤限制和其他不利因素的持久战。

奥地利的军事扩张与停滞

哈布斯堡王朝的政治家和将军们都意识到了普鲁士的威胁。自“三月革命前”时期以来，紧张局势就在断断续续地酝酿着。早在1828年，拉德茨基就在一份备忘录中警告说，普鲁士并没有“放弃在德意志的扩张”，并认为奥地利应将柏林视为主要的长期竞争对手，因为与俄国不同，柏林对中欧现状的要求尚未得到满足。[40] 1850年，这两个国家之间几
278 近爆发军事冲突，而在随后的几年里，奥地利军方开始认为，与北方王国的最终冲突是不可避免的。正如后来弗朗茨·约瑟夫在奥普战争前夕所言：“当对方想要开战时，我们怎么才能避免战争？”[41]

哈布斯堡王朝对付普鲁士的传统方法，是利用联盟（特别是与俄国的联盟）迫使它分兵，而且要么完全避免战争，要么确保冲突按照奥地利的方式进行。这就是奥地利在第二次普鲁士战争中对付腓特烈二世的方式，也是拉德茨基一生都在建议奥地利保持克制的方式，并且是最终在1850年遏止普鲁士发动侵略战争的方法。

随着奥俄联盟消亡，君主国已经失去了推行这种战略的主要手段。这使得奥地利过去的战略还剩下两种手段：地形（帝国的天然地形优势）和技术（要塞和附庸国军队）。两者在传统上一直是防止军队承担全部生存压力的手段。军队的脆弱性——它的多元构成、战术限制以及奥地利总是受限的军事预算——通常让哈布斯堡王朝的统治者们无法将过多的赌注只押在它的能力上。因此，正如我们所看到的，军队在奥地利的安全战略中往往扮演着次要角色。虽然奥地利的君主们将军队及其民族多元的军官队伍培养成了为王朝提供支持的忠诚捍卫者，但他们通常视其为最后一道防线，而不是首选的政策手段。

如果战争真的来临，军队一般很少尝试在多个边境地区取得统治地位的艰巨任务，相反，它寻求的是避免战败，直到其他有利因素能够发挥作用。在面对军事上更强大的敌人时，它通常不会试图进行面对面的对抗，而是利用防御性地形来放慢对抗的节奏，直到君主国的潜在资源能够发挥作用。这往往会造成长期的冲突，其间一系列规模有限的战争与休整恢复期此起彼伏。凭借这种拖延对抗的能力，奥地利可以承受失

败——有时甚至是灾难性的失败——直到它自己的军队能够在君主国可能在战前就已经处于弱势地位的地区迎头赶上。这种控制战争长度的能力，让哈布斯堡君主国具备了作为大国的韧性。虽然这种旷日持久的对抗的结果在短期内可能对经济造成严重破坏，但长远看来，君主国收获的奖励是生存。

毛奇的新型战争模式，给奥地利在冲突中管理时间的传统模式带来了
挑战。如果战争发生，普鲁士很可能能够比腓特烈或拿破仑更快地动员
更庞大的军队，而且还能实现一定程度的杀伤力，让消耗和拖延的方法
难以应用。奥地利本身在三个方面的行动，可能使自己更容易被打败：没 279
有跟上技术变革的步伐，采取与奥地利的需求或基础设施不匹配的进攻
性军事理论，以及忽视帝国的天然防御优势。

现代化失败

矛盾的是，当奥地利的军队比历史上任何时候都更庞大，资金更充足时，奥地利却在军事能力上落伍了。由于1848年的革命，军队从19世纪50年代开始扩张。大规模的起义（不仅涉及意大利和匈牙利，而且还有通常可靠的君主国腹地内的区域），对哈布斯堡王朝的统治集团来说是一个冲击。军队在镇压起义中的作用，突出了它对王朝不可或缺的地位，与此同时，它相对薄弱的能力，也凸显了几十年来梅特涅体制下低国防开支的有害影响。

王朝对革命的反应，是它对自我保护的模式进行的一次根本性的重新评估。皇帝斐迪南一世（Ferdinand I），这位无害的癫痫患者，把王位让给了他的侄子，18岁的弗朗茨·约瑟夫一世（Francis Joseph I，1830—1916年）。[42] 在晚年，弗朗茨·约瑟夫将成为殚精竭虑的奉献、官僚主义的乏味和听天由命等特征的同义词，这些特征也是君主国后期的特征。但在年轻时，他似乎象征着帝国的复兴。他英俊而健壮，拥有哈布斯堡王朝统治者中罕见的军事兴趣、社交魅力和俊美外表。然而，这副年轻的躯壳下隐藏着的，却是一个专断的统治者。驱使他的，是他对自己家族的未来怀有的根深蒂固的不安全感。作为皇帝，弗朗茨·约瑟夫的最大抱负，是为王朝——以及奥地利这个大国的前景——奠定一个更安全

的基础。他不信任权力下放，他寻求的是一种由军事专制和中央集权——这种中央集权偶尔会诱惑早期的哈布斯堡君主，但从未实现过——支撑的更稳定的国内政治秩序。在1848年之后的几年里，弗朗茨·约瑟夫将奥地利引上了新绝对主义的道路，组建了一个由施瓦岑贝格领导的反动政府，撤销了早先的宪法让步，中止了议会，并取消了大臣会议，让自己直接控制了国内和军事事务。

弗朗茨·约瑟夫的帝国愿景的一个不可或缺的组成部分，是扩大哈布斯堡王朝的军事机构（见图9.2）。在经历了几十年的低支出后，哈布斯堡王朝的国防预算大幅增加，从“三月革命前”时期的每年约5 000万弗罗林，激增到1855年的2亿多弗罗林。[43] 在1850年至1861年间，奥地利
280 为军队花费了20亿弗罗林。[44] 到了19世纪60年代初，奥地利的军费开支达到了普鲁士的2倍，与法国持平，只比俄国略低（见图9.3）。[45] 奥地利历来是欧洲国防开支最低的国家之一，但现在无论从总额还是从所占国家收入的比例来看，都是最高的国家之一。

这种增长提高了军队在国家中的地位。弗朗茨·约瑟夫独揽了军队的指挥权——这是除约瑟夫二世以外此前任何统治者都没有尝试过的。他撤销了军需官办事处和总参谋部，废除了战争部，将帝国军事委员会扩大为一个新的军事中央办事处（Militärzentralkanzlei），并建立了一个最高军事指挥部，由他自己担任最高指挥官。[46] 为了改变奥地利长期以来由文官主导军队的惯例，他将大小事务的监督权攥在了自己和一小部分军队顾问的手里。与梅特涅体系形成的鲜明对比是难以想象的。在几年的时间里，哈布斯堡君主国的安全体系，就从欧洲最极端的外交密集型安全体系，变成了欧洲最极端的军事密集型安全体系之一。

不过，规模的扩大，并不意味着军队相对于其对手而言的战斗力的提高。即使弗朗茨·约瑟夫为一个更大的军事机器奠定了基础，军队也未能跟上欧洲其他地区正在经历的军事技术革命的步伐。尽管新的战争形式在克里米亚等地已经开始显示出破坏性的效果，但军队在升级其武器平台方面却进展缓慢。一个研究1854年战争教训的委员会拒绝了后膛炮，
281 理由是前膛炮“结构简单，因此优于后膛炮，而且在实际使用效率方面更胜一筹”。[47] 一个类似的委员会拒绝了德莱赛针发枪，因为他们担心其

图9.2　1850—1900年间奥地利的军事支出。

来源：C. A. Macartney, *The Habsburg Empire, 1790 - 1918*（New York：Macmillan，1969）。
图表来源：欧洲政策研究中心，2017年。

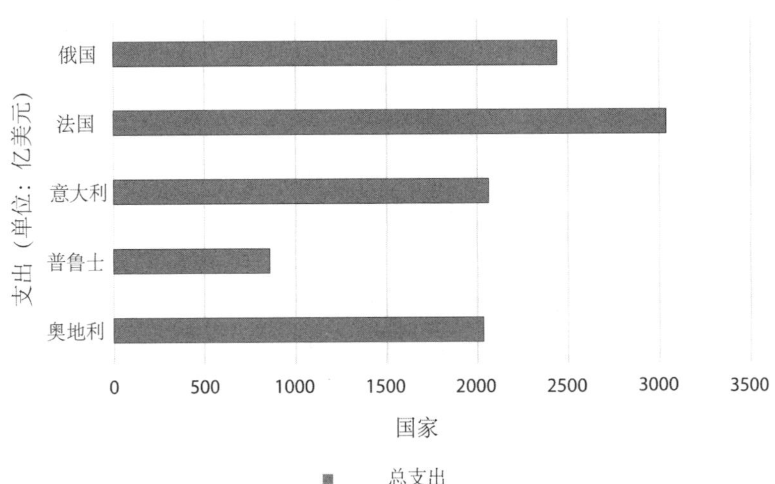

图9.3　1862年前后欧洲陆地大国的军事支出。

来源：Geoffrey Wawro，"Inside the Whale：The Tangled Finances of the Austrian Army，1848 - 1866，" *War in History* 3，no. 1（1996）：42 - 65。
图表来源：欧洲政策研究中心，2017年。

飞快的射速会导致部队在战斗中浪费弹药。相反，奥地利保留了前装枪，采用了“洛伦兹”1854式步枪（Infanteriegewehr M 1854）——一种火帽步枪，尽管在远距离上很精确，但射击速度却只是针发枪的约1/5。

保留这时已经越来越过时的技术，是有一些结构性原因的，但都不足以解释奥地利为什么会落后。在财政上，其增加的预算为购买新武器提供了充足的资金。如果君主国选择自己生产这些技术的话，它也不缺乏相关的自有知识。在整个“三月革命前”时期，奥地利激增的理工学院不断涌现出技术创新，在维也纳银行的资助下，为科学和工业建立了充满活力的联系。[49] 自19世纪纪初，奥地利枪械制造商就开始试验各种后膛枪，而像约瑟夫·温德尔（Josef Werndl）这样的本地公司也有能力生产这种枪支。[50]

哈布斯堡王朝军队的人员构成，造成了一个更严重的障碍。一些军官认为，军队中说不同语言的士兵，本身就不适合掌握更快速射击和更精准枪械所需的操练和射击技巧。[51] 诚然，这些因素使得训练过程比大多
282 数军队的情况更加复杂。但从纯粹的技术角度来看，哈布斯堡王朝军队没有无法掌握后装枪的理由。德莱赛针发枪只有三四个步骤的装填过程，比前装枪更容易操作，而前装枪需要许多烦琐的操作，且更容易堵塞和滞火，在战场上更难维护，洛伦兹步枪更是需要复杂的现场调整。[52] 只要有适当的投入，即使是受教育程度最低的步兵也可以操作后膛枪。英国就证明，在其统治下的印度的多民族军队也能使用后膛枪。

奥地利军队没有进行技术改进的主要原因，不是财政或技术问题，而是政治问题。国防开支中只有一部分用于军队的维护和装备；至少有同样多的开支用于巩固王朝在国内关键支持者中的地位。历史上，一个大国的政府将为国防预留的资源用于实施授官计划，这不是第一次也不是最后一次。这样做的动力，来自1848年的革命，因为它促使王朝寻找新的方式来巩固帝国政治精英的忠诚度。长期以来，哈布斯堡王朝的君主一直在用各种赏赐来建立贵族的支持基础。弗朗茨·约瑟夫的与众不同之处，在于他为这一手段动用了大量的国家资源。在普鲁士战争后，玛丽亚·特蕾西娅曾给少数捷克贵族提供帝国官僚机构的工作，以重新获得他们的忠诚，而弗朗茨·约瑟夫则为**数百名**年迈的军官提供了工作。

1864年，这样的军官已有1 203名，他们的工资总额“大致相当于80个奥地利步兵团的年度维护费用”。[53]

在弗朗茨·约瑟夫执政之前的大部分时间里，用于战斗力量——军事硬件、现代化、研发和作战部队——的支出，在奥地利国防预算中的占比一直保持相对稳定。即使在玛丽亚·特蕾西娅扩大官僚机构的高峰期，用于基本政治功能的费用——高级军官的退休金和工资——也占到了国防预算的1/4到1/3。[54] 在弗朗茨·约瑟夫治下，这些费用在国防开支中的比例膨胀到了比任何其他欧洲军队都要高的水平。在1.38亿弗罗林的国防预算中，只有一半用于战斗力量，其余的则用于养老金、工资和各类编外人员的费用（见图9.4）。[55] 在正式标明用于军团的那一半开支中，有很大一部分实际上被花在了非军事用途上，包括大量被错误列为“现役”的副官（*ad latus*），以向议会隐瞒费用。[56]

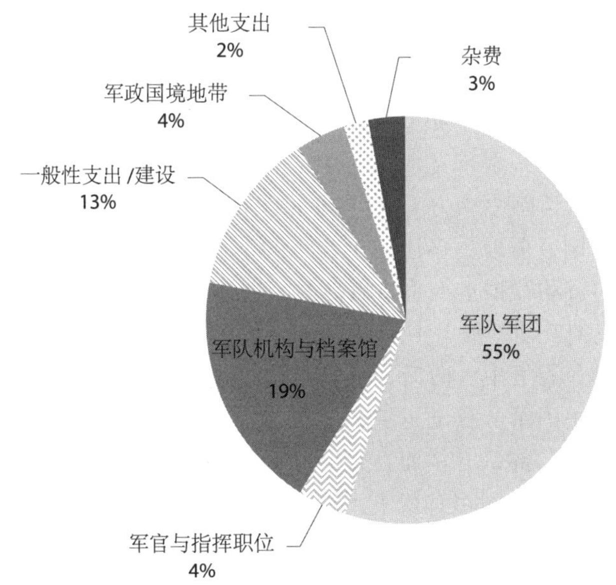

图9.4 1862年前后哈布斯堡王朝的军事支出。

来源：Geoffrey Wawro，“Inside the Whale：The Tangled Finances of the Austrian Army，1848 - 1866,” *War in History* 3，no. 1（1996）：42 - 65。
图表来源：欧洲政策研究中心，2017年。

官僚机构的扩张挤占了作战部队的资源。为了支持编外人员的增长，战斗部队被迫退役，而新技术的采购成为军队的优先级最低的事项之一。
283 在整个19世纪50年代和60年代初，哈布斯堡王朝军队在继续增加副官的同时，只将少量资金用于装备维护和军需品。1865年，仅地方指挥部的开销，就足以武装8个步兵军团，而军队级别最高的6位编外人员的收入，就足以为一个半步兵团装备德莱赛针发枪。[57]

采取攻势

在关键技术上开始落后于对手的同时，军队也转而选择进攻性的作战理论。这在哈布斯堡王朝的军事史上是有先例的；在战术层面上，自18世纪以来，奥地利步兵就更喜欢用刺刀而不是火器，而欧根和劳东的战役，以及布塞尔的著作，都在不同程度上强调了机动性和侵略性。但在大多数情况下，哈布斯堡王朝的战略思想及其根本的军事外交文化，在本质上都是防御性的，普遍强调后勤和消耗而不是歼灭，强调生存而不是先发制人消灭对手。这种倾向的根源在于对现有军事力量的脆弱性的
284 认识，以及政治上对不必要风险或赌博的厌恶。因此，奥地利对普鲁士夺取西里西亚的雪耻渴望（从玛丽亚·特蕾西娅开始，就无疑是哈布斯堡王朝谋略的情感驱动力），已被军事上的限制所削弱。同样，虽然在约瑟夫二世时期，攫取更多巴尔干领土的诱惑真真切切，但奥地利在1788年战争中的行动在根本上是防御性的，这让考尼茨得以吹嘘，“在一场肯定不是由我们发动的战争中，我们的事业足够正义”[58]。

在拿破仑战争中，向后来更具攻击性的战略观的过渡，始于战术层面。当时，法国军队移动迅捷，能够迅速出现在君主国的边境，并粉碎哈布斯堡王朝的部队，从而在短时间内实现政治决策，这给参与这场冲突的年轻一代奥地利军官留下了深刻的印象。在战术层面上，对于大胆进攻的战场运动的痴迷，在随后的几十年里生根发芽，同时，军队的正统观念将纵队定位成了主要的部署阵型，即使其他军队已经开始将火力作为战斗的主要决定因素。拉德茨基总结了传统的看法，他认为，“现代步兵只能依靠冰冷的钢铁［刺刀］来确保在战场上取胜”[59]。在拉德茨基的指导下，奥地利的将军们为19世纪30年代对抗法国，1850年对抗普鲁

士，以及克里米亚危机期间对抗俄国的行动，制定了各种进攻性的战争计划（通常以1814年的成功战役为范例）。[60]

向进攻性思维的转变，并不像普鲁士那样是智力研究的结果，而是因为在战争问题上对胆量和兽性的执意偏爱超过了理智的深思。弗朗茨·约瑟夫在1848年革命后的这个时期里打造军队时，他打击了军事领导层中崇尚知识的思潮。“我的军队的质量，”这位皇帝说道，“不取决于学识渊博的军官，而是取决于勇敢和有骑士精神的人。”[61] 选拔高级军官的依据，是他们的进攻精神和对皇帝的忠诚度。路德维希·冯·贝内德克（Ludwig von Benedek，1804—1881年）曾在1866年对抗普鲁士的战争中担任奥地利军队的指挥官，他的一句话总结了当时普遍的看法，“我在处理战争事务方面行事简单，对复杂的计算不感兴趣”[62]。

这种反智倾向的主要原因，在本质上与王朝有关。虽然奥地利在1815年后没有产生与克劳塞维茨或若米尼（Antoine-Henri Jomini，1779—1869年）作品同级的战争哲学著作，但它确实拥有一种从防御角度思考战争的传统，这在卡尔大公的文章中得到了体现。虽然大多数哈布斯堡王朝的君主都不信任军事人才，但自玛丽亚·特蕾西娅的时代起，君主国就建立了由拉西这样的人领导下进行大规模规划（包括概念层面上的）的习惯。相比之下，在弗朗茨·约瑟夫的军队中，军官队伍“不仅 285
无视学习，而且不信任学习”[63]。在混乱中上台的青年弗朗茨·约瑟夫，将理智主义与议会中的革命者和自由派联系在了一起。在1848年拯救了他的帝国的人，如温迪施格雷茨和拉德茨基，都是实干家，是“推进器”，他们是身经百战的老兵和实践者，对正式的战争理论研究几乎毫无兴趣。

忽视核心优势

与军队中的反智主义相伴而生的，还有对哈布斯堡王朝军事思想中许多传统关注点的轻视。这一点在地形研究的减少上最为明显。随着时间的推移，自玛丽亚·特蕾西娅时代起为参谋人员设置的地图绘制学培训的大量要求已经失效。1864年，当奥地利总参谋部地理信息处的一名职员被委以研究德意志军事地理的任务时，他的上司竟告诉他去买一份

《贝德克尔旅行指南》[①]。[64] 当普鲁士驻维也纳武官邀请他的奥地利同事一起玩普鲁士军队用来训练军官的战争游戏时，他们并不感兴趣，理由是这个游戏不涉及赌博。[65] 正如法国武官当时所言，奥地利人“不重视像地形这样的变量”——对于一支曾经奉行“地形意味着一切”这句格言的军队来说，这真是一个戏剧性的转变。[66]

正是这种将进攻能力置于地形之上的思维模式，使君主国在传统上用来增强防御能力的其他辅助手段失去了优先地位。其中就包括固定防御设施。尽管到了19世纪中叶，要塞在战争中的作用已经越来越小，但它们还远没有被淘汰。[67] 现代化的要塞分布更加分散，所处阵地更加稳固，很难被绕过，除非通过长期围困，否则即使是膛线炮也很难将其击溃。在近1 000平方千米的区域内拥有80座要塞的四角防线，于1848年和1866年的战役中均展示了这种防御设施的效用。[68] 像维罗纳和奥尔米茨这样作为兵力集结区（*places d'armes*）的要塞，能够接纳军团规模的部队。特别是对于大型陆地强国来说，它们仍然有用武之地，可以作为在边境附近容纳集结兵力的据点。相比之下，沃邦式的要塞则相对紧凑，而且通常其部署地的选择，主要是为了便于获取较短且威力较小的攻击性武器，最多只能作为前线补给站使用。

奥地利的22个要塞中，大多数都属于后一种类型——最明显的是在波希米亚，那里的18世纪要塞约瑟夫施塔特、特莱西恩施塔特和柯尼希格雷
286 茨基本上没有改变其原来的状态。[69] 几年前，拉德茨基曾警告军队，在审视这些据点的效用时要考虑到技术的变革：

> 在一个时代中必不可少的要塞，在另一个时代却变得毫无用处，这样的情况可能发生，而且确实经常发生……军事科学、防御工事技术和攻城术的进步，枪炮和武器的改进，强化火药有关的新发明等，都会对一座要塞的效用产生影响，因为它与特定的防御用途有关。从所有这些考虑中可以看出，在评估一个现存要塞的价值时，人们必须考察：最初

---

① 由19世纪德国出版商卡尔·贝德克尔（Karl Baedeker）发行的一本内容丰富、包罗万象、方便携带的旅游指南。在英语中，“Baedeker”已成为旅游指南的同义词。——译者注

> 建造要塞的目的；这一目的是否仍然存在；如果是，要塞如何服务于这一目的；如果不是，这一变化的根源以及由此产生的影响是什么；要塞如何服务变化后的目的；……如果某个要塞再也不能用于防御任何可预见的敌人，那么就应将其拆除，并将其建筑材料用于其他军事目的。[70]

这个问题确实引发了一些辩论。“在现代，”自由党领导人卡尔·吉斯克拉（Karl Giskra）在1865年抱怨道，“当火炮系统不断发展时，防御工事的建造应该更加谨慎，［因为］在旧系统中由于其物理布局而被认为坚不可摧的要塞，现在已处于新型大炮的射程之内，因此这些工事可以在很短的时间内遭到轰炸并被夷平。”[71] 然而，只有在第二年的灾难性战败之后，奥地利才认真地重新审视了其沃邦式要塞的效用。如果它早点这么做，它可能会像普鲁士当时那样得出结论：一些要塞值得保留，可以用作驻防地，而其他要塞则应被拆除，便于铁路的发展，或者应该用少数几个维罗纳模式的大型防御集群取代过时的建筑，以便与铁路和野战军协调使用。

相反，奥地利军队保留了老旧的要塞。在19世纪50年代，奥地利投入1亿弗罗林，加固了四角防线要塞。[72] 1861年，皇帝启动了一个1.4亿弗罗林的项目，以“填补”边境防御的“空白”。[73] 但在这个时代的大部分时间里，奥地利的要塞都是无人问津的。1865年，在与普鲁士发生冲突的前夕，帝国在要塞上的支出少得可怜，仅为国防预算的0.9%（210万弗罗林）——大约是编外人员总工资的一半，年度旅行支出的十分之一。[74] 君主国并没有像一些作者所说的那样过分强调要塞。[75] 作为国防预算的一部分，这一时期它在要塞上的支出实际上与普鲁士差不多。[76] 但是它并未有意识地通过升级让要塞发挥新的作用。相反，奥地利继续对老旧的建筑进行了全面的投资，不过其投资额度太低，不足以使其现代化，但又高到足以减损其他项目的 287
投入。关于如何将要塞与哈布斯堡王朝的野战军或君主国众多的附庸国军队及领土结合起来发挥作用的问题，奥地利几乎没有做任何的思考。

在忽视曾于18世纪战争中充当时间管理工具的固定防御设施的同时，奥地利也疏忽了19世纪战争中的时间管理工具：铁路。交通基础设施的发展，对于加强多瑙河流域的内部交通线来说，一直是一笔高性价比的投资。为此，玛丽亚·特蕾西娅和约瑟夫二世曾将公路建设作为战略重点。

与武器装备的情况一样，没有任何内在的理由说明，奥地利不能以足以支持现代防御能力的速度进行铁路建设（见表9.1）。蒸汽交通很早就出现在了奥地利的土地上，维也纳也很快就掌握了其军事潜力。1841年，一项帝国政令为主干线的建设——每一条主干线分别通往君主国的各片主要边境——奠定了基础，并在接下来的7年里修建了超过1 622千米的轨道。[77]

表9.1　哈布斯堡君主国与普鲁士的铁路里程比较（单位：千米）

年份	哈布斯堡君主国	普鲁士
1841	351	375
1847	1 048	2 325
1850	1 356+122	2 967
1860	2 927+1 616	5 762
1865	3 698+2 160	6 895
1870	6 122+3 477	11 460

“+”表示铺设在匈牙利境内的铁路

来源：John Breuilly，*Austria*，*Prussia and the Making of Germany*，*1806 - 1871*（London：Longman，2011）。

但是，在弗朗茨·约瑟夫执政的早期，铁路在奥地利的铺开速度并不像在其他西欧国家那样快。原因在于新绝对主义的本质，以及它赋予政府在控制铁路发展方面的巨大影响。到了世纪中叶，奥地利68%的铁路和匈牙利99%的铁路是国有的。只有在1854年政府线路私有化后（这是对克里米亚战争造成的财政压力的一种妥协），帝国的铁路网才开始扩张，在19年内，轨道长度从1806千米增加到了15 697千米。[78] 当奥地利开始与普鲁士对抗时，这一过程才刚刚开始，而君主国在进入1866年战争时，通往其各主要战区主要铁路线只有一条。

288 孤立与战败

因此，到了19世纪50年代末，哈布斯堡君主国的安全状况可以如此概括：奥地利陷入了一定程度的外交孤立（这对奥地利来说并不常见），同时又依赖军队来捍卫帝国的大国地位，而其军队实际作战能力的滞后尚未被察觉。这种复杂状况可能产生的灾难性结果的第一个迹象，出现在克里米亚战争的四年之后，当时君主国自拿破仑战争结束以来第一次与其主要对手发生了军事冲突。

1859年与意大利的战争生动地表明，奥地利传统手段的丧失，严重限制了它在总体上进行有效安全竞争的措施，以及在19世纪的新型战争中管理时间因素的能力。君主国的主要需求与往常一样，是具备避免同时与两个大国作战的能力。由于在克里米亚问题上延续了不灵活的外交手段，并且对其进攻性军事能力过于自信，它失去了这种能力。维也纳违背了梅特涅的箴言——“在参战之前，奥地利不仅要确保自己的军事地位，还要确保自己的道德地位”——并自投罗网，竟首先发起了进攻，也因此让出了道德制高点。[79] 随着奥俄联盟瓦解，没有什么可以阻止拿破仑三世与撒丁王国站在一边了。唯一能够为奥地利提供支持的普鲁士，也由于弗朗茨・约瑟夫不愿意接受普鲁士获取德意志联邦主义力量领导权的请求而被疏远了。即使英国在最后一刻成功争取到了撒丁王国的裁军承诺，弗朗茨・约瑟夫还是拒绝了这笔交易；他信赖自己花了十年时间打造的军队的能力，因此向撒丁王国发出了最后通牒，希望能引发战争。[80]

奥地利需要一场像拉德茨基在1849年取得的那种速胜，以减轻财政的压力。然而，由于没有盟友牵制法国，它无法用优势兵力来对付两个敌人中较弱的一方。俄国沙皇承诺“像奥地利在克里米亚战争中对待他那样对待奥地利”，他试图在东部压制尽可能多的奥地利军队。[81] 信任自己军队攻击力的弗朗茨・约瑟夫，离开了四角防线的保护，并寻求与法国-撒丁王国联军交战——他放弃了几十年来积累的防御优势。技术的变革很快对奥地利不利。利用铁路，法国军队比预期更快地到达了战斗现场，而哈布斯堡王朝的部队还在从帝国各地分散的哨所奋力赶来。在索尔费里诺的战场上，规模较小的法军编队通过机动战胜了奥地利笨重的纵队，并用膛线炮将奥军打了个落花流水。一个以传统的防御方式利用四角防线的计划——其目的是“延长抵抗时间，以便我们军队的大部有时间进行集中和 289
集结”——迫使法国人停止了行动。[82] 但是从财政角度来看，继续参与冲突对君主国来说并不是一个可行的选项。索尔费里诺战役后不到一个月，奥地利在《维拉弗朗卡停战协定》中将伦巴第的大部分地区连同首都米兰交给了法国，而法国又将这些地区移交给了撒丁王国，至此，奥地利放弃了哈布斯堡王朝君主在近一个半世纪以来几乎一直持有的一片领土。

奥地利在意大利的失败，带来了深远的战略影响。在军事方面，君主国通过保留曼图亚和莱尼亚戈（Legnago）的要塞，在一定程度上挽救了局势。连同威尼西亚的领土，这些阵地在阿尔卑斯山之外提供了一个直至明乔河的利于防御的突出部。如果再加上后方的防御工事，这个突出部严格来说就可以在战争再次发生时维持奥地利在意大利的地位。然而，在更广泛的外交方面，这场战争削弱了奥地利的大国地位，使人们开始严重怀疑它在面对一个坚定对手时捍卫自己地位的能力。虽然这些疑虑已经存在了一段时间，但奥地利军队作为一支老牌劲旅的声誉——拉德茨基在1848—1849年战役中的成功强化了这种声誉——曾打消了这些疑虑。尽管十年来得到了大量财政投入，而且弗朗茨·约瑟夫作为督军（*Kriegsherr*）还亲临战场，但这支军队还是战败了，并且让奥地利的盟友踟蹰不前，让敌人振奋鼓舞。

毁灭之路

柏林对奥地利战败的教训和影响进行了细致的研究。自腓特烈大帝以来，奥地利的北方邻国一直对哈布斯堡王朝君主在神圣罗马帝国事务中享有的特权地位感到不满。1815年后不久，这种紧张关系被重新设计过的邦联体系所淹没，并且由于双方对革命的恐惧而被压抑。普鲁士的合作，还有服从，对于梅特涅的大战略愿景——一个在哈布斯堡王朝领导下稳定的欧洲中心——至关重要。为了实现这一目标，梅特涅最终设想了一个经济框架，以搭配邦联的政治组织，其中的联邦议会将得到对整个德意志地区经济政策的立法监督权。[83] 从19世纪30年代开始，他开始尝试鼓励邦联内部的自由贸易，以此来削弱普鲁士的工业实力。[84] 虽然这些计划未能实现（在一定程度上，是因为奥地利为了从有税务豁免权的匈牙利那里获得税收而建立了一个臭名昭著、令人望而却步的关税制度），
290 但梅特涅成功地促进了奥地利和德意志南部之间经济的高度一体化。到了19世纪中叶，奥地利与德意志邦联的商业、投资和基础设施的联系，

比与哈布斯堡君主国其他地区的联系都要广泛。

在整个“三月革命前”时期，大量为实现德意志经济一体化的雄心勃勃的计划出现了。这些计划发展成了两个截然不同、无法共存的设想，一个是在普鲁士领导下组织起来的德意志，另一个则是在哈布斯堡王朝领导下的德意志。第一个设想，是维也纳会议后德意志邦国之间形成的各种关税联盟的产物。1834年，一个不包括奥地利的德意志关税同盟（Zollverein）成立了，在普鲁士的推动下，该同盟迅速扩大，囊括了邦联超过一半的成员。[85] 除了促进德意志内部的贸易，关税同盟还通过利用低关税打压德意志其他地区的新兴工业，成为普鲁士经济实力增长的支柱。在19世纪40年代，普鲁士和奥地利建立一个共同的中欧关税联盟的尝试失败了，这愈发提高了普鲁士的地位，也进一步将哈布斯堡王朝排除在了德意志北部的商业协作之外。

德意志一体化的第二张蓝图，由当时在施瓦岑贝格亲王的保守派政府中担任奥地利商务大臣的布鲁克男爵绘制。布鲁克的设想，是将德意志邦联和哈布斯堡君主国的土地统一为一个中欧经济体——一个从北海延伸到多瑙河的巨大的国家集团。为此，布鲁克竭力扫清了曾妨碍梅特涅在19世纪30年代至40年代所作努力的障碍。1852年，奥地利降低了关税壁垒。1853年，君主国和关税同盟之间达成了贸易协议，奥地利加入了德意志邮政和电报联盟，制定了共同的贸易和海事法规，德意志内部的铁路联系得到了增强。1857年，德意志北部使用的塔勒货币和德意志南部及奥地利使用的弗罗林之间的关系得到了稳定。[86]

布鲁克的努力，与弗朗茨·约瑟夫所尝试的政治集权，以及哈布斯堡王朝军事机构的扩张同步进行。尽管布鲁克的中欧计划在本质上与经济相关，但它追求的却是一个地缘政治目标：建立一个“7 000万人的帝国”，将以前规模无法想象的资源置于哈布斯堡王朝的统治之下。如果成功，由此产生的联合体不仅会使普鲁士成为奥地利的永久跟班，而且会将德意志的综合影响力扩展到法国和俄国边境之间的整个空间，这股影响力还将向东南方向蔓延，沿着多瑙河流域进入巴尔干地区，并最终到达黑海沿岸。[87]

布鲁克的计划，以及在1848年后为重新巩固哈布斯堡王朝在德意志

的领导地位而作出的进一步努力，使奥地利本身与普鲁士的冲突愈演愈
291 烈，而后者急剧增长的军事和经济力量在这一时期势头正猛。正如我们所见，1850年，一场险些爆发的奥普军事对抗，以普鲁士受辱而告终。在之后的几年里，由于两个大国开始争夺邦联体系内的影响力，紧张局势也在继续酝酿。在这些争斗中，奥地利面临着一个强大的新对手。从19世纪50年代初开始，这个新对手逐渐成为自拿破仑以来君主国最危险的敌人——俾斯麦。

俾斯麦出身于普鲁士容克贵族，与梅特涅一样，这个政治上的保守派极具个人魅力，天生对人性、阴谋和外交了如指掌。[88] 与梅特涅不同的是，他厌恶官僚主义的乏味，性格多变，手段强硬，不吝于使用蛮力来实现目的。在观点和倾向上，俾斯麦深受容克贵族阶级的影响，他憎恨信仰天主教的奥地利，不相信德意志民族主义是一种潜在的破坏性力量，并与沙皇俄国一样具有反动倾向和对波兰的敌意。[89] 在梅特涅体系中，俾斯麦发现某种安排，他在1854年写道："把我们灵巧适航的［普鲁士］巡航舰，与奥地利的虫吃鼠咬的老旧战舰绑在了一起。"[90] 在布鲁克的由奥地利领导中欧的计划中，俾斯麦找到了普鲁士摆脱永久性二等地位的出路，以及应对未来与俄国之间冲突的秘诀。

俾斯麦作为普鲁士政治家的迅速崛起，让他走上了与哈布斯堡君主国发生冲突的道路。作为普鲁士在德意志议会的代表，俾斯麦与他的奥地利同行弗里德里希·冯·图恩伯爵（Count Friedrich von Thun）发生了激烈的争执，因为他试图以平等的身份，来吸引图恩关注普鲁士在德意志事务中日益增长的影响力和权力。[91] 由于奥地利的地缘政治困境在整个19世纪50年代加剧，俾斯麦看到了普鲁士从与君主国的对抗中获益的机会。在克里米亚危机期间，他游说普鲁士国王腓特烈·威廉四世在西里西亚部署20万士兵，这不是为了帮助奥地利，而是为了迫使它放弃在德意志的地位。担任普鲁士驻俄国的大使时，他进一步敦促国王趁君主国忙于南部事务，在波希米亚对其发动一场机会战争。

对俾斯麦来说，在紧随克里米亚溃败而至的意大利危机之后，奥地利的虚弱状态提供了一个历史性的机会——自1862年起担任外交大臣的他决心利用这个机会，将普鲁士推上德意志的第一把交椅，让普鲁士成为

中欧最强大的国家。在这场竞争中，普鲁士拥有一定的优势，尤其是其不断增长的经济和毛奇精心调校的军事机器。但俾斯麦面临着一个两难境地。普鲁士虽然强大，但和奥地利一样，是一个中间地带大国，其东西两侧都是强国。即使奥地利似乎已经陷入困境，普鲁士也有可能引发 292
一场范围更大的战争，导致它要面临来自侧翼的威胁——这的确是奥地利过去遏制普鲁士侵略的方法。

俾斯麦为了应对这些挑战，制定了普鲁士自己的基于时间的大战略（这种战略与这个北方王国的实际情况，以及它所掌握的军事和外交手段是相匹配的）。在过去的战争中，奥地利采用的是以防御和拖延为主的时间管理方法，而俾斯麦则将进攻视为为普鲁士争取最佳外交和军事环境的一种手段。像几十年前的奥地利一样，俾斯麦利用创造性的协约外交来争取对普鲁士战争的顺序掌控。为了避免出现曾使腓特烈受挫的“联盟的噩梦”，他将征服行动计划分成了便于操作的几个步骤（起初要见机行事，之后则精心谋划），指望能够步步为营地夺取和巩固胜利，这样就不会引发欧洲列强的一致反对。

俾斯麦的第一个机会出现在北方。1863年，与丹麦王国在石勒苏益格-荷尔斯泰因公国（the duchies of Schleswig-Holstein）问题上的长期纠纷随着丹麦新宪法的颁布而沸腾，因为这份宪法试图将这些领土纳入丹麦的管辖。[92] 作为回应，法兰克福的议会向普鲁士和奥地利呼吁进行军事干预。随后的军事行动很短暂，因为丹麦军队在几个月的战斗之后就被打败了。但是，战后的谈判在公国的未来问题上，出现了巨大的分歧：奥地利更希望看到这些公国在一位德意志亲王的领导下统一起来，而俾斯麦则谋求吞并这些公国，以拓宽普鲁士通往波罗的海的窗口。1865年缔结的《加斯泰因公约》（*Gastein Convention*）几乎没有解决这个问题，而只是将石勒苏益格和荷尔斯泰因分别划归普鲁士和奥地利，并将公国的命运和德意志领导权等根本问题留待未来决定。

作为未来奥普关系的前导，丹麦战争凸显了两个大国之间日益紧张的关系。同时，它为两个军事机构提供了在战斗环境中相互观察的丰富机会。对普鲁士来说，这场战争是1815年以来的第一次大型军事行动，也是对军队的新式针发枪和射击战术的第一次测试。虽然结果好坏参半

（这主要是由于缺乏可供推导的大型战斗），但战役中的一些事件确凿地表明，普鲁士的武器在对付采用哈布斯堡式纵队和突击战术的丹麦部队时具有优势。[93] 相比之下，对于奥地利来说，根据一些精挑细选的观察结
293 果，人们认为，这场战争证实了突击战术的价值，总参谋部在战后的一项分析认为，奥地利在这场战役中的胜利，验证了挥舞刺刀的步兵进行正面冲锋的做法，同时也表明针发枪的威力“纯粹是纸上谈兵”。

柯尼希格雷茨

连同1859年的意大利战争，丹麦战争成为评估奥普之间最终军事冲突的外交和军事特点的试验场。几个月之后，当这场战争来临时，普鲁士取得决定性军事胜利的许多先决条件已经准备妥当。在1850年曾对普鲁士起过威慑作用的奥俄联盟，已经由于克里米亚战争而不复存在。奥法关系仍然冷淡如霜，因为这两个大国在意大利陷入生死较量之后关系就急剧降温。奥地利试图通过承诺割让威尼西亚来吸引法国建立友好关系，但这一努力却为时已晚且收效甚微。在一定程度上，这是被俾斯麦对巴黎的友好姿态搅了局。在无法避免的冲突迫近时，奥地利外交大臣门斯多夫伯爵（Count Albert von Mensdorff）审视了君主国受限的外交选项，他感叹道：“我不明白我们能给法国提供什么！难道只是我太过无能，还是说支撑我们外交政策的基础太过薄弱，不会有任何结果？”[94]

奥地利在邦联内部的外交活动也很复杂。它的德意志盟友面临着一个战略上的困境。大多数邦国都决心抵制普鲁士的扩张——正如一位观察家所言：“构建一条……贯穿德意志地区，在地理上连贯的防线，来压制普鲁士人的傲慢。”[95] 但由于自己领土上没有大量奥地利军队，大多数邦国认为自己很快就会屈服于普鲁士的攻势。正如维滕贝格（Württemburg）关于其邻国汉诺威和萨克森的一份报告所言：“由于其地理位置，[这些奥地利的盟国]首先被夹在了普鲁士的要塞和驻军之间，[并因此]动弹不得，[所以]要么立即被普鲁士军事占领，要么被迫宣布中立。”[96] 巴伐利亚的前景也同样黯淡。当时有人指出：“我们的将军们不太相信我们的武器足以对抗普鲁士，无论怎么计算，连同整个德意志南部，我们的力量都无法与普鲁士抗衡。”[97]

在战争爆发之前，哈布斯堡君主国已经失去了对冲突中的时间因素的控制。与以往的战争不同，奥地利现在需要在东部保留用于监视俄国的军队。俾斯麦轻易就将撒丁王国拉拢成了盟友（后者以危机为契机，将其军队推进到了四角防线要塞），他得以迫使奥地利人进一步分散兵力，以保证在波希米亚和伦巴第两地开展行动的可能性。同时，他竭力挑起了帝国内部的危机，试探性地接触了匈牙利人和其他负隅顽抗的民族运动，希望能煽动起可以牵制奥地利注意力的起义，将奥地利的兵团压制 294
在哈布斯堡王朝的内陆地区。[98]

一心要挑起对抗的俾斯麦，甚至排除了最全面的绥靖选项。一份邦联报告有这样的哀叹："俾斯麦寻找借口来引发或渲染我们的屈服，迫使我们作出决定：要么懦弱窝囊地屈从，要么让普鲁士威名扫地。"[99] 巴伐利亚驻维也纳大使在给他的国王写信时，谈到了在奥地利外交部的一次交谈："门斯多夫伯爵多次表示相信俾斯麦伯爵想要进行战争，而且后来通过电报向我承认，奥地利甚至还没有进行武装。"[100]

当奥地利终于开始动员的时候，它所有的战略选项几乎都很糟糕。当时一位著名的德意志政治家写道：

> 我只看到三种选择。奥地利在不确定其他德意志邦国的根本意图的情况下，在两条战线上作战［德意志和意大利］。这很好，也很英勇，但我担心帝国的实力不允许这样做，这是一个危险的选择。或者，奥地利牺牲在德意志的利益，而随后与我们帝国紧密相关的一切都将迅速沦陷，倒向普鲁士，而奥地利将全部力量转向意大利。再或者，奥地利执行相反的做法：牺牲它在意大利的立场，与意大利一起，把全部力量用来对付普鲁士，并非不打算在那里赢得它在另一边放弃的东西。我认为，这种战线的转移，会立即导致大多数德意志邦国的脱离，而且——尤其是在普鲁士发起进攻的情况下——会引来欧洲的其他威胁。[101]

最后，奥地利选择了第一种方案，并试图在易北河与波河承受全面两线作战的压力。从一开始，奥地利的敌人们在过去十年中进行的技术投资，就比1859年战争中的投资更多。借助大量的火车线路和电报，毛奇在三周内就动员了普鲁士的军队，而奥地利则用了八周。哈布斯堡王朝的努力之所以受到阻碍，是因为它的军团广泛地分散在遥远的帝国驻地——这是帝国内部治安需求带来的副作用。早在4月3日，即敌对行为爆发前不到三个月，巴伐利亚大使就对奥地利的军事准备工作感到失望：

> 直到现在，集结还未开始。在北方的铁路上，向北运送军队的不超过三个营，其中两个营来自佩斯，一个营运往奥地利-西里西亚的普罗赫诺（Pruchna）站。还有一些营通过其他途径到达了波希米
> 295 亚……［但］军队并没有被推进到普鲁士边境……所完成的工作，不过是在远离火车站的遥远地区建立了一些军团，特别是位于特兰西瓦尼亚的骑兵，他们［被］安置在帝国的中心，以便随时向任何方向移动……除了长期驻扎在东部地区的军团外，所有的军团都被通知要做到随时可以行军，因此他们可以在不给军队带来不合理的支出的情况下做好随时行动的准备。[102]

奥地利军队在地理上分散的分布，造成了后勤和财政上的压力，因为它需要将各军团的兵力扩充到满员，然后运往遥远的萨克森和普鲁士边境。意大利战线的开辟，把这两个问题变得更为棘手了。在4月末的一次大臣会议上，皇帝对来自维罗纳总司令部的坏消息作出了回应，下令要为保卫意大利做好准备，而这不可避免地会产生新的开支。“最重要的是，”战争大臣指出，“必须为更强的动员措施提供资金，”其费用将达到“150万弗罗林，其中114万弗罗林是每月的经常性开支，40万弗罗林是一次性开支。到目前为止，战争部已经为战备工作贷款约850万弗罗林”。[103]

军事失败

随着奥地利的军团缓慢吃力地集结就位，普鲁士军队发起了腓特烈式的进攻，在奥地利的德意志南部盟国的领土上开辟了一条快速通道。大多数盟国选择撤回其主力部队，并试图与在易北河附近集结的哈布斯堡王朝军队进行会合。当哈布斯堡王朝军队经由公路和君主国唯一的北向

铁路线艰难地向波希米亚进发时，毛奇的部队能够利用五条铁路线向奥地利边境会合，迅速在北部集中大量兵力，与此同时，意大利人将哈布斯堡王朝的兵力牵制到了南部。[104] 面对恐惧已久的两线作战，奥地利的将军们将3个军团调到了意大利，只留下7个军团在波希米亚——24.5万奥地利人对阵25.4万普鲁士人。[105]

在战场上，毛奇想要确保速胜，让奥地利无法调动更多的内部资源，而维也纳对哈布斯堡王朝传统优势的忽视，则为他提供了帮助。奥地利北方军队的指挥官，陆军元帅路德维希·冯·贝内德克，几乎没有有效地利用地形。起初，他计划对普鲁士采取攻势，但后来转而采用了道恩用来战胜腓特烈的方法：在易北河与两侧山丘的保护下，防守准备周全 296
的阵地，必要时，他们可以边打边退，从这里撤回帝国的内部。这是以拒止、后勤和地形为根本的奥地利经典防御战略。问题是，在奥地利外交陷入孤立的背景下，或者从其士兵现在所拥护的进攻性战术理论来看，这种战略是没有**意义**的。在奥地利的战争中，拖延的意义一直是为了争取时间，但在1866年，争取时间没有任何作用。这一次与1758年、1805年和1848年时的情况不同，没有盟国的军事干预可以等待。俄国不会来，英国也不会来，而唯一一个友好的中立国——法国——也基本指望不上。

基于地形的防御战略，也与奥地利在过去几十年里发展的进攻理论和基础设施投入不相匹配。美国关于这场战争的一份军事研究报告后来断定“贝内德克可能认为柯尼希格雷茨或约瑟夫施塔特与梅斯（Metz）类似”，这指的是1871年普鲁士对法国梅斯要塞所进行的耗时两个月的围攻。[106] 但梅斯是维罗纳模式的现代化要塞，而奥地利在北部拥有的这种要塞中，最近的是奥尔米茨，位于战区东部140千米处。贝内德克没有进行防御性的战斗，而是复制了奥地利在索尔费里诺的进攻行为，并将军队带出了其要塞和防御地形的保护范围。欧根和卡尔都曾利用河流作为防御屏障，而贝内德克却**背靠**河流，在易北河以北的凹陷地进行战斗部署。在科林，道恩曾占据高地，放大了奥地利相对普鲁士的一大优势——火炮——的效果，而贝内德克尽管也拥有更好的火炮，但基本上放弃了附近众多山岭的保护。一位哈布斯堡王朝军官在战后评论道：“我们站在一个坑里……一片平坦的、毫无遮蔽的高原……完全暴露在高处的视野中，距离绝佳的火炮阵地只有2 000步远。”[107]

奥地利的部队即使想尝试费边式的战役，也不会有机会。在腓特烈携普鲁士主力部队到达之前，装备了德莱赛针发枪的普鲁士步兵部队就占据了防御阵地，打击了奥地利毫无保护的突击纵队，并按照毛奇的设想的路线，在柯尼希格雷茨实现了经典的大锅战（Kesselschlacht）①。由于被身后的河流所困，奥军惨遭围攻，溃不成军，损失了近4.3万名士兵和641门火炮。[108]

通过比较1866年的北方战役和南方战事——当时阿尔布雷希特大公（Archduke Albrecht）在库斯托扎（Custoza）给意大利人吃了败仗——可以看出，贝内德克严重偏离了哈布斯堡王朝的经典军事战略。与1848年的拉德茨基一样，阿尔布雷希特开展了一场以防御为主的战役，利用四角防线要塞来迫使更加庞大的意大利军队——12万人对抗阿尔布雷希特的7.2万人——在他选择的地方作战。值得注意的是，拉德茨基和阿尔布雷希特都表达过对防御性战争的怀疑，但他们最终在奥地利要塞线内的战略阵地上，取得了哈布斯堡王朝在那个时代的最大胜利；而弗朗茨·约瑟夫和贝内德克分别在1859年和1866年抛弃了防御性地形，在要塞之外发动了战略攻势，结果均以失败告终。[109] 阿尔布雷希特的胜利，使奥地利能够将部队向北转移，如果贝内德克能够坚持更长时间，这可能会对战争的进程产生重大的影响。在柯尼希格雷茨之战之后的战争会议上，皇帝的一些顾问就曾主张这样做。[110] 但是战场上的失利十分惨痛，奥地利只得投降。

297

苦果：缓冲国的丧失

无论如何，奥地利都可能在1866年的战争中失败。但它失败的方式——迅速、彻底、孤立，而且没有任何继续对抗的可行选择——让它彻底失去了哈布斯堡王朝前几代领导者用来从最糟糕的军事失败中恢复的能力。一个世纪前，奥地利曾在一场持续了7年的战争中与普鲁士打

① 在“大锅战”中，军队通过正面攻击使敌人动弹不得，同时侧翼的部队在两侧开始包围敌人，最终形成一个“大锅”（Kessel）状的包围圈，让敌人无处可逃。——译者注

得难解难分，而现在它在7周内就输给了普鲁士（见图9.5）。奥地利曾经能够在20年间，化解面对革命和拿破仑时期的法国的失败，并且总是能够动员大国联盟来挽回损失，可现在它却输给了两个觊觎领土的收复失地主义者，而欧洲其他国家却在袖手旁观——事实上，其中一个旁观者（法国）也间接参与了这场掠夺。

柯尼希格雷茨战役标志着哈布斯堡君主国在任何意义上的强国身份的终结。在早期的战争中，奥地利经常能够在输掉战斗的情况下，通过巧妙的外交手段赢得战争或由此产生的和平。这在1866年并没有发生。战后新秩序之所以与过去不同，是因为奥地利的缓冲区发生了永久性的变化。以前，协约权利和合法性，为维护君主国边界附近的小型政治体提供了基础，而现在，民族主义势力在决定领土格局方面，拥有更大的道德权威。

在各个方向上，几个世纪以来奥地利边界附近众多的小型附庸国，被凝聚在一起的民族国家取代了。在西南部，君主国被迫离开了其位于伦

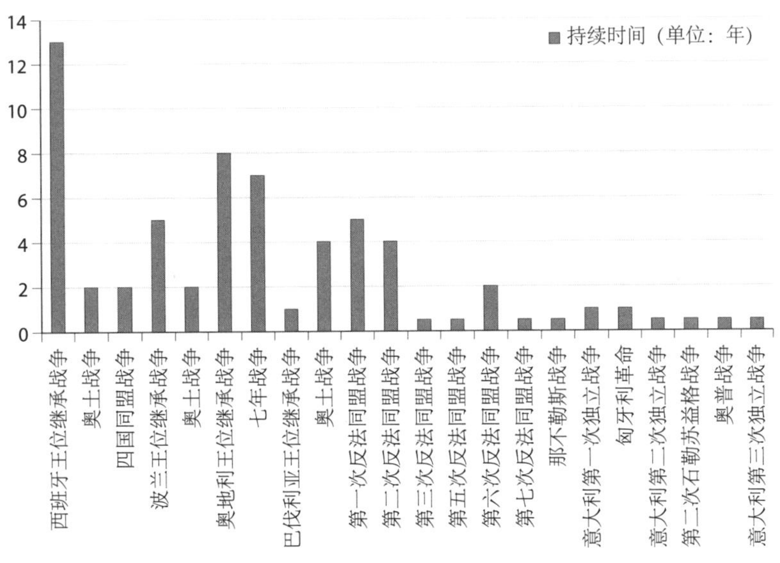

图9.5 1700—1866年期间哈布斯堡王朝战争的持续时间。

来源：欧洲政策研究中心，2017年。

巴第的残余要塞，将威尼西亚和四角防线要塞割让给了拿破仑三世，而拿破仑三世又将这些地方交给了撒丁王国，于是撒丁王国在欧洲地图上迅速形成了一个新的强国：意大利。在东南部，奥地利曾在克里米亚战争中争夺的多瑙河公国，在奥地利对手的大力帮助下，演变成了受普鲁士
298 军事监护的罗马尼亚王国。在1866年之后的几十年里，巴尔干地区的民族国家也纷纷效仿，它们都吵着要获得某种程度上基于民族的主权，而这种主权的实现，与它们现在已经垂老的奥斯曼祖先形象中稳定而不具威胁的缓冲区是格格不入的。

然而，对奥地利来说，最大的变化发生在德意志地区——它的大国身份的实力基础。在柯尼希格雷茨战役之后，俾斯麦实现了普鲁士长期以来将奥地利赶出德意志的野心，废除了奥地利领导的邦联——梅特涅在上一次欧洲全面战争之后取得的巨大成就——取而代之的，是他建立的由普鲁士领导的北德意志邦联。新的格局，是一个旨在加快普鲁士领导下德意志统一进程的权宜之计。一位奥地利官员预见到了俾斯麦的野心所向，他在战后的谈判期间写道：

> 普鲁士将掌握德意志北部各邦国的全部力量，这些邦国的完全统一，只是一个时间问题，而且很快就会发生……帝国将因此蒙受耻辱，政治舞台将缩小，权威将被削弱，力量也会损失……此前几周的
> 299 战斗并不能赢回大量的权力和地位。我们只会遭受新的祸难，只会露出新的弱点。如果暂时没有德意志联盟，没有德意志的继续存在，我们将会更好地为奥地利的未来奋斗，只要我们暂时不与处于混乱状态的德意志产生国际联系。[111]

事实证明，奥地利被逐出德意志并不是“暂时的”。连同意大利和巴尔干地区的变化，俾斯麦组建的新的德意志国家，标志着哈布斯堡王朝外交在过去两个世纪的首要目标——在帝国的边界周围维持稳定的缓冲区——的最终和永久的失败。

随着这些中间地带消失，哈布斯堡君主国失去了一个半世纪以来在战略竞争中管理时间的主要手段。取而代之的是将其包围的军事化边境，

它也因此与主要对手有了直接的物理接触。军队被迫从前沿阵地后撤到边境，并失去了缓冲国地形、附庸国军队和监护国要塞的隔离作用，其责任范围也因此急剧扩大。在1866年之后的几十年里，君主国将发起新一轮的要塞建设，试图用钢铁和水泥来弥补缓冲空间的损失。[112] 虽然许多这样的建筑都应用了1866年战争中得来的经验教训，但它们所代表的，还是对此前拿破仑式和毛奇式的军事技术革命所避免的一种战争形式的资本投入。它们还很昂贵，需要在四面建立相当于微型的马其诺式防御工事，才能覆盖6 400千米的安全周界。

国内的权力分享

缓冲区的丧失在帝国内部——在帝国中心和外围之间关系的基调和结构方面——产生了连锁反应。作为十年多一点时间内的第三次危机，1866年的战争消耗了巨量的公共资源，同时也大大增加了君主国的债务。1854年和1859年的战争动员已经将君主国推到了破产的边缘，并且破坏了其国际信用。这一连串的战争造成了货币供应量的剧烈波动，使针对货币改革和白银可兑换性的尝试一再受挫。[113] 帝国的外交政策严重破坏了“三月革命前”时期的积极经济表现，还排挤了投资，减缓了总体增长。[114]

拮据的经济状况，不利于王朝回避战后重建帝国的例行工作。这种
总是源于匈牙利人的压力，是哈布斯堡王朝战争的常见现象，不过在过 300
去，奥地利基本上能够抵挡这种压力。但现在，维也纳不得不考虑就它与匈牙利人的关系进行根本性的重新谈判。在回应马扎尔人提出的要求时，弗朗茨·约瑟夫因为奥地利的公共财政状况而没有了底气，再加上意大利税收的损失和德意志这个经济竞争集团的崛起，奥地利在经济上对匈牙利的依赖程度增加了。俾斯麦的干涉进一步削弱了弗朗茨·约瑟夫，前者在外国干涉哈布斯堡帝国内部事务的最终行动中，与马扎尔人的温和派合谋，建议帝国的重心东移，让布达佩斯取代维也纳成为哈布斯堡王朝的首都。在回应这一压力时，这位皇帝因为他早年表现出的顽固不化而付出了惨重的代价。此前的哈布斯堡王朝统治者，经常在冲突之前先发制人地向马扎尔人作出让步，而弗朗茨·约瑟夫在1848年革命

后强推中央集权的尝试，限制了他在奥地利失去盟友并面临重大战争失败时抵制匈牙利人共存要求的选项。

最终达成的妥协——1867年《奥地利-匈牙利折中方案》——终结了哈布斯堡帝国的中央集权结构，并引入了一个二元结构，据此奥地利将与形式上彼此平等的匈牙利分享权力（见图9.6）。根据这份折中方案，两个政治单位成立了，它们将共用一套外交政策，但拥有独立的政府、议会和财政政策。关键的是，新的安排赋予了匈牙利人相当大的权力，让他们能够以安全行为体的身份影响君主国的行为。虽然皇帝仍然是总司令，但现在形成了三支军队，包括一支半自治的匈牙利国防军（这支军队最终将获得自己的炮兵部队）。匈牙利议会对年度国防预算和折中方案中的财政条款施加了影响，双方将每隔十年就此进行一次重新谈判。因

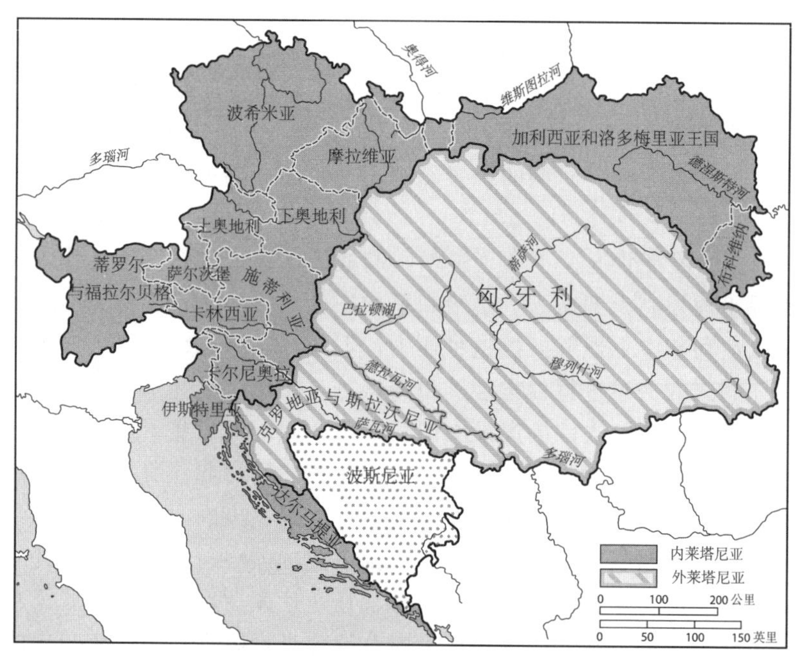

图9.6　1867年前后联合起来的奥匈帝国。

来源：无版权保护。

此，哈布斯堡政府在国防资源上将面临比过去更激烈的政治争夺。更宽泛地说，《1867年奥匈协定》将加剧君主国从建立之初就饱受困扰的忠诚度不明确的问题。在历史上忠于王朝的民族——克罗地亚人、斯洛伐克人和罗马尼亚人——接受了布达佩斯的文化同化主义统治。在匈牙利人的启发下，帝国最大的民族——斯拉夫人——也将寻求类似的待遇。

被迫的国内共存和外部缓冲区的丧失，合力削弱了哈布斯堡王朝的安全。在以前四分五裂的缓冲区内，统一民族国家的出现，对哈布斯堡王朝的各民族——其中许多民族与邻国有着共同的语言和文化纽带——产 301
生了新的、强大的吸引力。斯拉夫人看向了俄国，意大利人注意到了民族主义的意大利，罗马尼亚人惦记着民族主义的罗马尼亚。最危险的是，奥地利的日耳曼人当时在俾斯麦和德意志帝国身上，发现了一种可以用来在更高效的民族基础上实现地区统治的抱负——这是君主国盘根错节的体系所无法实现的——的手段。

哈布斯堡君主国将在接下来的半个世纪内，保持其主要国家（尽管不一定是大国）的角色。但从大战略的角度来看，游戏已经结束了。具有讽刺意味的是，在1866年之后的几十年里，奥地利将迸发出更强劲的经济活力，因为19世纪中叶的战争造成的动荡，已经被货币供应量保持稳定和空前增长的时期所取代。但是，抓住这种增长所创造的机会的能力，却受到了君主国地缘政治环境的限制，这实实在在地减少了它用来奉行独立外交政策路线的选项。

无论经济怎样增长，都不可能为奥地利提供其需要的军队规模，因为它需要长期为一个筑有防御工事、面向各个方向的防御阵地配备驻军，而防线周边的对手在经济上至少与奥地利同样强大，而且在许多情况下更为强大。如果君主国失去了缓冲国，考尼茨曾经担心的事情迟早会发生，因此，新的奥匈帝国倾向于在地缘政治上更加依赖其最强大的邻国，来减轻其全方位防御的负担。由于俄国或多或少地被长期疏远，意大利 302
又寻求获得更多的哈布斯堡王朝领土，而欧洲的奥斯曼帝国也被一个个多事的小国所取代，奥地利外交政策不可避免地倾向于与德国结成更紧密的关系。在最后的冲突中，奥地利将与欧洲最坚定的收复失地主义大国结盟，进行三线作战，它既没有占据道德高地，在其他列强中也找不到有意义的结盟选项。哈布斯堡君主国作为一个国家，已经耗尽了时间，无论是在严格的军事意义上，还是在宽泛的地缘政治意义上（因为它战败了）。

哈布斯堡君主国作为一个大国的消亡并非不可避免。它面临着日益增长的民族压力、间歇性的经济危机和不断崛起的对手，这是不可否认的。但它在过去也曾面对过这些问题，并且挺了过来。19世纪中叶的危机之所以不同，是因为奥地利在应对这些问题时，没有掌握任何用来在地缘政治竞争中管理时间的传统手段。这些手段曾让奥地利能够用有限的力量解决有限的问题（通常是在它背后的国际体系的大力帮助下）。虽然在奥地利曾面临的冲突中，这些手段中的一个或多个经常失效，但是，在社会和技术的迅速变革让它比以往更难从错误中恢复过来的情况下，这三项手段的同时失效，就带来了灾难性的溃败。

当然，奥地利在梅特涅体系下享有的超额优势最终必然会消失。然而，这一体系倾颓的方式和奥地利地缘政治地位下降的程度并不是注定的。事实证明，失去争取大国支持的**所有**选项尤为致命。包括约瑟夫二世的短暂的巴伐利亚王位继承战争——一个可能算数的例子——在内，哈布斯堡王朝的君主们一直坚持着一个高于一切的治国原则：避免孤立。如果至少有一个大国的支持，1859年和1866年危机的结果就可能会有很大的不同。如果有普鲁士或俄国的支持，1859年危机可能会更像19世纪30年代或1848年的危机，当时，奥地利在没有法国干预的情况下，采取了局部的军事行动。如果有俄国的支持，1866年危机很可能根本就不会发生，即使发生，也会像1850年时的僵持局面一样，普鲁士最终只得退让。

奥地利传统战略手段的丧失，既可归咎于个别领导人的决定，也可归因于任何他们无法控制的结构性变化。回过头来看，尤其是奥俄联盟——君主国安全基础中最重要的因素——的终结似乎是一个非受迫性失误。
303 在东部作选择一直都很艰难，但很难否认奥地利在克里米亚选择军事冲突升级是一个错误的决定，因为当时奥地利在更大范围内的地位依赖于俄国，而且奥地利从可靠的经验得知，海洋大国不可能取代俄国在奥地利长期安全需求中的地位。1848年，尤其是1859年（当时奥地利很可能阻止法国加入冲突），丧失争取普鲁士支持的机会似乎是不审慎的，特别是因为这些机会所涉及的代价——普鲁士获得邦联军队的领导权——远比失去意大利更能接受。奥地利拒绝英国在1859年与撒丁王国斡旋达成的和平，而自愿选择战争，也是不明智的。

贯穿所有这些选择的一个共同线索，是奥地利统治者和政治家相比往常高估了作为一种政策手段的军事力量。弗朗茨·约瑟夫对新绝对主义政府的发展，以及对军队的大量投资，代表着对哈布斯堡王朝过去战略的背离。经过扩张的军队似乎表明，自给自足是可能实现的，这与这一时期哈布斯堡王朝外交政策的不灵活是密不可分的。由于对军队的信任，君主国忽视了中间地带国家治国的一个核心原则——一个被包围的帝国，不可能在所有地方、所有时候都保持强大。奥地利向来需要在至少一片——通常是两片——边境上保持灵活，才能实现它在特定战线上的目标；在弗朗茨·约瑟夫的时代，它在四面八方都表现得不灵活，结果战败了。

最后，奥地利向另一个中间地带帝国普鲁士低了头，后者发展了自己的时间管理方式，更好地适应了当时的技术现实。虽然这个对手拥有巨大的优势，并由俾斯麦这样一位天赋异禀的战略家领导，但它之所以能够集中兵力并取得胜利，只是因为奥地利放弃了关键的优势——战争前的几年里管理不善的联盟和遭到忽视的技术，还有战争爆发后对地形的防御性利用。奥地利的传统大战略在军事方面不曾特别出彩——这一现实让约瑟夫二世和弗朗茨·约瑟夫等倾向集权和尚武的统治者感到沮丧。但这一方案基本上奏效了，让奥地利在欧洲中心建立了强大的影响力。它的成功，首先需要对限制的承认。这也许是奥地利在弗朗茨·约瑟夫统治下的危机中最缺乏的东西；在社会和技术变革让错误比过去更难挽救的时刻，其后果是致命的。

第十章 304

哈布斯堡王朝的遗产：驾驭混乱

所有大国都需要一个大战略才能生存。本书认为，哈布斯堡帝国尤其需要寻求大战略，因为它的位置极易遭受攻击，而且它没有用来压制边境周围威胁的有效的进攻性军事手段。软弱具有挑逗意味，而无动于衷即使在最宽容的战略环境中，也很少得到回报。对于一个处于中东欧地缘政治漩涡中的贫穷大国来说，这些特征如果被允许长期共存，就将导致国家的灭亡。这是18世纪的战争产生的重大启示。这些战争的高潮是一场继承权之争，其间，军事上软弱无力的奥地利危险地失去了盟友，在三个方向遭到了入侵，差点亡国。这些经历促使哈布斯堡王朝的领导人将手段与远大目标相匹配的做法概念化和正规化，因为他们预见到了未来的威胁。结果一个保守的大战略诞生了。这种大战略利用联盟、缓冲国和防御性军队，来管理多条战线的动态，避免出现奥地利无法承受的压力，并维护一个在哈布斯堡王朝领导下的独立的欧洲中心。

奥地利的环境及其内部构成所施加的限制，不仅让哈布斯堡王朝的大战略成了一种必然，也决定了它的定义。地理环境指明了奥地利这样的大国在理想情况下为了实现国家强盛而应拥有的工具：一支专为进攻性战争而生，类似于其他大陆强国所保有军队的庞大陆军。建立这样一支力量，并在长期基础上调动支撑这支力量所需资源的强烈意愿，将在哈布斯堡的历史上不断浮现（通常是在战败或险胜之后）。比如，约瑟夫二世在七年战争后曾试图扩军并提高其效率，奥地利在1805年的灾难后曾尝试最大限度地提高哈布斯堡王朝的战斗力，尤其是弗朗茨·约瑟夫

305 在1848—1849年的惨痛经历后曾推动军队的扩张。这些努力往往有所收获，有时还能让奥地利在战斗力规模上仅次于普鲁士和法国。但是，这些努力给经济和社会方面带来的重负，让它们无法维持在建立哈布斯堡君主国永久一流陆地强国地位所需的水平。“当人们审视奥地利发动的战争时，”拉德茨基写道：

> 人们就会注意到不断重复发生的事件，即改善的强烈愿望和对于使用手段来达到这一目的的同样强烈的厌恶……人们在每次战争伊始都会发现手段和目的的不平衡；军队……要么不够强大，要么装备不足……在每一次让士兵更加英勇的战斗之后，军队都太过虚弱，无法夺取胜利的果实……每次失败后，他们必须在逃亡或休战期间寻求自救……为了拼凑出一支军队，战争开始时也有一种同样强烈的紧迫性。[1]

即使拥有更强大的进攻性军事能力，奥地利所处的环境，也让哈布斯堡王朝难以通过扩张来增强安全。至少在理论上，多瑙河流域的位置和它在欧洲的阿尔卑斯-亚得里亚海边缘提供的大片中心地带，为组织足以建立一个顶级大陆强国的资源创造了可能。在西南部，奥地利有望沿着的里雅斯特、亚得里亚海和意大利北部的轴线向地中海盆地扩张；在西北部，它最终或许能够利用德意志的能量；而在东部，它面临着一种诱惑——沿着构成帝国主动脉的河流所指示的扩张轴线，重新整合多瑙河流域和远方的东部广阔地区。

所有这些对奥地利来说都不具备实际的可能性。作为一个资源基地，地中海受限太多，在当地政治中太过棘手，而且与奥地利阿尔卑斯山脉的交通线也太过脆弱，永远不可能成为哈布斯堡王朝的腹地。要想利用德意志，奥地利就需要通过合作或征服，使普鲁士永远居于从属地位——这些任务一直都是哈布斯堡王朝力不能及的。按照布鲁克所设想的一个方案，奥地利将走上收复失地主义的道路，瓦解奥地利的联盟所依赖的现状守卫者的地位。对奥地利来说，向巴尔干地区扩张的选项既不可行，也不是一项特别有利可图的行动；这些土地的经济价值令人怀疑，而且在管理上会造成很大的困扰。东部的土地，构成了20世纪初英国著名地缘政治学家哈罗德·麦金德爵士（Sir Harold Mackinder）眼中至关重要的东欧资源区，需要奥地利与俄国进行持续的对抗。为此，哈布斯堡王朝 306
至少需要暂停其西部边境的竞争，同时其军事能力还要——正如20世纪的事件所表明的那样——让体量最大、技术最发达的西方工业强国望尘莫及。

奥地利无力在任何一条扩张轴线上行动的内在原因，是哈布斯堡王朝军事力量薄弱这一无法回避的现实。无论是在西部、北部、东部还是南部，奥地利都无法利用进攻性力量，按照传统陆地帝国的模式，建立一个更庞大的资源基地（其规模应当足以改变奥地利作为大国在面对其他庞大而不断扩张的国家时获得成功的可能性）。当君主国真正进行扩张时，这一过程往往事与愿违，会引发新的行政和民族方面的挑战，让奥地利与更强大的对手发生冲突，还会促进可改变均势的敌对力量的联合。但与此同时，奥地利也不能忽视其边界周围的危险。它所在的位置——欧洲和俄国之间的重要地带——使其面临着不断出现的大大小小的安全危机。山脉环绕的地理天赋固然重要，但其本身并不足以使奥地利免受这些动态的影响，它也因此不可能像大号的瑞士一样，安然渡过地缘政治的风暴。[2]

哈布斯堡王朝大战略的逻辑

哈布斯堡王朝大战略正是为了应对这种两难局面——无力扩张，又不可能躲藏——而制定的。对奥地利来说，大战略的发展，就是想方设法地利用自身手段实现远大目标，是利用理性工具应对复杂情况和弥补军事力量不足的一项长期活动。对于大战略的抽象描述，很难想象有比考尼茨的论述——“对重要国家事务进行可靠判断的主要目的，在根本上是对最终目的的真实而纯粹的理解，因为人们必须想象实现这一最终目的的手段”[3] ——更纯粹（或更彻底的现代）的定义。考尼茨的直接关注点，可能是实现与俄国的联盟，但显而易见的是，奥地利所寻求的目的，消极地说，就是避免多线战争。这种情况对奥地利政府的最大威胁，首先出现在西班牙王位继承战争中，然后以一种更明显的形式，出现在

奥地利王位继承战争中。为了避免这些最高紧急事件再次发生，一个积
307 极的近期军事目标确立了：集中力量对抗最大的安全威胁——最初是普鲁士，后来是法国。这继而又自然而然地演变成了一个更广阔的愿景：通过体系的建立，让奥地利的列强对手共同承担欧洲中心的安全责任，从而消除为对抗当前霸主而进行不断集中的需求。

在寻求这些目标的过程中，左右哈布斯堡王朝大战略的，是对时间的考量，具体来说，是对可以影响对抗顺序和持续时间的手段的探索。哈布斯堡王朝大战略所追求的目标——从多瑙河畔的君主国对抗西班牙人和土耳其人的立足之战，直到其灭亡——几乎无一例外都是根据时间制定的。在战区战略层面上，情况也是如此，因为奥地利需要关注冲突持续的时间，从而控制它的压力（或恢复的机会），避免帝国在其他边境上遭受打击。而且在整个帝国的大战略中，情况也没有变化，因为奥地利需要为种种威胁清楚地确定轻重缓急，在冲突中取得先机，并错开各种危险出现的时间。

时间在哈布斯堡王朝大战略中的核心地位，塑造了奥地利领导者考虑和运用他们作为大国所掌握的手段的方式。可以说，这些手段就像一种多层蛋糕，按照对战略中时间因素的影响效果递减排列。最上面的一层，是欧洲的均势，它通过制衡性联盟的方式，为控制冲突“是否发生”与“何时发生”，以及限制冲突所涉及哈布斯堡王朝边境的数量，提供了最大的希望。第二层是哈布斯堡王朝在意大利、神圣罗马帝国、波兰和多瑙河公国的缓冲区，这些缓冲区隔开了对手，让奥地利有时间集结其四散各地的军团，并集中于冲突发生的地点。在这些缓冲区之后，是哈布斯堡王朝军队，最终还有君主国边界附近的要塞圈——这是王朝的终极保险和最后防线。

从玛丽亚·特蕾西娅时代到弗朗茨·约瑟夫统治初期，这些要素共同构成了哈布斯堡王朝大战略的经典形式。这种大战略的许多基本要素在此前的哈布斯堡王朝战争中就已经存在。在17世纪与波旁王朝法国和奥斯曼帝国的对抗中，应对两线战争的需求一直是奥地利战略中的一个常见关注点。利奥波德一世、约瑟夫一世和卡尔六世时期的哈布斯堡王朝战略，显示了依赖西方盟友和努力保留缓冲区的模式，而玛丽亚·特

蕾西娅和她的继任者们也延续了这种模式。正是普鲁士战争的极端紧急情况，增进了这种大战略的正规化，这不仅要求对手段和目的进行更深思熟虑、高瞻远瞩的匹配，而且明确了奥地利的“战争之道”，还需要完 308
善关键机构——外交使团和军队等——以便在未来的危机中构想和执行大战略。

作为一个系统来看，奥地利的联盟网络、缓冲国和防御性军队协同合作，充分扩大了其战略选择，避免了多线作战，还减轻了防卫360度安全阵地的负担。硬实力在这个体系中发挥着次要作用。在梅特涅执政期间达到顶峰的奥地利大战略，试图突出哈布斯堡王朝作为欧洲最古老王朝的竞争优势：合法性、基于规则的外交和协约权利。均势为这种做法提供了一种手段，但均势对奥地利来说也是危险的，因为它很容易就会陷入征服的循环，而奥地利由于其附属领地四散在欧洲的每个角落，正是这种循环主要的受害者。[4] 历代哈布斯堡王朝政治家通过建立调解冲突的体系或框架，都为超越均势付出过努力，这是对这一问题精心策划的回应。[5] 套用历史学家约翰·达尔文（John Darwin）对大英帝国的评论，推行如此规模的体系，可能超出了维也纳帝国政府的实际能力，但是，无论如何，一个体系还是出现了。[6]

奥地利领导者在多大程度上意识到了这种体系？一位历史学家可能道出了真相。他写道，即使在对事件作出反应时，“[哈布斯堡王朝官员]的意识状态和程度……也无法驳倒他们行动的方针，也无法否定预先决定他们所选择道路的无法抗拒的战略结构。他们就像第一次阅读新剧本的演员，只是磕磕绊绊地念着台词，而无法以熟知剧情的状态从中获益”。[7] 不仅如此，本书还认为，随着时间的推移，“剧情”本身变得更加为人熟知，即使演员换了一代又一代，舞台道具和剧本也基本保持不变。当然，对于整个帝国层面上的大战略，考尼茨和梅特涅都做了大量的概念化工作。考尼茨在其职业生涯后期撰写的关于俄国问题的备忘录及《关于均势概念的思考》等文件，与梅特涅在拿破仑战争结束时关于在重构的均势中重组帝国的备忘录，在哈布斯堡政策应达到的哪些目的和如何实现这些目的方面，有着类似的思路。这些在一个多世纪以来——18世纪40年代到19世纪40年代——的哈布斯堡王朝外交政策中形成的文件，可以被看作是一种法典，它概述了一种保守的、规避风险的大战略——根据这种大战略，奥地利的多方位威胁问题，将通过拉拢和裹挟造成这种不安全感的国家而得到缓解——的各项原则。

309 这种大战略模板的中心思想，是让奥地利有别于其他列强，成为唯一能够发挥一种专门的、有助于整体发展的作用——这种作用其他大国很难复制或取代——的中间地带帝国。[8] 在梅特涅的概念中，奥地利是一个独立的欧洲中心的领导者，它被较弱的附庸国所包裹，并由欧洲侧翼国家提供支持，这标志着奥地利地位的巅峰。在这种地位上，哈布斯堡君主国的主要不利条件——它地理位置居中，几乎与欧洲所有的安全敏感区邻近——在某种程度上成为一种资产，可以用来吸引和保留奥地利竞争对手的自愿支持。对西方列强来说，君主国是限制俄国和延缓土耳其灭亡的关键；对俄国和普鲁士来说，它是抵御革命性的民族主义的堡垒；对其边界附近的小国来说，它是一个温和的霸权，比更有害的集权主义掠夺者更能接受；对所有国家来说，它是在欧洲中心起平衡作用的力量，它的移除，将制造能够恶化欧陆局势的权力竞争的真空。在所有这些情况下，奥地利的“必要”地位都不是理所当然的；它需要它的外交官们进行积极的照料和有意识的耕耘。

专门化和超越均势的工作，与哈布斯堡王朝的军事力量相辅相成。维持一支防御性军队，在文化和基础设施层面都是至关重要的，因为它可以让奥地利作为中欧稳定性力量的地位具有说服力。从17世纪末到19世纪初，哈布斯堡王朝军事思想的特点是克制，其根源在于战术和政治上的必要，这反映了保存一支往往比敌人少或弱，同时又肩负王朝命运的军队的需求。这种克制通过确保奥地利的邻国不会感到受到威胁并形成对付它的防御性联盟，推动了奥地利大战略目标的实现。在18世纪末和19世纪初，哈布斯堡王朝战争理论的一个显著特点，就是几乎所有人都认为，战争是用来实现有利和平的一种手段——换句话说，战争本身不是按照普鲁士模式消灭或征服敌人的毁灭性力量。[9] 这一定义，意味着即使在胜利的时候，奥地利也要对其军事行为进行约束，而当对手被打败时，它也要保持一定的冷静。最重要的例子，是对拿破仑的胜利。当时，奥地利极力保留作为未来均势中盟友的法国，即使它的军队在1813—

1814年的战役中曾与俄国和普鲁士联手。这种克制有助于哈布斯堡王朝的外交，因为它避免了惩罚性战争。在欧洲历史上，这种战争往往会产生与其他国家的永久性的隔阂——这是一个中央帝国永远无法承受的事情。

和平时期军队的部署，也反映了哈布斯堡王朝的大战略目标。奥地利 310
的国防思想一贯倾向于把哈布斯堡君主国周围的缓冲领土视为一个共有的安全空间。从早期的“帝国的屏障”概念，到梅特涅时代的联邦要塞，奥地利军队明白，必须将军事力量投射到多瑙河腹地以外的地方，这是哈布斯堡王朝安全的核心要求。要塞是奥地利军事和外交战略中不可或缺的一部分。它们提供了一种手段，把外围的附庸国变成了哈布斯堡帝国的重要力量，并抵挡了外部势力的影响力的侵袭。包括边境内外阵地在内的要塞网络，有助于实现避免或应对多线战争的军事目标，因为它产生了威慑效果，而且在战时，能够让奥地利在将部队从遥远的哨所转移到危机爆发点的同时，以最少的力量将敌人压制在一片边境上，同时将部队从遥远的哨所转移到危机爆发点。在鼎盛时期，奥地利借助要塞，能够利用构成其主要军事优势的内线，并以不造成财政紧张的少量兵力，监管从莱茵河中游到多瑙河三角洲的空间。

当然，对于标准的哈布斯堡王朝大战略的偏离，也是存在的。可以看出，在本书所涉及的整个时期内，上文概述的以防御为主的模板与奥地利思想中的一个次要观点或“对立点”——希望通过更多地依赖军队来实现安全——之间存在着一种不断重现的持续矛盾。[10] 这是帝国的规模与其领导者经常感到的冲动——发展一种符合他们主要需求的实现国家强盛的手段，并具备一个庞大的中央集权陆地大国的象征性标志——的必然结果。例如，从约瑟夫二世按照普鲁士的方式将君主国改组为一个权力更加集中的军事机器的强烈愿望，他与考尼茨关于将波兰纳入帝国行政核心的争论，以及弗朗茨与梅特涅之间关于意大利的类似辩论中，都可以看到这个方向的趋势。这一趋势，也体现在欧根和劳东，特别是拉德茨基和其他后拿破仑时代军事思想家的更具侵略性的军事路线中，他们迷上了通过与施瓦岑贝格的1813—1814年对法战役相仿的攻势击败敌人的想法。

正是这个哈布斯堡王朝大战略基因中的次要观点，最终形成了弗朗茨·约瑟夫统治早期奥地利军事理论和战术的基础。即使在1859年和1866年的失败之后，通过依靠军队实现安全的诱惑，仍将以各种形式，成为第一次世界大战之前哈布斯堡王朝军事思想中的主导力量。[11] 数十年来，对这种方法的遏制和对奥地利更传统的防御性大战略的支持，不能
311 归结于哈布斯堡王朝统治集团的任何内在智慧或被动本性，而是由于奥地利的处境限制及其对兵力节约、联盟和防御性军事规划的需求。四面楚歌的残酷现实，加上不曾缓解的资源限制，排除了除最保守战略选项以外的任何选项。任何更加贪婪的选项，都可能超过哈布斯堡王朝能力，加速奥地利难以应付的安全困境的不断升级，让它心有余而力不足。

相比之下，考尼茨和梅特涅的保守方法，虽然从军事角度来看肯定不是令人惊叹的，但往往却满足了哈布斯堡王朝安全的基本要求，且不需要君主国付出超出其有限能力的努力。作为一个智识框架，哈布斯堡王朝大战略的防御主张相比军事进攻选项，在更大程度上来源于一种本土的、奥地利特有的作战和治国方法。后者的灵感来自法国，尤其是普鲁士；而前者则更多是多瑙河流域当地的特点和需要的产物。这个地区的地理环境，包括环绕的山脉和河畔的腹地，催生了一种倾向于防御的思维模式。这种思维模式认为，一个秩序井然，依靠理性，能够承受战争和时间的外力的帝国，是可以实现的。

这种对强加秩序，驾驭地缘政治混乱，以及构建一个因其本质而可能和必然存在的经久不衰的体系的追求，构成了哈布斯堡王朝战略治国术的一大主题。它不断浮现在奥地利的统治者、将领和外交官的思维中，他们经常把自己的工作说成是建造各种各样的建筑——梅特涅的“时间的壁垒”、卡尔用来引导时代潮流的“大坝”，以及拉德茨基的“共同避难所”和“防护墙”。[12] 这种对秩序的追求的必需理念，就是通过构建系统或框架，来驾驭战争的无序倾向和不受控制的均势竞争。在18和19世纪的哈布斯堡王朝文化和思想中，“系统”的概念比比皆是——几何学般精准，拥有把战争变成“被驯服的贝罗娜”的手段的系统；用来抵御好斗敌人的要塞和“战略据点”系统；还有哈布斯堡王朝治国术的巅峰：用来控制从众多方向席卷欧洲中央帝国的风暴的欧洲会议系统。

通过创建系统来为奥地利的内部和外部环境带来秩序，是哈布斯堡王朝大战略的一大基础。作为一种思维概念和方式，系统思维主要关注的，是手段与目的的匹配，以及一种用来应对复杂情况的“逻辑”的创立。这种思维与哈布斯堡王朝掌权人物的文化观和影响是一致的，其根基是 312
古典主义、文艺复兴、天主教正义战争和最终的启蒙运动的传统，其中每一种传统的塑造，都受到了哈布斯堡王朝的影响，并形成了独特的奥地利战略文化。造就这种文化的盛行的思想，在一个相对较小的统治阶层（约200个由婚姻、阶级和宗教的紧密纽带联结，拥有共同的道德和政治世界观的家族）中得到了传播。[13] 哈布斯堡王朝的机构——外交使团、军队和帝国决策机构——形成了具有延续性的体系，能够将哈布斯堡王朝的战略文化、经验和概念代代相传。

哈布斯堡王朝成功的先决条件

哈布斯堡王朝大战略中出现的智识框架，虽然显示了一代人与另一代人之间的差异，但它运作所依靠的，是一种前后一致且不同于欧洲其他大国的大战略的逻辑。它的诉求，是通过给予奥地利物质和时间意义上的喘息时间（或空间），来减轻其难以承受的负担。它的目标不仅仅是狭义上的安全（尽管这肯定是最终目标），而是要建立任何长久的安全最终都必须依靠的基础：一个在哈布斯堡王朝领导下组织起来的稳定的中欧。这样的格局要想存在，就需要一系列具体的地缘政治条件长期存在，因为这些条件共同构成了哈布斯堡王朝生存和成功的先决条件，包括：

1. 俄国要友善，最好与奥地利结盟，或者至少不积极地与之敌对
2. 德意志要保持孱弱，并为奥地利的战争提供防卫军
3. 普鲁士处于从属地位
4. 奥斯曼帝国要保持完整，但不能造成威胁
5. 法国要被隔绝在外，限制在莱茵河之后

在本书所涉及的大部分时间里，这些都是奥地利大战略的主要目标，几乎没有什么变化。只要这些条件能够得到维持，哈布斯堡君主国就能

以可持续的资源支出，在欧陆中部拥有相当程度的影响力。这种优势取决于奥地利能否保证其边界周围众多中介体或缓冲国的持续独立。奥地利的缓冲国为其大国地位提供了保障。在军事上，它们在物理上拉开了奥地利与其主要对手之间的距离，消除了君主国容易遭遇多线战争的属
313 性。德意志各邦国提供的军事储备，让奥地利的军事力量倍增，这种增长程度，类似于19世纪英国统治下印度的军队在增强英国实力方面产生的影响。除此之外，还必须加上与俄国的联盟，因为它为哈布斯堡王朝在西部的利益提供了支持，并在释放哈布斯堡王朝用于保卫东部边境的资源方面产生了二阶效应（second-order effect）。这个联盟相当于对奥地利安全的一种补贴。

在经济上，奥地利在欧洲中心的卓越地位（如果算不上完全的主导地位的话），使它能够因接触西欧并在某种程度上融入西欧而获得许多好处，同时不必为这种特权付出全部的军事-行政代价。即使将哈布斯堡王朝关税壁垒的阻碍作用纳入考量，在没有竞争对手控制这一空间的情况下，奥地利对这片相当于其经济腹地延伸部分的区域的利用权，对奥地利的地缘战略地位也是一个巨大的利好。即使没有实现布鲁克的7 000万人帝国的宏伟愿景，断断续续地对德意志资本和市场的使用，还是支持了一个本会成为以农业为主，并随着经济力量向大西洋流动而陷入中等收入梯度困境的政治体。这使得奥地利能够作为一个大国，持续存在于欧洲边缘地区和欧亚大陆之间的空隙中，同时又不必调动前者的大部分资本和技术，或后者的自然资源——这两者都是它远不能够实现的。

因此，在军事和经济意义上，奥地利的成功，与它在自己和对手之间维持一系列中间地带的能力密切相关。这种距离也有助于应对奥地利复杂的内部动态。虽然帝国的对手会试图利用其民族裂痕（尤其是匈牙利人的不妥协），作为战争时期的地缘政治优势，但只要敌对的大国没有控制紧邻哈布斯堡王朝边界的空间，这些动态就会得到遏制。在民族主义兴起的时代，维持这些至关重要的喘息空间，依靠的是奥地利的军事能力和管理方法，但最重要的是欧洲大国对协约权利的承诺，也就是说，在决定国际外交结果方面，协约权利是优先于民族国家主义（ethnonationalism）要求的因素。

当这些地缘政治条件发生变化时，或者更确切地说，当奥地利对欧洲外交的结果产生的影响，不再足以维持一个独立的欧洲中间地带必备的先决条件时，奥地利保持大国地位的可能性就会迅速降低。可以说，19世纪中期欧洲体系中发生的重大转变，是奥地利无力引导或控制的，这是一个众所周知的事实。但在某种程度上，情况一直如此；即使在民族国家主义兴起之前的时代，奥地利也没有什么用来维持其地位的可行选项。314
19世纪中期，奥地利的前途和地位的黯淡，不能完全用结构性变化来解释；奥地利领导者的决定，也加速消解了那些让君主国在过去取得成功的条件，因为他们放弃了哈布斯堡王朝传统大战略的关键原则，转而采取了更具侵略性和拥抱风险的战略行为。弗朗茨·约瑟夫治下军事密集型外交政策的开创，标志着对奥地利防御路线的一次明确的偏离，并预示了一个依靠军队确保奥地利大国地位的新时代的来临。在一个飞速革新的时代，军队未能在技术上有所进展，让奥地利一损俱损：一支为防御性战争准备的军队，却被当作进攻性工具来训练和利用。

奥地利在这一时期的外交失败，与弗朗茨·约瑟夫在哈布斯堡王朝政府与外交政策中推行新绝对主义和军事化的尝试是脱不了干系的。可以肯定的是，君主国在19世纪50年代至60年代的外交选项一直在减少。但是，奥地利在这一时期对一连串危机的强硬处理，必须被视为是一种受迫性失误，而在奥地利最需要欧洲体系中其他国家支持的时刻，这种失误加速了它在欧洲外交中的孤立。1854年奥俄联盟的瓦解，代表着哈布斯堡王朝大战略的拱门中一块拱顶石的永久性错位，这继而使奥地利的中欧安全环境中的构造性运动具有了可能性，并在实际上得到了推动。1859年在意大利发生的冲突和1866年与普鲁士的对抗已经酝酿了几十年，但一直被俄国的军事支持挡在门外。在对抗俄国时，由于高估了多瑙河公国——在根本上，它对哈布斯堡王朝的安全来说只是次要问题——的价值，奥地利失去了在对其安全来说最重要的两个地区——意大利和德意志——维持自己地位的能力。

奥地利在这一系列危机中的损失，在一个更加宽松的战略环境中可能不会致命。但是，在一个技术和政治迅速变革的时期，这些损失让它遭遇了决定性的军事失败，使它被永远赶出了其边界周围的缓冲区。在

1866年战争后短短的十多年内，统一的民族国家就取代了德意志、意大利和东部地区上存在了几个世纪的中介体，这就注定了奥地利作为大国的命运。一直以来，这种命运的基础，都是阻止这些空间落入军事对手的控制之下的能力。从军事角度看，奥地利边界周围的空间成为新的、统一的，且拥有威胁君主国的体量和军事力量的行为体，这就需要奥地利的边境实现一定程度的安全化，而这是它以前从未面对过的，也是它
315 无法长久负担的。德国、意大利和罗马尼亚这三个新的行为体，都与哈布斯堡王朝的一大部分人口有着共同的民族纽带，这意味着从今往后，奥地利的外交政策与国内政策将比以往更加紧密和危险地交织在一起。

在1866年后，哈布斯堡君主国本可作为一个体量庞大的国家继续存在，但它很难被称为大国，因为奥地利执行独立外交政策的选项受到了严重的限制。君主国曾经控制并从中获得重要外交和军事支持的一系列中介体，不仅消失了，而且现在还形成了一些大型集团的一部分，使得奥地利政权不得不将其作为对手来抗衡。从1867年的奥匈权力分享协定——哈布斯堡君主国因此失去了许多作为中央集权行为体的特征——开始，普鲁士和后来统一的德国将对奥地利的外交和国内政策方向施加支配性影响，没有什么比这更能展示奥地利地位的被迫下降了。

奥地利在1866年后的一个值得注意和说明问题的特点是，即使地缘战略前景黯淡，其经济仍在继续增长。事实上，不止于此，在第一次世界大战之前，君主国的经济实力都在增强，因为弗朗茨·约瑟夫的军事建设所造成的财政压力减轻了，而且1848年至1866年期间一系列外交政策危机所导致的奥地利货币供应和信用状况的波动，被经济的繁荣发展取代了。[14] 另外一个因素是，即使君主国发现自己越来越被普鲁士排除在德意志的政治事务之外，奥地利经济和基础设施的许多部分，仍然在事实上与德意志其余地区融合在了一起。

奥地利在军事战略地位下降的情况下，仍能持续实现经济增长，这一事实违背了大国在失去主要资源区时就会衰落的标准解释。[15] 就奥地利的情况而言，情况恰恰相反：即使帝国在地缘政治上衰落，它对西部主要经济动脉的使用权却在扩大。然而，随着德意志领土日益成为敌对大国经济腹地的正式组成部分，这种经济增长并没有从根本上改变奥地利的

地缘政治前景。哈布斯堡王朝的案例表明，在决定帝国的战略成功方面，对空间的控制至少和经济表现一样重要；如果没有前者，维持此前静默无事的边境的军事化所需的更多的资源，就将在某种程度上抵消后者。

无论哈布斯堡王朝在1866年之后的外交和安全政策有什么优点或问
题，本书的一个核心观点是，奥地利无论如何都无法继续执行它在过去 316
几个世纪里所遵循的大战略的主要原则。对进攻的崇尚取代了奥地利传统的、基于地形的防御性军事文化，帝国旧有的缓冲国已不复存在，奥地利外交官几个世代以来辛勤培植的大国联盟网络，也与其外交政策选项一起迅速蒸发了，因为英法和俄国一起组成了欧洲外交中的一个反奥地利集团。[16] 到1914年战争爆发时，哈布斯堡王朝以前的大战略所试图促成的奥地利成功的先决条件不仅消失了，而且已是一段久远的记忆，即使是最为惊人的军事胜利或巧妙的外交手段，也无法将其再现。

如此看来，奥地利军事和外交官员在1914年之前的几个月里所作的决定，对于奥地利最终命运的影响，远不如人们通常所认为的那么重要。到了君主国历史上的这一节点，奥地利决定性地影响欧洲层面事件的能力已经基本丧失；每一个新的、一触即发的国际事件，都有可能演变成奥地利的生存危机。在奥地利失去缓冲区后，可行战略选项的匮乏，免除了这一代人对于后续事件的大部分责任，同时也突出了哈布斯堡王朝几代外交家一直以来在行事妥当方面所取得的巨大成就。如果像奥地利历史学家奥托·布鲁纳（Otto Bruner）在谈及1914年之前的奥地利外交政策时所言，"一个心力虚弱的人不应该去登山"，那么哈布斯堡王朝此前的大战略的成功，就在于放弃了攀登不可能达到的高峰，同时仍然保持了奥地利的大国地位。[17] 很说明问题的是，在最终摧毁奥匈帝国的战争中，奥匈帝国受到了三面的攻击——这正是自奥地利王位继承战争以来哈布斯堡王朝大战略试图并基本成功避免的那种冲突。

后 记 317

哈布斯堡王朝的教训

哈布斯堡君主国有何可以借鉴？所有国家各不相同，每个时期都有其节奏和限制，很难与其他时期相提并论。然而，哈布斯堡王朝所面临的许多问题，也存在于我们的时代。地缘政治作为一种持续的、不断强化的力量仍然伴随着我们。在地缘政治中，大国在与其他庞大的、目标明确的行为体的角逐中寻求生存。在这场较量中，地理仍然是成功的关键因素和最终的奖励。技术的进步只是部分缓解了地理的影响；即使在核武时代，对安全的寻求也归结为一场对空间的争夺，在这个过程中，为了应对几乎无限的挑战，有限的资源必须及时得到配置。

与哈布斯堡王朝时期的情况一样，今天的西方所面临的威胁，在本质上是多向的，形式上也大不相同，既有拥有庞大常规军队的收复失地主义大国，也有经济落后但数量众多、具有宗教动机、采用不对称武器和战术的敌人。在面对这些挑战时，西方在调动和使用军事力量方面面临着一些限制。相比于普鲁士这种权力有效集中的军事大国的领导者，哈布斯堡王族或许更为熟悉这些限制。这种对于哈布斯堡王族来说决定性的战场胜利，在21世纪已经很难实现。克劳塞维茨的模式——工业化的民族国家通过动员其全部人口和资源基础来彻底击败敌人——在现代已经变得不太容易实现，而不是更容易实现。现代战争的性质更加含糊，涉及往往难以辨别、利用非传统手段来寻求有限目标的对手。

从以上各章来看，哈布斯堡王朝战略治国术的几个一般性原则，在任何时代都有潜在的意义。

你不可能处处强大。哈布斯堡王朝战略史上的一个最重要的教训，就是
318 一个大国不可能在任何时候都能在其所有边境地区持续地与所有敌人的实力相匹敌。对这一局限的认识，以及应对其种种影响的应对尝试，构成了贯穿奥地利大战略史的一条红线，从欧根的箴言“一支军队不能发动两场战争”，到道恩的见解——“同时在所有地方先于敌人一步”是不可能的。[1] 努力在所有地方都保持强大的诱惑往往是很大的，因为国家自然而然地会在所有威胁——无论有多少——面前寻求安全。在具备相对的经济或军事实力的时候，这种诱惑尤其明显。对于一个被敌人所围困的大国来说，生存的前提条件，是有能力找到应对每个威胁的方法，同时又不会在其他地方承受过高的机会成本。由于力量是有限的，使用力量时，就必须对当前的威胁采取有效的行动，而且还不能丧失应对其他可能同时出现的威胁的能力。

尽可能地避免战争。战争对任何国家都是有害的，用卡尔大公的话说，它是“一个国家或民族可能遭遇的最严重的恶行”[2]。但对一个中间地带大国来说，它尤其危险，原因有二。首先，它耗尽了已经因维持众多边境的需求而捉襟见肘的资源。其次，它引发了互动动态——克劳塞维茨所说的“摩擦”——对被包围的国家来说，众多的威胁让这种互动动态在根本上更加复杂。在这两种情况下，中间地带帝国的风险都可以用时间来衡量。战争持续的时间越长，国家承担的财政负担就越大，其他敌人利用你的分神乘机发动进攻的可能性就越大。

这意味着，与处于威胁较少的环境中的大国相比，中间地带帝国与风险的关系是不同的。由于战争一旦发动，就会呈现出一种本身就很难控制的动态，所以被包围的大国必须更加关注限制风险而不是收益的最大化。限制风险需要尽可能地完全避免战争，如果不能，则尽可能地缩短战争时间。矛盾的是，这使得开展进攻性甚至是先发制人的战争的能力变得更加重要了——如果这些战争有可能是决定性的。如果这些战争经过尝试而且打输了，风险就会变得比从未尝试过的时候大得多，这既是因为稀少的资

源成了赌注并且被输掉了，也是因为失败可能为其他敌人的行动提供鼓励和机会。

就奥地利的情况而言，由于哈布斯堡王朝军队的进攻能力有限，提前出击时常发生，却很少成功。因此，防御性战争对政府来说是最保险的，因为随着冲突展开，它为管理风险保留了范围最大的选择。而在追求防御性战争的过程中，奥地利往往面临着的激励，不是缩短冲突时间，而是将冲突拖延成几个阶段。

推迟交战，直到条件于你有利。既然战争无法一直避免，政府就应该努 319
力特意避免那些可能在不利于自己的条件下发生的战争，从而像约瑟夫二世所说的那样，确保“我们的孙辈们能够有尊严地保护自己”[3]。于一段时间内在保护自己王国方面最为成功的哈布斯堡王朝统治者们之所以成功，正是因为他们清楚地识别了那些君主国无法赢得的战争，并且在建立起足够的实力之前，故意推迟了决定性的交战。

以坚韧战胜强大对手的任务，总是需要联合调动国内力量（内部平衡）和外部盟友（外部平衡）。这一任务的完成方式，取决于战争的情况——也就是说，是防御者事先预见到了战争，并提前做了准备；还是说，战争突然降临在了防御者头上，并因此需要它在交战期间做准备。

后一种情况，是一个中间地带帝国可能面临的最大危险。在战争中毫无准备，对于任何国家来说都是要付出高昂代价的，但对于一个面临多个敌人——这些敌人能够在自己偏好的时机和条件下发动进攻——的国家来说尤其如此，正如哈布斯堡君主国在奥地利王位继承战争中所发现的那样。远在战争开始前就获得对竞争中时间因素的控制，是一个被包围国家的领导者们可以承担的最重要的战略任务，因为战斗的开始，只会带来对其不利的新变数。要成功完成这项任务，就需要国家安全掌控者们在主要威胁的确认上保持高度一致，并相应地愿意降低其他威胁的优先级，即使这些威胁恰好牵涉一个与防御者有历史宿怨的传统敌人。

要首先“关闭”次要问题。拖延可能与已知的政治必要背道而驰，但如果用来为主要斗争赢得优势，那么它也会有所助益。哈布斯堡王朝战略行为中最始终如一的一大特征，就是安排对抗顺序的工作，这往往意味着要主动解决较小的威胁，以便腾出手来，更有效地应对主要挑战。

这可以采取外交和军事两种形式。约瑟夫二世为了优先应对西部的战争，先是安抚了土耳其人，然后才回过头来在实力的地位上对付奥斯曼帝国。玛丽亚·特蕾西娅在与腓特烈二世的全部战争中，也采用了类似的方式，而在奥地利王位继承争夺中，她利用与普鲁士的休战协议，在将注意力转回北方之前，击败了巴伐利亚人。约瑟夫二世试图在1788—1791年迅速处理土耳其人，然后再将注意力转移到普鲁士，不过他基本上没有成功；由于没有做到这一点，他就需要在两条战线上同时进行大量而昂贵的兵力集中。

320 在可以实现的情况下，首先处理次要威胁，对中间地带国家是有利的，原因很明显，它有助于集中力量对付更严重的威胁。但它的利好，还在于它为国家取得胜利的能力创造了积极的示范效果，而这既有助于打消盟友的疑虑，又能遏制其他掠夺者的跟风行动。

冲突期间的复杂情况比冲突前更难应对。对于一个被包围的大国来说，互动动态本身就更加激烈。即使在和平时期，它也一定存在于一种复杂的状态中；战争一旦打响，这种复杂情况就会急剧增加。对手的一个动作，就会为其他国家创造可利用的机会。这种情况是刻意为之还是偶然发生并不重要；对于中间地带国家来说，其效果是一样的：在许多地方，将同时出现逐步增加和越来越无法控制的“摩擦”，这是防御者无力预先准备或应对的，更不用说控制了。

当奥地利未能预见到地缘政治的转变，发现自己正在对一场早已爆发的多线战争作出被动反应时，它最危险的时刻就来临了。18世纪上半叶的战争，特别是奥地利王位继承战争表明，在本质上，纯粹的危机管理对于一个拥有多片边境的帝国来说是更加危险的；相比大多数国家，也许在更大程度上，它们想要存在，就需要预见和“抢先于”冲突。哈布斯堡王朝治国术的最大成就，是在后来的战争中取得的，当时奥地利的领导者吸收了过去的教训，成功地安排了他们的联盟，以便在战争爆发时，他们可以将稀缺的资源集中起来对付一个——而不是三四个——主要的威胁。

在当今世界，现代技术反而使我们更迫切地需要向预测性战略过渡，因为它让规模最小的战争，也比18和19世纪的战争承担了高得多的赌注。现代武器的本质加剧了这种影响，常规杀伤力的增强和战术性核战争门槛的降低，都可能增加未来冲突的恶化动因。这些冲突一旦爆发，应对它们的选项就会急剧减少。

如果可能的话，迫使敌人在他们的领土而不是你的领土上作战。虽然奥地利的战争往往是防御性的，但哈布斯堡王朝的战略经常试图通过迫使敌人在他们自己的领土上或附近作战，来转移进攻性战争的冲击力。对任何国家来说，在战争中实现这一目标都是有价值的，但对于一个面对多个对手的国家来说尤其如此，因为它将战斗的负担转移到了主要侵略者身上，降低了防御者在其他边境遭受攻击的可能性，并为防御者赢得 321
了战斗动员的时间。

今天被称为“预止”（preclusion）的目标，反映在了奥地利的国防基础设施和联盟政策中。莱茵河的要塞试图将法国限制在它自己的边境内，易北河的要塞试图将普鲁士的进攻限制在具有重要经济地位的波希米亚腹地之外的一小片狭长的边境领土。君主国与海上强国结成了联盟，攻击了路易十四朝海的侧翼；利用与先前敌人法国的联盟，开辟了对抗腓特烈二世的第二战场；凭借与先前敌人普鲁士的联盟，开辟了反抗革命的法国的第二战场；还借助与俄国的联盟，威胁了普鲁士的东部边境，一直到19世纪。

21世纪的技术让预止的目标变得既容易又复杂。技术使军队能够迅速跨越遥远的距离，在敌人本土上造成威胁，但同样使防御者面临来自远方的突发威胁。然而，常规战争仍然是为领土而战，离冲突点最近的地方，承受着人力和经济成本的主要压力。出于这个原因，哈布斯堡王朝所使用的基本方法——前沿基础设施和边境联盟——在今天的格局中仍然是需要持有的资产，因为它们在力量投射中能够发挥效用。

在你和你的主要对手之间，维持一些小国。作为时间管理工具，要塞和盟友都有其局限性。壁垒是静态的，最多只能在短时间内拖住对手。盟友是善变的，可能在一场战争之后就改变立场。在应对多方向威胁方面，提供最大帮助的，是物理空间——在自己和对手之间隔开距离的边境附近的领土。

在历史上的大部分时间里，哈布斯堡君主国所寻求的大战略的首要目标，就是在其边境周围的地区维持一些弱国。对于一个处于中央位置的帝国来说，这些空间对于生存具有重要意义。只要它们保持完整，敌人就不会与防御者有直接的、边界对边界的接触。在和平时期，这降低了对昂贵的全天防御准备的需求；在战时，小国的领土和军队起到了吸收冲击的作用，敌人的军队必须越过它们才能到达本土。

在当代的战略辩论中，有一种观念越来越深入人心，即现代技术，特别是远程空中力量，可以使一个大国免受攻击，以至于不再需要在困难的环境中进行陆上交战。[4] 但即使在21世纪，中间空间仍然拥有战略实用
322 性。一般来说，得到积极防御的空间，比像山脉或海洋这样的被动实物更有价值。独立小国在侵略到达其大国靠山的土地之前，就会积极提供自己的抵抗。在奥地利的鼎盛时期，它们也许是一个中间地带帝国所能使用的最重要的工具，因为它们既可以压制一个对手，从而让帝国对付另一个对手，又可以为在边境迅速集中力量提供支点，从而在需要时与敌人作战。

优先考虑那些能带来长期经济或战略利益的地区。在一场多线战争中，大国必须选择什么应当优先考虑，什么需要降低优先级。在某种程度上，这个决定是由敌人作出的，因为最大的威胁通常会得到最大的关注。但如果存在一个选项的话，谨慎的做法，是优先考虑那些在长期战略竞争中可能会给国家带来最大利益的选项。

哈布斯堡王朝的外交经常将最高的军事关注给予资源最丰富的地区，即使这是以牺牲表面上的“主要”战区为代价，并因此延长了战争的时间。在西班牙王位继承战争中，约瑟夫一世竟不顾匈牙利叛军的不断袭击，将部队从哈布斯堡王朝腹地和帝国首都周围的地区抽调了出来，甚至为了保住王朝在意大利的大量财产，选择了放弃西班牙的遗产。基于

类似的逻辑，为了确保奥地利军队抢先其盟友到达并占领意大利，梅特涅放慢了1813—1814年战役的进程。在这两个案例中，君主国在很大程度上依靠了那些最接近威胁的盟国，让它们承担了主要的工作，而奥地利则将自己的军事资源集中在确保自己的长期利益上。

在不忽视价值最高的地区的同时，奥地利领导者们的头脑中还有一个长期的目标。这种无情的优先顺序排列，虽然在当时往往需要艰难的资源协调和牺牲，却保证了王朝在战争结束后，能够带着最有价值的财产屹立不倒，这也让王朝在下一次战争爆发时拥有了优势地位。

用当地的办法解决当地的问题。一个中间地带大国需要能够应对多个威胁向量，每个威胁向量都有自己的中间空间、战略需要和当地的行为体。然而，想要通过正式帝国的延伸部分来做到这一点，就有可能在管理上积累超出帝国承受能力的成本。最有效的解决方案，就是以最少的外部督促和费用，让占据这些空间的国家自愿提供大部分的安全保障。

在鼎盛时期，哈布斯堡君主国能够有效地将其自身防御任务的主要部
分，外包给几十个附庸国。在其边界周围的领土上，每个国家都有自己 323
的军队和监护国要塞：在西部，有较弱的德意志国家；在东部，有波兰；在西南部，有意大利北部的王国和城邦。在南部，由于直到19世纪末，奥地利还没有获得独立附庸国的可能性，它便吸引了来自敌方领土的士兵定居者，来平息边境，为动荡的领土提供安全。以这种方式依靠当地的行为体，免除了奥地利用于保卫其漫长安全边界的全部费用，并提供了一种压制当地对手的手段，解放了奥地利自己的军队，使它在任何特定时刻都能将军队部署到最危险的地方。

在所有这些情况中，奥地利都放弃了对边境进行更正式、更集中的进一步控制，并利用了当地行动的势头来遏制一个共同的敌人。这种边境管理方法的核心，是对于强国在较小邻国中引发恐惧的自然倾向的认识。试图在这些地方保持过度的“存在感”，将会消耗奥地利自己的力量，同时还会导致当地人害怕它而不是邻近的竞争对手；太没有存在感，又会让竞争对手轻而易举地传播其自身的影响力。

相反，哈布斯堡王朝往往摆出一副强大而清心寡欲的样子，它没有

能力施加统治的威胁，但又强大到足以帮助当地人保留他们最珍视的东西——持续的独立存在。这通常有两种形式。首先，对于那些最害怕外部敌人的国家——通常是那些最接近敌国边界的国家——哈布斯堡王朝通过提供优惠的政治关系和其他激励抵抗到底的措施，促进了这种动态。两个明显的例子，是讷德林根联盟的反法国家和军政国境地带上抵抗奥斯曼帝国的格伦茨边防军群体。其次，对于那些在战争中倾向于站在奥地利敌人一边的小国或集团——也许最典型的例证是巴伐利亚，还要算上匈牙利人——哈布斯堡王朝的君主们通常既残暴又宽大，通过无情镇压抵抗，来表明反抗奥地利是徒劳的；但在战后，他们又展示出仁慈的一面，从而避免激起未来抵抗的火焰。

安抚对手是为了争取时间，而不是为了将问题外包。绥靖是哈布斯堡王朝治国术的一个常用工具。奥地利人经常安抚那些过于强大而无法征服的敌人，因为在某个特定时刻与之交战，会妨碍在别的地方进行兵力集中的任务。这样做有助于时间管理，因为它提供了一种手段，让王朝可以在一段可确定的时间内实现某一战区的非军事化，还能够在另一战区进行资源的集中，从而实施关键打击。

哈布斯堡王朝的绥靖政策有多种形式。它经常需要通过精心策划来
324 搁置与仇敌的争端，这么做要么是为了集中资源应对更大的威胁，要么是为了暂时避免战争，从而为下一轮冲突积累资源。约瑟夫于1704年在伊尔伯斯海姆（Ilbesheim）会议上与巴伐利亚人达成的协议和于1706年在阿尔特兰施泰特（Altranstädt）与卡尔十二世达成的协议，以及玛丽亚·特蕾西娅于1742年在克莱因施内伦多夫会议上与腓特烈达成的短暂和平，都是显著的例子。其他例子还包括考尼茨为了对付普鲁士和俄国分别与法国和土耳其结成的联盟，玛丽亚·特蕾西娅在七年战争前对匈牙利要求的许可，奥地利在拿破仑战争前夕与普鲁士结成的联盟，以及梅特涅在1809年战争失败后对拿破仑自降身份的方针。然而，最佳的例证，或许是哈布斯堡王朝与俄国签订的各种限制性协约，这些协约为东部边境带来了近一个半世纪的和平，并使王朝能够持续地将注意力和资源向西部集中。

这些事例都符合旨在为君主国赢得时间的战略背景。为了不让这些努力适得其反，它们需要的代价必须可以接受。与法国关系的缓和，并不是要把意大利让给一个对手，而是要利用法国对普鲁士的恐惧，来增强奥地利的防御能力。与匈牙利人紧张关系的暂缓，并不是要让出永久性的所有权或优势，而是要最大限度地保留行使哈布斯堡王朝权利的能力，以避免不合时宜的起义。与俄国签订的协约，并没有将东部的管理权外包出去，而是试图最大化这些协约的收益，如果可能的话，还要把土耳其战争的负担推给俄国人。

在这个意义上，区分绥靖政策的这些形式和当今绥靖政策的一般用法是很重要的。[5] 对哈布斯堡王朝来说，绥靖并不是向对手屈服，不是要“不惜一切代价”避免战争。相反，它是一种往往具有欺骗和操纵性质的策略，用来获得国家在短期内如果没有这种策略就会缺乏的东西——时间，同时又不必在长期内放弃对敌人的关键优势。[6] 这种策略的本质就是转移敌人的注意力，要么通过暂时顺应一个敌人的愿望，要么通过聚焦于一个共同的威胁，其目的，是集中更多注意力来对付另外一个敌人。

对于一个中间地带大国来说，向对手让步过多的外交政策，最终可能和军事上的过度扩张一样危险，因为它有可能减少国家长期安全最依赖的独立空间。

谨防敌人利用内部分裂来对付你。对哈布斯堡君主国来说，外交和国内政策是紧密相关的。即使在民族主义兴起之前的时代，庞大而且在政治上顽固不化的匈牙利贵族的存在，就为对手创造了在地缘政治竞争中可利用的机会。马扎尔人起义的可能性，分散了内部的注意力，将哈布斯 325
堡王朝的军队牵制在了内地，还降低了入侵者在边境行动的难度，这对波旁王朝的国王、瑞典人、拿破仑及他的侄子、俾斯麦来说，是一个很大的诱惑。从19世纪中期开始，帝国各民族中更强烈的民族认同感的出现，更是加剧了这种危险。与西欧国家甚至俄罗斯帝国的统治者相比，哈布斯堡王朝的统治者在制定大战略时，必须认识到处理君主国内部始终存在的潜在第五纵队的政治管理和军事后勤要求。

虽然在宪法建构上大为不同，但现代西方国家在许多方面都与超国家的（supernational）哈布斯堡君主国——而不是20世纪的欧洲民族国家——更为相似，因为前者有着错综复杂的前现代政治身份，而后者有着现代的政治基础和基本属于同一种族的人口。除了其固有的优点，民主制度作为一种政治制度，在与威权主义对手的地缘政治竞争中具有重要优势。来自民众的合法性推动了连续的、可预测的、和平的权力转移，并为基于市场的经济增长创造了一个无与伦比的基础，从而给长期的战略韧性提供了一种机制。

然而，民主也意味着政治体的过程和组成都具有高度的复杂性。因此，民主政体无法对敌人进行内部操纵的行为免疫。从哈布斯堡王朝的历史中得到的一个启示是，在重大冲突之前预测和处理国内摩擦的来源——而不是试图在战争进行时应对它们——非常重要。更重要的是，它表明，对于一个民族多元的国家来说，必须拥有作为大国的核心使命，这种使命将战略利益与人民中促成统一的认同根源联系在了一起——就奥地利而言，这种认同根源就是天主教。与传统的民族国家相比，这样一个大国的政治精英更应义不容辞地、有意识地培植和滋养激发其国际作用的文明目的感。

最危险的边境是财政。战争是地缘政治竞争的一个永恒特征，但对于一个拥有多个安全边境的庞大帝国来说，它尤其是一个贯穿始终的严酷现实。地理上被包围的状态让威胁更为众多；大规模的安全投入，意味着与一个或多个敌人之间的某种紧张关系的根源，每时每刻都有可能存在于至少一个地方。战争往往是迫在眉睫的，正在进行的，或不久就要发生的。

这使得一个被包围的国家几乎一直要为战争作准备，这继而又给国防资源创造了可能没有止境的需求。金钱就是时间，在这个意义上，可
326 用的经济资源的规模，决定了用来同时抵抗多个敌人的军事资源的规模。
在争取时间的过程中，中间地带帝国或许比大多数国家更有可能被卷入到债务的漩涡中。这在地缘政治竞争中造成了两个劣势。

首先，它使敌人更容易采取成本强加战略。越来越多的债务，以及随之而来的债务利息支付的费用，意味着对手能够通过持续的军事准备，

来加剧防御者的困难。他们只需要在一条战线上保持强大，就既能获得军事上的优势，又能向防守方的财政系统施加压力，从而使他们的地位在整体上得到提升。

其次，不受掌控的债务，让敌人在战争爆发后对战争的时间因素有了更大的控制。1866年，奥地利被一个敌人打败了。虽然从大多数衡量实力的指标来看，这个敌人在名义上是比自己弱的，但它的财政状况却要更强大，可以阻止哈布斯堡王朝使用其惯用的方法——拖延冲突，让它更多的军事和人力资源发挥作用，从而击退一个军事上更先进的攻击者。

债务造成的时间压力，因哈布斯堡君主国内部的复杂情况而变得更加严重。在与普鲁士的最后较量中，奥地利有段时间一直在优先考虑国防开支（最终占到了国家开支的100%），以至于几乎排除了其他所有开支，这对其经济的发展造成了相当大的长期损失。

奥地利的经验表明，在未来几十年里，即使不遭遇军事能力的重大限制或社会-外交政策的取舍，这种平衡行为也将越来越难以维持。在最严重的情况下，多个层面的地缘政治竞争会在各方同时产生外交政策危机，使债务超过可持续发展的临界点，并迫使国家的相对权力地位向下调整。债务的增长，对于这个被包围的国家来说，给政府的行动强加了“财政-政治的边境”，而且是与任何外部势力一样强大的敌人。[7]

成为“必需”是不够的。哈布斯堡君主国作为一个大国之所以能够长久存在，在很大程度上可以归功于其他大国甚至其竞争对手所持的观点，即它是一个必需品——因为这个实体的存在，为更广泛的国际体系带来了净利益，没有它，欧洲就会出现无法解决的问题。在奥地利帝国历史的最后几十年里，它仍是一种必需的存在；事实上，后来的事件表明，在欧洲中心拥有一支起稳定作用的力量比以往任何时候都更加重要。然而，这一现实并没有阻止欧洲的大多数大国（包括它的许多前盟友）与它反目成仇，并最终主导它作为一个国家的解体。

一个国家是一种必需的存在，意味着它本身有可能处于某种程度的被 327
动状态，因为其他国家会从它的持续存在中获益，并会自愿努力为它提
供支持。就奥地利而言，接替梅特涅的领导者采取了作为一个大国的孤

立主义外交路线。奥地利在历史上第一次几乎完全依靠自己的力量，来征服其周边环境的挑战。它忽视了传统的联盟，放弃了道德制高点，还让自己在不利的情况下卷入了三面的危机之中，而在这些危机中，它固守己见，变得孤立无援，不知所措。

奥地利的经验表明，维持稳定的国际秩序，更多是一个选择问题，而不是无法改变的结构性力量的问题。它让大国必须拥有优势资源才能决定性地塑造其环境的观点，不再站得住脚。即使在鼎盛时期，梅特涅的奥地利相对来说也比它的主要对手弱得多，但却对欧洲事务发挥着支配性的影响。然而，它也表明，当领导者选择忽视过去维持国家地位的实力源泉时，这种影响力就会迅速丧失，国家的安全也会立刻受到威胁。最重要的是，奥地利的经验表明，自我孤立是一个地处中央的大国所面临的最大危险。即使是最强大的国家也需要盟友，特别是在其边境和对手领土之间的地区，才能管理时间因素——其多个方位的安全和整个系统的稳定所依赖的基础。

最后的账本

作为一个帝国，哈布斯堡君主国的表现如何？尽管在卡洛斯二世去世和1700年失去西班牙的遗产后，哈布斯堡王国面临着各种挑战，但它在1919年奥匈帝国消亡之前，仍坚持了两个多世纪。如果把这个王朝在欧洲范围内的履历纳入考量，哈布斯堡帝国以各种形式存在了六百多年——比大英帝国长两个半世纪，比罗马帝国长两个世纪，比迄今为止的美利坚合众国①长三个半世纪。

衡量奥地利作为一个战略行为体的表现的一种方法，是将其取得的成果与在金钱和努力方面所需的成本进行比较。从18世纪初到19世纪中叶，哈布斯堡君主国参与了22场特点和规模各异的战争。[8] 其中，它或许在4场战争中遭受了彻底的失败，在19场战争中处于拥有盟国数量较多

① 原文为the American republic（美利坚共和国）。——译者注

的一方。只有在本书所述时期的最后阶段，当奥地利偏离其传统的大战
略时，它才发现自己在冲突中已处于无可挽回的孤立局面，而即便在那 328
时，它通常也得到了众多小国的支持。奥地利在书写其生存记录的同时，还维持着一支规模通常——除了少数的持续备战期以外——都比其主要对手更少的军队。奥地利军队无疑输掉了它所参加的大多数重大战役，而且在核定哈布斯堡王朝的战略账目时，必须将1741年和1809年这样的溃败放在天平上。但是，如果考虑到这些战役所处的更大范围内的冲突的背景，以及君主国在通过不懈努力、发展核心优势和静默期来收复失地的过程中所表现出的韧性，这些失败的污点就不那么显眼了。

评估奥地利战略表现的另一个准则，是将其与另一个在欧洲棋盘上占据中心位置的德意志大国——普鲁士——的表现进行比较。1871年后，新的德意志帝国接连经历了三种不同的形式。俾斯麦和毛奇设计的基于时间、强调快速军事打击的战略，在1914年和1939年经过改良后投入了使用。这些方法在现代军事和国家安全界仍然具有吸引力。然而，从它们所产生的结果来看，德国的进攻性战略与奥地利所采用的防御性战略相比并不占优势。在俾斯麦战胜法国之后，德国将参加两场规模巨大，以灾难性失败告终的多边战争。这个1871年出现的国家，以有所改变的形式，延续到了1945年——其寿命只是哈布斯堡帝国的零头。

然而，评估哈布斯堡王朝战略遗产的最佳方式，也许是将其在中欧和东欧的影响与之后的局势进行比较。20世纪的全部三场全球战争——两场热战和一场冷战——都发端于哈布斯堡君主国曾经管理的中间地带。君主国的瓦解，为严重的地缘政治动荡铺平了道路，因为来自东方和西方的更具侵略性的军事帝国都在争相填补这一真空。如果像凯南所写的那样，奥匈帝国的瓦解“对所有相关方来说都是不幸的”，那么它的主要受害者，就是这个王朝的前臣民：多瑙河流域零落的民族。[9] 或者像温斯顿·丘吉尔所说的那样，“在构成哈布斯堡帝国的民族或地区中，凡获独立者，都饱受了古代诗人和神学家为受诅咒者所预留的折磨”[10]。

在历史的长河中，哈布斯堡帝国的消亡，就是一个曾经稳定了欧洲中部乃至更大范围内的欧洲秩序的本土稳定性力量的消失。这股力量一旦消失，一场争夺欧亚大陆边缘和腹地之间资源丰富的缝隙地带的竞赛，

329 就不可避免了，因为统一的德意志很快就统治了欧洲的老牌列强，并向东扩张了自己的影响力，这引发了俄国自己的反扩张行动和美国为了恢复欧洲的平衡而进行的干预。最终的争斗造成了6 000万人在第二次世界大战中丧生。[11] 从1919年到1989年，历经四次迅速更替且截然不同的安全秩序，一个管理“中间之地”的持久模板才最终被找到，这一事实，就是哈布斯堡王朝战略治国术有效性的证明。无论是誓要以牺牲少数人的自由为代价来实现民族自决的中欧民主短命国家（*saisonstaats*），或是以人类的尊严为代价来换取毫无结果的效率和对种族统治的追求的德意志帝国，还是以古拉格为代价来实现空洞的无产阶级平等的苏联帝国，都没有达到哈布斯堡王朝所实现的地缘政治稳定和相对繁荣的程度。

美国自己获取超级大国地位的路径，与填补哈布斯堡王朝奥地利灭亡后所留下真空的努力是密不可分的。帝国崩溃后，美国插手了多瑙河流域独立民族国家的创建，并在随后撤出了欧洲，为最终1939年冲突的再起创造了条件。只有通过第二次灾难性的欧洲战争，凭借在欧洲大陆的一支永久性驻军，以及与苏联的漫长较量，美国及其西方盟国才用东扩的北约，成功地为中东欧构建了安全秩序，使得这一地区实现并超越了其在旧帝国时期所享有的稳定和繁荣。

正是在其他规模更大、军事更强的大国尝试治理欧洲中间空间的背景下，哈布斯堡帝国的真正战略成就，才成为焦点。在当今这个即时通信、遥控战争和追求决定性胜利的时代，奥地利完成任务的方法可能显得古板而迟缓。最后，梅特涅所言可能是对的，他认为奥地利的统治者只是在“支撑着”注定要衰败和崩塌的“将倾大厦”。但也许这本身就是哈布斯堡王朝可以传授的最重要的经验：对于所有人类成就的短暂性和脆弱性的敏锐感知。其中蕴藏着一种扎根于谦逊——之所以说谦逊，是因为他们认识到了地缘政治问题很少能得到解决，只能进行管理——的令人厌烦的智慧。随之而来的，是对这样一种情况的接受：在所有时代，开明治国术的任务，就是竭力建造最坚固的壁垒，来抵御战争和地缘政治的古老混乱，即使这样的壁垒顷刻间便灰飞烟灭。

注　释

第一章　哈布斯堡谜题

1. 转引自Charles W. Ingrao，*In Quest and Crisis: Emperor Joseph I and the Habsburg Monarchy*（*West Lafayette, IN: Purdue University Press, 1979*），163。
2. 奥地利的军事效力，在史学史（historiography）学界素有争议。近年来，强调哈布斯堡王朝军队的凝聚力、作为王朝保障者的政治作用、作为一支防御力量的效用的更为积极的评价，已经平衡了第一次世界大战后以德国军事学家的负面评价为基础的批评传统。近来批评传统中最多产的代表人物，是贡特尔·罗滕贝格（Gunther E. Rothenberg）。参见Gunther E. Rothenberg，*The Army of Francis Joseph*（Lafayette，IN：Purdue University Press，1999）；Gunther E. Rothenberg，"The Shield and the Dynasty：Reflections on the Habsburg Army，" *Austrian History Yearbook* 32（2001）：169－208。近来对这一传统的杰出贡献，参见Richard Bassett，*For God and Kaiser: The Imperial Austrian Army, 1619－1918*（New Haven，CT：Yale University Press，2015）。其他持积极观点的历史学家有Lawrence Sondhaus，István Deák，Archer Jones和Christopher Duffy. Hans Delbrück，Alan Sked，A. J. P. Taylor，尤其是Geoffrey Wawro则更具批判性。更早的相关评论，参见Moriz Edler von Angeli，*Wien nach 1848*（Vienna：Braumüller，1905）；Eduard Bartels von Bartberg，*Der Krieg im Jahre 1866*（Leipzig：Verlag Otto Wigand，1866）。对现代哈布斯堡王朝军事争议的总结，参见Lawrence Sondhaus，"The Strategic Culture of the Habsburg Army，" *Austrian History Yearbook* 32（2001）：225－234；Charles W. Ingrao，"Query：The Habsburg Military：Why Mediocrity？，" H-Diplo-Net@H-Net.msu.edu，August 17，1999。另见Manfried Rauchensteiner，"Die Militärgeschichtsschreibung in Österreich nach 1945，" *Vorträge zur Militärgeschichte, vol. 6: Militärgeschichte in Deutschland und Österreich vom 18. Jahrhundert bis in die Gegenwart*（Berlin：Mittler，1985），134－161；Laurence Cole，Christa Hämmerle，and Martin Scheutz，eds.，*Glanz-Gewalt-Gehorsam: Militär und Gesellschaft in der Habsburgermonarchie 1800 bis 1918*（Essen：Klartext Verlag，2011）。
3. Charles W. Ingrao，Nikola Samardžić，and Jovan Pešalj，eds.，*The Peace of Passarowitz, 1718*（West Lafayette，IN：Purdue University Press，2011），6；Christopher Duffy，*The Army of Maria Theresa: The Armed Forces of Imperial Austria, 1740－1780*（New York：

Hippocrene Books，1977），144.

4. 到了19世纪末，帝国的经济状况正在改善，而且比以前更为强劲。参见David F. Good，*The Economic Rise of the Habsburg Empire，1750 – 1914*（Berkeley：University of California Press，1984）。

332 5. 转引自Harvey L. Dyck，“Pondering the Russian Fact：Kaunitz and the Catherinian Empire in the 1770s，” *Canadian Slavonic Papers/Revue Canadienne des Slavistes* 22，no. 4（December 1980）：469。

6. 腓特烈的评价原文是“*f...- vous les Austrichiens*”出自1741年9月1日，腓特烈致波德维尔斯（Podewils）的书信，转引自*Politische Correspondenz Friedrich's des Großen*（Berlin：Geheimes Staatsarchiv Preussischer Kulturbesitz，1879），1：323。弗勒里的言论引自Oskar Criste，*Kriege unter Kaiser Josef II. Nach den Feldakten und anderen authentischen Quellen bearbeitet in der kriegsgeschichtlichen Abteilung des k. und k. Kriegsarchivs*（Vienna：Verlag von L. W. Seidel und Sohn，1904），1。

7. 转引自Sir Richard Lodge，*A History of Modern Europe*（New York：Harper andBrothers，1886），386。另见Reed Browning，*The War of the Austrian Succession*（New York：St. Martin's Press，1995），64。

8. 关于18和19世纪哈布斯堡帝国外交政策的文献资料浩如烟海，此处无法详细介绍。初步了解18世纪政策的优秀文献，参见Charles W. Ingrao，*The Habsburg Monarchy，1618 – 1815*（New York：Cambridge University Press，2000）。除涵盖了奥地利在这一时期所面临的主要安全问题外，这本书还提供了一份关于重要主题的有用书目。全景式了解哈布斯堡王朝外交政策的重点，参见Charles W. Ingrao，“Habsburg Strategy and Geopolitics during the Eighteenth Century，” in *East Central European Society and War in the Pre- Revolutionary Eighteenth Century*，ed. Gunther E. Rothenberg，Béla K. Király，and Peter F. Sugar（New York：Columbia University Press，1982）。另一本对于了解18世纪政策大有助益，也是本书中经常引用的作品，是Michael Hochedlinger，*Austria's Wars of Emergence，1683 – 1797*（New York：Routledge，2013）。迈克尔·霍希德林格（Michael Hochedlinger）是奥地利档案馆的一名研究员，他或许是研究18世纪哈布斯堡王朝的最有天赋的现代历史学家。《奥地利的崛起之战》（*Austria's Wars of Emergence*）在为英语读者阐释17世纪末和18世纪的奥地利军事和外交行为方面取得了重大突破，该书在每一章末尾都提供了评论英语和德语资料的详尽参考文献注释。关于18世纪的其他介绍性资料中，最重要的或许是Christopher Duffy，Karl A. Roider Jr. 和Franz Szabo的各种作品。关于19世纪，除了后面各章所引用的作品外，施罗德（Paul W. Schroeder）和布里奇（F. R. Bridge）的作品也是不可或缺的资料。施罗德在他的众多书籍和文章中，出色而有说服力地论述了从18世纪末到19世纪中叶奥地利外交战略的重要方面，尤其是Paul W. Schroeder，*The Transformation of European Politics，1763 – 1848*（Oxford：Oxford University Press，1994）。施罗德关于梅特涅时期奥地利外交的各种文章，参见David Wetzel，Robert Jervis，and Jack S. Levy，eds.，*Systems，Stability，and Statecraft：Essays on the International History of Modern Europe*（New York：Palgrave Macmillan，2004）。布里奇最重要的作品，参见F. R. Bridge，*The Habsburg Monarchy among the Great Powers，1815 – 1918*（Oxford：

Berg Publishers, 1990); F. R. Bridge, *From Sadowa to Sarajevo: The Foreign Policy of Austria-Hungary, 1866 - 1914*(London: Routledge and K. Paul, 1972); F. R. Bridge with Roger Bullen, *The Great Powers and the European States System, 1815 - 1914*(London: Longman, 1980)。

9. 少数历史学家用“大战略”一词来描述个别哈布斯堡王朝君主的政策，但他们的兴趣通常仅局限于一场具体的战争或战役。马修·Z. 迈尔（Matthew Z. Mayer）将约 333
瑟夫二世时期的一项大战略描述为“在不让普鲁士在波兰获得补偿的同时，处理如何对抗俄国的征服这一看似无法解决的问题”。参见Matthew Z. Mayer, “The Price for Austria’s Security: Part II. Leopold II, the Prussian Threat and the Peace of Sistova, 1790 - 1791,” *International History Review* 26, no. 2(September 2004): 482, 508; Matthew Z. Mayer, “The Price for Austria’s Security: Part I. Joseph II, the Russian Alliance, and the Ottoman War, 1787 - 1789,” *International History Review* 26, no. 2(June 2004): 283。贡特尔·罗滕贝格描述了在弗朗茨皇帝和卡尔大公的领导下，拥有一项大战略的奥地利：“当然，自从玛丽亚·特蕾西娅时代以来，奥地利的大臣们对大战略产生了相当大的影响。考尼茨是这样，施塔迪翁和梅特涅也是这样。图古特也不例外，只是他的活动范围有限。”迈克尔·莱吉雷（Michael V. Leggiere）的文章颇具说服力，他认为梅特涅和弗朗茨皇帝奉行的大战略基本上是成功的。参见Michael V. Leggiere, “Austrian Grand Strategy and the Invasion of France in 1814,” in *Selected Papers of the Consortium on the Revolutionary Era, 1750 - 1850*, ed. Frederick C. Schneid and Jack Richard Censer(High Point, NC: High Point University, 2007), 322 - 331。关于西班牙费利佩二世的优秀描述——也是唯一一本研究一位哈布斯堡王朝统治者的大战略的书籍——参见Geoffrey Parker, *The Grand Strategy of Philip II*(London: Redwood, 2000)。
10. Ingrao, “Habsburg Strategy and Geopolitics,” 50, 63.
11. Hochedlinger, *Wars of Emergence*, 60 - 61.
12. 据豪亨施坦纳（Manfried Rauchensteiner）描述，奥地利军事理论著作数量稀少，发展缓慢，在普鲁士或法国的著作面前相形见绌。参见Manfried Rauchensteiner, “The Development of War Theories in Austria at the End of the Eighteenth Century,” in *East Central European Society and War in the Pre-Revolutionary Eighteenth Century*, ed. Gunther E. Rothenberg, Béla K. Király, and Peter F. Sugar(New York: Columbia University Press, 1982), 75 - 82。有一份汇编详细记录了18世纪末至19世纪中叶次要和较少被研究的奥地利军事学家，参见Günter Brüning, “Militär-Strategie Österreichs in der Zeit Kaiser Franz II(I)”(PhD diss., Westfälische Wilhelms-Universität Münster, 1983)。
13. 关于这一论述的经典阐释，见Paul M. Kennedy, *The Rise and Fall of the Great Powers: Economic Change and Military Conflict from 1500 to 2000*(New York: Random House, 1987)。
14. 相关讨论见Spencer Bakich, “#Reviewing the Evolution of Modern Grand Strategic Thought,” *Strategy Bridge*, September 21, 2016。
15. 对于这一趋势的重要修正，参见Luttwak, *Grand Strategy of the Byzantine Empire*。勒

特韦克（Edward N. Luttwak）概述了东罗马帝国主要以欺骗性外交、情报和有限的武力为根基，以防御为主的大战略。

16. 拿破仑的言论引自Alistair Horne，*How Far from Austerlitz? Napoleon, 1805 - 1815*（New York：St. Martin's Press，1996），9。俾斯麦的言论引自A. J. P. Taylor，*Bismarck: The Man and the Statesman*（London：Hamish Hamilton，1955），38。
17. 关于战后著名的德国军事批评家，参见Max Hoffman，*War Diaries and Other Papers*，2 vols.（London，1929）；Erich Ludendorff，*Meine Kriegserinnerungen, 1914 - 1918*（Berlin：Ernst Siegfried Mittler und Sohn，1919）。德国历史学家汉斯·德尔布吕克（Hans Delbrück）在他的1920年战争史中对奥地利的战略和军事表现提出了批评，将其与普鲁士的表现进行了否定性的对比。参见Hans Delbrück，*The Dawn of Modern Warfare: History of the Art of War*，trans. Walter J. Renfroe Jr.，vol. 4（Lincoln：University of Nebraska Press，1990）。

334 18. 著名的外交历史学家施罗德，虽然认同哈布斯堡君主国并承认其在欧洲体系中的重要作用，但还是写道，奥地利"不可避免地卷入……一场游戏，而这场游戏的规则使得[它]几乎不可能获胜，而且即使获胜，最终也肯定是适得其反的……哈布斯堡帝国无法匿藏；与任何其他大国不同，它不得不参与并输掉这场均势游戏"。参见Schroeder，*The Transformation of European Politics*，33。类似的观点，参见A. J. P. Taylor，*The Habsburg Monarchy, 1809 - 1918: A History of the Austrian Empire and Austria-Hungary*（Harmondsworth，UK：Penguin Books，1948）；C. A. Macartney，*The Habsburg Empire, 1790 - 1918*（New York：Macmillan，1969）；Steven Beller，*A Concise History of Austria*（Cambridge：Cambridge University Press，2007）。一些历史学家反对哈布斯堡王朝必然衰亡的观点。参见Robert A. Kann，*A History of the Habsburg Empire, 1526 - 1918*（Berkeley：University of California Press，1974）；Dominic Lieven，*Empire: The Russian Empire and Its Rivals*（New Haven，CT：Yale University Press，2002）；Alan Sked，*Decline and Fall of the Habsburg Empire, 1815 - 1918*（New York：Routledge，2001）；Pieter M. Judson，*The Habsburg Empire: A New History*（Cambridge，MA：Belknap Press of Harvard University，2016）。

19. 转引自Henry A. Kissinger，*A World Restored: Metternich, Castlereagh, and the Problems of Peace, 1812 - 1822*（Boston：Houghton Mifflin，1957），26。
20. 关于大战略的首个重要的历史案例研究，参见Edward N. Luttwak，*The Grand Strategy of the Roman Empire: From the First Century A.D. to the Third*（Baltimore：Johns Hopkins University Press，1976）。其他达到书本篇幅的案例，见Aaron L. Friedberg，*The Weary Titan: Britain and the Experience of Relative Decline, 1895 - 1905*（Princeton，NJ：Princeton University Press，1988）；John P. LeDonne，*The Russian Empire and the World, 1700 - 1917: The Geopolitics of Expansion and Containment*（Oxford：Oxford University Press，1997）；Parker，*Grand Strategy of Philip II*；Aaron L. Friedberg，*In the Shadow of the Garrison State: America's Anti-Statism and Its Cold War Grand Strategy*（Princeton，NJ：Princeton University Press，2000）；John P. LeDonne，*The Grand Strategy of the Russian Empire, 1650 - 1831*（Oxford：Oxford University Press，2003）；Luttwak，*Grand Strategy of the Byzantine*

Empire；Dominic Lieven，*Russia against Napoleon: The True Story of the Campaigns of War and Peace*（New York：Penguin Books，2009）；Paul Anthony Rahe，*The Grand Strategy of Classical Sparta: The Persian Challenge*（New Haven，CT：Yale University Press，2015）；John Darwin，*The Empire Project: The Rise and Fall of the British World- System, 1830 - 1970*（Cambridge：Cambridge University Press，2011）。

21. 勒特韦克写道："所有国家都有一个大战略，不管它们是否知道。这是不可避免的，因为大战略就是知识和说服力（或者，用现代术语说，是情报和外交）与军事力量相互作用，从而在一个由其他拥有各自'大战略'的国家组成的世界中，决定结果的一个层面。所有国家都必须有一个大战略，但不是所有的大战略都是同等的。"Luttwak，*Grand Strategy of the Byzantine Empire*，410.
22. 大战略的概念，起源于20世纪关于大英帝国国防的讨论。虽然在19世纪30年代已经提出，但这一概念的充分阐发，是科比特爵士（Sir Julian Stafford Corbett）在1904—1906年期间在皇家海军战争学院的讲座和所谓的"绿色小册子"（Green Pamphlet）——该小册子在1988年版的Julian Stafford Corbett，*Some Principles of Maritime Strategy*（London：Hutchinson，1923）中得以再现——中作出的。该术语首先由富勒（J. F. C. Fuller）在其*The Reformation of War*（London：Hutchison，1923）一书中推广，然后由利德尔·哈特（B. H. Liddell Hart）在其20世纪20年代中期起的书籍和讲座中宣扬，其中最引人注目的是*Strategy*（New York：Meridian，1991）。 335
这三位英国作者都强调要重视海战，利用外围地区打击陆地上的敌人，以及采用商业和经济手段来限制战争。在美国，这个词出现于第二次世界大战期间，参见H. A. Sargeaunt and Geoffrey West，*Grand Strategy*（New York：Thomas Y. Crowell Company，1941）；Nicholas John Spykman，*America's Strategy in World Politics: The United States and the Balance of Power*（New York：Harcourt，Brace and Company，1942）；Edward Mead Earle，*Makers of Modern Strategy: Military Thought from Machiavelli to Hitler*（Princeton，NJ：Princeton University Press，1943）。核武器的出现，将这个术语暂时打入了冷宫，但是冷战结束后，Paul Kennedy，Barry Posen和John Lewis Gaddis这几位重要学者又重燃了人们对这一主题的兴趣。关于大战略的最重要的资料，见Colin S. Gray，"Geography and Grand Strategy，" *Comparative Strategy* 10，no. 4（1991）：311 - 329；Paul M. Kennedy，*Grand Strategies in War and Peace*（New Haven，CT：Yale University Press，1992）；Williamson Murray，MacGregor Knox，and Alvin Bernstein，eds.，*The Making of Strategy: Rulers, States, and War*（Cambridge：Cambridge University Press，1994）；John Lewis Gaddis，*Surprise, Security, and the American Experience*（Cambridge，MA：Harvard University Press，2004）；Charles Hill，*Grand Strategies: Literature, Statecraft, and World Order*（New Haven，CT：Yale University Press，2010）；Williamson Murray，Richard Hart Sinnreich，and James Lacey，eds.，*The Shaping of Grand Strategy: Policy, Diplomacy, and War*（Cambridge：Cambridge University Press，2011）；Thomas Mahnken，*Competitive Strategies for the 21st Century: Theory, History, and Practice*（Stanford，CA：Stanford University Press，2012）；Lawrence Freedman，*Strategy: A History*（Oxford：Oxford

University Press，2013）; Barry R. Posen，*Restraint: A New Foundation for U.S. Grand Strategy*（Ithaca，NY：Cornell University Press，2014）; Hal Brands，*What Good Is Grand Strategy? Power and Purpose in American Statecraft from Harry S. Truman to George W. Bush*（Ithaca，NY：Cornell University Press，2014）; Williamson Murray and Richard Hart Sinnreich，eds.，*Successful Strategies: Triumphing in War and Peace from Antiquity to the Present*（Cambridge：Cambridge University Press，2014）; William C. Martel，*Grand Strategy in Theory and Practice: The Need for an Effective American Foreign Policy*（Cambridge：Cambridge University Press，2015）; Colin Dueck *The Obama Doctrine: American Grand Strategy Today*（Oxford：Oxford University Press，2015）; Peter Mansoor and Williamson Murray，eds.，*Grand Strategy and Military Alliances*（Cambridge：Cambridge University Press，2016）。

23. 关于"大战略"这一术语的现代争论的优秀导论，参见Lukas Milevski，*The Evolution of Modern Grand Strategic Thought*（Oxford：Oxford University Press，2006）。米列夫斯基（Lukas Milevski）追溯了这个概念的起源，断言其含义缺乏理论基础，而是取决于它被使用的时代。对这一术语的批评，往往围绕着两个问题：命名——对"大"（grand）这个字的怀疑，以及在什么基础上，更高层次的规划可以与任何其他类型的战略区分开来——以及合理性——领导者可以制定一个前后一致的概念，并在几代人之内或跨越几代人将其高度忠实地传递。批评者所面临的挑战，是如何描述发生在战场层面之上的战略。正如一位作者所写的那样，仅仅发现术语中的缺陷是不够的；人们必须对"最高层面的战略是什么样子的？"这一问题提供一种新的答案。对米列夫斯基书籍的书评，参见Bakich，"Reviewing the Evolution of Modern Grand Strategic Thought"。对这一术语的辩护，参见Murray and Sinnreich，*Successful Strategies*。

336 24. John Lewis Gaddis，" What Is Grand Strategy？：American Grand Strategy after War"（Lecture at the Triangle Institute for Security Studies and Duke University Program on American Grand Strategy，February 26，2009），7. 在现代的各种说法中，加迪斯（John Lewis Gaddis）的定义与该术语的创始人科比特所使用的定义最为一致，后者试图将领导者在战争中管理国家综合军事资源，从而实现政治目标的过程，与指挥才能或者说在战场上指挥部队的战略区分开来。科比特在他的演讲稿中给出的定义是："首先有的是大战略，它涉及整个战区，涉及战争的规划。它把战争看成是外交政策的延续。它关注的是战争的目标和实现目标的手段。它综合处理所有的国家资源，包括海军、陆军、外交和财政。它是国防委员会的职责范围。它将陆军和海军作为一支力量的分支来控制。"转引自Milevski，*Evolution of Modern Grand Strategic Thought*，38。两次世界大战间的英国军事学家富勒和利德尔·哈特进一步发展了科比特的定义，使其包括了国家力量的所有要素，而不仅仅是军事力量。富勒将大战略定义为"为了维持政策，将各种形式的力量进行传递的过程"。来源同上书，47页。利德尔·哈特写道："大战略或高级战略的作用，是协调和指导一个国家或国家集团的所有资源，实现根本政策所确定的战争目标的政治目的。" Liddell Hart，*Strategy*，321 - 322. 加迪斯的定义，建立在这一思想脉络的基础上，同时，他避免了两个极端：一个是对战时计划的过于狭隘的关注，另一个是更为灵活和现代的理解，即试图把从意识形态到文学和艺术的一切都包含在大战略的范畴内。参见Hill，*Grand Strategies*。

25. Brands，*What Good Is Grand Strategy？*，1，3.这种“逻辑”可能会被书写下来，也可能不会。勒特韦克认为，拜占庭帝国的领导者遵循着一种“行动准则”，这种准则可以“归因于观察所得的行为的基础和拜占庭的旅行指南与战地手册的各种建议”。同样，拉厄（Rahe）认为，斯巴达的大战略，是通过一个试错过程产生的，它源于一个“明确的方向”以及一种“使她成为一个和谐体系（kósmos）并赋予她秩序（eunomía）的一致性”，激发了“保卫政制（politeía）的需要”。参见Luttwak，*Grand Strategy of the Byzantine Empire*，416；Rahe，*Grand Strategy of Classical Sparta*，2。
26. 利德尔·哈特是第一个认识到这一层面的人，他写道：“大战略的着眼点超越了战争，落在了随后的和平上。它不仅应该综合各种手段，而且应该规范这些手段的使用，从而避免未来的和平状态对其安全和繁荣程度的影响。”Liddell Hart，*Strategy*，322.
27. Murray，Sinnreich，and Lacey，*Shaping of Grand Strategy*，2，5.
28. Gray，“Geography and Grand Strategy.”
29. Marvin Swartz，*Politics of British Foreign Policy in the Era of Disraeli and Gladstone*（London：Palgrave Macmillan，1985），56. 即使在这种极端情况下，英国在多大程度上像索尔兹伯里所说的那样只是对事件作出被动反应，也是值得商榷的；可以看出，英国有一个用于管理近东大陆作战的大战略。参见A. J. P. Taylor，*The Struggle for Mastery in Europe，1848 - 1918*（Harmondsworth，UK：Penguin Books，1954），346；E. David Steele，*Lord Salisbury*（New York：Routledge，2002），320。
30. Luttwak，*Grand Strategy of the Byzantine Empire*，410.
31. 参见Carl von Clausewitz，*Vom Kriege*（Berlin：Ferd. Dümmlers Verlagsbuchhandlung，1911）的前言部分。
32. 威廉·富勒描写了20世纪初帝国主义俄国的这种倾向，它将战略视为一种近乎“有 337
魔力”的物质，认为通过战略，借助隐藏的文化优势和与生俱来的诡诈，就可以弥补国家在技术上面对西方强敌的不足。参见William C. Fuller，*Power and Strategy in Russia，1600 - 1914*（New York：Macmillan，1998），xvii - xviii。
33. “中间地带的”（interstitial）一词第一次用于政治地理，参见William Hardy McNeill，*Europe's Steppe Frontier，1500 - 1800*（Chicago：University of Chicago Press，1964）。我将中间地带大国定义为一个拥有重大军事潜力，位于两个或多个足以威胁其生存的权力中心之间的国家。我将中间地带大国与所谓的中等国家区分开来，后者通常指的是小型或中型国家。有关中等国家的文献很多，参见Joshua B. Spero，*Bridging the European Divide：Middle Power Politics and Regional Security Dilemmas*（Lanham，MD：Rowman and Littlefield，2004）；Carsten Holbraad，*Middle Powers in International Politics*（London：Macmillan，1984）；David A. Cooper，“Somewhere between Great and Small：Disentangling the Conceptual Jumble of Middle，Regional，and ‘Niche’ Powers，” *Journal of Diplomacy and International Relations*（Summer-Fall 2013）：25 - 35；Eduard Jordaan，“The Concept of a Middle Power in International Relations：Distinguishing between Emerging and Traditional Middle Powers，” *South African Journal of Political*

Studies 30，no. 1（2003）：165 – 181；Bernard Wood，“Middle Powers in the International System：A Preliminary Assessment of Potential，” North-South Institute Working Paper 11（June 1987）；Robert L. Rothstein，*Alliances and Small Powers*（New York：Columbia University Press，1968）；Paul W. Schroeder，“The Lost Intermediaries：The Impact of 1870 on the European System，” in *Systems，Stability，and Statecraft：Essays on the International History of Modern Europe*，ed. David Wetzel，Robert Jervis，and Jack S. Levy（New York：Palgrave Macmillan，2004）。

34. 一些现代的奥地利历史学家对君主国是一个以防御为主的国家的观点提出了质疑，他们认为这是一个更加庞大的“哈布斯堡神话”——其形成的目的，是将它与普鲁士的军事历史区分开来——的一部分。参见Michael Hochedlinger，“The Habsburg Monarchy：From ‘Military-Fiscal State’ to ‘Militarization，’” in *The Fiscal-Military State in Eighteenth Century Europe：Essays in Honour of P.G.M. Dickson*，ed. Christopher Storrs（Farnham，UK：Ashgate Publishing Company，2009），especially 58 – 61；Laurence Cole，“Der Habsburger-Mythos，” in *Memorial Austritte I. Menschen，Mythen，Zeiten*，ed. Emil Prix et al.（Vienna：Oldenbourg Wissenschaftsverlag，2004）。

35. 在战略研究中，时间这一主题还没有得到广泛的关注。也许最成熟的讨论，存在于关于战略突袭的文献中，因为它与技术适应有关，尽管与更宽泛的研究领域的情况一样，其侧重点是进攻性战略。参见Colin S. Gray，“Transformation and Strategic Surprise”（Carlisle，PA：Strategic Studies Institute，2005）；L. B. Kirkpatrick，“Book Review of Pearl Harbor：Warning and Decision by Roberta Wohlstetter”（Langley，VA：CIA Historical Review Program，1993）；Jack Davis，“Strategic Warning：If Surprise Is Inevitable，What Role for Analysis？”（Reston，VA：Sherman Kent Center for Intelligence Analysis Occasional Papers 2，no. 1，2003）。

36. Ingrao，*Quest and Crisis*，4.

37. 参见 Parker，*Grand Strategy of Philip II*。

38. 近年来，奥匈帝国存在的最后几年和第一次世界大战前的时期，一直是历史学家的
338 兴趣所在。部分作品参见Geoffrey Wawro，*A Mad Catastrophe：The Outbreak of World War I and the Collapse of the Habsburg Empire*（New York：Basic Books，2014）；Mark Cornwall，*The Last Years of Austria-Hungary：A Multi-National Experiment in Early Twentieth-Century Europe*（Exeter：University of Exeter Press，2002）；Prit Buttar，*Collision of Empires：The War on the Eastern Front in 1914*（Oxford：Osprey Publishing，2016）；John R. Schindler，*Fall of the Double Eagle：The Battle for Galicia and the Demise of Austria-Hungary*（Omaha：University of Nebraska Press，2015）；Christopher Clark，*The Sleepwalkers：How Europe Went to War in 1914*（New York：HarperCollins，2014）；Margaret MacMillan，*The War That Ended Peace：The Road to 1914*（New York：Random House，2014）。

39. 在这些方面，奥地利人与罗马和拜占庭帝国相比更胜一筹，后两个国家几乎没有什么体系或文字记录，但还是制定了前后一致的大战略。参见Lacey，“Grand Strategy of the Roman Empire，” 38 – 41；Luttwak，*Grand Strategy of the Byzantine Empire*，1 – 49。

40. 概述1700年之后哈布斯堡帝国的上佳英文著作，参见Macartney，*Habsburg Empire*；Kann，*History of the Habsburg Empire*；Jean Bérenger，*A History of the Habsburg Empire, 1700 - 1918*（New York：Routledge，1968）；Andrew Wheatcroft，*The Habsburgs: Embodying Empire*（London：Penguin Books，1995）；Judson，*Habsburg Empire*。霍希德林格在《奥地利的崛起之战》中，回顾了大量关于18世纪君主国的德语和英语二手文献。一份有价值但稍显过时的史学史争论综述，参见Sked，*Decline and Fall of the Habsburg Empire*。
41. 其中最重要的，是Oskar Regele，Kurt Peball，Rauchensteiner和Hochedlinger的著作。豪亨施坦纳在1974年的文章“Zum operativen Denken in Österreich 1814 - 1914”，是现代思考奥地利军事行为问题的最早尝试，尽管其观点以实用为主。关于19世纪奥地利军队的著作包括Joachim Niemeyer的1979 *Das österreichsche Militärwesen im Umbruch*和Walter Wagner的1978 *Von Austerlitz bis Königgrätz. Österreichische Kampftaktik im Spiegel der Reglements 1805 - 1864*。或许，对这一时期哈布斯堡王朝军事思维的理论方面最透彻和慎重的论述，存在于金特·布吕宁（Günter Brüning）未曾发表的博士论文“Militär-Strategie Österreichs in der Zeit Kaiser Franz II（I）”中。参见其绪论和附录中简短的史学史注释。关于奥地利与普鲁士史学史比较的简要综述参见Hochedlinger，“The Habsburg Monarchy,”尤其是58—61页。
42. 弗里德贝格（Friedberg）的观点很有说服力，他认为相对于比较分析而言，单一的历史案例对于形成类比具有特殊的优势。参见Friedberg，*Weary Titan*，17n54。关于利用历史影响外交政策制定的更为复杂的情况的缜密讨论，参见Richard E. Neustadt and Ernest R. May，*Thinking in Time: The Uses of History for Decision-Makers*（New York：Free Press，1988）。

第二章　多瑙河畔的帝国：哈布斯堡政权的地理环境

1. Nicholas John Spykman，*America's Strategy in World Politics: The United States and the Balance of Power*（New York：Harcourt，Brace and Company，1942），42.
2. 关于对这两项要求的强调，参见上条文献（可通航的河流与山脉）；Edward N. Luttwak，*The Grand Strategy of the Roman Empire: From the First Century A.D. to the Third*（Baltimore：Johns Hopkins University Press，1976），1（“providing adequate 339
security and a sound material base”）。
3. Paul Robert Magocsi，*Historical Atlas of East Central Europe*（Seattle：University of Washington Press，1993），2.
4. William Hardy McNeill，*Europe's Steppe Frontier, 1500 - 1800*（Chicago：University of Chicago Press，1964），2.
5. Hugh Seton-Watson，*Eastern Europe between the Wars, 1918 - 1941*（Hamden，CT：Archon Books，1962），3.
6. 用麦克尼尔的话说，就是“横贯大陆的马背民族与跨越地区的河船民族交汇的”地方。McNeill，*Europe's Steppe Frontier*，2.

7. William O. Blake and Thomas H. Prescott, *The Volume of the World: Embracing the Geography, History, and Statistics*（Columbus：J. and H. Miller，1855），584.
8. 数据的计算使用了美国陆军的 *Field Manual Number 21 - 18: Foot Marches*。行军时间可能因阴冷天气和糟糕路况等情况剧增。
9. 关于陆地和海洋帝国之间力量梯度问题对比的讨论，可参见Colin S. Gray，*The Geopolitics of Super Power*（Louisville：University of Kentucky Press，1988），50 - 51。
10. Seton-Watson，*Eastern Europe between the Wars*，9.
11. Brian Campbell，*Rivers and the Power of Ancient Rome*（Chapel Hill：University of North Carolina Press，2012），292.
12. Dietrich Heinrich von Bülow，*The Spirit of the Modern System of War*，ed. and trans. C. Malorti de Martemont（1806；repr.，Cambridge：Cambridge University Press，2013），283.
13. Robert Strausz-Hupé，*Geopolitics: The Struggle for Space and Power*（New York：G. P. Putnam's Sons，1942），16.
14. A. T. Mahan，*The Influence of Sea Power upon History: 1660 - 1783*（New York：Dover Publications，1987），21.
15. 关于多瑙河的讨论，见Guy Arnold，*World Strategic Highways*（London：Fitzroy Dearborn Publishers，2000），68 - 73。
16. Blake and Prescott，*Volume of the World*，587.
17. Henry Hajnal，*The Danube: Its Historical, Political, and Economic Importance*（The Hague：Martinus Nijhoff，1920），132 - 134.
18. Johann Joseph Wenzel Radetzky von Radetz，"Militärische Betrachtung der Lage Österreichs"（1828），in *Denkschriften militärisch-politischen Inhalts aus dem Handschriftlichen Nachlass des k.k. österreichischen Feldmarschalls Grafen Radetzky*（Stuttgart：J. G. Cotta'scher Verlag，1858），423.
19. 同上。
20. Carl von Clausewitz，*On War*，trans. Michael Eliot Howard and Peter Paret（Princeton，NJ：Princeton University Press，1989），437.
21. Archduke Charles von Habsburg，*Principles of War*，trans. Daniel I. Radakovich（Ann Arbor，MI：Nimble Books，2009），37.
22. Blake and Prescott，*Volume of the World*，587.
23. Reed Browning，*The War of the Austrian Succession*（New York：St. Martin's Press，1995），97.
24. 同上书，168。

340 25. Clausewitz，*War*，424，428，432.
26. Archduke Charles，"Von dem Einfluss der Kultur auf die Kriegskunst，" in *Erzherzog Karl: Ausgewählte Militärische Schriften*，ed. Freiherr von Waldstätten（Berlin：Richard Wilhelmi，1882），117 - 118.
27. James Fairgrieve，*Geography and World Power*（London：University of London Press，1915），329 - 320.

28. 参见Colin S. Gray, “Seapower and Landpower,” in *Seapower and Strategy*, ed. Roger W. Barnett and Colin S. Gray (Annapolis: Naval Institute Press, 1989); Colin S. Gray, “Geography and Grand Strategy,” *Comparative Strategy* 10, no. 4 (1991): 311 - 329。
29. 关于哈布斯堡王朝地图绘制学的更多信息，参见Oskar Regele, *Beiträge zur Geschichte der staatlichen Landesaufnahme und Kartographie in Österreich bis zum Jahre 1918* (Vienna: Notringes der wissenschaftlichen Verbände Österreichs, 1955); Johannes Dörflinger, *Die Österreichische Kartographie*, vol. 1 (Vienna: Österreichischen Akademie der Wissenschaften, 1984); David Buisseret, *Monarchs, Ministers, and Maps: The Emergence of Cartography as a Tool of Government in Early Modern Europe* (Chicago: University of Chicago Press, 1992); Madalina Valeria Veres, “Constructing Imperial Spaces: Habsburg Cartography in the Age of Enlightenment” (PhD diss., University of Pittsburgh, 2015)。另见Larry Wolff, *Inventing Eastern Europe: The Map of Civilization on the Mind of the Enlightenment* (Stanford, CA: Stanford University Press, 1994); Jeremy Black, “Change in Ancien Régime International Relations: Diplomacy and Cartography, 1650 - 1800,” *Diplomacy and Statecraft* 20, no. 1 (2009): 20 - 29; Jeremy Black, “A Revolution in Military Cartography?: Europe, 1650 - 1815,” *Journal of Military History* 73, no. 1 (2009): 49 - 68。本页和后续页中引用的一些哈布斯堡王朝地图已在现代版本中得到了全部或部分复制。
30. 这幅地图可在华盛顿特区的国会图书馆地理与地图部查阅。
31. Veres, “Constructing Imperial Spaces,” 7.
32. 同上书，18 - 19。
33. 同上书，107。
34. C. A. Macartney, ed., *The Habsburg and Hohenzollern Dynasties in the Seventeenth and Eighteenth Centuries* (London: Macmillan, 1970), 126.
35. Veres, “Constructing Imperial Spaces,” 18 - 19.
36. Buisseret, *Monarchs, Ministers, and Maps*, 163.
37. Veres, “Constructing Imperial Spaces,” 30; Buisseret, *Monarchs, Ministers, and Maps*, 164.
38. Veres, “Constructing Imperial Spaces,” 53, 426.
39. 同上书，439。另见 John Brian Harley, “Silences and Secrecy: The Hidden Agendaof Cartography in Early Modern Europe,” *Imago Mundi: The International Journal for the History of Cartography* 40, no. 1 (1988): 57 - 76。
40. Veres, “Constructing Imperial Spaces,” 7.
41. 转引自Buisseret, *Monarchs, Ministers, and Maps*, 165。
42. Owen Lattimore, *Studies in Frontier History: Collected Papers, 1928 - 1958* (London: Oxford University Press, 1962), 110 - 111.
43. Black, “Change in Ancien Régime International Relations,” 23.
44. Michael Hochedlinger, *Austria's Wars of Emergence, 1683 - 1797* (New York: Routledge, 2013), 125, 308.

341 45. Buisseret, *Monarchs, Ministers, and Maps*, 166.

46. Veres, “Constructing Imperial Spaces,” 151.

47. 同上书，104 - 107。

48. 玛丽亚·特蕾西娅在1778年巴伐利亚王位继承战争危机期间与约瑟夫二世的通信，参见Karl Schneider, “Aus dem Briefwechsel Maria Theresias mit Josef II,” in *Aus Österreichs Vergangenheit: Quellenbücher zur österreichischen Geschichte No. 11*, ed. Karl Schneider (Vienna: Schulwissenschaftlicher Verlag, 1917)。

49. 转引自Larry Wolfe, “ ‘Kennst du das Land ? ’ The Uncertainty of Galicia in the Age of Metternich and Fredo,” *Slavic Review* 67, no. 2 (2008): 277。

50. Veres, “Constructing Imperial Spaces,” 107 - 108.

51. Prince Eugene of Savoy, “Memoirs of Prince Eugene of Savoy,” in *Eugene of Savoy: Marlborough's Great Military Partner*, ed. Alexander Innes Shand, trans. William Mudford (London: Leonaur Ltd., 2014), 96.

52. Alfred Ritter von Arneth, *Correspondance secrète du comte de Mercy Argenteau avec l'empereur Joseph II et le prince de Kaunitz* (Paris: Imprimerie Nationale, 1877), 1: 34 - 35.

53. Veres, “Constructing Imperial Spaces,” 105.

54. Zbigniew Brzezinski, *Game Plan: A Geostrategic Framework for the Conduct of the U.S.-Soviet Contest* (New York: Atlantic Monthly Press, 1986), 6 - 7.

55. Claudio Magris, *Danube: A Sentimental Journey from the Source to the Black Sea*, trans. Patrick Creagh (New York: Farrar, Straus Giroux, 1989), 155.

第三章　损益遗产：哈布斯堡王朝的人民与政府

1. Anonymous, “Notary of King Béla: The Deeds of the Hungarians,” ed. and trans. Martyn Rady and László Veszprémy, in *Central European Medieval Texts Series*, ed. János M. Bak, Urszula Borkowska, Giles Constable, and Gábor Klaniczay (Budapest: Central European University Press, 2010), 5: 27; C. A. Macartney, *The Medieval Hungarian Historians: A Critical and Analytical Guide* (Cambridge: Cambridge University Press, 1953), 70 - 80.

2. Robert Strausz-Hupé, *Geopolitics: The Struggle for Space and Power* (New York: G. P. Putnam's Sons, 1942), 16.

3. Hugh Seton-Watson, *Eastern Europe between the Wars, 1918 - 1941* (Hamden, CT: Archon Books, 1962), 30.

4. David F. Good, *The Economic Rise of the Habsburg Empire, 1750 - 1914* (Berkeley: University of California Press, 1984), 20 - 21.

5. 同上书，23。

6. Charles W. Ingrao, *The Habsburg Monarchy, 1618 - 1815* (New York: Cambridge University Press, 2000), 7 - 9.

7. 同上书，64。
8. Michael Hochedlinger，*Austria's Wars of Emergence, 1683 – 1797*（New York：Routledge，2013），19.
9. 长期以来，人们认为捷克本土贵族在1620年的白山之战中被消灭了，对于这一观点的质疑，参见R. J. W. Evans，*The Making of the Habsburg Monarch, 1550 – 1700: An Interpretation*（Oxford：Oxford University Press，1984）。更多关于这一话题的讨论，参见Jaroslav Pánek，"The Religious Question and the Political System of Bohemia before and 342
after the Battle of White Mountain," in *Crown, Church, and Estates: Central European Politics in the Sixteenth and Seventeenth Centuries*，ed. R . J. W. Evans and T. V. Thomas（New York：St. Martin's Press，1991），129 – 148。
10. Ingrao，*Habsburg Monarchy*，11 – 12.
11. Good，*Economic Rise of the Habsburg Empire*，23.
12. Ingrao，*Habsburg Monarchy*，161.
13. 转引自Reed Browning，*The War of the Austrian Succession*（New York：St. Martin's Press，1995），42，108。
14. Ingrao，*Habsburg Monarchy*，132，164.
15. Good，*Economic Rise of the Habsburg Empire*，25.
16. Ingrao，*Habsburg Monarchy*，160.
17. Good，*Economic Rise of the Habsburg Empire*，32.
18. William Hardy McNeill，*Europe's Steppe Frontier, 1500 – 1800*（Chicago：University of Chicago Press，1964），216.
19. Good，*Economic Rise of the Habsburg Empire*，228.
20. 查尔斯·蒂利（Charles Tilly）的原话是："战争造就了国家，而国家制造了战争。" Charles Tilly，*The Formation of National States in Western Europe*（Princeton，NJ：Princeton University Press，1975），42.
21. Good，*Economic Rise of the Habsburg Empire*，25.
22. Ingrao，*Habsburg Monarchy*，7 – 10.
23. Franz A. J. Szabo，*Kaunitz and Enlightened Absolutism, 1753 – 1780*（Cambridge：Cambridge University Press，1994），3. 深入了解奥地利身份的含混本质，参见Greta Klingenstein，"The Meanings of 'Austria' and 'Austrian' in the Eighteenth Century," in *Royal and Republican Sovereignty in Early Modern Europe*，ed. Robert Oresko，G. C. Gibbs，and H. M. Scott（Cambridge：Cambridge University Press，1997），423 – 478；Richard G. Plaschka，Gerald Stourzh，and Jan P. Niederkorn，eds.，*Was heisst Österreich? Inhalt und Umfang des Österreichbegriffs vom10. Jahrhundert bis heute*（Vienna：Österreichischen Akademie der Wissenschaften，1995）。
24. 接下来的部分大量引用了Hochedlinger，*Wars of Emergence*。
25. R. J. W. Evans，*Making of the Habsburg Monarchy*，447. 关于现代早期奥地利的二次文献数量众多。相关导论，参见文献同上；Hochedlinger，*Wars of Emergence*；Charles W. Ingrao，*State and Society in Early Modern Austria*（West Lafayette，IN：Purdue University Press，1994）；Karl Vocelka，*Österreichische Geschichte*

1699 - 1815: Glanz und Untergang der höfischen Welt: Repräsentation, Reform und Reaktion im habsburgischen Vielvölkerstaat（Vienna：Überreuter，2001）；Erich Zollner，*Geschichte Österreichs*（Vienna：Oldenbourg Wissenschaftsverlag，1990）；Ernst Bruckmüller，"Die habsburgische Monarchie im Zeitalter des Prinzen Eugen zwischen 1683 und 1740，" in *Österreich und die Osmanen—Prinz Eugen und siene Zeit*，ed. Erich Zöllner and Karl Gutkas（Vienna：Österreichischer Bundesverlag，1988）.

26. Hochedlinger，*Wars of Emergence*，27；Szabo，*Kaunitz and Enlightened Absolutism*，3.
27. Prince Eugene of Savoy，"Memoirs of Prince Eugene of Savoy，" in *Eugene of Savoy: Marlborough's Great Military Partner*，ed. Alexander Innes Shand，trans. William Mudford（London：Leonaur Ltd.，2014），77.
28. 霍希德林格的原话是："奥地利哈布斯堡王朝并不是通过等级会议进行统治的，而是与等级会议联合统治的。"Hochedlinger，*Wars of Emergence*，268.

343 29. 同上书，37。
30. Charles W. Ingrao，*In Quest and Crisis: Emperor Joseph I and the Habsburg Monarchy*（West Lafayette，IN：Purdue University Press，1979），28；Hochedlinger，*Wars of Emergence*，37.
31. Richard Bassett，*For God and Kaiser: The Imperial Austrian Army from 1619 to 1918*（New Haven，CT：Yale University Press，2015），85 - 86.
32. Hochedlinger，*Wars of Emergence*，285.
33. 转引自P. G. M. Dickson，*Finance and Government under Maria Theresia，1740 - 1780*（Oxford：Clarendon Press，1987），2：223。
34. Hochedlinger，*Wars of Emergence*，29.
35. 一位历史学家写道，即使在19世纪中叶，也就是哈布斯堡王朝军事支出的顶峰，"奥地利军队的规模也总是比一般承认的要小20%至25%"。参见Gordon Alexander Craig，*The Battle of Königgrätz: Prussia's Victory over Austria，1866*（Philadelphia：Lippincott Press，1964），29。
36. 18世纪的资料，参见Hochedlinger，*Wars of Emergence*，281；Dickson，*Finance and Government*，2：344 - 352，appendix A；Lawrence Sondhaus，"The Strategic Culture of the Habsburg Army，" *Austrian History Yearbook* 32（2001）：225 - 234。至于19世纪，上述数据的计算使用了下列文献：Gunther E. Rothenberg，*The Army of Francis Joseph*（Lafayette，IN：Purdue University Press，1999），61："128 286名日耳曼人，96 300名捷克人和斯洛伐克人，52 700名意大利人，22 700名斯洛文尼亚人，20 700名罗马尼亚人，19 000名塞尔维亚人，50 100名鲁塞尼亚人，37 700名波兰人，32 500名马扎尔人，27 600名克罗地亚人和5 100名来自其他民族的人。"
37. Hochedlinger，*Wars of Emergence*，37 - 39.
38. 参见Michael Pammer，"Public Finance in Austria-Hungary，1820 - 1913，" in *Paying for the Liberal State: The Rise of Public Finance in Nineteenth Century Europe*，ed. Jose Luis Cardoso and Pedro Lains（Cambridge：Cambridge University Press，2010），156；Hochedlinger，*Wars of Emergence*，78 - 79。
39. Dickson，*Finance and Government*，2：47. 接下来的部分大量引用了上述文献；

Hamish Scott，“The Fiscal-Military State and International Rivalry during the Long Eighteenth Century，” in *The Fiscal-Military State in Eighteenth-Century Europe: Essays in Honour of P. G. M. Dickson*，ed. Christopher Storrs（Farnham，UK：Ashgate Publishing Company，2009），23 - 54；Michael Hochedlinger，“The Habsburg Monarchy：From ‘Military-Fiscal State’ to ‘Militarization，’ ” in *The Fiscal-Military State in Eighteenth-Century Europe：Essays in Honour of P. G. M. Dickson*，ed. Christopher Storrs（Farnham，UK：Ashgate Publishing Company，2009），55 - 94。

40. Scott，“Fiscal-Military State，” 51；Hochedlinger，“Habsburg Monarchy，” 79.
41. Scott，“Fiscal-Military State，” 48 - 49.
42. Eugene，“Memoirs，” 43. Frederick II quoted in Browning，*War of the Austrian Succession*，102.
43. 关于哈布斯堡王朝战争资金的详细记述，参见Thomas Charles Banfield，“The Austrian Empire：Her Population and Resources，” *British and Foreign Review of European Quarterly Journal* 27（1842）：218 - 287；Pammer，“Public Finance in Austria-Hungary”。
44. Pammer，“Public Finance in Austria-Hungary，” 144 - 146；William O. Blake and Thomas H. Prescott，*The Volume of the World：Embracing the Geography，History，and Statistics*（Columbus：J. and H. Miller，1855），587.
45. Karl Marx，“Austrian Bankruptcy，” *New York Daily Tribune*，March 22，1854，accessed May 19，2016，http：//chroniclingamerica.loc.gov/lccn/sn83030213/1854-03-22/ed-1/seq-4/.
46. Peter H. Wilson，*German Armies：War and German Politics，1648 - 1806*（London： 344
UCL Press，1998），112，235.
47. 同上书，235；Dickson，*Finance and Government*，2：119，table 4.1；Dickson，*Finance and Government*，2：388，table 4.4。
48. Hochedlinger，*Wars of Emergence*，425.
49. Leopold Kolowrat，Nota，December 29，1789，Kabinettsarchiv，Nachlässe der Kabi nettskanzlei，17，No. 1097 - 1174，LK 1146，HHSA，Vienna. 另见 Dickson，*Finance and Government*，2：52 - 53，table 6.
50. Dominic Lieven，*Empire：The Russian Empire and Its Rivals*（New Haven，CT：Yale University Press，2002），140.
51. 1778年9月5日，玛丽亚·特蕾西娅给约瑟夫二世的信，参见Karl Schneider，“Aus dem Briefwechsel Maria Theresias mit Josef II，” in *Aus Österreichs Vergangenheit：Quellenbücher zur österreichischen Geschichte No. 11*，ed. Karl Schneider（Vienna：Schulwissenschaftlicher Verlag，1917），90。
52. Eugene，“Memoirs，” 99；Browning，*War of the Austrian Succession*，351.
53. Alan Palmer，*Metternich*（London：History Book Club，1972），208.
54. Hochedlinger，“Habsburg Monarchy，” 84.
55. Gunther E. Rothenberg，*Napoleon's Great Adversary：Archduke Charles and the Austrian Army，1792 - 1814*（Boston：De Capo Press，1995），221.

56. 1778年8月2日，玛丽亚·特蕾西娅给约瑟夫二世的信，参见Schneider，“Aus dem Briefwechsel Maria Theresias，” 77 - 78。
57. Leopold Kolowrat，Summarischer Ausweis，Kabinettsarchiv，Nachlässe der Kabinettskanzlei 17，No. 1097 - 1174，LK 1168，HHSA，Vienna; Leopold Kolowrat，Nota，December 29，1789，Kabinettsarchiv，Nachlässe der Kabinettskanzlei，17，No. 1097 - 1174，LK 1146，HHSA，Vienna.
58. 转引自Alan Sked，*Radetzky: Imperial Victor and Military Genius*（London：I. B. Tauris and Co.，2011），30。
59. Palmer，*Metternich*，200；F. R. Bridge，*The Habsburg Monarchy among the Great Powers，1815 - 1918*（Oxford：Berg Publishers，1990），33.
60. Palmer，*Metternich*，241，249.
61. 转引自Sked，*Radetzky*，126 - 127。
62. 参见 Eugene，“Memoirs，” 135。
63. 1804年3月3日，卡尔致弗朗茨的信，见Alfred Kraus，*Supplement to 1805: Der Feldzug von Ulm*（Vienna：L. W. Seidel und Sohn，K. u. K . Hofbuchhändler，1912），3。
64. Johann Joseph Wenzel Radetzky von Radetz，“ Wie Kann Man Gute und Grosse Herre mit Wenig Kosten Erhalten”（December 1834），in *Denkschriften militärisch-politischen Inhalts aus dem Handschriftlichen Nachlass des k.k. österreichischen Feldmarschalls Grafen Radetzky*（Stuttgart：J. G. Cotta'scher Verlag，1858），534 - 552.
65. R . J. W. Evans，“Maria Theresa and Hungary，” in *Austria，Hungary，and the Habsburgs. Central Europe c. 1683 - 1867*（Oxford：Oxford University Press，2006），17 - 20.
66. G. E. Mitton，*Austria-Hungary*（London：Adam and Charles Black，1914），7.
67. McNeil，*Europe's Steppe Frontier*，213. 越来越多的近期文献反驳了认为是民族而非经济动力驱动了这些工作的观点。参见Ulrich Niggemann，“‘Peuplierung’ alsmerkantilistisches Instrument：Privilegierung von Einwanderern und staatlich gelenkte
345 Ansiedlungen，” in *Handbuch Staat und Migration in Deutschland seit dem 17. Jahrhundert*，ed. Jochen Oltmer（Berlin：de Gruyter，2016），171 - 198；Márta Fata，*Migration im kameralistischen Staat Josephs II: Theorie und Praxis der Ansiedlungspolitik in Ungarn，Siebenbürgen，Galizien und der Bukowina von 1768 bis 1790*（Münster：Aschendorff Verlag，2014）。
68. McNeil，*Europe's Steppe Frontier*，215.
69. 同上书，217。
70. Owen Lattimore，*Studies in Frontier History: Collected Papers，1928 - 1958*（London：Oxford University Press，1962），167 - 168.
71. Palmer，*Metternich*，249.
72. Claudio Magris，*Danube: A Sentimental Journey from the Source to the Black Sea*，trans. Patrick Creagh（New York：Farrar，Straus Giroux，1989），243 - 244.
73. 同上。
74. 正如施罗德所写：“哈布斯堡君主国不是一个典型的大国，也不可能通过增强军事力量或朝着现代化和统一的方向进行内部改革而成为一个典型大国。对奥地利来说，这两种改革都可能是明智的；无论如何大力推行，它们都不会解决其安全困境，反而可能使情况变得更糟。可以想象，唯一能给奥地利带来安全和独立的举措，要么是进行大规模的帝国主义征服和扩张，吞并整个中欧和更多的地区——这是不可能的，也是无法想象的，在希特勒之前，没有一位奥地利领导者曾经尝试过——要么是建立一个欧洲国际体系，以某种方式超越正常均势政治的局限。要使奥地利实现独立和安全，整个欧洲，特别是整个欧洲的中心，就必须实现独立和安全。”参见Schroeder，*Transformation*，527。

75. 同上。

第四章 “如果你向往和平”：哈布斯堡王朝的战争与战略

1. Colin S. Gray，“Geography and Grand Strategy，” *Comparative Strategy* 10，no. 4（1991）：311 - 329.
2. 考尼茨致玛丽亚·特蕾西娅的信，参见Alfred Ritter von Arneth，*Geschichte Maria Theresia's*（Vienna：W. Braumüller，1877），7：530。
3. 参见导论前部的脚注中关于哈布斯堡王朝军队的历史争论的讨论。了解早期情况不可或缺的资料，参见Jürg Zimmermann，*Militärverwaltung und Heeresaufbringung Österreich bis 1806*，vol. 3，*Handbuch zur deutschen Militärgeschichte, 1648 - 1939*（Frankfurt：Bernard und Graefe Verlag，1965）。在英语学界，奥地利的军官队伍还没有受到太多的关注，不过也存在一个值得注意的例外，参见Thomas Mack Barker，“Military Nobility：The Daun Family and the Evolution of the Austrian Officer Corps，” in *East Central European Society and War in the Pre-Revolutionary Eighteenth Century*，ed. Gunther E. Rothenberg，Béla K. Király，and Peter F. Sugar（New York：Columbia University Press，1982）；Thomas Mack Barker，“Absolutism and Military Entrepreneurship：Habsburg Models，” in *Journal of European Studies* 4，no. 1（1974）：19 - 42。另见 Robert A. Kann，“The Social Prestige of the Officer Corps in the Habsburg Empire from the Eighteenth Century to 1918，” in *War and Society in East Central Europe*，ed. Béla Király and Gunther E. Rothenberg，vol. 1（New York： 346
Brooklyn College Press，1979）。后期的情况，参见 István Deák，*Beyond Nationalism: A Social and Political History of the Habsburg Officer Corps, 1848 - 1918*（New York：Oxford University Press，1990）。
4. 关于多民族军队问题的文献不多，大部分集中在19世纪。相关的乐观评估，参见István Deák，“The Ethnic Question in the Multinational Habsburg Army：1848 - 1918，” in *Ethnic Armies: Polyethnic Armed Forces from the Time of the Habsburgs to the Age of the Superpowers*，ed. N. F. Dreisziger（Waterloo，ON：Wilfrid Laurier University Press，1990）。更为负面的评价，参见 Geoffrey Wawro，“An ‘Army of Pigs’：The Technical，Social，and Political Bases of Austrian Shock Tactics，1859 - 1866，” *Journal of Military History* 59，no. 3（1995）：407 - 433。
5. Archduke Charles von Habsburg，*Principles of War*，trans. Daniel I. Radakovich（Ann

Arbor, MI: Nimble Books, 2009), 1.

6. 转引自Günter Brüning, “Militär-Strategie Österreichs in der Zeit Kaiser Franz II (I)” (PhD diss., Westfälische Wilhelms-Universität Münster, 1983), 141。

7. Archduke Carl, “Betrachtungen über das Evangelium Matthaei, Cap. XXII, Vers 35 - 46, am siebzehnten Sonntag nach Pfingsten,” 转引自上条文献, 153 - 154。

8. 1778年5月29日，玛丽亚·特蕾西娅致约瑟夫二世的信，参见Karl Schneider, “Aus dem Briefwechsel Maria Theresias mit Josef II,” in *Aus Österreichs Vergangenheit: Quellenbücher zur österreichischen Geschichte No. 11*, ed. Karl Schneider (Vienna: Schulwissenschaftlicher Verlag, 1917), 49。

9. 转引自Brüning, “Militär-Strategie Österreichs,” 125。

10. 同上书，39 - 41。

11. J. W. Bourscheid, *Kaisers Leo des Philosophen: Strategie und Taktik* (Vienna: Joh. Thomas Ehlen v. Trattenern, kaiserlich-königlichen Hof- und Staatsdruckerei, 1777).

12. Niccolò Machiavelli, *Discourses on Livy*, trans. Harvey Mansfield and Nathan Tarcov (Chicago: University of Chicago Press, 1996), book I, chapter 33, 71 - 72.

13. 转引自Brüning, “Militär-Strategie Österreichs,” 132。关于卡尔军事思想所受的哲学影响的讨论，参见 Lee W. Eysturlid, *The FormativeInfluences, Theories, and Campaigns of the Archduke Carl* (Westport, CT: Greenwood Press, 2000), 23。

14. Raimondo Montecuccoli, *Sulle Battaglie*, translated in Thomas M. Barker, *The Military Intellectual and Battle: Raimondo Montecuccoli and the Thirty Years War* (Albany: State University of New York Press, 1975).

15. Habsburg, *Principles of War*, 1.

16. 关于“被驯服的贝罗娜”一词的讨论，参见Brüning, “Militär-Strategie Österreichs,” 24 - 26; Mark Hewitson, *Absolute War: Violence and Mass Warfare in the German Lands, 1792 - 1820* (Oxford: Oxford University Press, 2017)。

17. Prince Eugene of Savoy, “Memoirs of Prince Eugene of Savoy,” in *Eugene of Savoy: Marlborough's Great Military Partner*, ed. Alexander Innes Shand, trans. William Mudford (London: Leonaur Ltd., 2014), 43; Gunther E. Rothenberg, “The Shield of the Dynasty: Reflections on the Habsburg Army, 1649 - 1918,” *Austrian History Yearbook* 32 (2001): 182.

18. 转引自Brüning, “Militär-Strategie Österreichs,” 35, 37.

19. 同上书，39 - 41。

20. 转引自Christopher Duffy, “The Seven Years' War as a Limited War,” in *East Central European Society and War in the Pre-Revolutionary Eighteenth Century*, ed. Gunther E. Rothenberg, Béla K. Király, and Peter F. Sugar (New York: Columbus University Press, 1982), 73 - 74.

347 21. 1778年9月26日，玛丽亚·特蕾西娅致约瑟夫二世的信，参见Schneider, “Aus dem Briefwechsel Maria Theresias,” 95。

22. 1778年3月14日，玛丽亚·特蕾西娅致约瑟夫二世的信，同上书，38。

23. 引自Brüning, “Militär-Strategie Österreichs,” 328 - 339。

24. 1778年9月26日，玛丽亚·特蕾西娅致约瑟夫二世的信，参见Schneider，"Aus dem Briefwechsel Maria Theresias，" 95。
25. Barker，*Military Intellectual and Battle*，58.
26. Carl von Clausewitz，*On War*，trans. Michael Eliot Howard and Peter Paret（Princeton，NJ：Princeton University Press，1989），246.
27. 对这一观点的阐释，参见Rothenberg，"Shield of the Dynasty，" 169 – 206。
28. Lawrence Sondhaus，"The Strategic Culture of the Habsburg Army，" *Austrian History Yearbook* 32（2001）：228.
29. 有趣的是，南方邦联的总参谋部仔细研究了卡尔的战役和著作。参见Major D. Jonathan White，*Confederate Strategy in 1863：Was a Strategic Concentration Possible?*（Fort Leavenworth，KS：Penny Hill Press，2000）。
30. Gray，"Geography and Grand Strategy，" 311 – 329.
31. 转引自Barker，*Military Intellectual and Battle*，117。
32. General von Lloyd，*Abhandlung über die allgemeinen Grundsätze der Kriegskunst*（Frank furt：Philipp Heinrich Perrenon，1783），xxvii.
33. G. Venturini，*Mathematisches System der angewandten Taktik oder eigentlichen Kriegswissenschaft*（Schleswig：J. Rohtz，1800），12.
34. 同上书，12。
35. Jos. Auracher von Aurach，*Vorlesungen über die angewandte Taktik，oder eigentliche Krieg swissenschaft：Für die K. K. österreichische Armee bearbeitet nach dem systematischen Lehrbuche des G. Venturini*（Vienna：Anton Strauss，1812），vol. 1，part. 1，6.
36. G. Venturini，*Beschreibung und Regeln eines neuen Krieges-Spiels，zum Nutzen und Vergnügen，besonders aber zum Gebrauch in Militär-Schulen*（Schleswig：bey J. G. Röhß，1797），xvi.
37. Auracher，*Vorlesungen*，6.
38. 转引自Brüning，"Militär-Strategie Österreichs，" 270。
39. Auracher，*Vorlesungen*，105 – 107.
40. Archduke Charles，"Geist des Kriegswesens，" in *Erzherzog Karl：Ausgewählte Militärische Schriften，* ed. Freiherr von Waldstätten（Berlin：Richard Wilhelmi，1882），90.
41. Venturini，*Mathematisches System*，1，85.
42. Madalina Valeria Veres，"Constructing Imperial Spaces：Habsburg Cartography in the Age of Enlightenment"（PhD diss.，University of Pittsburgh，2015），145.
43. Brüning，"Militär-Strategie Österreichs，" 66.
44. Auracher，*Vorlesungen*，6.
45. Heinrich Blasek，*Beiträge zur Geschichte der K. U. K. Geniewaffe：Nach den vom K. U. K. Obersten des Genie-Stabes，Im Auftrage des K. U. K. Reichs-Kriegs-Ministeriums zusammengestellt und bearbeitet*（Vienna：L. W. Seidel und Sohn，1898），vol. 1，part 2，737.

46. Franz Kinsky, *Über Emplacement der Festungen: Erster Nachtrag zu den Elementar Begriffen*(Vienna: Adam und Kompagnie, 1790), 3.
47. Eugene, "Memoirs," 43.
48. Kinsky, *Emplacement der Festungen*, 3 - 4.
348 49. Archduke Charles, "Grundsätze der Strategie," in *Erzherzog Karl: Ausgewählte Militärische Schriften*, ed. Freiherr von Waldstätten(Berlin: Richard Wilhelmi, 1882), 61.
50. Johann Joseph Wenzel Radetzky von Radetz, "Gedanken über Festungen" (1827), in *Denkschriften militärisch-politischen Inhalts aus dem Handschriftlichen Nachlass des k.k. österreichischen Feldmarschalls Grafen Radetzky* (Stuttgart: J. G. Cotta'scher Verlag, 1858), 423.
51. Eugene, "Memoirs," 95, 99.
52. Kinsky, *Emplacement der Festungen*, 6 - 7, 19.
53. Habsburg, *Principles of War*, 10 - 11.
54. Kinsky, *Emplacement der Festungen*, 5; Radetzky, "Gedanken über Festungen," 401 - 404.
55. Habsburg, *Principles of War*, 10.
56. 引自Barker, *Military Intellectual and Battle*, 172。
57. "Si vis pacem para bellum," Mem. 2/20, KA, Vienna.
58. Kinsky, *Emplacement der Festungen*, 12 - 14, 18.
59. G. Venturini, *Kritische Übersicht des letzten und merkwürdigsten Feldzugs im achtzehnten Jahrhundert*(Leipzig: Johann Conrad Hinrichs, 1802), 1.
60. 同上书，3 - 4。
61. 参见Nicholas John Spykman, *America's Strategy in World Politics: The United States and the Balance of Power*(New York: Harcourt, Brace and Company, 1942), xiv, 19 - 20。另见Robert Strausz-Hupé, *Geopolitics: The Struggle for Space and Power*(New York: G. P. Putnam's Sons, 1942), 196 - 217。
62. Memorandum from Kaunitz, *Memoire über die Räthlichkeit, Nützlichkeit und Nothwendigkeit, das zwischen uns und Russland nun zu Ende gehende Allianzsystem nicht nur unverzüglich zu erneuern, sondern auch auf alle mögliche Art fortan bestens zu cultiviren*, May 10, 1789, Staats-kanzlei Vorträge Kart. 146, Vorträge 1789, HHSA, Vienna.
63. Eugene, "Memoirs," 26.
64. Venturini, *Kritische Übersicht*, 8, 10.
65. Bradford A. Lee, "Strategic Interaction: Theory and History for Practitioners," in *Competitive Strategies for the 21st Century: Theory, History, and Practice*, ed. Thomas G. Mahnken(Stanford, CA: Stanford University Press, 2012), 28.
66. 同上书，29。
67. Clausewitz, *War*, 139.
68. *Denkschrift über die Reichsbefestigung der ehemaligen Österreichisch-Ungarische Monarchie*, undated, 38, KA, Vienna.
69. Eugene, "Memoirs," 36.
70. 对于西班牙王位继承战争中哈布斯堡王朝战略所面临的取舍问题的优秀总结，参见

Lothar Höbelt, "The Impact of the Rakoczi Rebellion on Habsburg Strategy: Incentives and Opportunity Costs," *War in History* 13, no. 1(2006): 2 - 15。更长篇幅的讨论，参见 Charles W. Ingrao, *In Quest and Crisis: Emperor Joseph I and the Habsburg Monarchy*(West Lafayette, IN: Purdue University Press, 1979)。

71. Lee, "Strategic Interaction," 28 - 29.
72. Clausewitz, *War*, 92.
73. 对于哈布斯堡王朝外交政策决策过程发展史的简要却细致的记述，参见Franz A. J. Szabo, *Kaunitz and Enlightened Absolutism, 1753 - 1780*(Cambridge: Cambridge University Press, 1994), 38 - 45。接下来的篇幅大量引用了上述文献；Hubert Zeinar, 349
Geschichte des österreichischen Generalstabes(Vienna: Böhlau, 2006); Thomas Fellner, *Veröffentlichungen der Kommission für Neuere Geschichte Öster-reichs: Die Österreichische Zentralverwaltung*(Vienna: Adolf Holzhausen, 1907); P. G. M. Dickson, *Finance and Government under Maria Theresia, 1740 - 1780*, 2 vols.(Oxford: Clarendon Press, 1987)。
74. Szabo, *Kaunitz and Enlightened Absolutism*, 38.
75. 同上书，48。
76. Zeinar, *Geschichte des österreichischen Generalstabes*, 47.
77. 同上书，46；Richard Holmes, Charles Singleton, and Spencer Jones, "Hofkriegsrat," in *The Oxford Companion to Military History*, ed. Richard Holmes(Oxford: Oxford University Press, 2001); Dickson, *Finance and Government*, 2: 215.
78. Oskar Regele, *Der österreichische Hofkriegsrat, 1556 - 1848*(Vienna: Österreichischen Staatsdruckerei), 15 - 16; Fellner, *Veröffentlichungen der Kommission für Neuere Geschichte Österreichs*, 277.
79. Regele, *Der österreichische Hofkriegsrat*, 15.
80. Zeinar, *Geschichte des österreichischen Generalstabes*, 49.
81. "整个机器的糟糕组成，"约瑟夫二世抱怨道，"让[官员们]疲于奔命，不知所措。"见Derek Beales, *Joseph II*, vol. 1, *In the Shadow of Maria Theresa, 1741 - 1780*(Cambridge: Cambridge University Press, 1987), 184。军队往往反感文官"笔杆子"在宫廷战争委员会中占优势的情况，因为他们小题大做，喋喋不休，喜欢做大量的文书工作。拉德茨基有一句著名的描述，他说宫廷战争委员会建立了一个"文职而非军事的专制制度，但在这个制度下，军队将被完全忽视"。参见Zeinar, *Geschichte des österreichischen Generalstabes*, 51。
82. 在18世纪之前，位于格拉茨的另一个宫廷战争委员会负责东南地区的军事计划工作；在考尼茨的制度化改革之前，与俄国和土耳其的外交关系处于重复监管之下；奥布里斯特供给处（Obrist-Proviantamt）也负责军事供应，贸易和商业部与宫廷战争委员会就谁资助海军的问题发生了争执；等等。参见Szabo, *Kaunitz and Enlightened Absolutism*, 40, 49, 298; Richard Bassett, *For God and Kaiser: The Imperial Austrian Army, 1619 - 1918*(New Haven, CT: Yale University Press, 2015), 122。
83. Zeinar, *Geschichte des österreichischen Generalstabes*, 42 - 43; Bassett, *God and Kaiser*, 122.

84. 关于哈布斯堡王朝情报的记录是不完整的，因为奥地利人在第一次世界大战后销毁了证据局（Evidenzbüro）的文件，他们的理由很实际，就是“不希望过去的事情被不友好的政府，如社会主义者或民族主义政府所探究”。参见Norman Stone，“Austria-Hungary，” in *Knowing One's Enemies*，ed. Ernest R. May（Princeton，NJ：Princeton University Press，1986），41.
85. Siegfried Beer and Marianna Walle，*Les Services du Renseignement Habsbourgeois ontils échoué？ La défaite des services du renseignement Austro-Hongrois dans la première guerre mondiale*（Paris：Presses Universitaires de France，2008），74.
86. 同上；Pieter M. Judson，*The Habsburg Empire：A New History*（Cambridge，MA：Belknap Press of Harvard University，2016），17。
87. Beer and Walle，*Les Services*，74.
88. Eugene，“Memoirs，” 95，112.
350 89. “Si vis pacem para bellum，” Mem. 2/20，KA，Vienna.
90. 引自Arneth，*Geschichte Maria Theresia's*，7：222 – 223.
91. 这份备忘录以法文写就，题目是《如果你向往和平，就为战争做准备；或关于维护和平所不可缺少的战争准备工作的备忘录》（*Si vis pacem para bellum ou Memoire sur les preparatifs de guerre indispensablement necessaires pour la Conservation de la paix*）。这份备忘录可在奥地利战争档案馆（Kriegsarchiv）找到，其编号为Mem.2/20，其完整的重印版参见Graf R. Khevenhüller-Metsch and H. Schlitte，eds.，*Aus der Zeit Maria Theresias. Tagebuch des Fürsten Johann Josef Khevenhüller-Metsch，kaiserlichen Obersthofmeisters，1742 – 1776*（Vienna：Adolf Holz-hausen，1907），6：458 – 467。关于这一备忘录的讨论，参见 Beales，*Joseph II*，185 – 186，273。
92. “Si vis pacem para bellum，” Mem. 2/20，KA，Vienna.
93. Niccolò Machiavelli，*The Prince and the Art of War*（London：CRW Publishing，2004），416.
94. 关于约瑟夫的备忘录的讨论，参见“The General Picture of the Affairs of the Monarchy”（“*Tableau Général*”），in Beales，*Joseph II*，182 – 191。
95. Manfried Rauchensteiner，“The Development of War Theories in Austria at the End of the Eighteenth Century，” in *East Central European Society and War in the Pre-Revolutionary Eighteenth Century*，ed. Gunther E. Rothenberg，Béla K . Király，and Peter F. Sugar（New York：Columbia University Press，1982），78.
96. “Organization of a Reliable Defense Strategy，” 1767年3月7日、10日和14日会议的会议记录，见于KA，Vienna。
97. 参见Mem. 1/7，1/8，1/9，Kriegsarchiv，Vienna；“Combined Defense Planfor the Kingdom of Bohemia，” in Oskar Criste，*Kriege unter Kaiser Josef II. Nach den Feldakten und anderen authentischen Quellen bearbeitet in der kriegsgeschichtlichen Abteilung des k. und k. Kriegsarchivs*（Vienna：Verlag von L. W. Seidel und Sohn，1904），260 – 262；Charles to Francis，March 3，1804，in Alfred Kraus，*Supplement to 1805：Der Feldzug von Ulm*（Vienna：L. W. Seidel und Sohn，K. u. K. Hofbuchhändler，1912），1 – 17；“Operationsplan，” in Alfred Kraus，*Supplement to 1805：Der Feldzug von Ulm*

（Vienna：L. W. Seidel und Sohn，K. u. K. Hofbuchhändler，1912），1 – 6。

98. Hal Brands，*What Good Is Grand Strategy? Power and Purpose in American Statecraft from Harry S. Truman to George W. Bush*（Ithaca，NY：Cornell University Press，2014），1，3.

99. Szabo，*Kaunitz and Enlightened Absolutism*，286. 约瑟夫和考尼茨之间争论的更多细节，参见上条文献，286 – 287；Beales，*Joseph II*，182 – 191。

100. Clausewitz，*War*，139.

101. Habsburg，*Principles of War*，1，7，10.

102. 1778年3月14日玛丽亚·特蕾西娅致约瑟夫二世的信，参见Schneider，"Aus dem Briefwechsel Maria Theresias，" 35。

103. Alan Sked，*Metternich and Austria：An Evaluation*（London：Palgrave Macmillan，2008），190.

104. 关于系统层面分析的奠基性书籍，参见Robert Jervis，*System Effects：Complexity in Political and Social Life*（Princeton，NJ：Princeton University Press，1997）。

105. Edward N. Luttwak，*The Grand Strategy of the Roman Empire from the First Century A.D. to the Third*（Baltimore：Johns Hopkins University Press，1976），6 – 7.

106. Claudio Magris，*Danube：A Sentimental Journey from the Source to the Black Sea*，trans. Patrick Creagh（New York：Farrar，Straus Giroux，1989），138 – 139.

107. Bourscheid，*Kaisers Leo des Philosophen*，21.

108. Erzherzog Karl，*Militärische Werke*，vol. 1（Vienna：kaiserlich-königlichen Hof- 351
und Staatsdruckerei，1862）. 有一些迹象表明，卡尔的思想在几个重要方面缺乏独创性，深受他人（特别是文图里尼）的影响。参见 Manfried Rauchensteiner，"Zum operativen Denken in Österreich 1814 – 1914，" *Österreichische Militärische Zeitschrift* 2，part 1（1974）。

109. Johann Joseph Wenzel Radetzky von Radetz，"Militärische Betrachtung der Lage Österreichs"（1828），in *Denkschriften militärisch-politischen Inhalts aus dem Handschriftlichen Nachlass des k.k. österreichischen Feldmarschalls Grafen Radetzky*（Stuttgart：J. G. Cotta'scher Verlag，1858），427.

110. Brüning，"Militär-Strategie Österreichs，" 69.

111. "Si vis pacem para bellum，" Mem. 2/20，KA，Vienna.

112. Archduke Charles，"Von dem Einfluss der Kultur auf die Kriegskunst，" in *Erzherzog Karl：Ausgewählte Militärische Schriften*，ed. Freiherr von Waldstätten（Berlin：Richard Wilhelmi，1882），125.

113. 转引自Duffy，"Seven Years' War，" 73 – 74。

114. Habsburg，*Principles of War*，6.

第五章　收割野蔷薇：土耳其人、俄国人与东南边境

1. 关于18世纪哈布斯堡君主国南部和东部边境的安全竞争，已存在一些优秀的英文文

献。除了下面注释中列出的关于奥斯曼帝国和俄罗斯帝国的资料之外，本章还大量引用了Karl A. Roider Jr.，*Austria's Eastern Question，1700 – 1790*（Princeton，NJ：Princeton University Press，1982）；H. M. Scott，*The Emergence of the Eastern Powers，1756 – 1775*（Cambridge：Cambridge University Press，2001）；Plamen Mitev，Ivan Parvev，Maria Baramova，and Vania Racheva，eds.，*Empires and Peninsulas：Southeastern Europe between Karlowitz and the Peace of Adrianople，1699 – 1829*（New Brunswick，NJ：Transaction Publishers，2010）；Charles W. Ingrao，Nikola Samardžić，and Jovan Pešalj，eds.，*The Peace of Passarowitz，1718*（West Lafayette，IN：Purdue University Press，2011）。

2. Paul Robert Magocsi，*Historical Atlas of East Central Europe*（Seattle：University of Washington Press，1993），63.
3. 同上。
4. William Hardy McNeill，*Europe's Steppe Frontier，1500 – 1800*（Chicago：University of Chicago Press，1964），215 – 216.
5. 同上书，217。
6. Michael Hochedlinger，*Austria's Wars of Emergence，1683 – 1797*（New York：Routledge，2013），24. 根据《卡尔洛维茨和约》，奥斯曼人首次承诺建立一个在技术上要求避免持续地突袭政治线性边界（political-linear border）。参见Rifa'at A. Abou-el-Haj，"The Formal Closure of the Ottoman Frontier in Europe，1699 – 1703，" *Journal of the American Oriental Society* 89，no. 3（1969）：467 – 475。
7. 1718年6月20日欧根致卡尔的信，见 Kriegsarchiv，*Feldzüge des Prinzen Eugen von Savoyen，Nach den Feldakten und anderen authentischen Quellen herausgegeben von der Abtheilung für Kriegsgeschichte des K. K. Kriegs-Archives*（Vienna：Verlag des K.K. Generalstabes，1876），vol. 17，appendix 238。

352 8. 关于这一时期奥斯曼帝国军事和经济力量的文献规模庞大。本章在此处和别处引用了Virginia H. Aksan，*Ottoman Wars，1700 – 1870：An Empire Besieged*（London：Pearson Education Limited，2007）；Rhoads Murphey，*Ottoman Warfare，1500 – 1700*（New Brunswick，NJ：Rutgers University，1999）；Gábor Ágoston，"Firearms and Military Adaptation：The Ottomans and the European Military Revolution，1450 – 1800，" *Journal of World History* 25，no. 1（2014）：85 – 124；Kaushik Roy，"Horses，Guns，and Governments：A Comparative Study of the Military Transition in the Manchu，Mughal，Ottoman，and Safavid Empires，circa 1400 to circa 1750，" *International Area Studies Review* 15，no. 2（2012）：99 – 121；Murat Çinar Büyükakça，"Ottoman Army in the Eighteenth Century：War and Military Reform in the Eastern European Context"（PhD diss.，Middle East Technical University，2007）；Gábor Ágoston，*Guns for the Sultan：Military Power and the Weapons Industry in the Ottoman Empire*（New York：Cambridge University Press，2005）；Jonathan A. Grant，"Rethinking the Ottoman 'Decline'：Military Technology Diffusion in the Ottoman Empire，Fifteenth to Eighteenth Centuries，" *Journal of World History* 10，no. 1（1999）：179 – 201；Mark L. Stein，*Guarding the Frontier：Ottoman Border Forts and Garrisons in Europe*（London：Tauris Academic Studies，2007）；Muhammed Fatih Calisir，"A Long March：The Ottoman

Campaign in Hungary，1663”（PhD diss.，Central European University，2009）。

9. 关于这一时期俄国战略的描述，存在两本大有助益的著作。其一是John P. LeDonne's *The Grand Strategy of the Russian Empire，1650 - 1831*（Oxford：Oxford University Press，2003）。该书审视了导致俄国领导者从17世纪末开始实行扩张政策的地理压力和机会。他的分析框架描述了俄国对附庸国和向心式迅猛扩张的偏爱。这种框架的价值极高。他对军事上“深度打击”（deep strikes）的描述借鉴了20世纪俄国军事学家的作品，如米哈伊尔·图哈切夫斯基（Mikhail Tukhachevsky）将军。其二是Carol B. Stevens's *Russia's Wars of Emergence，1460 - 1730*（New York：Routledge，2007）。该书是近来对这一主题的一大贡献。特别值得注意的是，她详细介绍了彼得大帝与土耳其人的最初的冲突（同上书，187 - 190页）以及俄国败给土耳其人所产生的影响（同上书，265 - 266页）。
10. LeDonne，*Grand Strategy*，1 - 37.
11. 同上书，85 - 93。
12. Harvey L. Dyck，“New Serbia and the Origins of the Eastern Question，1751 - 55：A Habsburg Perspective，” *Russian Review* 40，no. 1（1981）：1 - 19.
13. 1711年2月23日，会议议定书，转引自Roider，*Austria's Eastern Question*，33。
14. 同上书，6。
15. Grant，“Rethinking the Ottoman ‘Decline，’” 179 - 201；Ágoston，“Firearms and Military Adaptation，” 102，108.
16. McNeill，*Europe's Steppe Frontier*，131.
17. Dominic Lieven，*Empire：The Russian Empire and Its Rivals*（New Haven，CT：Yale University Press，2002），140.
18. Erich Gabriel，*Die Hand- und Faustfeuerwaffen der habsburgischen Heere*（Vienna：Österreichischer Bundesverlag，1990），23 - 29.
19. Ágoston，“Firearms and Military Adaptation.”
20. Gábor Ágoston，“Military Transformation in the Ottoman Empire and Russia，1500 - 1800，” *Kritika：Explorations in Russian and Eurasian History* 12，no. 2（2011）：281 - 319.
21. “Janitscharen，” 1787，in Oskar Criste，*Kriege unter Kaiser Josef II. Nach den Feldakten* 353
und anderen authentischen Quellen bearbeitet in der kriegsgeschichtlichen Abteilung des k. und k. Krieg-sarchivs（Vienna：Verlag von L. W. Seidel und Sohn，1904），272.
22. Archduke Charles von Habsburg，*Principles of War*，trans. Daniel I. Radakovich（Ann Arbor，MI：Nimble Books，2009），59.
23. Prince Eugene of Savoy，“Memoirs of Prince Eugene of Savoy，” in *Eugene of Savoy：Marlborough's Great Military Partner*，ed. Alexander Innes Shand，trans. William Mudford（London：Leonaur Ltd.，2014），78.
24. “Janitscharen，” 273.
25. Eugene，“Memoirs，” 78.
26. 同上。
27. Habsburg，*Principles of War*，60.
28. 同上书，59。

29. Thomas M. Barker, *The Military Intellectual and Battle: Raimondo Montecuccoli and the Thirty Years War*(Albany: State University of New York Press, 1975), 61, 116.
30. McNeill, *Europe's Steppe Frontier*, 160.
31. Habsburg, *Principles of War*, 60 - 61.
32. Hochedlinger, *Wars of Emergence*, 126 - 127, 140.
33. Eugene, "Memoirs," 41.
34. Charles to Eugene, September 25, 1717, in Kriegsarchiv, *Feldzüge des Prinzen Eugen von Savoyen*, 17: 438 - 439.
35. Roider, *Austria's Eastern Question*, 50.
36. Charles W. Ingrao, *In Quest and Crisis: Emperor Joseph I and the Habsburg Monarchy* (West Lafayette, IN: Purdue University Press, 1979), 57 - 67.
37. 关于这场危机的详尽叙述，参见Roider, *Austria's Eastern Question*, 29 - 30。
38. Ingrao, *Quest and Crisis*, 153 - 155.
39. "库鲁兹"(kuruc)一词来源于拉丁语，本义为"十字军"。在马扎尔语中，其复数形式为"*kurucok*"，但是为了表述简明，我会按照传统将该词的单复数形式均用"kuruc"表示。参见Lothar Höbelt, "The Impact of the Rakoczi Rebellion on Habsburg Strategy: Incentives and Opportunity Costs," *War in History* 13, no. 1(2006): 2 - 15。
40. 同上。
41. 转引自上条文献，11。
42. Charles to Eugene, September 25, 1717, in Kriegsarchiv, *Feldzüge des Prinzen Eugen von Savoyen*, 17: 438 - 439.
43. Nikola Samardžić, "The Peace of Passarowitz, 1718: An Introduction," in *The Peace of Passarowitz, 1718*, ed. Charles W. Ingrao, Nikola Samardžić, and Jovan Pešalj (West Lafayette, IN: Purdue University Press, 2011), 18. 该书全面分析了该条约的条款以及它对哈布斯堡君主国和奥斯曼帝国的军事、经济和文化影响。
44. 1718年7月28日卡尔致欧根的信，见 Kriegsarchiv, *Feldzüge des Prinzen Eugen von Savoyen*, 17: 385。
45. Samuel Whatley, *A General Collection of Treatys of Peace and Commerce, Manifestos, Declarations of War, and Other Publick Papers*(London: J. J. and P. Knapton, 1732), 4: 402.

354 46. 参见Carl A. Roider Jr., *The Reluctant Ally: Austria's Policy in the Austro-Turkish War, 1737 - 1739*(Baton Rouge: Louisiana State University Press, 1972)。
47. Roider, *Austria's Eastern Question*, 73.
48. 同上书，76。
49. 同上书，106。
50. 同上。
51. 同上书，95。
52. 同上书，107。
53. 关于这些防御设施的描述，参见Manfried Rauchensteiner, *Vom Limes zum "Ostwall,"* vol. 21, *Militärhistorische Schriftenreihe* (Vienna: Militärwissenschaftliches Institut

Österreichischer Bundesverlag, 1972), 19 - 23。

54. Reed Browning, *The War of the Austrian Succession* (New York: St. Martin's Press, 1995), 65 - 67.
55. Géza David and Pál Fodor, eds. *Ottomans, Hungarians, and Habsburgs in Central Europe: The Military Confines in the Era of Ottoman Conquest* (Leiden: Brill, 2000).
56. 转引自Géza Pállfy, "The Origins of the Border Defense System against the Ottoman Empire in Hungary (Up to the Eighteenth Century)", in *Ottomans, Hungarians, and Habsburgs in Central Europe: The Military Confines in the Era of Ottoman Conquest*, ed. Géza David and Pál Fodor (Leiden: Brill, 2000), 3。
57. Gunther E. Rothenberg, *The Military Border in Croatia, 1740 - 1881: A Study of an Imperial Institution* (Chicago: University of Chicago Press, 1966), 1 - 40.
58. 转引自上条文献，112。
59. Hochedlinger, *Wars of Emergence*, 241.
60. Richard Bassett, *For God and Kaiser: The Imperial Austrian Army, 1619 - 1918* (New Haven, CT: Yale University Press, 2015), 60; Hochedlinger, *Wars of Emergence*, 323.
61. 参见Rauchensteiner, *Vom Limes*, 19 - 23。
62. 关于这些建筑的完整讨论，参见*Josip Kljajić, Vojnokrajiški Ćardaci u Slavonsko-Srijemskom Posavlju u 18. i 19. Stoljeću* (Zagreb: Hrvatski Institut za Povijest, 2002), 35; Fritz Posch, *Flammende Grenze: Die Steiermark in den Kuruzzenstürmen* (Graz: Styria, 1968)。
63. J. G. Kohl, *Austria: Vienna, Prague, Hungary, Bohemia, and the Danube; Galicia, Styria, Moravia, Bukovina, and the Military Frontier* (London: Chapman and Hall, 1842), 267.
64. 对确切间隔距离的估计存在差异，但一般都同意需要步行30分钟。这里使用的数字，是基于19世纪的一位目击者的描述，以及根据第一次和第二次军事测绘中所标记的查尔达克瞭望塔之间的距离，使用时间=距离/速度的公式所得出的数据。
65. Kohl, *Austria*, 270.
66. 1767年3月7日、10日和14日会议的会议记录，见于KA, Vienna。
67. Anton Lešić, *Das Entstehen der Militärgrenze und die Geschichte der Stadt und Festung Brod* (Zagreb: Königliche Landesdruckerei, 1914), KA, Vienna, 15.另见Gunther E. Rothenberg, "The Origins of the Austrian Military Frontier in Croatia and the Alleged Treaty of 22 December 1522," *Slavonic and East European Review* 38, no. 91 (1960): 493 - 498。
68. David and Fodor, *Ottomans, Hungarians, and Habsburgs*, 62.
69. 参见Imre Berki, *A magyar határvédelem története* [History of border protection in Hungary], Múlt-Kor, September 29, 2010。
70. Hochedlinger, *Wars of Emergence*, 243, 323. 355
71. Whatley, *General Collection*, 291 - 292.
72. Kaunitz, "Memoire über die Räthlichkeit, Nützlichkeit und Nothwendigkeit ... Russland," May 10, 1789, Staatskanzlei Vorträge Kart. 146, Vorträge 1789, HHSA,

Vienna.

73. Roider，*Austria's Eastern Question*，120.

74. 玛丽亚·特蕾西娅的备忘录，参见Karl Schneider，"Aus dem Briefwechsel Maria Theresias mit Josef II，" in *Aus Österreichs Vergangenheit: Quellenbücher zur österreichischen Geschichte No. 11*，ed. Karl Schneider（Vienna：Schulwissenschaftlicher Verlag，1917），20。在其他地方，玛丽亚·特蕾西娅又抱怨了与"基督教徒永远的敌人"和天主教君主国的"天敌"的结盟。参见Saul K. Padover，"Prince Kaunitz' Résumé of His Eastern Policy，1763 - 1771，" *Journal of Modern History* 5，no. 3（1933）：352 - 365。

75. 参见Roider，*Austria's Eastern Question*，117 - 118。

76. 关于瓜分波兰的历史，参见Scott，*Emergence of the Eastern Powers*；JerzyLukowski，*The Partitions of Poland，1772，1793，1795*（London：Routledge，1999）；Michael Muller，*Die Teilungen Polens*（Munich：C. H. Beck，1984）。

77. Lukowski，*Partitions of Poland*，11.

78. 关于哈布斯堡王朝官员在瓜分问题上所采取立场的细微差别，参见Scott，*Emergence of the Eastern Powers*，217 - 218。

79. Magocsi，*Historical Atlas of East Central Europe*，70.

80. Franz A. J. Szabo，"Prince Kaunitz and the Balance of Power，" *International History Review* 1，no. 3（1979）：380.

81. 对于这一时期奥地利所面临的挑战，以及影响考尼茨对俄政策的思考的详尽叙述，参见Harvey L. Dyck，"Pondering the Russian Fact：Kaunitz and the Catherinian Empire in the 1770s，" *Canadian Slavonic Papers/Revue Canadienne des Slavistes* 22，no. 4（1980）：451 - 469。

82. 同上书，453。

83. 这份备忘录的完整重印版（德语版），参见Padover，"Prince Kaunitz' Résumé，" 352。

84. 关于将联盟作为控制手段来使用的文献十分完善。相关奠基性著作，参见George Liska，*Nations in Alliance: The Limits of Interdependence*（Baltimore：Johns Hopkins University Press，1962）；Robert E. Osgood，*Alliances and American Foreign Policy*（Baltimore：Johns Hopkins University Press，1968）。极具价值的相关分析，参见Paul W. Schroeder，"Alliances，1815 - 1945：Weapons of Power and Tools of Management，" in *Systems，Stability and Statecraft: Essays on the International History of Modern Europe*，ed. David Wetzel，Robert Jervis，and Jack S. Levy（New York：Palgrave Macmillan，2004），195 - 222。

85. Matthew Z. Mayer，"The Price for Austria's Security：Part I. Joseph II，the Russian Alliance，and the Ottoman War，1787 - 1789，" *International History Review* 26，no. 2（June 2004）：257 - 299.

86. Kaunitz，"Memoire über die Räthlichkeit，Nützlichkeit und Nothwendigkeit."

87. Dyck，"Pondering the Russian Fact，" 438.

88. Kaunitz，"Memoire über die Räthlichkeit，Nützlichkeit und Nothwendigkeit."

89. 1777年7月31日，玛丽亚·特蕾西娅致梅西（Mercy）的信，参见Alfred Ritter von Arneth，*Geschichte Maria Theresia's*（Vienna：W. Braumüller，1877），3：99 - 100。

90. 约瑟夫二世的土耳其战争的相关优秀资料，参见Mayer，“Price for Austria’s Security：Part I”；Michael Hochelinger，*Krise und Wiederherstellung, Österreichische Großmachtpolitik zwischen Türkenkrieg und “Zweiter Diplomatischer Revolution,”1787 - 1791*（Berlin：Duncker and Humblot，2000）；Karl A. Roider Jr.，“Kaunitz，Joseph II，and the Turkish War，” *Slavonic and East European Review* 54，no. 4（1976）：538 - 556。 356
91. Mayer，“Price for Austria’s Security：Part I，” 290.
92. 同上书，270。
93. Mem. 1/7，1/8，1/9，KA，Vienna.
94. 同上。
95. Mayer，“Price for Austria’s Security：Part I，” 293.
96. 同上书，280。
97. 摘自1788年7月12日考尼茨亲王的一封急信，SV 145（Vorträge 1788），HHSA，Vienna。
98. 同上书，299。
99. R. J. W. Evans，“The Habsburgs and the Hungarian Problem，1790 - 1848，” in *Trans actions of the Royal Historical Society* 39（1989）：41 - 62.
100. Matthew Z. Mayer，“The Price for Austria’s Security：Part II. Leopold II，the Prussian Threat，and the Peace of Sistova，1790 - 1791，” *International History Review* 26，no. 2（September 2004）：473 - 514.
101. 考尼茨在与约瑟夫就一份被截获的法国官方报告——这份报告透露了法国作为调解人介入冲突的意图——的交流中，提出了他对两面作战的可能性的看法。1788年8月26日，约瑟夫致考尼茨的信，SV/145；1788年8月26日，考尼茨致约瑟夫的信，SV 145（Vorträge 1788），HHSA，Vienna。
102. Mayer，“Price for Austria’s Security：Part II，” 512.
103. Owen Lattimore，*Studies in Frontier History: Collected Papers，1928 - 1958*（London：Oxford University Press，1962），147.

第六章 “怪物”：普鲁士与西北边境

1. 对于使勃兰登堡-普鲁士有别于其他现代早期国家的特殊情况的简述，参见 Brian M. Downing，*The Military Revolution and Political Change: Origins of Democracy and Autocracy in Early Modern Europe*（Princeton，NJ：Princeton University Press，1992），84 - 112。另见H. M. Scott，*The Emergence of the Eastern Powers，1756 - 1775*（Cambridge：Cambridge University Press，2001），20 - 23。接下来的篇幅大量引用了下列文献：Downing，*Military Revolution*；Scott，*Emergence of the Eastern Powers*；Christopher M. Clark，*Iron Kingdom: The Rise and Downfall of Prussia，1600 - 1947*（Cambridge，MA：Belknap Press of Harvard University，2006）；Philip G. Dwyer，ed.，*The Rise of Prussia，1700 - 1830*（London：Routledge，2000）；Sidney B. Fay and Klaus Epstein，*The Rise of Brandenburg-Prussia to 1786*（New York：Holt，Rinehart and

Winston，1964）。

2. Downing，*Military Revolution*，112.
3. 虽然普鲁士在18世纪的军事化程度已经广受历史学界的讨论，但正如一位历史学家所言，“这些数字不言自明”。参见Dwyer，*Rise of Prussia*；Rodney Gothelf，“Frederick
357 William I and the Beginnings of Prussian Absolutism，1713 - 1740，” in *The Rise of Prussia 1700 - 1830*，ed. Philip G. Dwyer（London：Routledge，2000）。
4. Reed Browning，*The War of the Austrian Succession*（New York：St. Martin's Press，1995），24.
5. 参见Michael Hochedlinger，“The Habsburg Monarchy：From ‘Military-Fiscal State’ to ‘Militarization’，” in *The Fiscal Military State in Eighteenth-Century Europe：Essays in Honour of P. G. M. Dickson*，ed. Christopher Storrs（Farnham，UK：Ashgate Publishing Company，2009），63 - 65。
6. Gothelf，“Frederick William I，” 35.
7. Scott，*Emergence of the Eastern Powers*，20.
8. Browning，*War of the Austrian Succession*，20.
9. Alfred Ritter von Arneth，*Geschichte Maria Theresia's*（Vienna：W. Braumüller，1877），2：137；Browning，*War of the Austrian Succession*，42.
10. Michael Hochedlinger，*Austria's Wars of Emergence，1683 - 1797*（New York：Routledge，2013），125.
11. Clark，*Iron Kingdom*，191.
12. Charles W. Ingrao，*In Quest and Crisis：Emperor Joseph I and the Habsburg Monarchy*（West Lafayette，IN：Purdue University Press，1979），38.
13. 关于腓特烈二世的现代的传记式研究，参见Tim C. W. Blanning，*Frederick the Great：King of Prussia*（New York：Random House，2016）。
14. 同上书，401。
15. Browning，*War of the Austrian Succession*，20.
16. 关于玛丽亚·特蕾西娅生平与统治期的英文叙述，参见Edward Crank-shaw，*Maria Theresa*（London：Longman，1969）；Derek Beales，*Joseph II*，vol. 1，*In the Shadow of Maria Theresa，1741 - 1780*（Cambridge：Cambridge University Press，1987）；P. G. M. Dickson，*Finance and Government under Maria Theresia，1740 - 1780*，2 vols.（Oxford：Clarendon Press，1987）；Christopher Duffy，*The Army of Maria Theresa：The Armed Forces of Imperial Austria，1740 - 1780*（New York：Hippocrene Books，1977）；Karl A. Roider Jr.，*Maria Theresa*（Upper Saddle River，NJ：Prentice Hall，1973）。
17. Beales，*Joseph II*，24.
18. 严格来说，这是一系列独立的战争，即第一次和第二次西里西亚战争，以及随后在意大利发生的战斗。为了表述简明，我将它们统称为奥地利王位继承战争。
19. 转引自Richard Bassett，*For God and Kaiser：The Imperial Austrian Army，1619 - 1918*（New Haven，CT：Yale University Press，2015），85。
20. Browning，*War of the Austrian Succession*，66 - 67.
21. 一些现代历史学家对长期存在的观念——匈牙利贵族顺应玛丽亚·特蕾西娅的要求，

是因为骑士精神和她的迷人魅力，而不是政治上的利己目的——提出了质疑。参见László Kontler，*A History of Hungary: Millennium in Central Europe*（Basingstoke，UK：Palgrave Macmillan，2002），201 – 202。

22. Hochedlinger，*Wars of Emergence*，243，323.
23. Browning，*War of the Austrian Succession*，73.
24. Lothar Höbelt，"The Impact of the Rakoczi Rebellion on Habsburg Strategy：Incentives and Opportunity Costs，" *War in History* 13，no. 1（2006）：5.
25. Browning，*War of the Austrian Succession*，92. 358
26. Bassett，*God and Kaiser*，95 – 100.
27. And. Henderson，*Memoirs of Field Marshal Leopold Count Daun, Translated from a French Manuscript, and Interspersed with Many Curious Anecdotes; Among Which Is a Full and Particular Account of Field Marshal Keith*（London：R. Withy and J. Ryall，1757），61.
28. Hans Delbrück，*The Dawn of Modern Warfare: History of the Art of War*，trans. Walter J. Renfroe Jr.（Lincoln：University of Nebraska Press，1990），4：281.
29. 转引自Duffy，*Army of Maria Theresa*，82。
30. 转引自 Browning，*War of the Austrian Succession*，95。
31. Arneth，*Geschichte Maria Theresia's*，2：46.
32. Browning，*War of the Austrian Succession*，97
33. 转引自 Arneth，*Geschichte Maria Theresia's*，2：429。
34. 同上书，429 – 430。
35. Thomas M. Barker，*The Military Intellectual and Battle: Raimondo Montecuccoli and the Thirty Years War*（Albany：State University of New York Press，1975），61.
36. Archer Jones，*The Art of War in the Western World*（Champaign：University of Illinois Press，1987），676 – 677.
37. Hochedlinger，*Wars of Emergence*，281.
38. 考尼茨在1764年被授予帝国亲王（Reichsfürst）头衔，1776年被授予世袭亲王（Erbländischer Fürst）头衔。他的职业生涯，已经成为若干英文书籍和文章的主题。接下来的部分大量引用了下列文献：Franz A. J. Szabo，*Kaunitz and Enlightened Absolutism, 1753 – 1780*（Cambridge：Cambridge University Press，1994）；Scott，*Emergence of the Eastern Powers*. 另见Harvey L. Dyck，"Pondering the Russian Fact：Kaunitz and the Catherinian Empire in the 1770s，" *Canadian Slavonic Papers/Revue Canadienne des Slavistes* 22，no. 4（1980）：451 – 469；Saul K. Padover，"Prince Kaunitz' Résumé of His Eastern Policy，1763 – 1771，" *Journal of Modern History* 5，no. 3（1933）：352 – 365。德语文献中，尤其是1753年之前考尼茨早年的相关文献，参见Grete Klingenstein，*Der Aufstieg des Hauses Kaunitz: Studien zur Herkunft und Bildung des Staatskanzlers Wenzel Anton*（Göttingen：Vandenhoeck and Ruprecht，1975）。
39. Franz A. J. Szabo，"Prince Kaunitz and the Balance of Power，" *International History Review* 1，no. 3（1979）：400.
40. Duffy，*Army of Maria Theresia*，20.

41. Browning，*War of the Austrian Succession*，257.
42. Herbert H. Kaplan，*Russia and the Outbreak of the Seven Years' War*（Berkeley：University of California Press，1968），122.
43. Browning，*War of the Austrian Succession*，203 - 204.
44. 同上书，227。
45. 由玛丽亚·特蕾西娅开创，由约瑟夫二世拓展的各项改革数量众多，此处无法一一涉及。相关权威资料，参见Dickson，*Finance and Government*. 关于这些改革国内方面的优秀入门读本，参见Szabo，*Kaunitz and Enlightened Absolutism*。
46. Pieter M. Judson，*The Habsburg Empire: A New History*（Cambridge，MA：Belknap Press of Harvard University，2016），28.
47. 同上书，35 - 36。
48. Hochedlinger，"Habsburg Monarchy，" 55 - 56.
359 49. 关于玛丽亚·特蕾西娅军事改革的细节，参见Duffy，*Army of Maria Theresa*。最近的一段研究透彻、阅读体验极佳的叙述，参见Bassett，*God and Kaiser*，110 - 122；Franz A. J. Szabo，*The Seven Years War in Europe, 1756 - 1763*（London：Routledge，2007），25 - 29.
50. 参见Bassett，*God and Kaiser*，122；Hochedlinger，*Wars of Emergence*，272。
51. Judson，*Habsburg Empire*，46.
52. Duffy，*Army of Maria Theresa*，84.
53. Szabo，*Seven Years War*，25；Bassett，*God and Kaiser*，110.
54. Duffy，*Army of Maria Theresa*，76 - 77.
55. 同上书，80。
56. 同上书，105 - 106。
57. 同上书，24。
58. 同上书，108；Bassett，*God and Kaiser*，110.
59. Bassett，*God and Kaiser*，105.
60. 转引自上条文献，147。
61. Arneth，*Geschichte Maria Theresia's*，5：170 - 172.
62. 关于腓特烈的开局行动（虽然在操作上是进攻性的）是出于防御性的战略考虑，即阻止奥地利迫在眉睫的进攻，还是仅仅是普鲁士在此前战争中的领土侵略的延续，一直存在着相当大的争议。浏览这些问题和更全面地了解七年战争，最好的现代的英语资料可参见Szabo，*Seven Years War*。
63. 同上书，36 - 37。
64. Blanning，*Frederick the Great*，224.
65. 转引自Duffy，*Army of Maria Theresa*，173。
66. 同上书，193。
67. Delbrück，*Dawn of Modern Warfare*，284 - 285。
68. 转引自上条文献，353 - 354。
69. 这一时期的奥地利决策机构在二手文献中经常被混淆。极为清晰明了的相关描述，参见Szabo，*Kaunitz and Enlightened Absolutism*，51 - 52。

70. Szabo，*Seven Years War*，28；Bassett，*God and Kaiser*，143.
71. 参见Hubert Zeinar，*Geschichte des österreichischen Generalstabes*（Vienna：Böhlau，2006），180 - 181；Duffy，*Army of Maria Theresa*，135。
72. E. Schröder，*Friedrich der Grosse in Seinen Schriften*（Leipzig：Johann Friedrich Hartknoch，1875），1：271 - 272. 另见 Zeinar，*Geschichte desösterreichischen Generalstabes*，137 - 139。
73. 关于道恩家族军中生涯的详述，参见Thomas Mack Barker，"Military Nobility：The Daun Family and the Evolution of the Austrian Officer Corps，" in *East Central European Society and War in the Pre-Revolutionary Eighteenth Century*，ed. Gunther E. Rothenberg，Béla K. Király，and Peter F. Sugar（New York：Columbia University Press，1982）。
74. Henderson，*Memoirs of Field Marshal Leopold Count Daun*，6，7.
75. 关于科林战役的描述，参见Szabo，*Seven Years War*，64 - 67。
76. 同上书，201。
77. 转引自Duffy，*Army of Maria Theresa*，144。
78. 转引自Christopher Duffy，"The Seven Years' War as a Limited War，" in *East Central* 360
European Society and War in the Pre-Revolutionary Eighteenth Century，ed. Gunther E. Rothenberg，Béla K. Király，and Peter F. Sugar（New York：Columbus University Press，1982），73 - 74。
79. Delbrück，*Dawn of Modern Warfare*，357.
80. 转引自上条文献，310。
81. 关于约瑟夫二世的最佳英文资料，参见Tim C. W. Blanning，*Joseph II*（London：Pearson Educational Limited，1994）；Tim C. W. Blanning，*Joseph II and Enlightened Despotism*（Upper Saddle River，NJ：Prentice Hall，1970）；Beales，*Joseph II*。
82. "Si vis pacem para bellum，" Mem. 2/20，KA，Vienna.
83. Heinrich Blasek，*Beiträge zur Geschichte der K. U. K . Genie-waffe：Nach den vom K. U. K. Obersten des Genie-Stabes，Im Auftrage des K. U. K. Reichs-Kriegs-Ministeriums zusammengestellt und bearbeitet*（Vienna：L. W. Seidel und Sohn，1898），vol. 1，part 2，737.
84. 1767年3月7日、10日和14日会议的会议记录，见于KA，Vienna。
85. Beales，*Joseph II*，189.
86. 转引自上条文献。
87. 1778年3月14日，玛丽亚·特蕾西娅致约瑟夫二世的信，参见Karl Schneider，"Aus dem Briefwechsel Maria Theresias mit Josef II，" in *Aus Österreichs Vergangenheit：Quellenbücher zur österreichischen Geschichte No. 11*，ed. Karl Schneider（Vienna：Schulwissenschaftlicher Verlag，1917），34 - 35。
88. Matthew Z. Mayer，"The Price for Austria's Security：Part II . Leopold II，the Prussian Threat，and the Peace of Sistova，1790 - 1791，" *International History Review* 26，no. 2（September 2004）：493.
89. 1778年9月26日，玛丽亚·特蕾西娅致约瑟夫二世的信，参见Schneider，"Aus dem

Briefwechsel Maria Theresias," 95。

90. 拉西关于要塞的备忘录，附在1767年3月7日、10日和14日会议的会议记录中，见于KA，Vienna。
91. "Si vis pacem para bellum," Mem. 2/20，KA，Vienna.
92. "Organization of a Reliable Defense Strategy," 1767年3月7日、10日和14日会议的会议记录，见于KA，Vienna。
93. Christopher Duffy，*The Fortress in the Age of Vauban and Frederick the Great, 1660 - 1789*(London：Routledge and Kegan Paul，1985)，132 - 133.
94. 转引自Duffy，*Fortress*，134。
95. 转引自上条文献，132。
96. 参见Gunther E. Rothenberg，*Napoleon's Great Adversary: Archduke Charles and the Austrian Army, 1792 - 1814*(Boston：De Capo Press，1995)，36; Manfried Rauchensteiner，"The Development of War Theories in Austria at the End of the Eighteenth Century," in *East Central European Society and War in the Pre-Revolutionary Eighteenth Century*，ed. Gunther E. Rothenberg，Béla K. Király，and Peter F. Sugar(New York：Columbia University Press，1982)，75 - 82。
97. Carl von Clausewitz，*On War*，trans. Michael Eliot Howard and Peter Paret(Princeton，NJ：Princeton University Press，1989)，432.
98. Günter Brüning，"Militär-Strategie Österreichs in der Zeit Kaiser Franz II(I)"(PhD diss.，Westfälische Wilhelms-Universität Münster，1983)，273.
99. Duffy，*Army of Maria Theresa*，144; Lacy memorandum on forts.
100. "Organization of a Reliable Defense Strategy."

361 101. Franz Kinsky，*Über Emplacement der Festungen: Erster Nachtrag zu den Elementar Begriffen*(Vienna：Adam und Kompagnie，1790)，19 - 20.

102. "Organization of a Reliable Defense Strategy."
103. Blasek，*Beiträge zur Geschichte der K. U. K. Genie-waffe*，724，737.
104. Lacy，"Combined Defense Plan for the Kingdom of Bohemia," in Oskar Criste，*Kriege unter Kaiser Josef II. Nach den Feldakten und anderen authentischen Quellen bearbeitet in der kriegsgeschichtlichen Abteilung des k. und k. Kriegsarchivs*(Vienna：Verlag von L. W. Seidel und Sohn，1904)，260 - 262.
105. 同上。
106. J. Nosinich and L. Wiener，*Kaiser Josef II. als Staatsmann und Feldherr. Österreichs Politik und Kriege in den Jahren 1763 bis 1790*，compiled in the K. K. Kriegs-Archive(Vienna：L. W. Seidel und Sohn，1885)，129.
107. Delbrück，*Dawn of Modern Warfare*，362 - 363.

第七章　魔鬼般的法国人：法国与西部边境

1. 关于法国军事革命的早期成果与其他欧洲国家的比较，参见Brian M. Downing，*The*

Military Revolution and Political Change: Origins of Democracy and Autocracy in Early Modern Europe（Princeton，NJ：Princeton University Press，1992），113 – 139。

2. 大量二手文献详细介绍了法国作为大国的崛起，以及它在早期相对于其他欧洲国家的竞争优势。参见John A. Lynn，*The Wars of Louis XIV，1667 – 1714*（London：Routledge，1999）。
3. Charles W. Ingrao，*In Quest and Crisis：Emperor Joseph I and the Habsburg Monarchy*（West Lafayette，IN：Purdue University Press，1979），28.
4. Von Aresin，*Festungsviereck von Ober-Italien，seine Bedeutung für Deutschland，die Schweiz und das Machtgleichgewicht von Europa*（Vienna：kaiserlich-königlichen Hof- und Staatsdruck-erei，1860），3.
5. G. Venturini，*Kritische Übersicht des letzten und merkwürdigsten Feldzugs im achtzehnten Jahrhundert*（Leipzig：Johann Conrad Hinrichs，1802），1，5.
6. J. E. Kaufmann and H. E. Kaufmann，*The Forts and Fortifications of Europe，1815 – 1945：The Central States：Germany，Austria-Hungary，and Czechoslovakia*（Barnsley，UK：Pen and Sword Military，2014），177.
7. Ingrao，*Quest and Crisis*，31.
8. Joachim Whaley，*Germany and the Holy Roman Empire*（Oxford：Oxford University Press，2011），118.
9. Ingrao，*Quest and Crisis*，32.
10. Ludwig Bittner，*Chronologisches Verzeichnis der Österreichischen Staatsverträge*（Vienna：A Holzhausen，1970），119 – 120. 另见Whaley，*Germany*，114；Michael Hochedlinger，*Austria's Wars of Emergence，1683 – 1797*（New York：Routledge，2013），52。
11. Winfried Dotzauer，*Die deutschen Reichskreise，1383 – 1806：Geschichte und Aktenedition*（Stuttgart：F. Steiner，1998），286 – 287.
12. Reed Browning，*The War of the Austrian Succession*（New York：St. Martin's Press，1995），99.
13. Ingrao，*Quest and Crisis*，55.
14. Prince Eugene of Savoy，"Memoirs of Prince Eugene of Savoy，" in *Eugene of Savoy：* 362
Marlborough's Great Military Partner，ed. Alexander Innes Shand，trans. William Mudford（London：Leonaur Ltd.，2014），26.
15. Hochedlinger，*Wars of Emergence*，50，72.
16. 同上书，55。
17. Eugene，"Memoirs，" 95，99. 另见Christopher Duffy，*The Fortress in the Age of Vauban and Frederick the Great，1660 – 1789*（London：Routledge and Kegan Paul，1985），24.
18. Ingrao，*Quest and Crisis*，65.
19. Duffy，*Fortress*，45.
20. 同上书，19 – 24。
21. Heinrich Blasek，*Beiträge zur Geschichte der K. U. K. Genie-waffe：Nach den vom K. U. K. Obersten des Genie-Stabes，Im Auftrage des K. U. K. Reichs-Kriegs-Ministeriums*

zusammengestellt und bearbeitet（Vienna：L. W. Seidel und Sohn，1898），vol. 1，part 2，714 – 715，731.

22. Duffy，*Fortress*，19 – 20.
23. 同上。
24. 转引自Alan Palmer，*Metternich*（London：History Book Club，1972），155 – 156。
25. Ingrao，*Quest and Crisis*，4.
26. Hans Delbrück，*The Dawn of Modern Warfare: History of the Art of War*，trans. Walter J. Renfroe Jr.，vol. 4（Lincoln：University of Nebraska Press，1990），396.
27. 同上书，423。
28. B. H. Liddell Hart，*Strategy*（New York：Meridian，1991），99.
29. 关于这一时期德意志邦国中所发生事件的叙述，参见Enno E. Kraehe，*Metternich's German Policy, Volume I: The Contest with Napoleon, 1799 – 1814*（Princeton，NJ：Princeton University Press，1963）。
30. Gunther E. Rothenberg，*Napoleon's Great Adversary: Archduke Charles and the Austrian Army, 1792 – 1814*（Boston：De Capo Press，1995），65.
31. Clemens Wenzel Lothar Metternich，*Memoirs of Prince Metternich*，ed. Prince Richard Metternich（1880; repr.，London：Forgotten Books，2012），74.
32. Rothenberg，*Napoleon's Great Adversary*，132.
33. Palmer，*Metternich*，57.
34. 转引自上条文献，56。
35. Alfred Kraus，supplement to *1805: Der Feldzug von Ulm*（Vienna：L. W. Seidel und Sohn，1912），9.
36. 同上书，16 – 17。
37. Rothenberg，*Napoleon's Great Adversary*，91.
38. 同上书，132。
39. Eberhard Mayerhoffer von Vedropolje，*Krieg 1809*（Vienna：L. W. Seidel und Sohn，1907），61.
40. 同上。
41. 该备忘录的完整重印版，参见Adolf Beer，*Zehn Jahre Öster-reichischer Politik, 1801 – 1810*（Leipzig：F. A. Brockhaus，1877），527。
42. 该备忘录的完整重印版，参见Richard Clemens Wenzel Lothar Metternich，ed.，*Memoirs of Prince Metternich, 1773 – 1815*（New York：H. Fertig，1880），2：301 –
363 308。后知后觉的梅特涅，后来在他的回忆录中暗示，他对1809年战役时机的选择有些怀疑，理由是俄国会迟迟不提供帮助，而任何民众的意志一旦被激起，就会“转而反对奥地利，而不是拿破仑”。Metternich，*Memoirs*，390.
43. 这个数字包括30万常规军和25万民兵。参见Palmer，*Metternich*，64。
44. 从1822年起，卡尔还拥有泰申公爵（Duke of Teschen）的头衔。除了在军事战略文献中偶尔被提及外，卡尔在英文文献中并没有得到多少关注。关于他戎马生涯的最佳指南，参见Rothenberg，*Napoleon's Great Adversary*。另见Lee W. Eysturlid，*The Formative Influences, Theories, and Campaigns of the Archduke Carl*（Westport，

CT：Greenwood Press，2000）。相关德语文献，参见Helmut Herten-berger and Franz Wiltschek，*Erzherzog Karl：der Sieger von Aspern*（Graz：Styria，1983）；Oskar Criste，*Erzherzog Carl von Österreich*，3 vols.（Vienna：W. Braumüller，1912）。

45. Rothenberg，*Napoleon's Great Adversary*，162 – 163.
46. AFA Deutschland，Hauptarmee XIII，F13，KA，Vienna. 这份备忘录的相关讨论，参见Rothenburg，*Napoleon's Greatest Enemy*，189。
47. AFA Deutschland.
48. Memorandum from Wimpffen，1469 AFA Deutschland，Hauptarmee XIII（A）（1 – 46），F/13 – 17，KA，Vienna.
49. 转引自Rothenberg，*Napoleon's Great Adversary*，188 – 189。
50. Delbrück，*Dawn of Modern Warfare*，435.
51. 转引自Harold Nicolson，*The Congress of Vienna：A Study in Allied Unity，1812 – 1822*（New York：Harcourt，Brace and Company，1946），41。
52. 近期叙述1813—1814年战役的上乘之作，参见Michael V. Leggiere，*The Fall of Napoleon：Volume 1，The Allied Invasion of France，1813 – 1814*（New York：Cambridge University Press，2007）。
53. Rothenberg，*Napoleon's Great Adversary*，227 – 228.
54. 正如弗朗茨对卡尔的指示，"从现在起，这个委员会及其所有分支机构，将由你全权负责。你只对我负责，我们将决定我们之间的所有问题。我还希望，你能为整个君主国军事秩序的重组和改善制定一个全面的计划。"转引自Moritz Elder von Angeli，*Erzherzog Carl von Österreich als Feldherr und Heeresorganisator 2*（Vienna：Braumüller，1896），92 – 93。
55. Michael V. Leggiere，"Austrian Grand Strategy and the Invasion of France in 1814，" in *The Consortium on the Revolutionary Era，1750 – 1850*，ed. Frederick C. Schneid and Jack Richard Censer（High Point，NC：High Point University，2007），322 – 331. 莱杰里的论证颇有说服力，他认为这一时期哈布斯堡王朝战略的重点是时间管理。
56. Metternich，*Memoirs*，167.
57. Paul W. Schroeder，*The Transformation of European Politics，1763 – 1848*（Oxford：Oxford University Press，1994），472.
58. Rothenberg，*Napoleon's Great Adversary*，229.
59. Johann Joseph Wenzel Radetzky von Radetz，*Operationsentwurf*（October 5，1813），in *Denkschriften militärisch-politischen Inhalts aus dem Handschriftlichen Nachlass des k.k. österreichischen Feldmarschalls Grafen Radetzky*（Stuttgart：J. G. Cotta'scher Verlag，1858），214 – 225.
60. Delbrück，*Dawn of Modern Warfare*，438.
61. 转引自Henry A. Kissinger，*A World Restored：Metternich，Castlereagh，and the Problems of Peace，1812 – 1822*（Boston：Houghton Mifflin，1957），18。
62. 莱杰里认为，梅特涅和施瓦岑贝格的策略，将入侵时间推迟了两个月，并且通过 364
给拿破仑提供重组时间，又将入侵推迟了十周——共计四个半月。参见Leggiere，"Austrian Grand Strategy，" 330 – 331。

63. Barbara Jelavich, *The Habsburg Empire in European Affairs, 1814 - 1918*（Hamden, CT: Archon Books, 1975）, 18.
64. 关于梅特涅针对德意志的外交政策和德意志邦联的创立，以及它与普鲁士的计划的不同之处，最佳资料参见Enno E. Kraehe, *Metternich's German Policy, Volume II: The Congress of Vienna, 1814 - 1815*（Princeton, NJ: Princeton University Press, 1963）。另见 Schroeder, *Transformation of European Politics*, 567。
65. Adalbert Daniel Hermann, *Deutschland nach seinen physischen und politischen Verhältnissen*（Leipzig: Fues, 1870）, 2: 57.
66. Christian Gottfried Daniel Stein, *Handbuch der Geographie und Statistik nach den neuesten Ansichten für die gebildeten Stände, Gymnasien und Schulen*（Leipzig: J. C. Hinrichs, 1820）, 262.
67. 参见Jürgen Angelow, *Von Wien nach Königgrätz: Die Sicherheitspolitk des Deutschen Bundes im europäischen Gleichgewicht 1815 - 1866*（Munich: De Gruyter Oldenbourg, 1996）; Carl Wenceslaus von Rotteck and Carl Theodor Welcker, *Staats-Lexikon oder Encyklopädie der Staats wissenschaften in Verbindung mit vielen der angesehensten Publicisten Deutschlands*（Altona: Johann Friedrich Hammerlich, 1856）, 3: 507 - 520。
68. Angelow, *Von Wien nach Königgrätz*, 65 - 71.

第八章　时间的壁垒：处于巅峰的梅特涅和哈布斯堡体系

1. 关于梅特涅体系的权威资料来源为保罗·施罗德，本章大量引用了他的著作。关于谈判的准备工作，维也纳会议上的主要议题，以及后续发展的详细情况，参见Paul W. Schroeder, *The Transformation of European Politics, 1763 - 1848*（Oxford: Oxford University Press, 1994）, chapters 11 - 13。另见 Paul W. Schroeder, *Metternich's Diplomacy at Its Zenith, 1820 - 1823: Austria and the Congresses of Troppau, Laibach, and Verona*（Austin: University of Texas Press, 1962）; Paul W. Schroeder, "Did the Vienna Settlement Rest on a Balance of Power?," in *Systems, Stability, and Statecraft: Essays on the International History of Modern Europe*, ed. David Wetzel, Robert Jervis, and Jack S. Levy（New York: Palgrave Macmillan, 2004）, 37 - 57。对于梅特涅和他在维也纳会议上的主要谈判对手的个性，基辛格的描述无人出其右，参见Henry A. Kissinger, *A World Restored: Metternich, Castlereagh, and the Problems of Peace, 1812 - 22*（Boston: Houghton Mifflin, 1957）。对于梅特涅体系鞭辟入里的分析，参见Henry A. Kissinger, *Diplomacy*（New York: Simon and Schuster, 1994）, 78 - 102。与俾斯麦作品的比较，参见Henry A. Kissinger, *World Order*（New York: Penguin Books, 2015）, 73 - 75。另一部较早且偏重于轶事，但仍然非常有价值的著作，参见Harold Nicolson, *The Congress of Vienna: A Study in Allied Unity, 1812 - 1822*（New York: Harcourt, Brace and Company, 1946）。近期有贡献的著作，参见David King, *Vienna, 1814: How the Conquerors of Napoleon Made Love, War, and Peace at the Congress of Vienna*（New York: Random House, 2008）; Adam Zamoyski, *Rites of Peace:*

The Fall of Napoleon and the Congress of Vienna（New York：HarperCollins，2008）。
2. Clemens Wenzel Lothar Metternich，*Memoirs of Prince Metternich*，ed. Prince Richard Metternich（1880；repr.，London：Forgotten Books，2012），71. 365
3. 梅特涅在1813年晋升为亲王。关于他的生平和外交方面的文献比较多。就一手文件而言，本章主要引用了Metternich，*Memoirs*。关于梅特涅的二手文献同样数量众多；本章使用了下列文献：Alan Palmer，*Metternich*（London：History Book Club，1972）；Mack Walker，*Metternich's Europe*（London：Palgrave Macmillan，1968）；Desmond Seward，*Metternich: The First European*（New York：Viking，1991）。上下文大量引用的施罗德的各种著作与文章，考察了梅特涅的生涯的各个方面。
4. 考尼茨的言论，转引自Richard Bassett，*For God and Kaiser: The Imperial Austrian Army, 1619 - 1918*（New Haven，CT：Yale University Press，2015），146 - 147；梅特涅的言论，转引文献同上书，249 - 250。
5. 转引自Kissinger，*World Restored*，160。
6. 同上书，156；Christopher Hibbert，*Waterloo：Napoleon's Last Campaign*（Hertfordshire：Wordsworth Editions，1998），61 - 62。
7. Metternich，*Memoirs*，264；Kaunitz，"Memoire über die Räthlichkeit，Nützlichkeit und Nothwendigkeit ... Russland，" HHSA，Vienna.
8. Schroeder，*Transformation*，578.
9. Metternich，*Memoirs*，264
10. Schroeder，*Transformation*，528.
11. Kissinger，*World Restored*，158.
12. Schroeder，*Transformation*，578.
13. Metternich，*Memoirs*，207.
14. Schroeder，*Transformation*，542.
15. 同上书，527。
16. Kaunitz，"Reflections on the Concept of the Balance of Power in Europe or：Thoughts on What We Call 'the Balance of Power' in Europe，" 完整重印版（法文），参见Franz A. J. Szabo，"Prince Kaunitz and the Balance of Power，" *International History Review* 1，no. 3（1979）：399 - 408。
17. Metternich，*Memoirs*，37.
18. Palmer，*Metternich*，200.
19. Schroeder，*Transformation*，591.
20. Archduke Charles，"Grundsätze der Strategie，" in *Erzherzog Karl: Ausgewählte Militärische Schriften*，ed. Freiherr von Waldstätten（Berlin：Richard Wilhelmi，1882），61.
21. G. Venturini，*Kritische Übersicht des letzten und merkwürdigsten Feldzugs im achtzehnten Jahrhundert*（Leipzig：Johann Conrad Hinrichs，1802），7 - 8.
22. Alan Sked，*Radetzky: Imperial Victor and Military Genius*（London：I. B. Tauris and Co.，2011），89.
23. Johann Joseph Wenzel Radetzky von Radetz，"Militärische Betrachtung der Lage Österreichs"（1828），in *Denkschriften militärisch-politischen Inhalts aus dem Handschriftlichen Nachlass*

des k.k. österreichischen Feldmarschalls Grafen Radetzky(Stuttgart: J. G. Cotta'scher Verlag, 1858), 423 – 424, 427.

24. 同上书，428。

366 25. Johann Joseph Wenzel Radetzky von Radetz, "Operationen der verbündeten Heere gegen Frankreich, mit besonderer Rücksicht auf die Armee des Oberrheins" (1832), in *Denkschriften militärisch-politischen Inhalts aus dem Handschriftlichen Nachlass des k.k. österreichischen Feldmarschalls Grafen Radetzky*(Stuttgart: J. G. Cotta'scher Verlag, 1858), 479 – 481. 拉德茨基对于战略中地形学的思考的更多证据，参见 Johann Joseph Wenzel Radetzky von Radetz, "Betrachtungen über die defensiv Fähigkeit Österreichs mit Rücksicht auf seine topographische Lage," Nachlass Radetsky B/1151, 69(a), 1850, Kriegsarchiv。

26. Radetzky, "Militärische Betrachtung der Lage Österreichs," 423.

27. Sked, *Radetzky*, 92 – 93.

28. Radetzky, "Militärische Betrachtung der Lage Österreichs," 424.

29. Johnn Joseph Wenzel Radetzky von Radetz, "Gedanken über Festungen" (1827), in *Denkschriften militärisch-politischen Inhalts aus dem Handschriftlichen Nachlass des k.k. österreichischen Feldmarschalls Grafen Radetzky* (Stuttgart: J. G. Cotta'scher Verlag, 1858), 401 – 404.

30. Antoine-Vincent Arnault, *Memoirs of the Public and Private Life of Napoleon Bonaparte*, trans. W. Hamilton Reid(London: Sherwood, Gilbert and Piper, 1826), 215.

31. Archduke Charles von Habsburg, *Principles of War*, trans. Daniel I. Radakovich (Ann Arbor, MI: Nimble Books, 2009), 10 – 13.

32. Charles, "Grundsätze der Strategie," 61.

33. 同上书，10。

34. Habsburg, *Principles of War*, 10.

35. Radetzky, "Gedanken über Festungen," 401.

36. Günter Brüning, "Militär-Strategie Österreichs in der Zeit Kaiser Franz II (I)" (PhD diss., Westfälische Wilhelms-Universität Münster, 1983), 318.

37. Habsburg, *Principles of War*, 12.

38. Radetzky, "Gedanken über Festungen," 402 – 404.

39. Radetzky, "Militärische Betrachtung der Lage Österreichs," 428.

40. Sked, *Radetzky*, 118.

41. 参见 Charles, "Verteidigungssystem des Kriegsschauplatzes," in *Militärische Werke*(Vienna: kaiserlich-königlichen Hof- und Staatsdruckerei, 1862); Charles, "Versuch eines Kriegssystems des österreichischen Kaiserstaates" (1855), in *Maximilian Joseph von Österreich-Este, Erzherzog, Festungsplaner, Hochmeister*, ed. Erich Hillbrand and Willibald Rosner(Linz: Wagner, 2013), 36 – 37。

42. Hillbrand and Rosner, *Maximilian Joseph*, 36 – 37.

43. Georg von Alten and Hans von Albert, *Handbuch für Heer und Flotte: Enzyklopädie der Kriegswissenschaften und Verwandter Gebiete*, vol. 4 (Vienna: Deutsches Verlangshaus

Bong & Co., 1912).

44. J. E. Kaufmann and H. E. Kaufmann, *The Forts and Fortifications of Europe, 1815 - 1945: The Central States: Germany, Austria-Hungary, and Czechoslovakia* (Barnsley, UK: Pen and Sword Military, 2014), 136.
45. *Denkschrift über die Reichsbefestigung der ehemalige Österreichisch-Ungarische Monarchie*, undated, 55 - 60, KA, Vienna.
46. Adalbert Daniel Hermann, *Deutschland nach seinen physichen und politischen Verhältnissen* (Leipzig: Fues, 1870), 2: 57; Hugo Franz von Brachelli, *Handbuch der Geographie und Statistik für die gebildeten Stände* (Leipzig: Hinrichs, 1861), 262.
47. M. Massari, *Sulla Necessitá delle Fortificazioni per la Difesa Degli Stati in Generale E* 367
Dell'Italia in Particolare (Palermo: Rivista Sicula, 1871), 56.
48. Bartolomeo Malfatti, "Il Quadrilatero, la Valle del Po ed il Trentino," in *Biblioteca Utile* (Milan: Tipografia Internazionale, 1866), 37: 9 - 72.
49. Michael Pammer, "Public Finance in Austria-Hungary, 1820 - 1913," in *Paying for the Liberal State: The Rise of Public Finance in Nineteenth Century Europe*, ed. Jose Luis Cardoso and Pedro Lains (Cambridge: Cambridge University Press, 2010), 167.
50. Gunther E. Rothenberg, "The Austrian Army in the Age of Metternich," *Journal of Modern History* 40, no. 2 (1968): 156.
51. Archer Jones, *The Art of War in the Western World* (Champaign: University of Illinois Press, 1987), 693 - 94.
52. 同上。
53. Rothenberg, "Austrian Army," 163; Geoffrey Wawro, *The Austro-Prussian War: Austria's War with Prussia and Italy in 1866* (Cambridge: Cambridge University Press, 1966), 47.
54. Palmer, *Metternich*, 201.
55. 本段的数据和引文来自 David F. Good, *The Economic Rise of the Habsburg Empire, 1750 - 1914* (Berkeley: University of California Press, 1984), 45 - 50。
56. Gunther E. Rothenberg, *The Army of Francis Joseph* (Lafayette, IN: Purdue University Press, 1999), 48.
57. 正如一位奥地利外交官所接到的维也纳的指示,"我们绝对有必要迅速结束意大利问题……我们缺乏以足够有效的方式发动战争的手段,即使打赢了一场战役,也不能解决问题"。参见 Sked, *Radetzky*, 142 - 143。
58. 参见 István Deák, *The Lawful Revolution: Louis Kossuth and the Hungarians, 1848 - 1849* (New York: Columbia University Press, 1979)。
59. Schroeder, *Transformation*, 77.
60. 转引自 David Wetzel, Robert Jervis, and Jack S. Levy., eds., *Systems, Stability, and Statecraft: Essays on the International History of Modern Europe* (New York: Palgrave Macmillan, 2004), 5 - 6。
61. Kissinger, *World Restored*, 174.
62. Metternich, *Memoirs*, 253.

第九章　腹背受敌：哈布斯堡君主国的失势

1. 参见Robert Gilpin，*War and Change in World Politics*（Cambridge：Cambridge University Press，1981）；Paul M. Kennedy，*The Rise and Fall of the Great Powers: Economic Change and Military Conflict from 1500 to 2000*（New York：Random House，1987）。
2. 大卫·古德对19世纪末哈布斯堡王朝经济衰退的权威叙事提出了挑战。参见David F. Good，*The Economic Rise of the Habsburg Empire, 1750 - 1914*（Berkeley：University of California Press，1984）。
3. 1830年，奥地利的经济实力在欧洲顶级大国中排名第五（如果不把德意志作为一个整体来计算，则排名第四），而83年后，在第一次世界大战前夕，它的排名与此前基本相同。参见Paul Bairoch，"European Gross National Product，1800 - 1975，" *Journal of European Economic History* 5（1976）：282。

368 4. 参见Aviel Roshwald，*Ethnic Nationalism and the Fall of Empires: Central Europe, Russia, and the Middle East, 1914 - 1923*（London：Routledge，2001）。

5. 蒂莫西·斯奈德（Timothy Snyder）的论证令人信服，他认为，哈布斯堡君主国的多民族认同本身并不是其崩溃的决定性因素，而且相对于斯拉夫民族主义而言，德意志民族主义所发挥的作用比人们普遍认为的还要大。参见Timothy Snyder，"Integration，Counter-Integration，Disintegration，" in Robert Cooper and Timothy Snyder，"Learning from the Habsburg Experience，" *Magazine of the Institut für die Wissen-schaften vom Menschen/Institute for Human Sciences* 111（September 2012 - April 2013）：3 - 4。
6. 关于19世纪意大利政治史和哈布斯堡王朝与意大利关系的二手文献数量众多。相关的两部优秀的德文资料，参见Heinrich Benedikt，*Kaiseradler über dem Apennin: Die Österreicher in Italien 1700 bis 1866*（Vienna：Herold，1964）；Hans Kramer，*Österreich und das Risorgimento*（Vienna：Bergland，1963）。本章参考的相关英文资料，参见Lucy Riall，*Risorgimento: The History of Italy from Napoleon to Nation State*（New York：Palgrave，2009）；Lucy Riall，*The Italian Risorgimento*（London：Routledge，1994）；Derek Beales and Eugenio F. Biagini，*The Risorgimento and the Unification of Italy*，2nd ed.（London：Routledge，2002）；William A. Jenkins，*Francis Joseph and the Italians, 1849 - 1859*（Charlottesville：University of Virginia Press，1978）；Geoffrey Wawro，"Austria versus the Risorgimento：A New Look at Austria's Italian Strategy in the 1860s，" *European History Quarterly* 26（1996）：7 - 29；John Gooch，*Army, State, and Society in Italy, 1870 - 1915*（London：Macmillan，1989）；Frank J. Coppa，*The Origins of the Wars of Italian Independence*（London：Longman，1992）；Denis Mack Smith，*Vittorio Emanuele, Cavour, and the Risorgimento*（London：Oxford University Press，1971）。
7. Paul W. Schroeder，*The Transformation of European Politics, 1763 - 1848*（Oxford：Oxford University Press，1994），566.
8. Alan Palmer，*Metternich*（London：History Book Club，1972），155 - 156.

9. Metternich to Emperor Francis，December 29，1815，转引文献同上书，157。
10. Schroeder，*Transformation*，567.
11. Geoffrey Wawro，*The Austro-Prussian War：Austria's War with Prussia and Italy in 1866*（Cambridge：Cambridge University Press，1966），47.
12. Antonio Gallenga，*Storia Del Piemonte Dai Primi Tempi Alla pace Di Parigi*，Vol. 2（Turin：Eredi Botta，1856）.
13. 他在1842年至1852年期间，担任法国总统，而在1852年至1870年期间，是法国的皇帝。
14. "Report of Dr. Beda Dudik regarding His Audience by King Wilhelm I of Wurttemberg on October 4，1859，" in *Quellen zur deutschen Politik Österreichs：1859 – 1866, Vol. 1—July 1859 – November 1861*（Oldenburg：Gerhard Stalling，1934），43.
15. A. J. P. Taylor，*The Struggle for Mastery in Europe，1848 – 1918*（Harmondsworth，UK：Penguin Books，1954），12.
16. Schroeder，*Transformation*，526.
17. 同上书，661。
18. 关于19世纪20年代至50年代东方问题演变的详细分析，参见文献同上书，655 – 661。
19. F. R . Bridge，*The Habsburg Monarchy among the Great Powers，1815 – 1918*（Oxford：Berg Publishers，1994），52.
20. Paul W. Schroeder，"Bruck versus Buol：The Dispute over A ustrian Policy，1853 – 369
1855，" in *Systems，Stability，and Statecraft：Essays on the International History of Modern Europe*，ed. David Wetzel，Robert Jervis，and Jack S. Levy（New York：Palgrave Macmillan，2004），59 – 76；Taylor，*Struggle for Mastery*，59.
21. Heinrich Friedjung，*Der Krimkrieg und die Österreichische Politik*（Stuttgart：J. G. Cotta'sche Buchhandlung Nachfolger，1907），77. 拉德茨基特别担心，将主要部队调往东部抵御俄国，会让意大利——君主国最宝贵和最脆弱的财产，也是他毕生的事业（lebensaufgabe）——遭受法国的攻击。
22. 转引自Schroeder，*Transformation*，62。
23. 同上。
24. Norman Rich，*Why the Crimean War?：A Cautionary Tale*（Hanover，NH：University Press of New England，1985），120.
25. Friedjung，*Der Krimkrieg*，98；Gunther E. Rothenberg，*The Army of Francis Joseph*（Lafayette，IN：Purdue University Press，1999），50.
26. Rothenberg，*Army of Francis Joseph*，51.
27. 关于这一争论的最佳资料，参见Schroeder，"Bruck versus Buol，" 59 – 76。施罗德的论证很有说服力，他认为，布奥尔是按照奥地利东部政策的最恰当的传统行事的，而且几乎没有切实可行的选项可以替代他所选择的道路。另见Paul W. Schroeder，*Austria，Great Britain，and the Crimean War：The Destruction of the European Concert*（Ithaca，NY：Cornell University Press，1972）。施罗德的观点与下列著作一致：Friedjung，*Der Krimkrieg*；Richard Charmatz，*Minister Freiherr von Bruck，der Vorkämpfer Mitteleuropas*（Leipzig：S. Hirzel，1916）。不太正面的相关评价，参见

Bridge，*Habsburg Monarchy*；Taylor，*Struggle for Mastery*；Rothenberg，*Army of Francis Joseph*。

28. Bridge，*Habsburg Monarchy*，55.
29. Palmer，*Metternich*，334 – 335.
30. 施罗德提出的主要论点是，俄罗斯不能再“在危机中被信任”（*Systems, Stability and Statecraft*，66）。但这并不完全站得住脚；俄罗斯在克里米亚危机中一再对奥地利作出让步，其中就包括从多瑙河公国撤离（从而满足了维也纳的主要要求），这表明情况并非如此。事实上，自1829年以来，在奥地利的同意下，俄国断断续续地占领了这些公国，而且俄国愿意就其未来的地位作出妥协。正如泰勒所说，在盟国对俄国提出的四项主要要求中，所有涉及奥地利的要求都得到了满足。参见Taylor，*Struggle for Mastery*，65 – 66。
31. Schroeder，“Bruck versus Buol，”73.
32. Bridge，*Habsburg Monarchy*，57.
33. 同上书，58。
34. 在瓜分波兰期间，奥地利人已经开始考虑东部防御问题了，此后，君主国开始在这里维持较大规模的常驻部队，将奥尔米茨当作了监测普鲁士和俄国动向的中途站。然而，这些准备工作，与哈布斯堡王朝的军事计划人员在克里米亚战争后的半个世纪里投入俄国战场的考虑相比，就显得微不足道了。

370 35. “Report of Dr. Beda Dudik，”44.
36. Jean Bérenger，*A History of the Habsburg Empire, 1700 – 1918*（New York：Routledge，1968），194.
37. 关于毛奇的职业生涯，以及他对普鲁士这一时期内的战争和现代德国军队的发展所产生的巨大影响的讨论，参见Arden Bucholz，*Moltke and the German Wars, 1864 – 1871*（New York：Palgrave Macmillan，2001）。另见Quintin Barry，*Moltke and His Generals: A Study in Leadership*（Solihull，UK：Helion and Company，2015）；Daniel J. Hughes，ed.，*Moltke on the Art of War: Selected Writings*（Toronto：Presidio Press，1993）。
38. Max Boot，*War Made New: Technology, Warfare, and the Course of History, 1500 to Today*（New York：Gotham Books，2006），123.
39. Carl von Clausewitz，*On War*，trans. Michael Eliot Howard and Peter Paret（Princeton，NJ：Princeton University Press，1989），75 – 76.
40. Johann Joseph Wenzel Radetzky von Radetz，“Militärische Betrachtung der Lage Österreichs”（1828），in *Denkschriften militärisch-politischen Inhalts aus dem Handschriftlichen Nachlass des k.k. österreichischen Feldmarschalls Grafen Radetzky*（Stuttgart：J. G. Cotta'scher Verlag，1858），432.
41. Gordon Alexander Craig，*The Battle of Königgrätz: Prussia's Victory over Austria, 1866*（Philadelphia：Lippincott，1964），6.
42. 弗朗茨·约瑟夫的生平在英语学界受到的关注出奇地少。参见John Van der Kiste，*Emperor Francis Joseph: Life, Death, and the Fall of the Hapsburg Empire*（Stroud，UK：Sutton Publishers，2005）；Alan Palmer，*Twilight of the Habsburgs: The Life and*

Times of Emperor Francis Joseph（New York：Atlantic Monthly Press，1998）。

43. Michael Pammer，"Public Finance in Austria-Hungary，1820 - 1913，" in *Paying for the Liberal State：The Rise of Public Finance in Nineteenth Century Europe*，ed. Jose Luis Cardoso and Pedro Lains（Cambridge：Cambridge University Press，2010），41.
44. *Stenographische Protokolle des Hauses der Abgeordneten des Reichsrathes*，61；Sitzung der 2. Session，December 11，1863，1396；Pammer，"Public Finance in Austria-Hungary，" 142.
45. Geoffrey Wawro，"Inside the Whale：The Tangled Finances of the Austrian Army，1848 - 1866，" *War in History* 3，no. 1（1996）：42 - 65.
46. Rothenberg，*Army of Francis Joseph*，39.
47. 转引自上条文献，44。
48. Erich Gabriel，*Die Hand- und Faustfeuerwaffen der habsburgischen Heere*（Vienna：Österreichischer Bundesverlag，1990），316. 关于这一时期的奥地利军队，其抗拒技术变革的原因，以及这种保守主义在战场上的后果的一系列出色分析，参见瓦夫罗的作品，如Geoffrey Wawro，"An 'Army of Pigs'：The Technical，Social，and Political Bases of Austrian Shock Tactics，1859 - 1866，" *Journal of Military History* 59，no. 3（1995）：407 - 433；Wawro，"Inside the Whale"。
49. Good，*Economic Rise of the Habsburg Empire*，63.
50. Gabriel，*Die Hand- und Faustfeuerwaffen*，356.
51. Wawro，"Army of Pigs，" 409，410，415.
52. Major-General George McClellan，*The Armies of Europe*（Philadelphia：Lippincott and Co.，1861），65.
53. Wawro，"Inside the Whale，" 46.
54. 欧洲国家财政数据库（European State Finance Database）；P. G. M. Dickson，*Finance* 371
and Government under Maria Theresia，1740 - 1780（Oxford：Clarendon Press，1987），vol. 2。
55. Wawro，"Inside the Whale，" 48.
56. 同上。
57. 同上书，46，51。
58. 节选自考尼茨亲王1788年7月12日的一封急报。SV 145（Vorträge 1788），HHSA，Vienna.
59. Wawro，"Army of Pigs，" 410.
60. Johann Joseph Wenzel Radetzky von Radetz，"Operationen der verbündeten Heere gegen Frankreich，mit besonderer Rücksicht auf die Armee des Oberrheins"（1832），in *Denkschriften militärisch-politischen Inhalts aus dem Handschriftlichen Nachlass des k.k. österreichischen Feldmarschalls Grafen Radetzky*（Stuttgart：J. G. Cotta'scher Verlag，1858），479 - 81；Rothenberg，*Army of Francis Joseph*，48.
61. Taylor，*Struggle for Mastery*，38 - 39.
62. 转引自Rothenberg，*Army of Francis Joseph*，60。
63. 同上书，41。

64. Craig, *Battle of Königgrätz*, 11.
65. 同上书，11。
66. Quoted in Wawro, "Army of Pigs," 418.
67. 类似的建筑在整个20世纪都得到了有效使用，如彼得斯堡战役（1864年）、贝尔福战役（1871年）、普莱夫纳之围（1877年）、旅顺口（亚瑟港）之战（1904年）、普热梅希尔战役（1915年）和凡尔登战役（1916年）。
68. Bartolomeo Malfatti, "Il Quadrilatero, la Valle del Po ed il Trentino," in *Biblioteca Utile*（Milan: Tipografia Internazionale, 1866）, 37: 57. 另见Reports of Committees of the House of Representatives, Second Session of the Thirty-Seventh Congress, vol. 4, no. 86（1861 - 1862）, 320。
69. Heinrich Blasek, *Beiträge zur Geschichte der K. U. K. Genie-waffe: Nach den vom K. U. K. Obersten des Genie-Stabes, Im Auftrage des K. U. K. Reichs-Kriegs-Ministeriums zusammengestellt und bearbeitet*（Vienna: L. W. Seidel und Sohn, 1898）, vol. 1, part 2, 737; Christopher Duffy, *The Fortress in the Age of Vauban and Frederick the Great, 1660 - 1789*（London: Routledge and Kegan Paul, 1985）, 131.
70. Johann Joseph Wenzel Radetzky von Radetz, "Über Festungen," in *Denkschriften militärisch-politischen Inhalts aus dem Handschriftlichen Nachlass des k.k. österreichischen Feldmarschalls Grafen Radetzky*（Stuttgart: J. G. Cotta'scher Verlag, 1858）, 398 - 402.
71. *Stenographische Protokolle des Hauses der Abgeordneten des Reichsrathes*, 54. Sitzung der 3. Session, May 3, 1865, 1461.
72. Von Aresin, *Festungsviereck von Ober-Italien, seine Bedeutung für Deutschland, die Schweiz und das Machtgleichgewicht von Europa*（Vienna: kaiserlich-königlichen Hof- und Staatsdruckerei, 1860）, 8.
73. Wawro, *Austro-Prussian War*, 30 - 31.
74. *Stenographische Protokolle des Hauses der Abgeordneten des Reichsrathes*, 53. Sitzung der 3. Session, May 2, 1865, 1445. 另见Wawro, "Inside the Whale," 55。
75. 约翰·德雷杰（John Dredger）在一份有理有据的分析中指出，奥地利人在这一时期的规划中，太过重视防御工事，而且相对于其他可能的用途，他们在防御工事和
372 海军上花费了太多资金。参见John Anthony Dredger, "Offensive Spending: Tactics and Procurement in the Habsburg Military, 1866 - 1918"（PhD diss., Kansas State University, 2013）, 18, 20, 23。
76. 1865年，奥地利花费120万弗罗林（约占国防预算1.38亿弗罗林的0.9%）建造了22个要塞。普鲁士花费37万塔勒（约占4 300万塔勒的国防预算的0.85%）建造了27个要塞。参见Robert Millward, *The State and Business in the Major Powers: An Economic History, 1815 - 1939*（London: Routledge, 2013）, 32; *Stenographische Protokolle des Hauses der Abgeordneten des Reichsrathes*, 53, 1445; Wawro, "Inside the Whale", 55。
77. Good, *Economic Rise of the Habsburg Empire*, 66.
78. 同上书，99 - 100。
79. Henry A. Kissinger, *A World Restored: Metternich, Castlereagh, and the Problems of*

Peace, 1812 - 1822（Boston：Houghton Mifflin，1957），25.

80. Taylor，*Struggle for Mastery*，111.
81. 同上书，104。
82. Ramming，“Strategische Begründung der Dispositionen für die auf Verona gestütze k. k. Armee，” June 4，1859，in Supplement 17，*Der Krieg in Italien 1859*（Vienna：Verlag des k. k. Generalstabes，1876），63.
83. 巴斯科姆·巴里·海斯（Bascom Barry Hayes）的著作是最佳的了解19世纪德国各种政治和经济一体化计划的英文资料。接下来的篇幅基于Bascom Barry Hayes，*Bismarck and Mitteleuropa*（Madison，NJ：Fairleigh Dickinson University Press，1994），尤其是63 - 67。另见Good，*Economic Rise of the Habsburg Empire*，74 - 95。
84. Good，*Economic Rise of the Habsburg Empire*，80.
85. Hayes，*Bismarck and Mitteleuropa*，63.
86. Good，*Economic Rise of the Habsburg Empire*，80 - 81；Hayes，*Bismarck and Mitteleuropa*，64 - 65.
87. 参见Taylor，*Struggle for Mastery*，26；Schroeder，“Bruck versus Buol，” 73 - 74。
88. 有关俾斯麦生涯的二手文献数量众多。一部引人入胜，不过毫不掩饰其敌意的传记，参见A. J. P. Taylor，*Bismarck: The Man and the Statesman*（London：Hamish Hamilton，1955）。另见Lothar Gall，*Bismarck: The White Revolutionary, 1871 - 1898*，2 vols.（London：Routledge，1990）；Jonathan Steinberg，*Bismarck: A Life*（Oxford：Oxford University Press，2011）；Christopher M. Clark，*Iron Kingdom: The Rise and Downfall of Prussia, 1600 - 1947*（Cambridge，MA：Belknap Press of Harvard University，2006）.
89. Taylor，*Struggle for Mastery*，26.
90. 转引自Taylor，*Bismarck*，38。
91. 俾斯麦的政治观念在这一时期经历了几个阶段，逐渐越来越接受实现以民族为基础，将奥地利排除在外的德意志统一理念。
92. 有关短暂的1864年丹麦战争的著作数量众多。相关政治背景和军事行动的详尽探讨，参见Michael Embree，*Bismarck's First War: The Campaign of Schleswig and Jutland, 1864*（Solihull，UK：Helicon and Company，2005）. 另见William Carr，*The Origins of the Wars of German Unification*（London：Longman，1991）；J. C. Clardy，“Austrian Foreign Policy during the Schleswig-Holstein Crisis of 1864，” *Diplomacy and Statecraft* 2，no. 2（1991）：254 - 269；Taylor，*Struggle for Mastery*，142 - 155.
93. 关于奥地利和普鲁士军队在丹麦战争中各自吸取的教训的分析，参见Wawro，“Army 373
of Pigs，”特别是第424 - 431页。
94. 1865年9月13日，门斯多夫伯爵致莫里兹·艾什泰哈齐伯爵（Count Moritz Esterhazy）的私人信件，参见*Quellen zur deutschen Politik Österreichs: 1859 - 1866, Vol. 5—August 1865 - August 1866*（Oldenburg：Gerhard Stalling，1934），52。
95. 1865年9月1日，加施泰因（Gastein）、冯·维尔纳（Freiherrn von Werner）男爵的报告，参见*Quellen zur deutschen Politik Österreichs: 1859 - 1866, Vol. 5—August 1865 - August 1866*（Oldenburg：Gerhard Stalling，1934），43。
96. 1866年2月7日，卡尔斯鲁厄（Karlsruhe），公使馆会议的公报，参见*Quellen zur*

deutschen Politik Österreichs：1859 - 1866，Vol. 5—August 1865 - August 1866（Oldenburg：Gerhard Stalling，1934），183 - 184。

97. 1866年3月26日，慕尼黑，布洛梅伯爵（Count Blome）的报告，参见*Quellen zur deutschen Politik Österreichs：1859 - 1866，Vol. 5—August 1865 - August 1866*（Oldenburg：Gerhard Stalling，1934），366。
98. Hayes，*Bismarck and Mitteleuropa*，113 - 114.
99. 1866年3月29日，卡尔斯鲁厄，公使馆会议的公报，参见*Quellen zur deutschen Politik Österreichs：1859 - 1866，Vol. 5—August 1865 - August 1866*（Oldenburg：Gerhard Stalling，1934），385 - 386。
100. 1866年4月18日，维也纳，布雷伯爵（Count Bray）给冯·德尔·普福尔滕男爵（Freiherrn von der Pfordten）的报告，参见*Quellen zur deutschen Politik Österreichs：1859 - 1866，Vol. 5—August 1865 - August 1866*（Olden-burg：Gerhard Stalling，1934），505。
101. 1866年5月5日，慕尼黑，冯·威登堡先生（Mr. von Wydenburgk）致冯·比格莱本男爵（Freiherrn von Biegeleben）的私人信件，参见*Quellen zur deutschen Politik Österreichs：1859 - 1866，Vol. 5— August 1865 - August 1866*（Oldenburg：Gerhard Stalling，1934），607。
102. 1866年4月3日，维也纳，布雷伯爵给巴伐利亚路德维希二世国王的报告，参见*Quellen zur deutschen Politik Österreichs：1859 - 1866，Vol. 5—August 1865 - August 1866*（Oldenburg：Gerhard Stalling，1934），419。
103. 1866年4月21日，维也纳，大臣会议的议定书，参见 *Quellen zur deutschen Politik Österreichs：1859 - 1866，Vol. 5—August 1865 - August 1866*，524。
104. 实际上有两条线路，即从维也纳经布雷斯劳到达德累斯顿，以及维也纳经布拉格和奥尔米茨到达北方，但前者离战区很近，因此无法使用。参见Arthur L. Wagner，*The Campaign of Königgrätz：A Study of the Austro-Prussian Conflict in the Light of the American Civil War*（Kansas City：Hudson-Kimberly，1899），36 - 37。
105. Craig，*Battle of Königgrätz*，17.
106. Wagner，*Campaign of Königgrätz*，62.
107. 转引自Wawro，*Austro-Prussian War*，208。
108. *Österreichs Kämpfe Im Jahre 1866*（Vienna：Kriegsarchiv，1868），3：385.
109. 拉德茨基和阿尔布雷希特领导下的部队层面的战术，是以进攻为主，纵队为基础的；这里强调的是战区层面的战略。
110. Jean Bérenger，*A History of the Habsburg Empire，1700 - 1918*（New York：Routledge，1968），207.
111. 1866年7月25日，奥格斯堡，冯·库贝克（Freiherrn von Kübeck）的报告，参见*Quellen zur deutschen Politik Österreichs：1859 - 1866，Vol. 5— August 1865 - August 1866*（Oldenburg：Gerhard Stalling，1934），979. 112. J. E. Kaufmann and H. E. Kaufmann，*The Forts and Fortifications of Europe，1815 - 1945：The Central States：Germany，Austria-Hungary，and Czechoslovakia*（Barnsley，UK：Pen and Sword Military，2014），140 - 171。

112. J. E. Kaufmann and H. E. Kaufmann, *The Forts and Fortifications of Europe, 1815 – 1945: The Central States: Germany, Austria-Hungary, and Czechoslovakia* (Barnsley, UK: Pen and Sword Military, 2014), 140 – 171.
113. Good，*Economic Rise of the Habsburg Empire*，88 – 89. 374
114. Thomas Francis Huertas，*Economic Growth and Economic Policy in a Multinational Setting: The Habsburg Monarchy, 1841 – 1865*（Chicago：University of Chicago，1977），45.

第十章　哈布斯堡王朝的遗产：驾驭混乱

1. 转引自Oskar Regele，*Der Österreichische Hofkriegsrat, 1556 – 1848*（Vienna：Österreichischen Staatsdruckerei，1949），66。
2. 这样的选项偶尔会被考虑。参见F. R. Bridge，*The Habsburg Monarchy among the Great Powers, 1815 – 1918*（Oxford：Berg Publishers，1994），2。
3. 这种说法与加迪斯的“手段和远大目标之间的精心计算的关系”出奇地相似。转引自Saul K. Padover，“Prince Kaunitz’ Résumé of His Eastern Policy，1763 – 1771，” *Journal of Modern History* 5，no. 3（1933）：352。
4. 相关讨论参见Paul W. Schroeder，*The Transformation of European Politics, 1763 – 1848*（Oxford：Oxford University Press，1994），33。
5. 有关“韬光养晦”“超越”和“平衡”选项的辩论，存在大量的理论性文献。参见Thomas Christensen and Jack Snyder，“Chain Gangs and Passed Bucks：Predicting Alliance Patterns in Multipolarity，” *International Organi-zation* 44，no. 2（1990）：137 – 168；Randall Schweller，*Deadly Imbalances: Tripolarity and Hitler's Strategy of World Conquest*（New York：Columbia University Press，1998）；Joshua B. Spero，*Bridging the European Divide: Middle Power Politics and Regional Security Dilemmas*（Lanham，MD：Rowman and Littlefield，2004），20 – 24；Schroeder，*Transformation*，32 – 35。
6. John Darwin，*The Empire Project: The Rise and Fall of the British World-System, 1830 – 1970*（Cambridge：Cambridge University Press，2011），3.
7. Charles W. Ingrao，“Habsburg Strategy and Geopolitics during the Eighteenth Century，” in *East Central European Society and War in the Pre-Revolutionary Eighteenth Century*，ed. Gunther E. Rothenberg，Béla K. Király，and Peter F. Sugar（New York：Columbia University Press，1982），63.
8. 参见Paul W. Schroeder，“Historical Reality vs. Neo-realist Theory，” *International Security* 19，no. 1（1994）：108 – 148。
9. Günter Brüning，“Militär-Strategie Österreichs in der Zeit Kaiser Franz II（I）”（PhD diss.，Westfälische Wilhelms-Universität Münster，1983），355.
10. 正如布吕宁在《奥地利的军事战略》（*Militär-Strategie Österreichs*）中所论证的，“[奥地利]战略家的思维在两个极端之间摇摆。其一，是大量地采用普鲁士学派的基本思想；其二，是几乎完全与根据卡尔大公思想加以大幅修改的奥地利传统思想保持一致”（355）。

11. 参见Geoffrey Wawro，*A Mad Catastrophe：The Outbreak of World War I and the Collapse of the Habsburg Empire*（New York：Basic Books，2014）。
12. Henry A. Kissinger，*A World Restored：Metternich，Castlereagh，and the Problems of Peace，1812 - 1822*（Boston：Houghton Mifflin，1957），156；Brüning，“Militär-Strategie Österreichs，” 159；Alan Sked，*Radetzky：Imperial Victor and Military Genius*（London：I. B. Tauris and Co.，2011），118.

375 13. Franz A. J. Szabo，*Kaunitz and Enlightened Absolutism，1753 - 1780*（Cambridge：Cambridge University Press，1994），3.
14. David F. Good，*The Economic Rise of the Habsburg Empire，1750 - 1914*（Berkeley：University of California Press，1984），89 - 90.
15. 关于这一论点的最佳说明，参见Jakub J. Grygiel，*Great Powers and Geopolitical Change*（Baltimore：Johns Hopkins University Press，2006）。
16. 参见Paul W. Schroeder，“World War I as Galloping Gertie：A Reply toJoachim Remak，” in *Systems，Stability，and Statecraft：Essays on the International History of Modern Europe*，ed. David Wetzel，Robert Jervis，and Jack S. Levy（New York：Palgrave Macmillan，2004），137 - 156。
17. 转引自Bridge，*Habsburg Monarchy*，2。

后记　哈布斯堡王朝的教训

1. 欧根的言论转引自Nikola Samardžić，“The Peace of Passarowitz，1718：An Introduction，” in *The Peace of Passarowitz，1718*，ed. Charles W. Ingrao，Nikola Samardžić，and Jovan Pešalj（West Lafayette，IN：Purdue University Press，2011），18。道恩的言论转引自Christopher Duffy，“The Seven Years' War as a Limited War，” in *East Central European Society and War in the Pre- Revolutionary Eighteenth Century*，ed. Gunther E. Rothenberg，Béla K. Király，and Peter F. Sugar（New York：Columbus University Press，1982），73 - 74。
2. Archduke Charles von Habsburg，*Principles of War*，trans. Daniel I. Radakovich（Ann Arbor，MI：Nimble Books，2009），1.
3. “Si vis pacem para bellum，” Mem. 2/20，KA，Vienna.
4. 参见Kent E. Calder，*Embattled Garrisons：Comparative Base Politics and American Globalism*（Princeton，NJ：Princeton University Press，2007），215。
5. 关于第二次世界大战以来“绥靖”（appeasement）一词含义变化的讨论，参见Paul Kennedy，“The Tradition of Appeasement in British Foreign Policy，1865 - 1939，” *British Journal of International Studies* 2，no. 3（1976）：195 - 215。另见Michael Howard，*The Continental Commitment：The Dilemma of British Defence Policy in the Era of the Two World Wars*（London：Penguin Books，1972），79。
6. 绥靖的这种用法，让它进入了战略欺诈相关文献的考察范围。参见John Gooch and

Amos Perlmutter，eds.，*Military Deception and Strategic Surprise !* （New York：Frank Cass and Company，1982）。

7. Ignaz Plener，quoted in Geoffrey Wawro，"Inside the Whale：The Tangled Finances of the Austrian Army，1848－1866，" *War in History* 3，no. 1（1996）：45.
8. 这个数字既包括与外部势力的战争，也包括君主国内部或邻近地区的起义。其中，奥地利王位继承战争只算作一场冲突，而革命战争和拿破仑战争也算作一场冲突。
9. George F. Kennan，*Memoirs，1925－1950*（Boston：Atlantic Monthly Press，1983），95.
10. Winston S. Churchill，*The Second World War，Volume 1：The Gathering Storm*（New York：Houghton Mifflin，1948），9.
11. 真正理解奥匈帝国瓦解后的数十年里中欧和东欧地区所发生的人间悲剧的规模，参见Timothy Snyder，*Bloodlands：Europe between Hitler and Stalin*（New York：Basic Books，2010）。

精选原始资料与参考文献

缩　写

HHSA　王室、宫廷和国家档案馆（Haus-Hof-undStaatsarchiv，Vienna）
KA　战争档案馆（Kriegsarchiv，Vienna）
AFA　来自战场的旧档案（Alte Feldakten）

手稿与档案馆文件集

Kriegsarchiv（KA）Vienna：

FM Radetzky，*Nachlass*，1850

Alte Feldakten（AFA）for 1809

Memoires（Mem.）—occasional memorandums，1766，1767，1769

Haus-Hof-und Staatsarchiv（HHSA）Vienna：

Staatskanzlei Vorträge，1788，1789，1791

Kolowrat Nachlass，1789

Kriegsarchiv. *Denkschrift über die Reichsbefestigung der ehemalige Österreichisch-Ungarische Monarchie*，n.d.

——. *Feldzüge des Prinzen Eugen von Savoyen*，*Nach den Feldakten und anderen authentischen Quellen herausgegeben von der Abtheilung für Kriegsgeschichte des K. K. Kriegs-Archives*. Vols. 1 – 22. Vienna：Verlag des K. K. Generalstabes，1876.

——. *Der Krieg in Italien 1859. Nach den Feldakten und anderen authentischen Quellen bearbeitet durch das k. k. Generalstabs-Bureau für Kriegsgeschichte*. Vols. 1 – 2. Vienna：Verlag des k. k. Generalstabs，1876.

——. *Kriege unter der Regierung des Kaiser Franz. Im Aufträge des k. u. k. Chefs des Generalstabes herausgegeben von der Direktion des k. und k. Kriegsarchivs*. Vols. 1 – 2. Vienna：L. W. Seidel und Sohn k. u. k. Hofbuchhandler，1904.

——. *Kriege unter Kaiser Josef II. Nach den Feldakten und anderen authentischen Quellen bearbeitet in der kriegsgeschichtlichen Abteilung des K. und K. Kriegsarchivs*. Vienna：L. W. Seidel und Sohn k. u. k. Hofbuchhandler，1904.

——. *Österreichischer Erfolge-krieg 1740 – 1748. Nach den Feldakten und anderen authentischen Quellen herausgegeben von der Abteilung für Kriegsgeschichte des K. K. Kriegs-Archives*. Vol. 1.

Part 1. Vienna: L. W. Seidel und Sohn k. u. k. Hofbuchhandler, 1901.

——. *Österreichs Kämpfe Im Jahre 1866. Nach Feldakten bearbeitet durch das k. k. Generalstabs-Bureau für Kriegsgeschichte*. Vols. 1 - 3. Vienna: Verlag des k. k. Generalstabs, 1868.

Kriegsarchiv. *Sechzig Jahre Wehrmacht 1848 - 1908. Bearbeitet im k. u. k. Kriegsarchiv*. Vienna: Verlage des k. u. k. Kriegsarchivs, 1908.

Nosinich, J., and L. Wiener. *Kaiser Josef II. als Staatsmann und Feldherr. Österreichs Politik und Kriege in den Jahren 1763 bis 1790*. Compiled in the K. K. Kriegs-Archive. Vienna: L. W. Seidel und Sohn k. u. k. Hofbuchhandler, 1885.

Contemporary Memoirs, Letters, and Other Works

Arneth, Alfred Ritter von. *Correspondance secrète du comte de Mercy Argenteau avec l'empereur Joseph II et le prince de Kaunitz*. Vol. 1. Paris: Imprimerie Nationale, 1877.

——. *Geschichte Maria Theresia's*. Vols. 1 - 5. Vienna: W. Braumüller, 1877.

Auracher von Aurach, Joseph. *Vorlesungen über die angewandte Taktik, oder eigentliche Kriegswissenschaft. Für die k.k. österreichische Armee bearbeitet nach dem systematischen Lehrbuche des G. Venturini*. Vol. 1. Part 1. Vienna: Anton Strauss, 1812.

Beer, Adolf. *Zehn Jahre Österreichischer Politik, 1801 - 1810*. Leipzig: F. A. Brockhaus, 1877.

Blasek, Heinrich. *Beiträge zur Geschichte der K. U. K. Genie-waffe: Nach den vom K. U. K. Obersten des Genie-Stabes, Im Auftrage des K. U. K. Reichs-Kriegs-Ministeriums zusammengestellt und bearbeitet*. Vol. 1. Part 2. Vienna: L. W. Seidel und Sohn, 1898.

Bourscheid, J. W. *Kaisers Leo des Philosophen: Strategie und Taktik*. Vienna: Joh. Thomas Ehlen v. Trattenern, kaiserlich-königlichen Hof- und Staatsdruckerei, 1777.

Habsburg, Archduke Charles von. *Principles of War*. Translated by Daniel I. Radakovich. Ann Arbor, MI: Nimble Books, 2009.

Henderson, And. *Memoirs of Field Marshal Leopold Count Daun, Translated from a French Manuscript, and Interspersed with Many Curious Anecdotes; Among Which Is a Full and Particular Account of Field Marshal Keith*. London: R. Withy and J. Ryall, 1757.

Karl, Erzherzog. *Militärische Werke*. Vol. 1. Vienna: kaiserlich-königlichen Hof- und Staatsdruckerei, 1862.

Kinsky, Franz. *Über Emplacement der Festungen: Erster Nachtrag zu den Elementar Begriffen*. Vienna: Adam und Kompagnie, 1790.

Kraus, Alfred. *Supplement to 1805: Der Feldzug von Ulm*. Vienna: L. W. Seidel und Sohn, K. u. K. Hofbuchhändler, 1912.

Lesic, Anton. *Das Entstehen der Militärgrenze und die Geschichte der Stadt und Festung Brod A./S. Kriegsarchiv*. Zagreb: Koynigliche Landesdruckerei, 1914.

Lloyd, General von. *Abhandlung über die allgemeinen Grundsätze der Kriegskunst*. Frankfurt: Philipp Heinrich Perrenon, 1783.

Metternich, Clemens Wenzel Lothar. *Memoirs of Prince Metternich*. Edited by Prince Richard Metternich. London: Forgotten Books, 2012. First published 1880.

Politische Correspondenz Friedrichs des Grossen. Vol. 1. Berlin: Geheimes Staatsarchiv Preussischer

Kulturbesitz, 1879.

Radetzky von Radetz, Johann Joseph Wenzel. *Denkschriften militärisch-politischen Inhalts aus dem Handschriftlichen Nachlass des k.k. österreichischen Feldmarschalls Grafen Radetzky.* Stuttgart: J. G. Cotta'scher, 1858.

Savoy, Prince Eugene of. "Memoirs of Prince Eugene of Savoy." In *Eugene of Savoy: Marlborough's Great Military Partner*, edited by Alexander Innes Shand, translated by William Mudford. London: Leonaur Ltd., 2014.

Schneider, Karl. "Aus dem Briefwechsel Maria Theresias mit Josef II." In *Aus Österreichs Vergangenheit: Quellenbücher zur österreichischen Geschichte No. 11*, edited by Karl Schneider. Vienna: Schulwissenschaftlicher Verlag, 1917.

Stenographische Protokolle des Hauses der Abgeordneten des Reichsrathes, 61. Sitzung der 2. Und 3. Session. May 11 – December 1863.

Venturini, G. *Beschreibung und Regeln eines neuen Krieges-Spiels, zum Nutzen und Vergnügen, besonders aber zum Gebrauch in Militär-Schulen.* Schleswig: Bey J. G. Röhß, 1797.

——. *Kritische Übersicht des letzten und merkwürdigsten Feldzugs im achtzehnten Jahrhundert.* Leipzig: Johann Conrad Hinrichs, 1802.

——. *Mathematisches System der angewandten Taktik oder eigentlichen Kriegswissenschaft.* Schleswig: J. Rohtz, 1800.

Von Aresin. 1860. *Das Festungsviereck von Ober-Italien, seine Bedeutung für Deutschland, die Schweiz und das Machtgleichgewicht von Europa.* Vienna: kaiserlich-königlichen Hof- und Staatsdruckerei, 1860.

Whatley, Samuel. *A General Collection of Treatys of Peace and Commerce, Manifestos, Declarations of War, and Other Publick Papers.* Vol. 4. London: J. J. and P. Knapton, 1732.

Xylander, Max Ritter von. *Das Heer-Wesen der Staaten des Deutschen Bundes.* Augsburg: Karl Kollman'schen Buchhandlung, 1846.

二次文献

Abbott, John S. C. *The Empire of Austria: Its Rise and Present Power.* Middlesex, UK: Echo Library, 2006.

Abou-el-Haj, Rifa'at A. "The Formal Closure of the Ottoman Frontier in Europe, 1699 – 1703." *Journal of the American Oriental Society* 89, no. 3 (1969): 467 – 75.

Ágoston, Gábor. "Firearms and Military Adaptation: The Ottomans and the European Military Revolution, 1450 – 1800." *Journal of World History* 25, no. 1 (2014): 85 – 124.

——. *Guns for the Sultan: Military Power and the Weapons Industry in the Ottoman Empire.* New York: Cambridge University Press, 2005.

——. "Habsburgs and Ottomans: Defense, Military Change, and Shifts in Power." *Turkish Studies Association Bulletin* 22, no. 1 (1998): 126 – 41.

Aksan, Virginia H. *Ottoman Wars, 1700 – 1870: An Empire Besieged.* London: Pearson Education Limited, 2007.

——. "Whatever Happened to the Janissaries? Mobilization for the 1768 – 1774 Russo-Ottoman

War." *War in History* 5, no. 1 (1998): 23 - 36.

Anderson, R. C. *Naval Wars in the Levant, 1559 - 1853*. Princeton, NJ: Princeton University Press, 1952.

Andrássy, Gyula. *Bismarck, Andrássy, and Their Successors*. Boston: Houghton Mifflin, 1927.

Anonymous. "Notary of King Béla: The Deeds of the Hungarians." Edited and and Translated by Martyn Rady and László Veszprémy. In Central European Medieval Texts Series, edited by János M. Bak, Urszula Borkowska, Giles Constable, and Gábor Klaniczay. Vol. 5. Budapest: Central European University Press, 2010.

Badem, Candan. *The Ottoman Crimean War, 1853 - 1856*. Leiden: Brill, 2010.

Bairoch, Paul. "European Gross National Product, 1800 - 1975." *Journal of European Economic History* 5 (1976): 273 - 340.

Balbi, Francesco. *The Siege of Malta, 1565*. London: Folio Society, 1965.

Banfield, Thomas Charles. "The Austrian Empire: Her Population and Resources." *British and Foreign Review of European Quarterly Journal* 27 (1842): 218 - 87.

Barkey, Karen, and Mark von Hagen. *After Empire: Multiethnic Societies and Nation-Building: The Soviet Union and the Russian, Ottoman, and Habsburg Empires*. Boulder, CO: Westview Press, 1997.

Bassett, Richard. *For God and Kaiser: The Imperial Austrian Army, 1619 - 1918*. New Haven, CT: Yale University Press, 2015.

Beales, Derek. *Joseph II*. Vol. 1, *In the Shadow of Maria Theresa, 1741 - 1780*. Cambridge: Cambridge University Press, 1987.

——. "Review of R. J. W. Evans' Austria, Hungary, and the Habsburgs: Central Europe c. 1683 - 1867." *English Historical Review* 122, no. 499 (December 2007): 1423 - 25.

Beller, Steven. *A Concise History of Austria*. Cambridge: Cambridge University Press, 2006.

Benedikt, Heinrich. *Kaiseradler über dem Appenin; die Österreicher in Italien 1700 bis 1866*. Vienna: Herold, 1964.

Bérenger, Jean. *A History of the Habsburg Empire, 1700 - 1918*. New York: Routledge, 1968.

Berki, Imre. *A magyar határvédelem története* [History of border protection in Hungary]. Múlt-Kor, September 29, 2010.

Bittner, Ludwig. *Chronologisches Verzeichnis der Österreichischen Staatsverträge*. Vienna: Holzhausen, 1970.

Black, Jeremy. "Change in Ancien Régime International Relations: Diplomacy and Cartography, 1650 - 1800." *Diplomacy and Statecraft* 20, no. 1 (2009): 20 - 29.

——. *European Warfare, 1660 - 1815*. New Haven, CT: Yale University Press, 1994.

——. "A Revolution in Military Cartography? : Europe, 1650 - 1815." *Journal of Military History* 73, no. 1 (2009): 49 - 68.

Blake, William O., and Thomas H. Prescott. *The Volume of the World: Embracing the Geography, History, and Statistics*. Columbus: J. and H. Miller, 1855.

Blanning, Tim C. W. *Frederick the Great: King of Prussia*. New York: Random House, 2016.

——. "Paul W. Schroeder's Concert of Europe." *International History Review* 16, no. 4 (1994): 701 - 14.

Boot, Max. *War Made New: Technology, Warfare, and the Course of History, 1500 to Today*. New York: Gotham Books, 2006.

Börekçi, Günhan. "A Contribution to the Military Revolution Debate: The Janissaries' Use of Volley Fire during the Long Ottoman-Habsburg War of 1593 – 1606 and the Problem of Origins." *Acta Orientalia Academiae Scientarium Hungaricae* 59, no. 4(2006): 407 – 38.

Brachelli, Hugo Franz von. *Handbuch der Geographie und Statistik für die gebildeten Stände.* Leipzig: Hinrichs, 1861.

Bridge, F. R. *The Habsburg Monarchy among the Great Powers, 1815 – 1918.* Oxford: Berg Publishers, 1994.

Brook-Shepherd, Gordon. *The Austrians: A Thousand-Year Odyssey.* New York: Carroll and Graf Publishers, 1998.

Browning, Reed. "Review of Hochedlinger, Michael, Austria's Wars of Emergence: War, State, and Society in the Habsburg Monarchy, 1683 – 1797." HABSBURG, H-Net Reviews, August 2003.

——. *The War of the Austrian Succession.* New York: St. Martin's Press, 1995.

Brüning, Günter. "Militär-Strategie Österreichs in der Zeit Kaiser Francis II(I)." PhD diss., Westfälische Wilhelms-Universität Münster, 1983.

Brzezinski, Zbigniew. *Game Plan: A Geostrategic Framework for the Conduct of the U.S.-Soviet Contest.* New York: Atlantic Monthly Press, 1986.

Buisseret, David. *Monarchs, Ministers, and Maps: The Emergence of Cartography as a Tool of Government in Early Modern Europe.* Chicago: University of Chicago Press, 1992.

Bülow, Dietrich Heinrich von. *The Spirit of the Modern System of War.* London: Whitehall, 1806.

Bushell, Anthony. *Polemical Austria: The Rhetorics of National Identity from Empire to the Second Republic.* Cardiff: University of Wales Press, 2013.

Büyükakça, Murat Çinar. "Ottoman Army in the Eighteenth Century: War and Military Reform in the Eastern European Context." PhD diss., Middle East Technical University, 2007.

Calder, Kent E. *Embattled Garrisons: Comparative Base Politics and American Globalism.* Princeton, NJ: Princeton University Press, 2007.

Calisir, M. Fatih. "A Long March: The Ottoman Campaign in Hungary, 1663." PhD diss., Central European University, 2009.

Campbell, Brian. *Rivers and the Power of Ancient Rome.* Chapel Hill: University of North Carolina Press, 2012.

Cardoso, José Luís, and Pedro Lains. *Paying for the Liberal State: The Rise of Public Finance in Nineteenth-Century Europe.* New York: Cambridge University Press, 2010.

Clark, Christopher M. *Iron Kingdom: The Rise and Downfall of Prussia, 1600 – 1947.* Cambridge, MA: Belknap Press of Harvard University, 2006.

Clausewitz, Carl von. *On War.* Translated by Michael Eliot Howard and Peter Paret. Princeton, NJ: Princeton University Press, 1989.

Cornwall, Mark. *The Last Years of Austria-Hungary: A Multi-National Experiment in Early Twentieth-Century Europe.* Exeter: University of Exeter Press, 2002.

Craig, Gordon Alexander. *The Battle of Königgrätz: Prussia's Victory over Austria, 1866.* Philadelphia: Lippincott Press, 1964.

Crankshaw, Edward. *The Fall of the House of Habsburg.* New York: Penguin, 1983.

Daniel, Hermann Adalbert. *Deutschland nach seinen physischen und politischen Verhältnissen.* Leipzig: Fues, 1874.

Darwin, John. *The Empire Project: The Rise and Fall of the British World-System, 1830 - 1970*. Cambridge: Cambridge University Press, 2011.

David, Geza, and Pal Fodor. "Ottomans, Hungarians, and Habsburgs in Central Europe: The Military Confines in the Era of Ottoman Conquest." In *The Ottoman Empire and Its Heritage*, edited by Suraiya Faroqhi and Halil Inalzik. Vol. 20. Leiden: Brill, 2000.

Deák, István. "Comparing Apples and Pears: Centralization, Decentralization, and Ethnic Policy in the Habsburg and Soviet Armies." In *Nationalism and Empire: The Habsburg Empire and the Soviet Union*, edited by Richard L. Rudolph and David F. Good. New York: St. Martin's Press, 1992.

——. "The Ethnic Question in the Multinational Habsburg Army: 1848 - 1918." In *Ethnic Armies: Polyethnic Armed Forces from the Time of the Habsburgs to the Age of the Superpowers*, edited by N. F. Dreisziger. Waterloo, ON: Wilfrid Laurier University Press, 1990.

Deák, István. "Imperial Armies: Sources of Regional Unity or Regional Chaos." PhD diss., Columbia University, 2000.

——. *Beyond Nationalism: A Social and Political History of the Habsburg Officer Corps, 1848 - 1918*. New York: Oxford University Press, 1990.

Deák, John. *Forging a Multinational State: State Making in Imperial Austria from the Enlightenment to the First World War*. Stanford, CA: Stanford University Press, 2015.

Delbrück, Hans. *The Dawn of Modern Warfare: History of the Art of War*. Translated by Walter J. Renfroe Jr. Vol. 4. Lincoln: University of Nebraska Press, 1990.

Dickson, P. G. M. *Finance and Government under Maria Theresa, 1740 - 1780*. 2 vols. Oxford: Clarendon Press, 1987.

Dörflinger, Johannes. *Die Österreichische Kartographie*. Vol. 1. Vienna: Österreichischen Akademie der Wissenschaften, 1984.

Dotzauer, Winfried. *Die deutschen Reichskreise, 1383 - 1806: Geschichte und Aktenedition*. Stuttgart: F. Steiner, 1998.

Downing, Brian M. *The Military Revolution and Political Change: Origins of Democracy and Autocracy in Early Modern Europe*. Princeton, NJ: Princeton University Press, 1992.

Dredger, John Anthony. "Offensive Spending: Tactics and Procurement in the Habsburg Military, 1866 - 1918." PhD diss., Kansas State University, 2013.

Dreisziger, N. F. *Ethnic Armies: Polyethnic Armed Forces from the Time of the Habsburgs to the Age of the Superpowers*. Waterloo, ON: Wilfrid Laurier University Press, 1990.

Duffy, Christopher. *The Army of Maria Theresa: The Armed Forces of Imperial Austria, 1740 - 1780*. New York: Hippocrene Books, 1977.

——. *The Fortress in the Age of Vauban and Frederick the Great, 1660 - 1789*. London: Routledge and Kegan Paul, 1985.

——. *The Fortress in the Early Modern World, 1494 - 1660*. London: Routledge and Kegan Paul, 1979.

——. "The Seven Years' War as a Limited War." In *East Central European Society and War in the Pre-Revolutionary Eighteenth Century*, edited by Gunther E. Rothenberg, Béla K. Király, and Peter F. Sugar. New York: Columbia University Press, 1982.

Dyck, Harvey L. "New Serbia and the Origins of the Eastern Question, 1751 - 1755: A Habsburg Perspective." *Russian Review* 40, no. 1 (1981): 1 - 19.

Evans, R. J. W. "Communicating Empire: The Habsburgs and Their Critics, 1700 - 1919: The Prothero Lecture." *Transactions of the Royal Historical Society* 19 (2009): 117 - 38.

——. "The Habsburgs and the Hungarian Problem, 1790 - 1848." *Transactions of the Royal Historical Society* 39 (1989): 41 - 62.

Eysturlid, Lee W. *The Formative Influences, Theories, and Campaigns of the Archduke Carl of Austria*. Westport, CT: Greenwood Press, 2000.

Fairgrieve, James. *Geography and World Power*. London: University of London Press, 1915.

Friedjung, Heinrich. *Der Krimkrieg und die Österreichische Politik*. Stuttgart: J. G. Cotta'sche Buchhandlung Nachfolger, 1907.

Gabriel, Erich. *Die Hand- und Faustfeuerwaffen der habsburgischen Heere*. Vienna: Österreichischer Bundesverlag, 1990.

Gaddis, John Lewis. "What Is Grand Strategy? : American Grand Strategy after War." Lecture at the Triangle Institute for Security Studies and Duke University Program on American Grand Strategy, February 26, 2009.

Gady, Franz-Stefan. "The Genius of Metternich: Austria's Resurrection through 'Active Neutrality.'" *National Interest*, December 3, 2014.

Gallenga, Antonio. *Storia Del Piemonte Dai Primi Tempi Alla pace Di Parigi*. Vol. 2. Turin: Eredi Botta, 1856.

Giurescu, Dinu C. *Istoria Ilustrată a Românilor*. Bucharest: Sport-Tourism, 1981.

Good, David F. *The Economic Rise of the Habsburg Empire, 1750 - 1914*. Berkeley: University of California Press, 1984.

Gordon, Harold J., and Nancy M. Gordon. *The Austrian Empire: Abortive Federation?* Lexington, MA: D. C. Heath and Company, 1974.

Gottsmann, Andreas. *The Diet of Kromeriz and the Government of Schwarzenberg: The Constitutional Debate of 1848 between the Poles on the National Question and Response*. Vienna: Verl, 1995.

Grant, Jonathan. "Rethinking the Ottoman 'Decline': Military Technology Diffusion in the Ottoman Empire, Fifteenth to Eighteenth Centuries." *Journal of World History* 10, no. 1 (1999): 179 - 201.

Gray, Colin S. "Geography and Grand Strategy." *Comparative Strategy* 10, no. 4 (1991): 311 - 29.

——. *The Geopolitics of Super Power*. Louisville: University of Kentucky Press, 1988.

——. "Seapower and Landpower." In *Seapower and Strategy*, edited by Colin S. Gray and Roger W. Barnett. Annapolis: Naval Institute Press, 1989.

Griffith, Paddy. *Battle Tactics of the Civil War*. New Haven, CT: Yale University Press, 2001.

Gustav, Kolmer. *Parlament und Verfassung in Österreich 1. 1*. Graz: Akademische Druck-u. Verl.-Anst, 1972.

Hajnal, Henry. *The Danube: Its Historical, Political, and Economic Importance*. The Hague: Martinus Nijhoff, 1920.

Harley, John Brian. "Silences and Secrecy: The Hidden Agenda of Cartography in Early Modern Europe." *Imago Mundi: The International Journal for the History of Cartography* 40, no. 1 (1988): 57 - 76.

Hartley, Janet M. *Russia, 1762 - 1825: Military Power, the State, and the People*. Westport, CT: Praeger, 2008.

Hicock, Michael Robert. *Ottoman Military Administration in Eighteenth Century Bosnia*. Leiden: Brill, 1997.

Hill, Charles. *Grand Strategies: Literature, Statecraft, and World Order*. New Haven, CT: Yale University Press, 2010.

Himka, John-Paul. "Nationality Problems in the Habsburg and the Soviet Union." In *Nationalism and Empire: The Habsburg Empire and the Soviet Union*, edited by Richard L. Rudolph and David F. Good. New York: St. Martin's Press, 1992.

Höbelt, Lothar. "The Impact of the Rákóczi Rebellion on Habsburg Strategy: Incentives and Opportunity Costs." *War in History* 13, no. 1 (2006): 2 - 15.

Hochedlinger, Michael. *Austria's Wars of Emergence, 1683 - 1797*. New York: Routledge, 2013.

——. "The Habsburg Monarchy: From 'Military-Fiscal State' to 'Militarization.'" In *The Fiscal Military State in Eighteenth-Century Europe: Essays in Honour of P.G.M. Dickson*, edited by Christopher Storrs. Farnham, UK: Ashgate Publishing Company, 2009.

——. "Who's Afraid of the French Revolution? Austrian Foreign Policy and the European Crisis, 1787 - 1797." *German History* 21, no. 3 (2003): 293 - 318.

Howard, Michael. *The Continental Commitment: The Dilemma of British Defense Policy in the Era of the Two World Wars*. London: Maurice Temple Smith Ltd., 1972.

Hroch, Miroslav. "Language and National Identity." In *Nationalism and Empire: The Habsburg Empire and the Soviet Union*, edited by Richard L. Rudolph and David F. Good. New York: St. Martin's Press, 1992.

Huertas, Thomas Francis. *Economic Growth and Economic Policy in a Multinational Setting: The Habsburg Monarchy, 1841 - 1865*. Chicago: University of Chicago, 1977.

Hughes, Michael. *Law and Politics in the Eighteenth Century Germany: The Imperial Aulic Council in the Reign of Charles VI*. Woodbridge, UK: Royal Historical Society, 1988.

Hupchick, Dennis P., Harold E. Cox., and Dennis P. Hupchick. *The Palgrave Concise Historical Atlas of Eastern Europe*. New York: Palgrave, 2001.

Ingrao, Charles W. *The Habsburg Monarchy, 1618 - 1815*. New York: Cambridge University Press, 2000.

——. "Habsburg Strategy and Geopolitics during the Eighteenth Century." In *War and Society in East Central Europe*, edited by Gunther E. Rothenberg, Béla K. Király, and Peter F. Sugar. Vol. 2. New York: Brooklyn College Press, 1982.

——. *In Quest and Crisis: Emperor Joseph I and the Habsburg Monarchy*. West Lafayette, IN: Purdue University Press, 1979.

Ingrao, Charles W., and Yasir Yilmaz. "Ottoman vs. Habsburg: Motives andPriorities." In *Empires and Peninsulas: Southeastern Europe between Karlowitz and the Peace of Adrianople, 1699 - 1829*, edited by Plamen Mitev, Ivan Parvev, Maria Baramova, and Vania Racheva. New Brunswick, NJ: Transaction Publishers, 2010.

Jászi, Oszkár. *The Dissolution of the Habsburg Monarchy*. Chicago: University of Chicago Press, 1929.

Jelavich, Barbara. *The Habsburg Empire in European Affairs, 1814 - 1918*. Hamden, CT: Archon Books, 1975.

Jones, Archer. *The Art of War in the Western World*. Champaign: University of Illinois Press, 1987.

Judson, Pieter M. *The Habsburg Empire: A New History*. Cambridge, MA: Belknap Press of

Harvard University, 2016.

Kagan, Robert. *The World America Made*. New York: Vintage Books, 2013.

Kahan, Arcadius, and Richard Hellie. *The Plow, the Hammer, and the Knout: An Economic History of Eighteenth-Century Russia*. Chicago: University of Chicago Press, 1985.

Kann, Robert A. *A History of the Habsburg Empire, 1526 - 1918*. Berkeley: University of California Press, 1974.

——. *The Multinational Empire: Nationalism and National Reform in the Habsburg Monarchy, 1848 - 1918*. Vols. 1 - 2. New York: Octagon Books, 1964.

——. "The Social Prestige of the Officer Corps in the Habsburg Empire from the Eighteenth Century to 1918." In *War and Society in East Central Europe*, edited by Béla Király and Gunther E. Rothenberg. Vol. 1. New York: Brooklyn College Press, 1979.

Kann, Robert A., Béla K. Király, and Paula S. Fichtner. *The Habsburg Empire in World War I: Essays on the Intellectual, Military, Political, and Economic Aspects of the Habsburg War Effort*. Boulder, CO: East European Quarterly, 1977.

Kaplan, Herbert H. *Russia and the Outbreak of the Seven Years' War*. Berkeley: University of California Press, 1968.

Kaufmann, J. E., and H. E. Kaufmann. *The Forts and Fortifications of Europe, 1815 - 1945: The Central States: Germany, Austria-Hungary, and Czechoslovakia*. Barnsley, UK: Pen and Sword Military, 2014.

Keegan, John. *A History of Warfare*. New York: Vintage Books, 1993.

Kennedy, Paul M. *The Rise and Fall of the Great Powers: Economic Change and Military Conflict from 1500 to 2000*. New York: Random House, 1987.

——. "The Tradition of Appeasement in British Foreign Policy, 1865 - 1939." *British Journal of International Studies* 2, no. 3(1976): 195 - 215.

Kinder, Hermann, and Werner Hilgemann. *The Anchor Atlas of World History: Volume I: From the Stone Age to the Eve of the French Revolution*. Garden City, NY: Anchor Books, 1978.

——. *The Anchor Atlas of World History: Volume II: From the French Revolution to the American Bicentennial*. Garden City, NY: Anchor Books, 1978.

Kissinger, Henry A. *Diplomacy*. New York: Simon and Schuster, 1994.

——. *World Order*. New York: Penguin Books, 2015.

——. *A World Restored: Metternich, Castlereagh, and the Problems of Peace, 1812 - 1822*. Boston: Houghton Mifflin, 1957.

Kljajić, Josip. *Vojnokrajiški Čardaci u Slavonsko-Srijemskom Posavlju u 18. i 19. Stoljeću*. Zagreb: Hrvatski Institut za Povijest, 2002.

Kohl, J. G. *Austria: Vienna, Prague, Hungary, Bohemia, and the Danube; Galicia, Styria, Moravia, Bukovina, and the Military Frontier*. London: Chapman and Hall, 1842.

Kontler, László. *A History of Hungary: Millennium in Central Europe*. Basingstoke, UK: Palgrave Macmillan, 2002.

Kramar, Laszlo. "The Military Ethos of the Hungarian Nobility." In *War and Society in East Central Europe*, edited by Béla K. Király and Gunther E. Rothenberg. Vol. 1 New York: Brooklyn College Press, 1979.

Kramer, Hans. *Österreich und das Risorgimento*. Vienna: Bergland, 1963.

Lacey, James. "The Grand Strategy of the Roman Empire." In *Successful Strategies: Triumphing in War and Peace from Antiquity to the Present*, edited by Murray Williamson and Richard Hart Sinnreich. Cambridge: Cambridge University Press, 2014.

Lackey, Scott W. *The Rebirth of the Habsburg Army: Friedrich Beck and the Rise of the General Staff.* Westport, CT: Greenwood Press, 1995.

Lattimore, Owen. *Studies in Frontier History: Collected Papers, 1928 - 1958.* London: Oxford University Press, 1962.

LeDonne, John P. *The Grand Strategy of the Russian Empire, 1650 - 1831.* Oxford: Oxford University Press, 2003.

Lee, Bradford A. "Strategic Interaction: Theory and History for Practitioners." In *Competitive Strategies for the 21st Century: Theory, History, and Practice*, edited by Thomas G. Mahnken. Stanford, CA: Stanford University Press, 2012.

Leggiere, Michael V. "Austrian Grand Strategy and the Invasion of France in 1814." In *The Consortium on the Revolutionary Era, 1750 - 1850*, edited by Frederick C. Schneid and Jack Richard Censer. High Point, NC: High Point University, 2007.

Liddell Hart, B. H. 1991. *Strategy.* New York: Meridian, 1991.

Lieven, Dominic. *Empire: The Russian Empire and Its Rivals.* New Haven, CT: Yale University Press, 2002.

Loraine, Peter F. *Napoleon and the Archduke Charles: A History of the Franco-Austrian Campaign in the Valley of the Danube in 1809.* London: Greenhill Books, 1991.

Lucas, James Sidney. *Fighting Troops of the Austro-Hungarian Army, 1868 - 1914.* New York: Hippocrene Books, 1987.

Luttwak, Edward N. *The Grand Strategy of the Byzantine Empire.* Cambridge, MA: Belknap Press of Harvard University, 2009.

——. *The Grand Strategy of the Roman Empire from the First Century A.D. to the Third.* Baltimore: Johns Hopkins University Press, 1976.

Macartney, C. A. 1953. *The Medieval Hungarian Historians: A Critical and Analytical Guide.* Cambridge: Cambridge University Press.

Macartney, C. A. *The Habsburg and Hohenzollern Dynasties in the Seventeenth and Eighteenth Centuries.* London: Macmillan, 1970.

——. *The Habsburg Empire, 1790 - 1918.* New York: Macmillan, 1969.

Machiavelli, Niccolò. 1996. *Discourses on Livy.* Translated by Harvey Mansfield and Nathan Tarcov. Chicago: University of Chicago Press, 1996.

——. *The Prince and the Art of War.* London: CRW Publishing, 2004.

Magocsi, Paul Robert. *Historical Atlas of East Central Europe.* Seattle: University of Washington Press, 1993.

Magris, Claudio. *Danube: A Sentimental Journey from the Source to the Black Sea.* Translated by Patrick Creagh. New York: Farrar, Straus Giroux, 1989.

Mahan, A. T. *The Influence of Sea Power upon History: 1660 - 1783.* New York: Dover Publications, 1987.

Mahnken, Thomas G. *Competitive Strategies for the 21st Century: Theory, History, and Practice.* Stanford, CA: Stanford University Press, 2012.

Malfatti, Bartolomeo. "Il Quadrilatero, La Valle Del Po Ed Il Trentino." Vol. 37, *Biblioteca Utile.* Milan: Tipografia Internazionale, 1866.

Marx, Karl. "Austrian Bankruptcy." *New York Daily Tribune*, March 22, 1854.

Massari, M. *Sulla Necessitá Delle Fortificazioni Per La Difesa Degli Stati in Generale E Dell'Italia in Particolare*. Palermo: Rivista Sicula, 1871.

May, Arthur J. *The Hapsburg Monarchy, 1867 - 1914*. Cambridge, MA: Harvard University Press, 1951.

Mayer, Matthew Z. "Joseph II and the Campaign of 1788 Against the Ottoman Turks." Master's thesis, McGill University, 1997.

——. "The Price for Austria's Security: Part I. Joseph II, the Russian Alliance, and the Ottoman War, 1787 - 1789." *International History Review* 26, no. 2 (June 2004): 257 - 99.

——. "The Price for Austria's Security: Part II. Leopold II, the Prussian Threat, and the Peace of Sistova, 1790 - 1791." *International History Review* 26, no. 2 (September 2004): 473 - 514.

Mazower, Mark. *The Balkans: A Short History*. New York: Modern Library, 2002.

McClellan, George B. *The Armies of Europe: Comprising Descriptions in Detail of the Military Systems of England, France, Russia, Prussia, Austria, and Sardinia; Adapting Their Advantages to All Arms of the United States Service and Embodying the Report of Observations in Europe during the Crimean War, as Military Commissioner from the United States Government, in 1855 - 1856*. Philadelphia: J. B. Lippincott and Co., 1861.

McFall, Kelly. "Ethnicity as a Problem for Grand Strategy: Conrad Von Hotzendorf, Nationalism, and the Habsburg Imperial Army at War, 1914 - 1916." PhD diss., Ohio State University, 1998.

McGuigan, Dorothy Gies. *The Habsburgs*. Garden City, NY: Doubleday, 1966.

McNeill, William Hardy. *Europe's Steppe Frontier, 1500 - 1800*. Chicago: University of Chicago Press, 1964.

Milevski, Lukas. *The Evolution of Modern Grand Strategic Thought*. Oxford: Oxford University Press, 2006.

Millward, Robert. *The State and Business in the Major Powers: An Economic History, 1815 - 1939*. London: Routledge, 2013.

Mitton, G. E. *Austria-Hungary*. London: Adam and Charles Black, 1914.

Montecuccoli, Raimondo. "Sulle Battaglie." Translated by Thomas M. Barker. In *The Military Intellectual and Battle: Raimondo Montecuccoli and the Thirty Years War*. Albany: State University of New York Press, 1975.

Münkler, Herfried. *Empires: The Logic of World Domination from Ancient Rome to the United States*. Cambridge, UK: Polity, 2007.

Murphey, Rhoads. *Ottoman Warfare, 1500 - 1700*. New Brunswick, NJ: Rutgers University Press, 1999.

Murray, Williamson, Richard Hart Sinnreich, and Jim Lacey. 2011. *The Shaping of Grand Strategy: Policy, Diplomacy, and War*. Cambridge: Cambridge University Press, 2011.

Neustadt, Richard E., and Ernest R. May. *Thinking in Time: The Uses of History for Decision-Makers*. New York: Free Press, 1988.

Nicolle, David, and Angus McBride. *Armies of the Ottoman Turks, 1300 - 1774*. London: Osprey Publishing, 1983.

Nicolson, Harold. *The Congress of Vienna, A Study in Allied Unity, 1812 - 1822*. New York: Harcourt, Brace and Company, 1946.

Nosworthy, Brent. *Battle Tactics of Napoleon and His Enemies*. London: Constable and Company Ltd., 1995.

Pálffy, Géza. "The Origins of the Border Defense System against the Ottoman Empire in Hungary (Up to the Eighteenth Century)." In *Ottomans, Hungarians, and Habsburgs in Central Europe: The Military Confines in the Era of Ottoman Conquest*, edited by Géza David and Pál Fodor. Leiden: Brill, 2000.

Palmer, Alan. *Metternich*. London: History Book Club, 1972.

——. *Twilight of the Habsburgs: The Life and Times of Emperor Francis Joseph*. New York: Atlantic Monthly Press, 1998.

Pammer, Michael. "Public Finance in Austria-Hungary, 1820 - 1913." In *Paying for the Liberal State: The Rise of Public Finance in Nineteenth Century Europe*, edited by Jose Luis Cardoso and Pedro Lains. Cambridge: Cambridge University Press, 2010.

Parker, Geoffrey. *The Grand Strategy of Philip II*. London: Redwood, 2000.

Posch, Fritz. *Flammende Grenze: Die Steiermark in den Kuruzzenstürmen*. Graz: Styria, 1968.

Rahe, Paul Anthony. *The Grand Strategy of Classical Sparta: The Persian Challenge*. New Haven, CT: Yale University Press, 2015.

Rauchensteiner, Manfried. "The Development of War Theories in Austria at the End of the Eighteenth Century." In *East Central European Society and War in the Pre-Revolutionary Eighteenth Century*, edited by Gunther E. Rothenberg, Béla K. Király, and Peter F. Sugar. New York: Columbia University Press, 1982.

——. *Vom Limes zum "Ostwall."* Vol. 21, *Militärhistorische Schriftenreihe*. Vienna: Militärwissenschaftliches Institut Österreichischer Bundesverlag, 1972.

Regele, Oskar. *Beiträge zur Geschichte der staatlichen Landesaufnahme und Kartographie in Österreich bis zum Jahre 1918*. Vienna: Notringes der wissenschaftlichen Verbände Österreichs, 1995.

Reports of Committees of the House of Representatives, Second Session of the Thirty-Seventh Congress, vol. 4, no. 86 (1861 - 1862).

Rich, Norman. *Why the Crimean War?: A Cautionary Tale*. Hanover, NH: University Press of New England, 1985.

Ritter, Gerhard. *The Sword and the Scepter*. Vol. 1, *The Prussian Tradition, 1740 - 1890*. London: Penguin Allen Lane, 1972.

Roider, Karl A., Jr. *Austria's Eastern Question, 1700 - 1790*. Princeton, NJ: Princeton University Press, 1982.

——. *The Reluctant Ally: Austria's Policy in the Austro-Turkish War, 1737 - 1739*. Baton Rouge: Louisiana State University Press, 1972.

Romsics, Ignác, and Béla K. Király. *Geopolitics in the Danube Region: Hungarian Reconciliation Efforts, 1848 - 1998*. Budapest: Central European University Press, 1999.

Roshwald, Aviel. *Ethnic Nationalism and the Fall of Empires: Central Europe, Russia, and the Middle East, 1914 - 1923*. London: Routledge, 2001.

Rothenberg, Gunther E. *The Army of Francis Joseph*. West Lafayette, IN: Purdue University Press, 1976.

——. "The Austrian Army in the Age of Metternich." *Journal of Modern History* 40, no. 2 (1968): 156 - 65.

——. *The Austrian Military Border in Croatia, 1522 – 1747*. Chicago: University of Illinois Press, 1960.

——. *East Central European Society and War in the Pre-Revolutionary Eighteenth Century*. New York: Columbia University Press, 1982.

——. "The Habsburg Military Border System: Some Reconsiderations." In *War and Society in East Central Europe*, edited by Béla K. Király and Gunther E. Rothenberg. Vol. 1. New York: Brooklyn College Press, 1979.

——. *The Military Border in Croatia, 1740 – 1881: A Study of an Imperial Institution*. Chicago: University of Chicago Press, 1966.

——. *Napoleon's Great Adversary: Archduke Charles and the Austrian Army, 1792 – 1814*. Boston: De Capo Press, 1995.

——. "The Origins of the Austrian Military Frontier in Croatia and the Alleged Treaty of 22 December 1522." *Slavonic and East European Review* 38, no. 91 (1960): 493 – 98.

——. "The Shield of the Dynasty: Reflections on the Habsburg Army, 1649 – 1918." *Austrian History Yearbook* 32 (2001): 169 – 206.

Roy, Kaushik. "Horses, Guns, and Governments: A Comparative Study of the Military Transition in the Manchu, Mughal, Ottoman, and Safavid Empires, circa 1400 to circa 1750." *International Area Studies Review* 15, no. 2 (2012): 99 – 121.

Rudolph, Richard L., and David F. Good. *Nationalism and Empire: The Habsburg Empire and the Soviet Union*. New York: St. Martin's Press, 1992.

Rumpler, Helmut, and Peter Urbanitsch. "Review of The Habsburg Monarchy, 1848 – 1918, and the Habsburgermonarchie Project." *English Historic Review* 122, no. 498 (2007): 1016 – 22.

Rusinow, Dennison. "Ethnic Politics in the Habsburg Monarchy and Successor States." In *Nationalism and Empire: The Habsburg Empire and the Soviet Union*, edited by Richard L. Rudolph and David F. Good. New York: St. Martin's Press, 1992.

Rycaut, Paul, and Richard Knolles. *The History of the Turkish Empire from the Year 1623 to the Year 1677: Containing the Reigns of the Three Last Emperours*. London: Printed by J. M. for J. Starkey, 1680.

Sanchez J. J. "Military Expenditure, Spending Capacity, and Budget Constraint in Eighteenth-Century Spain and Britain." *Revista De Historia Economica: Journal of Iberian and Latin American Economic History* 27, no. 1 (2009): 141 – 74.

Schroeder, Paul W. "Bruck versus Buol: The Dispute over Austrian Eastern Policy, 1853 – 1855." In *Systems, Stability, and Statecraft: Essays on the International History of Modern Europe*, edited by David Wetzel, Robert Jervis, and Jack S. Levy. New York: Palgrave Macmillan, 2004.

——. *The Transformation of European Politics, 1763 – 1848*. Oxford: Oxford University Press, 1994.

Scott, Hamish. "A Habsburg Emperor for the Next Century." *Historical Journal* 53, no. 1 (2010): 97 – 216.

Seton-Watson, Hugh. *Eastern Europe between the Wars, 1918 – 1941*. Hamden, CT: Archon Books, 1962.

Seward, Desmond. *Metternich: The First European*. New York: Viking, 1991.

Sked, Alan. *Decline and Fall of the Habsburg Empire, 1815 – 1918*. London: Pearson Education,

2001.

——. *Radetzky: Imperial Victor and Military Genius*. London: I. B. Tauris and Co., 2011.

Sondhaus, Lawrence. "The Strategic Culture of the Habsburg Army." *Austrian History Yearbook* 32 (2001): 225 - 34.

Sperber, Jonathan. *The European Revolutions, 1848 - 1851*. Cambridge: Cambridge University Press, 1994.

Spykman, Nicholas John. *America's Strategy in World Politics: The United States and the Balance of Power*. New York: Harcourt, Brace and Company, 1942.

Stein, Mark L. *Guarding the Frontier: Ottoman Border Forts and Garrisons in Europe*. London: Tauris Academic Studies, 2007.

Stone, David R. *A Military History of Russia: From Ivan the Terrible to the War in Chechnya*. Westport, CT: Praeger Security International, 2006.

Storrs, Christopher. *The Fiscal-Military State in Eighteenth-Century Europe: Essays in Honour of P. G. M. Dickson*. Farnham, UK: Ashgate Publishing Company, 2009.

Stoye, John. *The Siege of Vienna: The Last Great Trial between Cross and Crescent*. New York: Pegasus Books, 2006.

Strausz-Hupé, Robert. *Geopolitics: The Struggle for Space and Power*. New York: G. P. Putnam's Sons, 1942.

Sugar, Peter F. *Southeastern Europe under Ottoman Rule, 1354 - 1804*. Seattle: University of Washington Press, 1977.

Szabo, Franz A. J. *The Seven Years War in Europe, 1756 - 1763*. London: Routledge, 2007.

Taylor, A. J. P. *The Habsburg Monarchy, 1809 - 1918; A History of the Austrian Empire and Austria-Hungary*. Harmondsworth, UK: Penguin Books, 1948.

Taylor, A. J. P. *The Struggle for Mastery in Europe, 1848 - 1918*. Harmondsworth, UK: Penguin Books, 1954.

Tilly, Charles. *The Formation of National States in Western Europe*. Princeton, NJ: Princeton University Press, 1975.

Tott, François de. *Memoirs of Baron de Tott: Volumes I and II*. New York: Arno Press, 1973.

Tuck, Christopher. " 'All Innovation Leads to Hellfire': Military Reform and the Ottoman Empire in the Eighteenth Century." *Journal of Strategic Studies* 31, no. 3 (2008): 467 - 502.

Tunstall, Graydon A. *Planning for War against Russia and Serbia: Austro-Hungarian and German Military Strategies, 1871 - 1914*. Boulder, CO: Social Science Monographs, 1993.

Turhan, Fatma Sel. *The Ottoman Empire and the Bosnian Uprising: Janissaries, Modernisation, and Rebellion in the Nineteenth Century*. London: I. B. Tauris, 2014.

US Army. *Field Manual Number 21 - 18: Foot Marches*. Washington, DC: Department of the Army, 1990.

Van der Kiste, John. *Emperor Francis Joseph: Life, Death, and the Fall of the Hapsburg Empire*. Stroud, UK: Sutton Publishers, 2005.

Vann, James. "Mapping under the Austrian Habsburgs." In *Monarchs, Ministers, and Maps: The Emergence of Cartography as a Tool of Government in Early Modern Europe*, edited by David Buisseret. Chicago: University of Chicago Press, 1992.

Veres, Madalina Valeria. "Constructing Imperial Spaces: Habsburg Cartography in the Age of Enlightenment." PhD diss., University of Pittsburgh, 2015.

Voges, Dietmar-H. *Nördlingen seit der Reformation: Aus dem Leben einer Stadt*. Munich: C. H. Beck, 1998.

Wagner, Arthur L. *The Campaign of Königgrätz: A Study of the Austro-Prussian Conflict in the Light of the American Civil War*. Kansas City: Hudson-Kimberly, 1899.

Walker, Mack. *Metternich's Europe*. London: Palgrave Macmillan, 1968.

Wank, Solomon. "The Habsburg Empire." In *After Empire: Multiethnic Societies and Nation-Building: The Soviet Union and the Russian, Ottoman, and Habsburg Empires*, edited by Karen Barkey and Mark Von Hagen. Boulder, CO: Westview Press, 1997.

Wawro, Geoffrey. "An 'Army of Pigs': The Technical, Social, and Political Bases of Austrian Shock Tactics, 1859 - 1866." *Journal of Military History* 59, no. 3 (1995): 407 - 33.

——. *The Austro-Prussian War: Austria's War with Prussia and Italy in 1866*. Cambridge: Cambridge University Press, 1966.

——. "Inside the Whale: The Tangled Finances of the Austrian Army, 1848 - 1866." *War in History* 3, no. 1 (1996): 42 - 65.

——. *A Mad Catastrophe: The Outbreak of World War I and the Collapse of the Habsburg Empire*. New York: Basic Books, 2014.

Wessely, Kurt. "The Development of the Hungarian Military Frontier until the Middle of the Eighteenth Century." *Austrian History Yearbook* 9 (1973): 55 - 110.

Whaley, Joachim. *Germany and the Holy Roman Empire*. Oxford: Oxford University Press, 2011.

Wheatcroft, Andrew. *The Habsburgs: Embodying Empire*. London: Penguin Books, 1995.

White, Major D. Jonathan. *Confederate Strategy in 1863: Was a Strategic Concentration Possible?* Fort Leavenworth, KS: Penny Hill Press, 2000.

Wilson, Peter H. *German Armies: War and German Society, 1648 - 1806*. London: UCL Press, 1998.

——. "Prussia's Relations with the Holy Roman Empire, 1740 - 1786." *Historical Journal* 51, no. 2 (2008): 337 - 71.

Winder, Simon. *Danubia: A Personal History of Habsburg Europe*. London: Picador, 2013.

Wohlforth, William C. "The Stability of a Unipolar World." *International Security* 24, no. 1 (1999): 5 - 41.

Wolfe, Larry. "'Kennst du das Land?' The Uncertainty of Galicia in the Age of Metternich and Fredo." *Slavic Review* 67, no. 2 (2008): 277 - 300.

Woods, Kyle. "Indivisible and Inseparable: The Austro-Hungarian Army and the Question of Decline and Fall." PhD diss., Claremont McKenna College, 2003.

Zeinar, Hubert. *Geschichte des österreichischen Generalstabes*. Vienna: Böhlau, 2006.

索 引

（索引中的页码为原书页码，即本书边码）

译后记

《哈布斯堡王朝的大战略》由作者A.韦斯·米切尔在柏林自由大学奥托·苏尔政治科学研究所（Otto Suhr Institut für Politikwissenschaft）攻读政治学博士学位时所撰写的同名博士论文修订而成，并于2018年由普林斯顿大学出版社出版。

米切尔1977年出生于美国得克萨斯州，是一位外交政策专家。2005年，他创立了专攻中东欧政策研究的欧洲政策分析中心（the Center for European Policy Analysis）。本书成书后不久的2017年10月至2019年2月，他曾任美国国务院欧洲与欧亚事务局助理国务卿。2019年，米切尔联合创办了研究大国竞争的"马拉松倡议"（The Marathon Initiative）智库，专注于从历史上诸多帝国的外交活动和国家战略中汲取经验教训，为美国在与中俄两国的双线博弈中提供战略选项。

本书主题宏大，史料丰富，见解独到。翻译此书，既是一次劳心费力的长征，也是一个开阔视野、磨砺心志、增进知识的绝佳机会。因为自己读书有时还可以不求甚解，浅尝辄止，满足于意领神会；进行翻译工作，却容不得半点含糊敷衍，必须刨根问底，必须精益求精，才能对自己、作者、读者和出版者负责。话虽如此，翻译的现实与理想，就像芝诺悖论中的阿基里斯和他永远追不上的乌龟一样，存在着一段无法消除的距离。尽管我希望我的译文能够让读者开卷获益，也用了无数日夜的阅读、查证、思考和斟酌来缩小这段距离，但囿于我的学识水平，本书译文难免会存在不尽如人意甚至是偏差谬误之处，对此我深感遗憾，同时也恳请并欢迎读者朋友们不吝批评指正。人正是在犯错知错之后，才能学会避免错误，取得长进。

在此，我想针对翻译中遇到的两大问题和我的解决方法作些说明，以期消除读者可能产生的疑惑。

第一个问题，是专有名词的翻译。本书中绝大多数的专有名词，都是根据中国对外翻译出版社出版的《世界人名翻译大辞典》《世界地名翻译大辞典》《外国地名译名手册》等资料翻译的。然而，书中还存在一些来自小语种的专有名词，它们要么尚未被翻译成中文，要么在中文世界中还没有统一的规范译法。对于这种词汇，我根据它们在所属语言中的发音，进行了音译，同时在中文译文后的括号里给出了它们的拉丁字母的拼写，有些还添加了译者注。如果读者对这些词汇感到疑惑，请参考括号中的原始写法。

第二个问题，是引文的翻译。原著中，作者旁征博引，使用了大量德文、法文等多语种史料，并均以英文译文呈现。因此，为了避免意义的再次损失，甚至是错上加错，我尽力寻找了所有引文的原始资料，在了解语境、比对原文和英文译文后，才进行翻译。遗憾的是，一些资料只存在于奥地利维也纳的几所档案馆，尚未经过电子化并上传到互联网，这就导致翻译时我只能参考作者的英文译文。对于这种情况，我选择根据上下文推断语义，尽量让引文逻辑自洽，语句通顺。这实属无奈之举。如果读者发现译文因此而产生了错误，还请对照原始资料及英文译文进行理解。

最后，我谨向在此书翻译和出版过程中给予过我帮助和支持的所有人致以诚挚的敬意。我要感谢我的父母，正是因为他们的默默付出，我才能够专注于翻译工作。我还要感谢我的同学闫晗介绍我翻译此书；感谢我的同学王语思和李浩宁耐心地同我讨论和分析原文及译文；感谢东方出版中心对我的信任；感谢本书编校人员在出版过程中所做出的努力，多亏了他们真诚温暖的沟通、细致耐心的指正、认真负责的工作，这本译著才得以出版。

史锴

2024年3月2日